交通行政执法人员培训教材

交通行政执法总论

主编◎王朝辉

人民交通出版社股份有限公司
China Communications Press Co.,Ltd.

内容提要

本书围绕我国现行行政法律框架,从交通行政执法实践入手,贯穿交通行政执法全过程,详细阐述了交通行政执法工作的重点,并依据行政法律的脉络,层层剖析交通行政执法程序、依据、证据的操控和把握。本书共八篇十九章,介绍了交通行政执法论、交通行政惩戒论、交通行政强制论、交通行政论据论、交通行政程序论、交通行政救济论、交通法治监督与行政责任论等内容,并附有32种交通行政执法文书式样。

本书适用于交通基层执法人员。

图书在版编目(CIP)数据

交通行政执法总论/王朝辉主编. —北京:人民交通出版社股份有限公司,2018.3
ISBN 978-7-114-14324-3

Ⅰ.①交… Ⅱ.①王… Ⅲ.①交通运输管理—行政执法—研究—中国 Ⅳ.①D922.144

中国版本图书馆 CIP 数据核字(2017)第 278025 号

Jiaotong Xingzheng Zhifa Zonglun

书　　名:	交通行政执法总论
著 作 者:	王朝辉
责任编辑:	钟　伟　董　倩
出版发行:	人民交通出版社股份有限公司
地　　址:	(100011)北京市朝阳区安定门外外馆斜街3号
网　　址:	http://www.ccpress.com.cn
销售电话:	(010)59757973
总 经 销:	人民交通出版社股份有限公司发行部
经　　销:	各地新华书店
印　　刷:	北京鑫正大印刷有限公司
开　　本:	720×960　1/16
印　　张:	23.25
字　　数:	428 千
版　　次:	2018 年 3 月　第 1 版
印　　次:	2018 年 3 月　第 1 次印刷
书　　号:	ISBN 978-7-114-14324-3
定　　价:	68.00 元

(有印刷、装订质量问题的图书由本公司负责调换)

作者简介

王朝辉,中国法学会行政法分会会员。具有15年的基层交通行政执法工作经验,7年的交通行政执法人员培训教育经验。致力于交通行政法律、法规与执法实践的研究,曾随交通运输部名师讲师团队赴多地授课,多次参与部级研究项目,编写出版交通行政执法和普法类图书数十部。

2013年组建个人工作室,为基层交通综合执法机构提供专职法律顾问、第三方执法评议、教育培训、疑难案件分析、行政诉讼代理等服务。担任省级单位、地市级单位和企业法律顾问。

前言 PREFACE

2017年10月18日,习近平总书记在中国共产党第十九次全国代表大会报告中指出,成立中央全面依法治国领导小组,加强对法治中国建设的统一领导。各级党组织和全体党员要带头尊法、学法、守法、用法,任何组织和个人都不得有超越宪法的特权,绝不允许以言代法、以权压法、逐利违法、徇私枉法。

我国依法治国、民主政治建设步伐的加快,对交通运输管理、交通行政执法工作提出了更高要求。交通行政执法工作为适应时代发展的要求,在强化和完善运政管理,维护道路运输秩序、规范经营行为、保障良好的市场运营环境等方面起到了重要作用。交通行政执法具有社会性强、专业性强、政策性强的特点,并且直接与人民群众的生产、生活密切相关;而交通行政执法水平的高低,不仅影响交通事业的发展,还直接影响人民群众的利益,影响交通部门的社会形象。

推进依法行政,队伍素质是基础。为加强交通行政执法队伍管理,提高交通行政执法人员素质能力和执法水平,编者根据全面推进依法行政的要求,编写了《交通行政执法人员培训教材》。这套教材共七本,包括《交通行政执法总论》《交通行政执法典型案例评析》《交通行政强制文书制作规范》《交通行政执法流程基础教程》《交通行政执法程序案例解读》《交通行政执法证据案例解读》《交通行政执法常见问题分析与解答》。

这套教材着眼于国务院《全面推进依法行政实施纲要》(国发〔2004〕10号)发布以来新出台的法律法规对交通行政执法工作的新要求,尤其是当前交通行政执法实践中存在的突出问题,以基层行政执法人员为对象,结合典型案例分析,系统介绍了交通行政执法的相关知识,有助于交通行政执法人员加强素质能力,提升执法水平。

限于编者的经历和水平,书中难免有不妥或错误之处,敬请批评指正,提出修改意见和建议,以便再版修订时改正。

编者

2018年2月

第一篇 绪 论

第一章 依法行政的发展史 3
 第一节 西方国家依法行政的历史 3
 第二节 我国依法行政的历史与发展 11
第二章 依法行政的基本理论 14
 第一节 依法行政概述 14
 第二节 依法行政的要求与原则 16
 第三节 交通依法行政 19

第二篇 交通行政执法论

第三章 交通行政执法 27
 第一节 交通行政执法概述 27
 第二节 交通行政执法人员 30
 第三节 交通行政执法主体 33
第四章 交通行政行为 37
 第一节 具体行政行为 37
 第二节 交通行政处罚原则 45
 第三节 交通行政礼仪 48
第五章 交通行政许可 63
 第一节 交通行政许可概述 63
 第二节 交通行政许可的范围与原则 65
 第三节 交通行政许可的设定与实施 66

第三篇　交通行政惩戒论

第六章　交通行政处罚 ··· 77
　第一节　交通行政处罚概述 ································· 77
　第二节　交通行政处罚的设定与实施 ··················· 80

第七章　交通行政执法文书 ································· 85
　第一节　交通行政执法文书概述 ·························· 85
　第二节　交通行政执法文书制作原则 ··················· 87
　第三节　交通行政执法文书制作主体 ··················· 89
　第四节　交通行政执法文书结构 ·························· 91
　第五节　交通行政执法文书制作要求 ··················· 96

第四篇　交通行政强制论

第八章　交通行政强制 ··· 109
　第一节　交通行政强制的内涵 ····························· 109
　第二节　交通行政强制的基本原则 ······················· 116
　第三节　交通行政强制与行政处罚 ······················· 119

第九章　交通行政强制程序 ··································· 122
　第一节　交通行政强制措施的程序 ······················· 122
　第二节　交通行政强制执行程序 ·························· 126

第十章　申请人民法院强制执行程序 ······················· 131
　第一节　申请人民法院强制执行概述 ··················· 131
　第二节　交通行政机关的申请 ····························· 134
　第三节　人民法院的审理 ··································· 139
　第四节　强制执行裁定的实施 ····························· 143
　第五节　人民法院强制执行的费用 ······················· 145

第十一章　交通行政强制中的法律责任 ··················· 147
　第一节　法律责任概述 ······································ 147
　第二节　交通法律责任的追究主体 ······················· 150
　第三节　交通行政工作人员的法律责任 ················ 152

第五篇　交通行政证据论

第十二章　交通行政证据 …… 167
- 第一节　交通行政证据概述 …… 167
- 第二节　交通行政执法证据的收集 …… 172
- 第三节　证据收集的原则 …… 181
- 第四节　证据的收集分类与采用 …… 183
- 第五节　证据的采集与保全 …… 190

第十三章　证据的审查与采信 …… 195
- 第一节　行政证据的审查 …… 195
- 第二节　证据的认定与采纳 …… 201
- 第三节　法庭审理证据规则 …… 205

第六篇　交通行政程序论

第十四章　交通行政执法程序 …… 211
- 第一节　交通行政执法程序概述 …… 211
- 第二节　交通行政执法程序的内容 …… 214

第十五章　程序的原则与流程 …… 224
- 第一节　行政程序的原则 …… 224
- 第二节　执法程序的制度与流程 …… 226

第七篇　交通行政救济论

第十六章　交通行政复议 …… 233
- 第一节　交通行政复议程序 …… 233
- 第二节　交通行政复议的受案范围 …… 242
- 第三节　交通行政复议机关与管辖 …… 246
- 第四节　交通行政复议参加人 …… 249

第十七章　交通行政诉讼 …… 255
- 第一节　行政诉讼程序 …… 255
- 第二节　交通行政诉讼的受案范围 …… 269

第三节	交通行政诉讼管辖	276
第四节	交通行政诉讼参加人	282

第八篇　交通法治监督与行政责任论

第十八章	交通行政违法与监督	295
第一节	交通行政违法行为	295
第二节	交通行政监督	302
第十九章	交通行政责任与错案追究	308
第一节	交通行政责任	308
第二节	交通行政责任追究	310
第三节	交通行政赔偿	312

附　录

交通行政执法文书式样之一	立案审批表	325
交通行政执法文书式样之二	询问笔录	326
交通行政执法文书式样之三	勘验（检查）笔录	327
交通行政执法文书式样之四	现场笔录	328
交通行政执法文书式样之五	抽样取证凭证	329
交通行政执法文书式样之六	证据登记保存通知书	330
交通行政执法文书式样之七	证据登记保存处理决定书	331
交通行政执法文书式样之八	行政强制措施审批表	332
交通行政执法文书式样之九	行政强制措施告知书	333
交通行政执法文书式样之十	行政强制措施决定书	334
交通行政执法文书式样之十一	延长行政强制措施期限审批表	336
交通行政执法文书式样之十二	延长行政强制措施期限通知书	337
交通行政执法文书式样之十三	解除行政强制措施决定书	338
交通行政执法文书式样之十四	回避申请决定书	340
交通行政执法文书式样之十五	案件调查报告	341
交通行政执法文书式样之十六	违法行为通知书	343
交通行政执法文书式样之十七	陈述申辩笔录	344

交通行政执法文书式样之十八　听证通知书…………………………………345
交通行政执法文书式样之十九　听证笔录……………………………………346
交通行政执法文书式样之二十　重大案件集体讨论记录……………………347
交通行政执法文书式样之二十一　当场行政处罚决定书……………………348
交通行政执法文书式样之二十二　行政处罚决定书…………………………349
交通行政执法文书式样之二十三　分期(延期)缴纳罚款通知书……………350
交通行政执法文书式样之二十四　行政强制执行公告…………………………351
交通行政执法文书式样之二十五　行政强制执行催告书………………………352
交通行政执法文书式样之二十六　中止(终结、恢复)行政强制
　执行通知书………………………………………………………………353
交通行政执法文书式样之二十七　行政强制执行协议书………………………354
交通行政执法文书式样之二十八　行政强制执行决定书………………………355
交通行政执法文书式样之二十九　代履行决定书………………………………356
交通行政执法文书式样之三十　行政强制执行申请书…………………………357
交通行政执法文书式样之三十一　送达回证……………………………………358
交通行政执法文书式样之三十二　结案报告……………………………………359

参考文献………………………………………………………………………360

第一篇 绪 论

第一章
依法行政的发展史

第一节 西方国家依法行政的历史

一、法国

法国是现代行政法的发源地,素有"行政法母国"之称。在法国行政法的发展过程中,国家参事院即最高行政法院,发挥了至关重要的作用,也可以说,最高行政法院造就了法国行政法,造就了法国的行政法治。

法国在17世纪时处于集权统治时期,国王除了能掌握顾问会议和行政裁判权外,司法裁判权几乎完全落到代表地方贵族利益的高等法院,普通法院逐渐成为行政权的羁绊,普通法院与行政部门之间的对立与冲突也日趋激烈。1641年,国王通过圣热尔曼敕令剥夺了高等法院对涉及王室和行政部门的案件的管辖权,而将这一权力交给了王室顾问团。

旧制度下的高等法院在大革命后被废除。立宪会议于1790年8月颁布了《司法组织法典》,其中第2章第十条规定:"法院不得直接或间接地参与立法活动,不得阻止或延缓立法机构所颁布法令的执行……违反本规定的相关责任人员将受到处罚。"第十三条规定:"司法职能有别于并始终独立于行政职能。对于普通法院的法官而言,以任何形式干涉行政机构的活动都是一种罪行。"这反映了法国人对分权原则的理解:行政机关不能行使司法权,同样,司法机关也不能行使行政权;裁决行政纠纷的活动属于行政权的范围,裁决其他纠纷的活动属于司法权的范围,行政纠纷应由行政机关处理,不应由司法机关即普通法院处理,否则便是司法权代替行政权。这两个条款迄今为止仍然有效,使行政机关获得了很大的独立性,并产生了法国特有的行政纠纷解决专门机构——行政法院。

1799年,国家参事院即最高行政法院诞生。国家参事院的前身是旧制度下的国王参事院。国王参事院本身没有独立的权力,是王室的顾问机构,辅助国王行使立法权、行政权和司法权。国王参事院在大革命时期被废除,1799年重建,成为国家参事院,即最高行政法院。

在执政领袖的领导下,国家参事院负责草拟法律草案和公共行政条例,解决行政上存在的困难。拿破仑依照国王参事院设立了国家参事院,作为国家元首的咨询机关,同时受理行政案件。国家参事院便是法国最高行政法院的前身。虽然《国家参事院组织条例》规定:"国家参事院对行政机关与法院之间所发生的争议进行裁决",但是在诉讼中,国家参事院仅有"保留审判权",即当公民不服行政机关的决定或认为某一行政行为侵犯了自己的权利时,他必须先向主管的部长提出申诉,只有当其对部长的决定仍不满意时,才可以向国家参事院提出复议申请,而国家参事院无权作出裁决,只能审理案件和向部长的上级——国家元首提供解决方案,由国家元首作出最终的决定。这一制度一直持续到1872年,后来根据有关法律,在各省也设立了省参事院,作为省长的咨询机关,同时受理省内少数行政案件。

1889年12月,国家参事院正式废除了向部长申诉的惯例。自此以后,国家参事院对于行政诉讼案件取得了更多的管辖权限。行政上的一切争议,凡是法律没有规定由其他法院受理的,都可向国家参事院提出。这种制度一直持续到1953年。

1889年以后,法国对省参事院又陆续作了一些改革。1926年,把每省一个参事院合并为数省一个,称为省际参事院。1934年和1938年的法律又把省际参事院的管辖权扩大到可以受理有关地方团体和公务法人的诉讼。

1953年的《行政审判组织条例》和《公共行政条例》规定,省际参事院为一般权限法院,凡法律未规定由其他法院管辖的一切行政诉讼案件都以省际参事院作为初审法院,国家参事院受理行政诉讼的权限以法律规定为限,并将省际参事院改名为行政法庭。因此,国家参事院成为特定权限法院。

1987年《行政诉讼改革法》设立了上诉行政法院,以分担国家参事院的大部分上诉审管辖权。

法国在19世纪上半期,国家的行政职能主要限于国防、警察、税收、司法等方面,行政机关的行为均为行使公共权力的行为,所以行政活动基本上都受行政法的支配。但是到了19世纪下半期,国家的行政职能不断扩大,行政机关越来越多地干预经济生活,并为满足公共利益而提供大量的如交通、通信、卫生、救济等服务行为,这些行为既不是传统的权力行为,也不是私人行为,应当适用行政法。

在法国,行政法被理解为一套在行政管理实践过程中逐步发展起来的、能够保障行政管理活动顺利进行的良好惯例。它不是从外部强加给行政部门的、旨在控制行政权的限制性规则,而且在行政系统内部发展起来的、使行政活动获得有效性和正当性的支持性规则。这种规则不是由立法机构所制定的成文法来加以表述的,而是由国家参事院的判例来加以阐述和发展的。因此,行政法的重要原则由判例产生、具有独立的行政法院系统、行政法自成独立的法律体系、行政法没有形成统一完整的法典构成了法国行政法的特点。

行政活动必须遵守法律,法律规定行政活动的机关、权限、手段、方式和违法的后果。法国行政法学者称之为行政法治原则。行政法治是法国公共行政的传统,这一传统始于1789年《人权宣言》第十五条规定:"公众有权要求任何政府官员对其行政管理行为的合法作出说明。"这一原则确立了公共行政部门对公民负责的方式和途径,严格依照法律所规定的程序和实质要求履行行政行为,并且严格将行为限制在法定的授权范围内。在长期的历史演进过程中,尽管法国的政治体制和宪法几经改变,但对公民承担"说明责任"的原则却一直在坚持,从而使法国行政系统成为法国社会中维护秩序和稳定的最重要的力量。在长期的历史演进中,从这一原则中逐渐衍生出行政行为的可靠性与可预见性原则、公开性与透明性原则、有效性与及时性原则、对某些行政行为主动说明理由原则等。同时,行政法治的传统并没有消除行政机构在处理具体问题时必不可少的自由裁量权,只是试图把自由裁量权限制在一定的范围内,从而防止行政权力的滥用。

二、英国

15世纪末至17世纪前期,英国国内实行高度的君主专制,国王权力很大。这一时期的王权思想与法国行政法相当吻合,当时的枢密院(Privy Council)、星法院(Star Chamber)就类似于后来的法国国家参事院和行政法院。星法院是普通法院之外依照国王特权设立的和政府有密切联系的特别法院,主要受理公法性质的诉讼,并通过施用严刑保护国王利益、迫害持反对意见者,因此受到普通法院和法学家的反对。同时,由于不良影响,星法院在英国人的心目中成了行政机关专横权力的象征。枢密院则是辅助英王行使立法权、行政权和司法权的最高政府机构。

17世纪英国资产阶级革命时,普通法院和议会结成同盟,对国王进行斗争议会并取得了胜利,国王的特权受到了限制。1642年废除了星法院和除大法官法院外的其他特权法院,1688年取消了枢密院的许多行政权力,全国只有普通法院受理公法关系和私法关系所发生的一切诉讼。

18世纪是英国法治的全盛时期,普通法院稳定地发展了"越权无效"等司法审查原则,并将之广泛地应用于议会新成立的法定机构,为其监督政府依法行政奠定了基础。

19世纪,国家依法行政机构迅猛发展,继1832年《济贫法》和济贫专员的出现,公共卫生委员会和学校委员会等行使交叉权力的特别机构大量出现,19世纪

交通行政执法总论

70年代以后,建立了现代的地方行政当局、新式的中央行政部门和现代文官制度。普通法院随之将司法审查扩展到对这些新机构和官员的控制。到19世纪结束的时候,依法行政在英国已经建立了稳定的根基。

自20世纪开始,由于行政权力的加强,行政机关对各项活动的干预增多,行政法已逐渐被人们所承认和重视。行政法不仅包括有关中央和地方政府结构的法律,而且也包括有关社会服务、公用事业以及各种基于社会的、经济的、环境的原因而对私人活动施加控制和管理的法律,并推导出行政法具有三个功能:

(1)以国家和整体利益的名义,由法律创设并赋予行政机构执行有关公共政策的权力,以促进政府任务的完成;

(2)调整行政机构相互之间的关系;

(3)调整公共事务中行政机构与有关个人或私人组织之间的关系。

1973年,英国正式成为欧共体成员国,这标志着英国行政法由本土化向世界化迈进。欧共体是建立在行政法基础上的共同体,主要由行政法规则构成,因此,欧共体事实上正在促进统一的"欧洲行政法"的形成。欧共体法对于英国国内法和法院具有直接效力和优先适用权。欧共体法对英国行政法产生了重大影响:

(1)英国行政法从本土化走向世界化,服从统一的欧洲行政法;

(2)英国的议会立法受制于欧共体法和欧洲法院的司法审查,议会主权原则发生了变化;

(3)所有有悖于欧共体法的政府行为都能诉诸欧洲法院进行司法审查,欧洲法院是最高司法审查机构;

(4)欧洲统一市场的形成和欧洲行政法的确立使传统的国内行政管制法发生了结构性的转向;

(5)基本人权原则、比例原则等新的行政法基本原则引入英国行政法。

1976年,英国法律委员会就司法审查的形式和程序提出了一个报告,根据该报告,1977年通过了《最高法院规则》第53号令修正案,对司法审查程序进行了改革:强调了公私法诉讼程序的划分,使得各种救济形式可以在统一的公法程序中达到"互相交替、互相补充"的效果,相应地保证了公共机构的工作效率免受不负责任的长期诉讼的影响。

1998年11月,英国颁布了期待已久的《人权法》,以国内法的形式明确赋予《欧洲人权公约》在英国实施的法律效力。2000年10月2日,《人权法》正式生效,同日,《欧洲人权公约》在英国具有了法律执行效力。它们对英国行政法产生了重要影响,同时也是推动英国行政法国际化的重要因素。

(1)拓展了基本人权和对基本人权的保障;

(2)英国的议会立法受制于欧洲人权公约和欧洲人权法院的司法审查,议会主权原则发生变化;

(3)基本人权原则、非歧视原则和比例原则等引入合法性审查中,深化了司法审查的基础;

(4)确认的基本权利受到侵害,依法在国内穷尽了救济程序后,可诉诸欧洲委员会和欧洲人权法院。基本人权领域因公共侵权而引发的司法最终救济权已从国内转向国际。

三、美国

美国依法行政的历史和这个国家的历史一样并不悠久。在美国,行政法作为一种独立的法律制度在 19 世纪末才出现。美国将"依法行政"包含在"法治"原则之内。1893 年古德诺(Frank J. Goodnow)出版《比较行政法》时,学术著作上才首次出现这个名称。在美国建国早期,政府的行政活动较少,行政法未被引起注意。行政法没有被认为是一个独立的法律部门,而是附属在普通法之中,或是按其内容附属在其他法律之中。

美国《独立宣言》中写道:"我们认为这些真理是不言而喻的:人人生而平等,他们都从他们的'造物主'那里被赋予了某些不可转让的权利,包括生命权、自由权和追求幸福的权利。为了保障这些权利,才在人们中间成立政府。而政府的正当权力,则得自统治者的同意……"这体现了美国人追求自由、反抗暴政的精神。同时,在美国建国时,自然法思想、三权分立理论以及法治理论都已深入人心,加之建国前殖民地相互独立的特定背景,这些都影响到美国建国时期对国家政体的选择,促使美国建立起一个权力有限并受到严格监督的联邦政府。

联邦宪法和司法审查制度构成美国建国初期依法行政的基石,为美国的依法行政提供了基本保障。依法行政是美国宪法的要求,离开了宪法背景,很难对美国的行政法制度作出合理解释。美国宪法对政府依法行政的要求来源于对三权分立、联邦制、公民基本权利的规定。

美国的国家权力在结构上采用联邦制,联邦制决定了政府依法行政的必要:联邦政府和州政府都只能在宪法规定的权限范围内活动,联邦政府不能随意将自己的意志强加于州,州也不得行使属于联邦的权力,联邦政府和州政府的权限冲突由联邦法院依法裁决。联邦政府负有保障联邦宪法被忠实执行的义务和保障个人宪法权利的义务,当州政府的行为侵犯公民的宪法权利时,受害人可以向法院起诉以获得救济。

美国的《权利法案》和《宪法》修正案规定了公民享有的基本自由和权利,公民的自由和权利为行政权的行使确立了最低标准,即联邦政府及州政府的活动不得侵犯公民的基本自由和权利。对公民的自由和权利的保护决定了依法行政的必要。首先,它要求政府可以为某种行为和不得为某种行为。其次,它要求政府在行使权力时必须提供某种程序上的保障。再次,政府如果侵犯公民的自由和权利,公民可以通过司法审查获得救济。

1933年至1946年期间,是美国行政法发展的最重要阶段。随着独立管制机构大量涌现,对于某些独立管制机构权力的行使,法律没有规定必要的程序限制。对于授权行政机关管理经济的部分法律,授权机关也没有规定听证程序,或虽规定了听证程序但行政机关不执行。因此,要求实现行政程序的标准化、法律化和加强司法审查的呼声越来越高。罗斯福总统于1939年命令司法部长任命一个委员会研究行政程序问题。第二次世界大战后,在该委员会报告的基础上,国会于1946年制定了《联邦行政程序法》。该法规定了制定行政法规的程序、行政裁决的程序、司法审查的形式和范围、听证官员的地位和权力,统一了联邦行政机关的行政程序,为联邦行政机关规定了一个最低的程序要求,对于保障依法行政具有重要意义。

《联邦行政程序法》制定以后的20年内,美国行政法没有重大的发展。20世纪60年代以来,随着国会立法从经济控制领域转向社会控制领域、环保领域和消费者保护领域,福利行政、服务行政兴起,行政权更为广泛地影响到公民的生活,公民对行政权的进一步扩张及自由裁量权的不受规制提出批评,司法审查的目的也不再局限于防止行政机关滥用权力侵害私人权利,而趋向于扩大公众对行政程序的参与,以督促行政机关为公众提供更多的福利和服务。因此,对司法审查原告资格的限制被放宽,凡是受到行政决定影响的人,无论是直接当事人,还是竞争权人、一般消费者,都有权提起司法审查。司法审查中的主权豁免原则也被放弃,受到不利行政决定影响的人可以直接以美利坚合众国为被告。法院还在司法审查中要求行政机关,在非正式程序的裁决中必须说明理由并制作必要的行政记录以供法院审查,也加强了行政人员对侵权行为的赔偿责任。

美国行政法经过20世纪60年代中期和20世纪70年代的改革后,直到现在,一直处于反思和改革状态。现阶段,四个范围的管制革新标志着行政法新变革的开始:

(1)将公共职能委托给私人部门;
(2)以市场约束方式代替命令、控制方式;
(3)应用市场结构模式使政府公司化;
(4)应用协商立法、行政争议的非正式裁决程序等程序规则。

这些变革的结果是将公共权力扩展与国家干预的合法化,转变为使公私权力融合,以及使用私权力并通过市场机制达到公益目的方式合法化。

美国的行政组织制度、行政程序制度、司法审查制度、行政赔偿制度以及国会和总统对行政的控制,保障了美国的依法行政。

四、德国

13世纪之前的德国流行的是一种人格行政的观念,统治者主要借助于个人对其效忠和人身依附关系实现对社会的控制。

自15世纪至18世纪,诸侯国林立的德国开始产生有关警察与秩序的法律,即警察法,这便是德国行政法的起源,德国也由此进入了"警察国家行政"时期。这一时期的行政完全表现为君主专制之下的警察活动,《警察法》按照统治者的意志制定,警察可以任意侵犯臣民的权利,其活动范围不受法律限制。这一时期行政的本质就是德国的领主、王侯以警察为实现绝对统治权的工具,对其领土和土地实行绝对的统治,其特点是范围广泛、管理强度大、不受法律约束。这也充分表明德国行政法产生之初是维护封建专制统治秩序的人治行政的工具。

1495年神圣罗马帝国设立帝国最高法院,1501年设立帝国枢密院,这两个帝国最高法院具有受理控诉行政机关案件的管辖权,但其行政裁决权受到地方统治者特权的严格限制。在地方设有行政官员组成的行政专门小组,行政专门小组被授权行使行政裁决权,其主要功能是监督行政机关的行政,而不是为受到非法行政行为侵害的私人提供法律救济,因此,地方上实际不存在管辖行政诉讼案件的司法机构。

德国经过1848年资产阶级革命建立了君主立宪制,以法治原则为基础的宪政国产生。在随后半个世纪的制宪与立法过程中,依法行政原则初步确立。这一时期,行政机关与公民之间在许多领域的关系均受到法律的制约,行政机关的行为必须依法进行。在维护法律与社会秩序方面,依法行政的原则是由1882年普鲁士最高行政法院确立的。普鲁士最高行政法院根据《普鲁士普通法》的规定逐渐形成了一套完备的警察法体系,这对德国相关法律和行政法的形成具有深刻影响。这一时期,德国也进入了"自由法治国行政"时期。在德国行政法的沿革过程中,在法治国家原则的基础上,德国行政法院系统也逐渐形成。

1863年,巴登邦建立了一个独立的高等行政法院,这是德国第一个独立的高等行政法院。1872—1875年,普鲁士创立了一个独立的行政法院体系,其设置的县委员会为初等行政法院、地区委员会为中等行政法院、普鲁士高等行政法院为最高行政法院。初等和中等行政法院只具有行政法院的性质,还尚未与行政机关相分离,不具有司法机关的完全独立性。高等行政法院具有完全的独立性,是与行政机关完全分离的独立的司法机关。从1874年至1924年,在德国领域内相继建立起二级或三级独立的行政法院体系。这一时期,联邦在设立统一的行政法院方面没有取得进展,只是设立了一些专门行政法庭。

1941年5月,在1934年帝国行政法院的基础上,在柏林设立了帝国行政法院。到1941年8月,德国各邦已经建立起的高等行政法院均被撤销。当然,这一时期的帝国行政法院也不可能在保障公民权利、追究行政违法等方面发挥实际作用。因此可以看出,19世纪至20世纪初的德国,在法治国家原则的指导下实现了从人治到法治的过渡和质变,建立并逐渐完备了行政复议和行政诉讼制度,特别是行政法院体制,这就为德国依法行政提供了一个基本条件。

第二次世界大战后,德国进入"社会法治国行政"时期。现代德国所谓的社会法治国有两个方面的意义:

(1)国家可以拥有广泛的社会管理职能;

(2)国家的社会管理职能必须受到法律的约束。

因此,国家职能的扩张和行使必须受制于法律,是社会法治国行政区别于自由法治国行政的特征。国家不仅要负责照顾私人的社会安全,而且还必须担负起组织社会生存和发展的一系列职责,即担负起以"生存照顾"为社会基础的"给付行政"职能。为了实现给付行政职能,在国家职能扩张的同时,必须保障公民的权益,因此国家职能的行使受制于法律成为必需。

1960年颁布《行政法院法》,该法的颁布使联邦及各州均以其为根据,统一建立行政诉讼制度和行政法院体系。德国行政法院实行三级三审制,即州内设置行政法院和高等行政法院、联邦设置联邦最高行政法院。行政法院完全脱离行政机构,是一种独立的司法机构,执行行政司法职能,实行法官独立和行政司法监督。

1976年德国颁布了将程序法与实体法融为一体的《联邦行政程序法》,该法的颁布标志着德国行政法进入了成熟阶段。随着德国行政立法的发展和完善,行政诉讼制度也同步发展。

当代,德国行政法和行政诉讼制度有了新的发展:

(1)注重行政效率和服务行政;

(2)加强行政立法,基本上形成了覆盖现代行政活动和行政管理方面各个领域的一般行政法体系;

(3)经济行政法不断发展,呈现出分权性、地域性、民营性、弱规制性、手段多样性的趋势;

(4)改革行政组织,扩大了政府及职能部门的社会经济职能,强化了政府对社会经济的干预；

（5）改革行政手段，提高了行政活动的效率性、透明性、现代化；

（6）改革公务员法，实行了公务员人事管理的柔软性、灵活性；

（7）强化司法救济制度，一方面是严格依据联邦基本法的相关规定和相应的法律法规规定并且经常直接地适用基本法的相应条款对行政行为进行审查，另一方面是不断拓宽行政司法救济的范围；

（8）改革行政审判程序和行政法院管辖范围，确立行政机关的优先评价权；

（9）统一行政诉讼。

第二节 我国依法行政的历史与发展

一、行政法的产生过程

1982年中华人民共和国新宪法的颁布和国务院组织法、地方组织法的制定，对行政法以及依法行政的发展具有重要意义，是行政法与依法行政恢复和发展的重要契机，随后一系列适应新形势和新情况的行政法律、法规相继出台，各种有关的行政管理制度相继建立，我国的行政管理逐步走向法制化的轨道。这一时期，我国的行政立法还没有完全摆脱苏联模式的影响，将行政法等同于国家管理法，把行政法的作用仅仅看作是政府实现管理的工具，注重行政实体、轻视行政程序，注重对行政权力的确认和维护、轻视对公民权利的赋予和保护。

1984年，全国人大常委会委员长彭真根据国家民主政治和商品经济发展的需要，认识到在国家管理领域加强法治的特殊重要性，提出国家管理"要从依靠政策办事逐步过渡到不仅仅依靠政策还要建立、健全法制，依法办事"。自此，我国的依法行政开始起步。

二、行政法的发展过程

随着改革开放的不断深入，商品交换的日益发展，与之相伴随的民主观念得到了加强，而政企的分开、政府职能的转变，又急需行政法予以调整和规范，这就为行政法的勃兴打开了通道。1987年，党的十三大又提出了实行党政分开、进一步下放权力、改革机构、完善民主政治、加强法制建设等政治体制改革的措施，这促使我国法学界解放思想、大胆探索，对传统法律文化和苏联行政法学理论展开了深刻的反省。

1989年4月,《中华人民共和国行政诉讼法》的颁布,反映了我国行政立法在指导思想和价值取向上的一个重大转变,我国开始从注重对行政权力的确认和维护转向对注重对公民权利的赋予和保护,开始通过行政诉讼来促进行政机关依法行政。但是由于受计划经济的影响,新颁布的行政诉讼法仍然保留有"行政法是国家管理法"的痕迹——将维护和监督行政机关行使职权作为行政诉讼的功能,并且受案范围十分狭窄,致使在实施中不能很好地监督行政权的行使,从而未能实现设置行政诉讼在于控权保民的真正目的。

1993年,八届全国人大一次会议通过的《政府工作报告》中明确指出:"各级政府都要依法行政,严格依法办事。一切公职人员都要带头学法、懂法,做执法守法的模范。"《中华人民共和国全国人民代表大会常务委员会公报》(1993年第2号)是我国第一次以政府文件形式确立了依法行政原则。市场经济要求政府职能由单纯管理向综合服务转变,要求政府加强和完善宏观调控为经济的发展提供服务,要求政府通过行政指导贯彻国家的经济政策、引导企业进行正确的经营决策,通过价格、税收、信贷等经济措施引导各种经济活动朝着预定的方向发展,通过行政合同保障国家重点经济建设的进行、保障合理开发和利用自然资源,通过建立社会救济和社会保障制度解决失业人员的生活出路,通过举办各种职业培训和发展教育、科技为市场发展提供经济人才,通过社会治安的综合治理及其他行政活动为市场经济的发展创造良好的社会环境等。随着政府职能的这一转变,市场经济也必然要求规范政府活动的行政法的相应转变,由侧重规范约束相对人向侧重规范约束政府自身转变,恢复行政法规范制约行政权的本来面目,充分发挥其控权功能,使行政法成为防止和抗衡政府滥用职权的调控器。由重实体向重程序迈进,充分发挥行政法的保民功能,使行政法成为保障公民合法权益免遭违法行政行为侵害的有力工具。由管理为核心向以服务为核心转移,将给付行政、服务行政、福利行政等方法的立法作为行政法的主要内容,充分发挥行政法的服务功能,使行政法成为提高公民物质文化生活的促进器。

从这一时期至今,《中华人民共和国行政处罚法》(以下简称《行政处罚法》)、《中华人民共和国行政诉讼法》(以下简称《行政诉讼法》)、《中华人民共和国行政复议法》(以下简称《行政复议法》)、《中华人民共和国国家赔偿法》(以下简称《国家赔偿法》)、《中华人民共和国行政监察法》(以下简称《行政监察法》)、《中华人民共和国立法法》(以下简称《立法法》)、《中华人民共和国政府采购法》(以下简称《政府采购法》)、《中华人民共和国行政许可法》(以下简称《行政许可法》)、《中华人民共和国行政强制法》(以下简称《行政强制法》)相继出台。

三、我国依法行政取得的成就

从 20 世纪 80 年代开始,国家立法步伐加快,近 10 多年来尤其是党的十五大以来,党和国家实行依法治国方略,推行依法行政,使行政管理逐步朝法治化方向迈进。国务院常委会审议通过并颁布实施《中华人民共和国国家公务员法》(以下简称《公务员法》),使各级公务员制度初步建立,人事管理很多制度的改革取得突破性进展,行政机构改革正在稳步推进。自党的十五大以来,国务院已经实施了机构改革,部分省、市的机构改革也已进行,整个行政机构改革正在稳步推行。

1982 年,五届全国人大常委会第二次会议通过的《民事诉讼法(试行)》,首次规定人民法院可以按照民事诉讼程序审理法律规定的行政案件。1989 年 4 月 4 日七届全国人大第一次会议通过的《行政诉讼法》,标志着我国行政诉讼制度的正式建立。该法自 1990 年 10 月 1 日正式实施以来,在我国政治、经济、社会生活中发挥了极其重要的、不可替代的作用。

推行依法行政以来,我国已基本形成了纵横交织的行政监督网络,既有以综合监督、职能监督、主管监督、行政监察等主要形式构成的国家行政机关的内部监督,又有中国共产党的监督、国家权力机关的监督、司法机关的监督、人民群众的监督、社会团体的监督、舆论的监督等形式多样、范围广泛的外部监督。实践证明,有效的监督对于及时纠正行政机关及其公务员的错误行为,对于行政机关及其工作人员克服推诿扯皮、无人负责的现象,提高行政效率,对于保障国家行政管理工作的顺利进行、平衡发展,对于行政机关及其工作人员的清正廉明建设已经并将继续发挥重要作用。

交通行政执法总论

第二章 依法行政的基本理论

第一节 依法行政概述

一、依法行政的概念

依法行政,是指国家机关及其工作人员依据宪法和法律、法规赋予的职责权限,在法律规定的职权范围内,对国家的政治、经济、文化、教育、科技等各项社会事务,依法进行管理的活动。依法行政的本质是有效制约和合理运用行政权力,它要求一切国家行政机关和工作人员都必须严格按照法律的规定,在法定职权范围内,充分行使管理国家和社会事务的行政职能,做到不失职、不越权、不侵犯公民的合法权益。

依法行政是对各级行政机关提出的要求,也是当今社会人民群众及各类企事业单位、团体、组织对政府部门提出的要求,是社会发展到一定阶段的产物。依法行政也是市场经济体制条件下对政府活动的要求,中国在20世纪80年代末提出"依法行政"这一基本原则是政治、经济及法治建设本身发展到一定程阶段的必然要求。

二、依法行政的内涵

依法行政的主体是行政机关。我国依法行政的主体包括国务院以及下属行政机关。地方各级人民政府及下属行政机关,承担公共事务的事业组织,行政领导、公务员和其他公务人员等。依法行政的组织是行政机关和法律、法规授权的组织以及受委托行使行政职权的组织。依法行政的主体有多个层次,拥有不同的权利和义务,承担不同的责任。依法行政的本义、实质是规范行政行为,重在治"官",着力解决不作为或滥作为的问题。

依法行政的"法"要从广义上理解,包括宪法、法律、行政法规、地方性法规、规章等构建起的行政法制度,既包括实体方面也包括程序法,任何行政行为的实施都要符合法律法规,合乎行政法要求。具体地说,依法行政所依之"法",是指全国人大及常委会制定的法律、国务院制定的行政法规、省和省会市、较大市人大常委会制定的地方性法规、国务院部委制定的部委规章、省和省会市及较大市人民政府制定的政府规章,以及少数民族自治州、自治县人民代表大会制定的自治条例和单行条例。这些都是"法"的组成部分,是依照法律的规定、依照立法权限和立法程序制定的。其共同特点:一是具有相对的稳定性,在较长的时间内起作用。二是具有强制性,以国家强制力作保障。三是具有明确性、公开性,应当做什么、可以做什么、禁止做什么,条文具体明确。

依法行政中的"行政",主要是指外部行政行为。行政机关的行政行为,有外部行政行为和内部行政行为之分。外部行政行为是对社会实施的公共管理,体现国家意志,其管理行为与行政相对人的关系联系紧密,通常能引起行政相对人某种权利或义务的得失与变更。内部行政行为是上级政府对下级政府、政府对所属部门的工作要求、部署,行政机关内部事务的协调,公务员和机关财务的管理等。这两类行政行为都应坚持依法行政,但两者在性质上是不一样的。依法行政的重点是外部行政行为要纳入法治化、规范化的轨道,以最大限度地保护人民群众的合法权益。

依法行政的最终目的是要将具体行政行为纳入法制化的轨道,确保行政权力的合法、公正和效率。

三、依法行政的重要意义

依法行政是保护公民、法人和其他组织合法权益,约束政府工作人员避免出现违法行政,同时也是在公平、公正、公开的情况下保护广大群众的根本利益。一方面,各级政府机关和行政机构以法律为依据管理各项行政事务,要求公民、法人或其他组织依法享受权利、履行义务。另一方面,必须依法管理各项事务,在行使权利时,必须以法律为准绳,以事实为依据。

依法行政是行政管理为人民服务的具体表现。依法行政是国家行政管理人员在管理各类事务时维护社会稳定,经济发展,国家长治久安,保障人民的自由、财产和安全,保护该保护人群的利益。因此,依法行政是建设法治国家和法治社会的核心。

在我国,行政机关管理的范围涉及国家政治、经济、社会等各个领域。因此,行政机关是否依法行政以及依法行政水平的高低直接影响着依法治国方略的实施。一个国家、一个社会能不能走向法治,能不能实现全社会奉法、守法,不仅要看公民能不能守法,更重要的是政府首先要守法。执法者不自觉守法,不严格执法,这必然要降低法律在公民中的尊严和权威,破坏法治的统一性。同时,行政权所具有的广泛性、主动性、强制性和自由裁量性,决定了监督行政机关严格依法行政必然成为依法治国的重中之重。

依法行政是推动政府职能转变和深化行政管理体制的有力手段,政府职能转变和行政管理体制改革与依法行政关系密切,是我国政府管理走向法治化的前提和基础。依法行政的全面推进必然要求重塑政府职能,划清公共权力与公民权利的边界和范围,改造传统的管理模式和结构,改变传统的行政管理方式。同时,需要运用法律手段加以保障,需要上升为法律制度才能得以确认和巩固。

依法行政既是经济社会发展的重要组成部分,又是经济社会发展的重要保障力量。依法行政对经济和社会全面、协调发展的保障作用突出表现在三个方面:

(1)依法行政通过明确政府与市场的界限,严格限定政府的职权范围,既可以避免政府任意干预市场的有效运作,充分发挥市场在资源配置中的基础性作用,又可以通过政府对市场的宏观调节,弥补市场不足,从而推进经济和社会的有序发展。

(2)依法行政有助于为经济和社会的协调发展营造一个良好的社会环境。依法行政要求各级行政机关依法承担起为社会制定行为规范、严格执法、解决纠纷和提供公共服务的职责,以保障法制统一和政令畅通,营造良好的投资环境和法治环境。

(3)依法行政通过建立精简、统一和效能政府,可以降低管理成本,提高管理效率,推进经济和社会的快速发展。

第二节 依法行政的要求与原则

一、依法行政的基本要求

(1)合法行政。行政机关实施行政管理,应当依照法律、法规、规章的规定进行。没有法律、法规、规章的规定,行政机关不得作出影响公民、法人和其他组织合法权益或者增加公民、法人和其他组织义务的决定。

(2)合理行政。行政机关实施行政管理,应当遵循公平、公正的原则。要平等对待行政管理相对人,不偏私、不歧视。行使自由裁量权应当符合法律目的,排除不相关因素的干扰。所采取的措施和手段应当必要、适当。行政机关实施行政管理可以采用多种方式,应当避免采用损害当事人权益的方式。

（3）程序正当。行政机关实施行政管理，除涉及国家秘密和依法受到保护的商业秘密、个人隐私之外，应当公开，注意听取公民、法人和其他组织的意见。要严格遵循法定程序，依法保障行政管理相对人、利害关系人的知情权、参与权和救济权。行政机关工作人员履行职责，与行政管理相对人存在利害关系时，应当回避。

（4）高效便民。行政机关实施行政管理，应当遵守法定时限，积极履行法定职责，提高办事效率，提供优质服务，方便公民、法人和其他组织。

（5）诚实守信。行政机关公布的信息应当全面、准确、真实。非因法定事由并经法定程序，行政机关不得撤销、变更已经生效的行政决定。因国家利益、公共利益或者其他法定事由需要撤回或者变更行政决定的，应当依照法定权限和程序进行，并对行政管理相对人因此而受到的财产损失依法予以补偿。

（6）权责统一。行政机关依法履行相关事务管理职责，要由法律、法规赋予其相应的执法职权。行政机关违法或者不当行使职权，应当依法承担法律责任，实现权力和责任的统一。依法做到执法有保障、有权必有责、用权受监督、违法受追究、侵权须赔偿。

二、依法行政的基本原则

（1）职权法定原则。行政机关的职权必须由法律规定。行政机关必须在法律规定的职权范围内实施。非经法律授权，不能具有并行使职权。行政机关的职权，凡法律没有授予的，行政机关就不得为之，法律禁止的当然更不得为之，否则就是超越职权。职权法定，越权无效，是依法行政的主要原则之一。

（2）法律保留原则。宪法和法律将某些事项保留在立法机关，只能由立法机关通过法律加以规定，或者由法律明确授权行政机关才可以制定有关的行政规范，法律没有规定的，行政机关不得为之，法律没有明确授权的，行政机关不得制定行政法规范。

法律保留可以分为绝对保留和相对保留。绝对保留是指某些事项只能由法律规定，法律不得授权行政机关规定。相对保留是指在某些特殊情况下，法律可将由其保留的某些事项，授权给行政机关规定。我国宪法和法律对必须由法律规定的事项已作出某些规定。《立法法》第八条规定了10个事项只能制定法律：

①国家主权的事项；
②各级人民代表大会、人民政府、人民法院和人民检察院的产生、组织和职权；
③民族区域自治制度、特别行政区制度、基层群众自治制度；
④犯罪和刑罚；

⑤对公民政治权利的剥夺、限制人身自由的强制措施和处罚；

⑥对非国有财产的征收；

⑦民事基本制度；

⑧基本经济制度以及财政、税收、海关、金融和外贸的基本制度；

⑨诉讼和仲裁制度；

⑩必须由全国人民代表大会及其常务委员会制定法律的其他事项。

《立法法》第九条规定："本法第八条规定的事项尚未制定法律的，全国人民代表大会及其常务委员会有权作出决定，授权国务院可以根据实际需要，对其中的部分事项先制定行政法规，但是有关犯罪和刑罚、对公民政治权利的剥夺和限制人身自由的强制措施和处罚、司法制度等事项除外。"有关犯罪和刑罚、对公民政治权利的剥夺和限制人身自由的强制措施和处罚、司法制度等事项不得授权行政机关规定，属于绝对保留，其他事项尚未制定法律的，全国人民代表大会及其常务委员会有权作出决定，授权国务院可以根据实际需要先制定行政法规，属于相对保留。对相对保留的事项被授权机关不得将该项权力转授给其他机关。第十一条又规定："授权立法事项，经过实践检验，制定法律的条件成熟时，由全国人民代表大会及其常务委员会及时制定法律。法律制定后，相应立法事项的授权终止。"所以，相对保留的事项，也是有条件的相对保留。

（3）法律优先原则。也称法律优位原则。在我国，法律规范有多种形式，不同形式的法律规范的效力是有位阶层次的，依此为：法律、行政法规、地方性法规、规章。法律优先原则是指法律在效力上高于任何其他法律规范，具体包含以下三方面含义：

①在已有法律规定的情况下，任何其他法律规范，包括行政法规、地方性法规和规章，都不得与法律相抵触，凡有抵触，都以法律为准。法律优于任何其他法律规范（《立法法》第七十九条）。

②在法律尚无规定，其他法律规范作了规定时，一旦法律就此事项作出规定，法律优先，其他法律规范的规定都必须服从法律（《立法法》第十一条）。

③应当制定法律的事项，国务院根据全国人大及其常委会的授权决定先制定的行政法规，经过实践检验，制定法律的条件成熟时，国务院应当及时提请全国人大或其常委会制定法律（《立法法》第五十六条）。

（4）依据法律原则。依据法律原则主要是指行政机关的具体行政行为必须依据法律。尤其是影响公民基本权利和义务的具体行政行为，必须依据法律规定作出。即不仅包括立法机关制定的法律，也包括行政机关制定的行政规范，即行政法规和政府规章。因为行政法规和规章需要根据法律和经法律授权制定。如果违反这个原则,行政法规和规章就不能作为依法行政的依据。

依据法律原则,在内容上,包括依据实体法和程序法两方面的规定,不能重实体轻程序,违反程序法规定的行政行为,也是违法行政行为,而不论实体方面是否违法,这是需要特别注意的。

(5)权责统一原则。宪法、法律授予行政机关管理职权,它与公民的权利不同。公民的权利可以行使也可以放弃,但行政机关的职权是公权力,是必须行使不能放弃。比如,《地方各级人民代表大会和地方各级人民政府组织法》第五十九条第(六)项规定的"保障公民的人身权利、民主权利和其他权利",这一职权即是行政机关的权力,也是义务和责任,行政机关必须尽一切力量去保证完成。为了保证行政机关能够严格依法行政,必须贯彻权责统一原则,使行政机关在行使权力的同时承担相应的法律责任和义务,不履行的,就是失职,就应该追究法律责任,使依法行政原则得到彻底的贯彻执行。行政机关依法行政,是权、责统一的,既有权又有责。既不能失职,又不能越权,既不能不作为,又不能乱作为。

第三节 交通依法行政

一、交通行政权力

交通行政是指交通行政机关依法对交通事业进行组织、管理的活动。交通行政的主体是国家和地方各级交通机关及获得授权的交通行政管理机构。交通行政机关是由国家依法设立的,代表国家依法行使交通行政管理职权,负责交通行政管理事务,它是交通行政最主要的主体,如:国家交通运输部、省级交通运输厅、市(县)交通运输局等。其次是法律、法规授权的组织,通过法律、法规的规定,将行政管理权授予该组织,使其具有交通行政主体身份,以自己的名义从事交通行政活动,并独立承担法律责任。如:《中华人民共和国道路运输条例》(以下简称《道路运输条例》)第七条"国务院交通主管部门主管全国道路运输管理工作。县级以上地方人民政府交通主管部门负责组织领导本行政区域的道路运输管理工作。县级以上道路运输管理机构负责具体实施道路运输管理工作"和《中华人民共和国公路安全保护条例》(以下简称《公路安全保护条例》)第三条:"国务院交通运输主管部门主管全国公路保护工作。"

县级以上地方人民政府交通运输主管部门主管本行政区域的公路保护工作。但是,县级以上地方人民政府交通运输主管部门对国道、省道的保护职责,由省、自治区、直辖市人民政府确定。

公路管理机构依照本条例的规定具体负责公路保护的监督管理工作。

其他国家机关,和没有得到法律、法规、规章授权的交通事业单位都无权进行交通行政管理活动。

交通行政管理活动必须依法进行,接受法律、法规及规章的监督与制约。依法行政原则具体到交通行政管理活动就是依法治理交通。交通行政机关进行活动不但要遵守交通实体法的强制性规定,而且,还必须遵守法定程序,不得超越职权、滥用职权,否则,其行为违法必须承担相应的法律责任。

交通行政权,就是交通行政主体依法对国家交通事业进行组织、管理的权力,是国家行政权在交通领域的具体运用。交通行政权的来源,有三种方式:

(1)交通行政机关依法设立,并经有权机关批准以后,交通行政权自然产生,交通行政机关即具有交通行政管理职能;

(2)本来没有交通行政权的企事业组织,经法律、法规授权后,即具有了交通行政权,是一种外来的行政权力;

(3)相关事业组织,其本身不具有交通行政权,法律、法规也未授予其交通行政权,但经过交通行政机关合法委托,以该交通行政机关的名义从事交通行政活动,并由该交通行政机关承担责任。

此时,该事业组织也具有相应的交通行政权,是一种由委托而产生的行政权力,该事业组织成为交通行政的行为主体。

二、交通行政法律

交通行政法律适用于交通行政管理领域,交通行政法律是规范国家交通行政管理活动的法律规范的总称,适用于国家交通行政管理活动的整个过程和所有领域,交通行政法在社会生活中发挥的作用是多方面的,归纳起来,其主要作用表现为以下四个方面:

(1)保障和促进交通运输事业发展。交通行政法是执行交通领域内的社会公共事务,即保障、引导和推进交通运输事业发展,以此来服务于有中国特色的社会主义建设。改革开放以来,中央和地方制定了大批的交通法律、法规、规章,这些法律、法规、规章对优化交通资源配置、加快交通基础设施建设、促进交通运输业乃至国民经济可持续发展起到了巨大的作用。

(2)维护社会秩序和公共利益。交通行政法是通过规范交通行政权力的设定、行使等方式达到维护交通行政管理秩序、保障社会公共利益的目的。现代社会,随着经济、文化事业的不断发展,在交通行政管理方面出现了越来越多的问题,通过交通行政立法、交通行政执法、交通行政司法等各种手段,能够有效地规范、约束交通行政管理相对方的行为,促使其积极履行交通行政法义务,制止危害公共利益的违法行为,建立并维护交通行政管理秩序,确保交通行政主体充分、有效地实施交通行政管理从而维护社会和公共利益。

(3)监督交通行政权的行使,防止交通行政权的滥用。法律赋予交通行政主体行政权力,其目的在于维护社会秩序和公共利益。由于交通行政权容易被滥用,因此,必须加强对交通行政权的监督与制约。在各种监督方式中,最为直接有效的监督方式是通过交通行政法予以监督。交通行政法通过规定交通行政权力的范围、行使方式及违法责任等方式,能够达到有效监督交通行政权力主体、防止滥用交通行政权力的目的。

(4)保护公民、法人或其他组织的合法权益。交通行政法保护公民、法人或其他组织的合法权益,包括两方面的意义:

①部分交通行政侵权行为,不仅损害了交通行政相对一方的合法权益,而且也损害了社会公共利益、社会秩序。制止这些交通行政违法行为,也就是维护社会公共利益和公共秩序。

②由于交通行政权具有强制性、自我扩张性等特点,国家交通主体及其工作人员在行使交通行政权力的过程中,极易侵犯公民、法人或其他组织的合法权益,给交通行政相对一方造成重大损失。

为了保障交通行政相对一方的合法权益不受侵犯,及时对遭受侵害的公民、法人或其他组织提供补救,有必要建立一套保障公民、法人或其他组织合法权益的法律制度。如交通行政复议制度,为受到侵害的个人提供了申请交通行政机关内部监督的机会。行政诉讼为公民、法人提供了寻求司法救济的手段,法院对违法的交通行政行为有权作出撤销、变更等判决,交通行政处罚制度则通过规范交通行政处罚权的设定、交通行政处罚实施机关、交通行政处罚程序等方式为受处罚人提供了申辩、听证等多项权利。交通行政赔偿为遭受交通行政侵权的公民、法人提供了获取赔偿的途径。

交通行政管理关系的发生依赖交通行政行为的作出。这些行为多数具有强制性和单方性,如交通行政处罚、交通行政强制执行等,在交通行政关系中,交通行政主体居于管理者的地位,可以在职权范围内制定规章、发布命令,并根据法律、法规及规章的授权作出具体交通行政行为,以维护交通秩序。交通行政相对方有权对交通行政机关违法及不合理的具体交通行政行为申请行政复议或提起行政诉讼。

三、交通行政法治原则

"法治"与"法制"是两个有区别的概念。"法制"指法律和制度,它在不同的社会制度中有不同的性质。"法治"则意味着整个社会无论政府还是公民均普遍、平等守法的状态。交通行政法治原则包含了对交通行政法律主体的要求。交通运输参与者必须遵守交通行政法律,必须依法监督交通行政主体的交通行政行为等。

(1)交通行政合法性原则。交通行政主体实施交通行政管理活动不仅应遵循宪法、法律,还要遵守行政法规、地方性法规、行政规章、自治条例和单行条例等。交通行政权的存在、行使必须依据法律,符合法律,不得与法律相抵触。

(2)交通行政合理性原则。交通行政行为在合法的前提下,还应当客观、适当、合理。合理性原则是与交通行政合法性原则相并列的一项基本原则,而且又是对交通行政合法性原则的重要补充。它要求交通行政主体的交通行政行为不仅要合法,而且同时要合理。

(3)交通行政统一、协调原则。交通行政管理权的行使必须统一、协调,以防止交通行政管理活动出现内部的自我矛盾。这一原则的目的是保障整个交通行政体系的运转协调、灵活高效,从而推动社会主义现代化交通事业的发展。交通行政体系内部应当按照"统一领导,分级管理"的原则,合理行使交通行政权,预防了交通行政越权、失职行为。

交通行政部门与工商、公安、土地、环保、海关、物价等部门之间,在日常的行政管理活动中,应相互配合,协调一致,最大限度地提高工作效率,并保护公民、法人或其他组织的合法权益。

四、交通行政法律关系

从不同的角度认识各种交通行政法律关系,结合行政法理论对交通行政法律关系做以下几种分类:

(1)内部交通行政法律关系与外部交通行政法律关系。内部交通行政法律关系,是指交通行政权作用于交通行政系统内部,而在交通行政主体与内部交通行政相对一方之间形成的交通行政法律关系。这种交通行政法律关系包括交通行政主体之间以及交通行政主体与其所属的工作人员之间的法律关系两类。

外部交通行政法律关系,是指交通行政权作用于交通行政系统之外,而在交通行政主体与外部交通行政相对一方之间形成的交通行政法律关系。具体包括交通行政机关或者法律、法规授权的组织与公民、法人或者其他组织的交通行政法律关系。

(2)交通行政实体法律关系与交通行政程序法律关系。交通行政实体法律关系,是指交通行政主体在行使交通行政职权的过程中,与交通行政相对方之间所形成的实体上的权利义务关系。交通行政程序法律关系,是指交通行政主体在行使交通行政职权过程中,与交通行政相对方之间形成的受交通行政程序法律规范调整的权利义务关系。

交通行政法律规范是交通行政实体规范与交通行政程序规范的统一,所以经过其调整而形成交通行政法律关系也就是一个不可分割的整体,即交通行政实体法律关系与交通行政程序法律关系,只能做理论上的区分,实际上二者是不可分离的。

(3)强制性交通行政法律关系与非强制性交通行政法律关系。这两种相对应的法律关系是基于交通行政活动的强制性与非强制性而发生的关系为标准所做的划分。

交通行政管理活动可以分为强制性行政与非强制性行政。强制性行政是指交通行政主体对相对一方使用强制手段,如暂扣、检查、征收、处罚等,即在法律上站在优势地位实施的交通行政活动。非强制性行政是指交通行政主体对相对一方采取非强制性手段,如奖励、指导、咨询、合同、信息公布等,即在法律上站在平等的地位进行行政。

此外,在目前的交通行政法律实践中,对交通行政法律关系还有多种分类,如以交通运输方式为标准,分为道路交通行政法律关系、水路交通行政法律关系、铁路交通行政法律关系、航空交通行政法律关系等。而每种又可以进一步分为若干类,比如水路交通行政法律关系又分为航道行政管理法律关系、水运行政管理法律关系、海事行政管理法律关系等。以管理的客体为标准,分为公路建设养护管理法律关系水运工程建设养护管理法律关系、道路运输管理法律关系、水路运输管理法律关系、运价规费管理法律关系、安全监督管理法律关系等。

第二篇 交通行政执法论

第三章 交通行政执法

第一节 交通行政执法概述

一、交通行政执法的概念与特征

（1）交通行政执法概念。交通行政执法是指交通主管部门及法律、法规授权的组织实施各类交通法律规范进行交通行政管理影响相对人权利、义务的具体行政行为。

交通行政执法含义可分为广义与狭义两种。广义的交通行政执法不仅包含具体行政行为，而且还包括抽象的行政行为，如：某市交通局为执行某一交通法律、法规而颁布具有普遍效力的交通管理规定等。狭义上的交通行政执法行为仅指具体行政行为。在实践中，所称的交通执法往往仅就狭义而言，即仅包括具体的、针对特定事项、特定相对人的行政行为。

（2）交通行政执法的特征。实施交通行政执法行为的主体是指县级以上人民政府交通运输主管部门，法律、法规授权的交通运输管理机构，县级以上人民政府交通运输主管部门依法委托的交通运输管理机构以及经依法批准履行法律、法规授权机构的全部或者部分行政执法职权的交通运输综合行政执法机构。

交通行政执法中的具体事务如路政执法、道路运政执法等都涉及专业性较强的技术性规范。这就要求执法人员必须有相应的专业知识，才能胜任。

（3）交通行政执法具有强制性。交通行政执法行为是一种法律行为。法律行为具有强制性，因而交通行政执法必然具有强制性，即交通行政执法行为的实施是以国家强制力作为保障的。交通行政机关为了行使其管理职能，享有相应的管理权力和管理手段，如果行使职能的执法行为遇到障碍，可以运用国家权力采取各种法律手段，如行政强制性措施，行政处罚等对相对人予以制止、制裁及强制执行等，以保证行政职能的实现。

交通行政执法总论

(4)交通行政执法具有从属性。交通行政执法行为就是执行各种交通行政管理法律规范的行为。执法主体及其执法行为必须严格依法进行而不能任意实施。交通行政执法行为的从属性主要体现在:

①交通行政执法行为的实施必须有相应的法律规范依据,不得离开法律法规依据而任意行为。

②行为必须在法律规范规定的时间和空间范围内实施。

③交通行政执法行为受到交通法律规范的约束,任何违法、越权的执法行为都是无效或可撤销的。

④交通行政执法具有行政法律效力。

交通行政执法行为能够在法律上影响相对人的权利义务。这种影响可能是有利于相对人的,如向符合条件的申请人颁发执照、批准特种车辆如超限车在公路上行驶等。也可能是不利于相对人的,如对违反运输行政管理法规的相对人进行处罚、对其车辆实施扣押等。执法主体的有些行为对相对人的权利义务并不直接产生影响,如执法主体所作出的内部行为、发布统计数字的行为等就不属于交通行政执法行为。

二、交通行政执法的效力

(1)确定力。交通行政执法的确定力是指交通行政执法行为作出后,非依法不得随意变更或撤销。对于执法主体来说,不依据法定的理由和程序不得随意改变执法行为的内容或就同一事项重新作出执法行为,而对于相对人来说,不得否认执法行为的内容或随意改变执法行为的内容。相对人如果对交通行政执法行为不服,可以按照法定的条件和期限申请复议和提起行政诉讼。超过复议和起诉期限,相对人则丧失申请行政复议和提起行政诉讼的权力。

执法行为具有不可变更的效力并不意味执法行为绝对不可以变更,而是说执法行为作出后不得随意变更或撤销。如果有法定的事由,并经过法定程序,执法主体或有权机关可依职权自行改变执法行为,相对人也可以通过提起复议、诉讼方式请求复议机关和人民法院变更。

(2)拘束力。交通行政执法行为的拘束力是指交通行政执法行为生效后,行为内容对有关人员或组织所产生的法律上的约束效力,有关人员和组织都必须遵守、服从。它体现在两个方面:一方面,对相对人具有拘束力。作为执法行为相对人的公民,法人或其他组织必须遵守、服从和执行,完全地履行执法行为的内容或设定的义务,不得违反或拒绝。否则,就要承担相应的法律后果。

另一方面,是对执法主体的拘束力。执法行为的拘束力不仅是针对相对人,执法主体及其上级机关自身同样要受执法行为的约束,非依法定程序不得变更或撤销,违者也要承担相应的法律责任。

(3)执行力。交通行政执法行为的执行力是指对于交通行政执法行为所设定的义务,相对人必须履行。如相对人拒不履行,可按照法律规定的权限由交通主管部门或申请人民法院强制执行。

三、交通行政执法行为的撤销、变更和废止

(1)交通行政执法行为的撤销。交通行政执法行为作出后,因该执法行为违法或不当被有权国家机关作出撤销决定后而使之失去法律效力。交通主管部门的执法行为必须合法适当,符合公共利益。违法或不当的执法行为都会影响其自身的法律效力。违法的执法行为是指违反法律规范而作出的行政行为,如超越法定权限、违反法定程序、超出法定幅度等。不当的执法行为是指执法行为虽不违反法律规范,但是却违反交通主管部门内部规则或者是自由裁量权运用不适当的行政行为,如违反法定目的、畸轻、畸重等。无论是违法的执法行为还是不当的执法行为,都可以被撤销或变更,使执法行为全部或部分丧失法律效力。

如前所述,交通行政执法行为具有确定力,违法或不当的执法行为具有被有关行政机关或法院撤销或变更的可能性,但在行政机关作出撤销或变更决定,人民法院作出撤销或变更判决之前,仍然作为有效的行为具有事实上的约束力。

交通行政执法行为的撤销可分为两种情况:一是争讼撤销,是指具备一定资格者(申请行政复议资格、行政诉讼原告资格)在法定期限内,提出撤销的请求,经复议机关、人民法院审查,认定该行政行为违法或不当而予以撤销的情形。二是依职权撤销,是指有权的行政机关认为交通主管部门的执法行为违法或不当,而在其职权范围内主动予以撤销。

(2)交通行政执法行为的变更。已经作出的交通行政执法行为,因其完全或部分内容违法、不当,由有权机关依照法定程序予以改变。根据《行政复议法》的有关规定,复议机关对于具体行政行为明显不当的,可以决定变更。根据《行政诉讼法》的有关规定,人民法院对于行政处罚显失公正的,可以判决变更。

对因违法或不当而被变更的交通行政执法行为的内容部分,应视为自始未发生法律效力,未被变更部分则仍具有法律效力。

(3)交通行政执法行为的废止。由于客观形势的变化导致原交通行政执法行为无继续存在的必要时,由有权机关依法宣布终止其法律效力。

第二节 交通行政执法人员

一、交通行政执法人员任用

交通行政执法人员是指在交通行政管理机关中,具有合法资格,直接从事交通行政执法工作的人员。交通行政执法人员是在国家交通行政管理机关中任职的人员。交通行政管理机关以外的其他机关人员,都不是交通行政执法人员,交通行政管理机关以外的其他行政执法人员也不是交通行政执法人员。交通行政执法人员是行使交通行政权,执行交通行政事务的人员。根据这一特征,在交通行政管理机关中工作的行政人员、工勤人员等不是交通行政执法人员。

交通行政执法必须按法定方式并经法定程序任用。在我国,交通行政执法人员的任用方式有考任、委任、调任三种情形,而且每一种任用方式都必须遵守法定程序。

交通行政执法人员是在交通行政管理机关编制内的正式人员。临时在交通行政管理机关协助工作的人员不是交通行政执法人员。交通行政执法人员既包括各级交通行政机关以及法律、法规、规章授权的组织中符合上述条件的人员,也包括各级交通行政机关依法委托执法的组织中符合上述条件的人员。

二、交通行政执法人员的身份

交通行政执法人员的身份是公民,公民经法律程序进入交通行政执法队伍后,其公民身份的法律地位并不因此而丧失,无论担任多高的交通行政职务,他仍然是一个公民。《中华人民共和国宪法》(以下简称《宪法》)第三十三条第1款规定:"凡具有中华人民共和国国籍的人都是中华人民共和国公民。"交通行政执法人员作为担任国家公职的公民,即交通行政职务关系,从而使其在原身份(公民)的基础上形成了一个新的身份,即"交通行政执法人员"的身份。交通行政执法人员基于其交通行政职务关系,可以代表国家交通行政管理机关行使交通行政职权。每个交通行政执法人员因此具有了双重身份,即"公民"和"交通行政执法人员"。

交通行政执法人员以个人名义进行的活动属于个人行为,以国家行政执法身份实施交通行政管理活动时,其活动属于公务行为(交通行政行为)。交通行政执法人员的双重身份取决于他的双重行为。当交通行政执法人员为个人行为时,反映了他的公民身份,当他执行公务时,则反映了他的交通行政执法人员身份。交通行政执法人员双重身份与双重行为的存在,使其在从事活动的过程中,时常会产生各种冲突,因此,非常有必要对其双重身份进行划分。

对交通行政执法人员在具体活动中的具体身份的划分和确定,一般遵循的原则是:当其从事个人行为时,其身份是公民。当其实施交通行政行为时,其实际身份是交通行政执法人员。我国很多交通行政法律、法规以及规章都对交通行政执法人员的公务标志作了详细的规定。如,《中华人民共和国公路法》(以下简称《公路法》)第七十一条规定:"公路监督检查人员执行公务,应当佩戴标志,持证上岗。"

三、交通行政执法人员的法律地位

交通行政执法人员与其所属的交通行政管理机关的关系是"法定"的。公民按法律程序进入交通行政管理机关公务人员队伍,经交通行政机关的授权而产生交通行政职权,并依法行使该职权。

交通行政管理机关的职权成为交通行政执法人员的职权,交通行政管理机关的优先权同时成为交通行政执法人员的权利,交通行政管理机关的职责和权限同样拘束交通行政执法人员。

交通行政管理机关可以对交通行政执法人员的职责、权限做进一步的划分。交通行政执法人员不仅不能超越其所属交通行政管理机关的权限,同样也不能超越本机关内部交通行政执法人员之间的权限。

交通行政执法人员实施交通行政管理活动,必须以所属交通行政管理机关的名义,按所属交通行政管理机关的意志进行。在符合形式要件和实质要件的前提下,执法的交通行政行为所引起的一切法律后果,都归属于所属交通行政管理机关。各级交通行政管理机关对其所属交通行政执法人员的过错行为承担相应的法律责任,在支付赔偿费用后,根据所属交通行政执法人员的过错程度进行追偿。

为保障交通行政执法人员以交通行政管理机关的名义并按照交通行政管理机关的意志进行活动,交通行政管理机关可以在法律范围内规定交通行政执法人员的纪律,并实施监督权和奖惩权。

四、交通行政执法人员的权利

(1)身份保障权。身份保障权又称职业保障权,即实行职业常任制。其基本含义是,交通行政执法人员一经任用,非因重大过失,不受免职或开除等处分。

(2)依法执行公务权。交通行政执法人员履行公职行为的权利必须得到法律的确认和保障,国家有为交通行政执法人员提供执行公务条件的义务。例如,允许交通行政执法人员为执行公务而使用公款公物、了解国家机密等。任何有碍于执法人员执行公务的活动或者行为都是违法的,非有法定事由,必须受到法律的制裁。

(3)获得劳动报酬、福利待遇的权利。执法人员有权要求国家提供与其地位和作用相适应的经济保障。包括因任职而应享有的工资、福利、保险、休息、休假待遇等,并需以法律的形式固定下来。

(4)参加培训的权利。交通行政执法人员有参加政治理论和业务知识培训的权利。交通行政执法人员为掌握严格知识,胜任本职工作,有要求参加培训和学习的权利。交通行政管理机关应作出明确的培训计划,提供必要的时间、经费和场所。

(5)提出批评和建议的权利。《宪法》第四十一条第1款规定,公民对任何国家机关和国家工作人员有提出批评和建议的权利。据此,任何机关和人员都不得压制交通行政执法人员的批评和建议,更不得乘机或者变相打击报复。否则,将追究打击报复者的法律责任。

(6)提出申诉和控告的权利。交通行政执法人员有权对侵犯其合法权益的行为向有关国家机关提出申诉、有权对任何机关和个人的违法违纪行为向监察部门或者司法部门提出控告。申诉和控告是维护交通行政执法人员自身利益的有力手段,也是同不法行为进行斗争的武器。

(7)辞职的权利。交通行政执法人员由于主观或者客观原因不愿意继续担任公职,有权要求重新选择职业,这是交通行政执法人员的权利,任何机关或个人不得予以剥夺。但是,由于交通行政执法人员职务的特殊性,国家可以规定最低服务年限。例如,我国公务员的最低服务年限是2年,未满最低服务年限的不得辞职。在涉及国家安全、重要机密等特殊岗位上任职的公务员,依照《国家公务员暂行条例》第七十一条第(1)3款规定,不具有自愿辞职的权利。

五、交通行政执法人员的义务

(1)遵守宪法、法律和法规。遵守宪法、维护宪法,是我国交通行政执法人员任职最基本的条件,最重要的义务。我国不实行两党或多党轮流执政,交通行政执法人员也不实行西方国家对交通行政执法人员实行的政治"中立"原则。

(2)依法执行公务。依法执行公务的"法",包括法律、法规、规章等。以上"法"的效力等级以法律最高,如法规、规章与法律相抵触,交通行政执法人员应该执行法律。

(3)忠于职守、尽职尽责。交通行政执法人员需勤恳、努力地完成各项工作任务，全心全意为人民服务，不得擅离、玩忽职守或贻误工作，密切联系群众，倾听群众意见和建议，接受群众的监督，为了维护国家和人民的利益，勇于同一切违法乱纪的行为做斗争。

（4）服从命令。交通行政执法人员在执行公务时，应服从上级及其领导的指示和命令。否则，将受到行政处分直至被追究法律责任。但是，上述指示和命令应是根据其职权范围发出的，并且不违背有关法律、法规等，否则，交通行政执法人员没有服从的义务，且有权提出批评和建议，乃至于揭发检举。

（5）维护国家的安全、荣誉和利益，保守工作秘密。交通行政执法人员的特殊身份和职责决定了其言行必须始终与其所代表的国家意志保持一致，维护国家的安全、荣誉和利益。根据有关规定，交通行政执法人员不得散布有损政府声誉的言论，不得组织或参加非法组织，不得组织或参加旨在反对政府的集会、游行、示威等活动，不得组织或参加罢工。不得泄露国家秘密和工作秘密。在外事活动中不得有损国家荣誉和利益。

（6）克己奉公、遵守职业道德。交通行政执法人员必须公正廉洁。克己奉公，不得贪污、盗窃、行贿、受贿或者利用职权为自己和他人谋取私利。不得挥霍公款、浪费国家资财。不得经商、办企业以及参与其他营利性的经营活动。通常不得兼职，因工作特别需要兼职者，需经过批准，且兼职不得取双薪。交通行政执法人员在履行公务时，还必须坚持实事求是，不得弄虚作假，歪曲事实真相。

第三节 交通行政执法主体

一、交通行政执法主体的概念

交通行政执法主体，是指享有国家交通行政权力，能够以自己的名义实施交通行政管理活动，并能够独立承担由此产生的法律责任的组织。《交通运输行政执法程序规定》第二条规定："交通运输行政执法部门及其执法人员实施交通运输行政执法行为，适用本规定。"

前款所称交通运输行政执法部门（以下简称执法部门），是指县级以上人民政府交通运输主管部门，法律、法规授权的交通运输管理机构，县级以上人民政府交通运输主管部门依法委托的交通运输管理机构以及经依法批准履行法律、法规授权机构的全部或者部分行政执法职权的交通运输综合行政执法机构。

所称执法人员，是指依法从事路政管理、道路运输管理、水路运输管理、航道管理、港口管理、交通建设工程质量安全监督、海事管理、地方铁路运输管理等交通运输行政执法工作,并持有合法有效执法证件的人员。

所称交通运输行政执法,包括执法部门及其执法人员依法实施的行政检查、行政强制、行政处罚等执法行为。实施交通运输行政许可的行为,不适用本规定。

交通行政执法主体是依法拥有国家交通行政权力的组织。交通行政权是指国家赋予的,运用国家强制力对交通行政事务进行管理的权力,是国家行政权在交通行政领域的一种表现形式。交通行政机关依法享有交通行政职权,可以成为交通行政主体,企事业单位等其他社会组织经法律、法规、规章的授权而取得交通行政权,也可以成为交通行政执法主体。其他任何不具有交通行政职权的社会组织,都不能成为交通行政执法主体。

交通行政主体能够以自己的名义实施交通行政管理活动。所谓"以自己的名义",是指能以自己的名义对外行文,能以自己的名义作出处理决定,实施行政行为,并能以自己的名义参加诉讼活动。交通行政主体能够独立地承担法律后果。

二、交通行政执法主体的法律地位

交通行政执法主体的法律地位,是指交通行政执法主体在国家交通行政管理中权力的综合体现。

在我国,交通行政执法主体分为多个层次,上至国家交通运输部及其所属的授权交通行政执法机构,下至各县的交通行政机关及其所属的授权交通行政执法机构。交通运输部是国务院直接领导下的最高交通行政机关,有权领导和指挥其所属的交通行政执法机构,对这些机构享有命令、指挥、监督权。有权就其主管的交通行政事务对地方各级交通行政机关及其所属的各交通行政执法机构进行指导和监督。地方各级交通行政机关有权领导和指挥其所属的交通行政执法机构,有权就其主管的交通事务对下级交通行政机关及其所属的交通行政执法机构进行指导和监督。同时,交通运输部要接受国务院的直接领导。

交通行政执法主体有权以自己的名义行使交通行政职权,并能独立承担因此而产生的法律责任。交通行政主体是代表国家进行交通行政管理,所以其行为后果和责任应归属于国家,一个重要的表现就是国家要对各级交通行政主体及其执法人员的违法职务行为承担赔偿责任。在对外管理中,交通行政主体有权按照法律规定对有关事务进行处置,也有义务应交通行政相对方的要求提供各种服务。交通行政相对方有义务接受并协助交通行政主体的各项管理活动,同时也有权要求交通行政主体履行其相应的职责。

三、交通行政职权

交通行政职权,是交通行政法学上的一个核心概念。它是国家交通行政权的转化形式,是交通行政主体依法拥有的、实施国家交通行政管理活动的资格及权能。

交通行政职权可以分为两类:一类是固有职权,另一类是授予职权。固有职权以交通行政主体的依法设立而产生,并随交通行政主体资格的消灭而消灭。授予职权来自于法律、法规、规章授权。授予职权既可因法律、法规及规章的修改废止而消灭,也可因被授权组织的消灭而消灭。

交通行政职权的内容主要包括:

(1)交通行政立法权。根据宪法和法律的规定,交通行政主体享有制定和发布交通行政规章的权力。当然,交通行政立法权并不是任何交通行政机关都能享有的,只有特定的交通行政机关(交通运输部)才能拥有交通行政规章的制定权。

(2)交通行政决策权。指交通行政机关有权对其所管辖领域和范围内的重大交通行政事项作出决策。

(3)交通行政决定权。这一权力包括交通行政主体依法对交通行政管理中的具体事宜的处理权以及法律、法规和规章未明确规定的事项的规定权。具体可指交通行政许可权、交通行政奖励权、交通行政合同权和交通行政指导权等。

(4)交通行政命令权。即交通行政机关发布命令,依法要求特定的人或不特定的人为或不为一定行为,依法命令对方当事人必须服从。

(5)交通行政执行权。指交通行政主体根据有关法律、法规或规章的规定或有关上级部门的决定,在其所辖范围内具体执行交通行政事务的权力。

(6)交通行政处罚权。指交通行政主体对交通行政相对方违反有关交通行政法律规范的行为,依法实施诸如警告、罚款、没收非法财物、没收违法所得、暂扣证照等法律制裁的权力。

(7)交通行政强制执行权。即在交通行政管理中,如果交通行政相对方不依法履行义务或有其他违反交通行政管理秩序的情形,交通行政机关可以依法采取强制措施,促使法定义务的履行,以维护交通行政管理秩序。

(8)交通行政司法权。指交通行政主体依法通过调解、复议等方式处理、解决某些交通行政纠纷的权力。

四、交通行政授权

交通行政授权是指法律、法规将某项或某一方面的交通行政职权的一部分或者全部,通过法定方式授予某个组织的法律行为。

交通行政授权具有如下特征:

(1)交通行政授权必须以法律、法规的明文规定为依据。交通行政授权意味着使原来没有交通行政主体资格的组织取得交通行政主体资格,或者使原有的交通行政主体的职权范围扩大、职权内容增加,这是法律、法规才具有并能赋予的权力。其他规范性文件则不具有赋予交通行政职权的能力,即使其已经进行赋权,其行为也是违法的,经授权所产生的交通行政主体自始不应存在。

对于交通行政机关而言,其职权依照组织法在其成立时就已经存在。交通行政机关之外的能够被授予职权的组织,既包括交通行政机关的派出机构、内设机构,也包括企事业单位。

(2)交通行政授权具有单方面的强制性。即只要交通行政授权合法作出,就发生法律效力,交通行政授权引起职权、职责的一并转移。交通行政授权不是单纯的权力性交通行政处理行为,也不是单纯的义务性交通行政处理行为,而是二者的结合,属于混合性的交通行政处理行为。

被授权组织在被授权范围内以自己的名义行使交通行政职权,而不是以授权人的名义实施交通行政行为。

(3)交通行政授权的方式,是由法律、法规将职权授予特定的组织。

交通行政授权的内容通常比较单一,仅仅表现为某一专项、特定内容的职权,被授权的组织只有在行使被授予的职权时,才具有行政主体的身份和地位。

交通行政授权与交通行政委托在方式和范围上近似。后者指交通行政主体将其职权的一部分,依法委托给其他组织或个人来行使的法律行为。

第四章
交通行政行为

第一节 具体行政行为

一、交通行政执法行为的概念

交通行政执法行为是指交通行政执法主体在依法行使行政职权的过程中实施的能够产生行政法律效果的行为。即行政机关与法律、法规授权的组织实施的行政行为,如:公路管理局的路政管理行为、道路运输局的运政管理行为等。只有行政主体的行政行为才能称为行政执法行为,这是行政执法行为成立的主体要素。行政机关的公务员与法律、法规授权的组织的工作人员以行政主体的名义所实施的行为视为行政主体的行为。

行政执法行为必须是行使行政权的行为,只有运用行政权才能实施具有单方性和强制性的行政执法行为,行政主体依法所实施的职权行为能对作为行政相对一方的公民、法人或其他组织的权利、义务产生影响。这是行政执法行为成立的结果要素。这种影响既包括对行政相对方有利的影响,也包括对行政相对方不利的影响。同时,这种影响既包括对行政相对方所产生的直接影响,也包括对行政相对方产生的间接影响。

行政执法是行政机关管理社会的一种手段。行政机关要完成对社会行政事务的组织、管理任务,就必须首先对行政相对一方守法或者违法的情况作出具体、全面的掌握和了解,只有这样,才能有的放矢地进行行政管理活动。

行政相对一方是否真正遵守行政法律、行政法规、行政规章,需要通过行政执法进行查证。行政执法是作出和执行行政处理决定的前提。行政机关在对行政相对一方遵守或者违反行政法律、行政法规、行政规章的情况进行执法、了解真实情况的基础上,才能对违法者予以处罚。

行政执法可以为行政立法活动提供信息、资料和依据。通过行政执法,如果发现某些行政法规、行政规章在内容上超前、滞后或者欠缺完善,行政执法机关可以及时反馈给行政立法机关,由其进行进一步的修改,使之更加切合实际。了解到哪些方面欠缺法律规范,也可以及时报请国务院或者部以及有规章制定权的地方人民政府,进行行政立法。

二、交通行政执法的要求

(1)依据准确。在交通行政管理中,可以依据的规定很多,有行政法规,交通运输部规章,地方性法规、规章,还有一系列的规范性文件。执行中,上位法没有规定的,部门规章和地方性法规在符合立法程序、在立法权限内作出的规定,执法机关应当严格执行。某些条款的内容下位法与上位法不一致时,以上位法为准。

实践工作中,数量最多的是法规、规章以外的其他规范性文件(俗称红头文件)。从其性质而言,不属于行政立法,从其必要性分析,为了加强行政管理,提高行政效率,需要规范性文件。规范性文件在实践中发挥了极大的作用,从而使得行政立法有了坚强的基础。但是,有的规范性文件存在一些问题,如:越权,超越职能的、超越上下级之间关系的,其内容与上级规范性文件或者法律法规规章不符合甚至抵触的,不以法律法规规章为依据的,没有遵循必要的程序规则。因此,在运用这些依据时,要慎重。

适用依据正确,具体有以下要求:

①对具体行政行为所基于的事实定性正确。

②对相应的事实选择适用的依据,具体规范正确。

③根据相应事实所具有的情节,全面地适用法律依据。

(2)程序合法。行政主体实施具体行政行为,必须依照规定的方式、形式、步骤、时限等进行。每一项工作都有程序问题,行政处罚有简易程序、一般程序、听证程序。法律对程序是有规定的,如行政处罚在作出行政处罚决定之前,必须调查取证,必须告知行政相对人处罚的违法事实、依据、理由和陈述权、申辩权,重大案件必须告知有要求举行听证的权利。

行政执法程序主要包括:

①表明身份。行政执法主体在进入工作场所等实施行政执法时,必须向行政相对一方表明自己是依法享有行政执法职权的主体。表明身份需要向相对一方出示证件、口头告知身份、佩戴公务标志等。如不表明身份,被执法者有权拒绝接受执法。

②说明理由。说明理由程序的设置目的在于让行政相对一方了解实施行政执法的原因和根据,从而取得相对一方的理解、情愿,或经说服教育后同意接受执法从而配合执法的进行。

③实施执法。在表明身份、说明理由之后,就可以在执法项目的范围内,遵循法定的原则程序实施执法。

④告知权利。行政执法主体告知行政相对一方有利于其保护自己合法权益的途径和手段。包括对行政执法发表自己的见解、提出自己意见的权利。针对行政执法主体获取的与己不利的证据为自己辩解的权利,以及如何申诉控告寻求法律救济的权利。

(3)事实清楚(证据确凿)。行政主体在作出任何一项具体行政行为时,首要条件是事实清楚,特别是惩戒性决定,必须证据确凿、充分。证据确凿,是指实施具体行政行为的事实依据确实、可靠。证据充分,是指具体行政行为具备足以证明其所认定事实的一定的证据量。

证据的收集,是查处案件难度最大、工作量最大的一个问题。当事人不承认、不配合、逃逸,了解情况的人不愿作证或者作证之后又反悔,强制手段欠缺等情况普遍存在,取证难已是不争的事实。但是,事实清楚这是具体行政行为合法有效的前提和基础,必须无条件做到。

(4)处罚适当。行政决定的实质性内容不仅合法,而且合理、合适,行政处罚不畸轻畸重。法律、法规不可能对行政行为在所有情况下的所有处置方法都作出详细、具体、明确的规定,很多情况下法律法规仅对行为的目的、行为范围等作一原则性规定,而将行为的具体条件、标准、幅度、方式、程序等留给行政主体自行选择、决定,这就是自由裁量行政行为。如,根据《道路运输条例》第六十四条,对未取得道路运输经营许可,擅自从事道路运输经营的,可处以3万元以上10万元以下的罚款。自由裁量的幅度是3万元以上10万元以下,在这个范围内作出的决定都是合法的。具体情况要作具体分析,若具备《行政处罚法》第二十七条规定的减轻情形的,还可以低于最低幅度3万元给予处罚。哪些情况可以低于最低幅度3万元给予处罚,依据《行政处罚法》第二十七条规定予以从轻或者减轻行政处罚:

当事人有下列情形之一的,应当依法从轻或者减轻行政处罚:(一)主动消除或者减轻违法行为危害后果的;(二)受他人胁迫有违法行为的;(三)配合行政机关查处违法行为有立功表现的;(四)其他依法从轻或者减轻行政处罚。违法行为轻微并及时纠正,没有造成危害后果的,不予行政处罚。

三、交通行政处罚程序分类

1. 交通行政处罚的简易程序

交通行政处罚的简易程序作为交通行政处罚决定程序的一种,是指交通管理部门当场实施行政处罚所适用的简便易行的决定程序。当场处罚是指有管辖权的交通管理部门发现当事人的违法行为后,无须进一步调查取证,当场根据当事人的违法事实和情节,依法对其实施行政处罚的情形。

设置简易程序有助于提高行政效率,实现交通行政执法的目的。但这一程序很容易对违法相对一方的合法权益造成不必要的损害,因此必须严格控制它的范围。《行政处罚法》第三十三条规定:"违法事实确凿并有法定依据,对公民处以50元以下、对法人或者其他组织处以1000元以下罚款或者警告的行政处罚的,可以当场作出行政处罚决定。"根据这一规定,可以适用简易程序的交通行政处罚案件,必须符合以下三个条件:

(1)违法事实确凿。即违法事实简单、清楚,证据充分,没有异议。

(2)对这种违法行为实施处罚有法定根据。即必须是法律、法规和规章明文规定可以处罚的。

(3)处罚较轻。即对个人处以50元以下的罚款和警告,对组织处以1000元以下罚款或者警告。

执法人员当场作出行政处罚决定之前,应当将所认定的违法事实、处罚理由和依据告知当事人,当事人有权就此进行陈述和申辩。执法人员必须充分听取当事人的意见,对当事人提出的事实、理由和证据应当进行复核;当事人提出的事实、理由和证据成立的,应当予以采纳。

执法人员作出当场处罚决定,必须填写统一编号的《交通行政(当场)处罚决定书》,当场交付当事人,并告知当事人不服行政处罚决定可以依法申请行政复议或者提起行政诉讼。

执法人员作出当场处罚决定之日起5日内,应当将《交通行政(当场)处罚决定书》副本向所属交通管理部门备案。

2. 交通行政处罚的一般程序

一般程序,又称普通程序,是交通管理部门实施行政处罚的基础程序,是简易程序和听证程序以外的行政程序。一般程序与简易程序的区别在于:一般程序强调调查取证步骤的重要地位和作用。在一般程序当中,调查取证是实施交通行政处罚的前提步骤,通过调查取证,交通管理部门可以了解违法行为事实,掌握充分证据,确定违法行为的性质和情节,并依法对当事人实施交通行政处罚。

由一般程序的性质所决定,其适用范围与简易程序的适用范围有着严格的区别。一般程序适用于以下三类案件:

①处罚较重的案件。即对个人处以警告和50元罚款以上、对组织处以警告和

1000 元以上罚款的处罚案件。

②情节较复杂的案件。即需要经过调查取证才能搞清的处罚案件。

③当事人对于执法人员给予当场处罚的事实认定有分歧而无法作出行政处罚决定的案件。

交通行政处罚的一般程序，必须经过法定的四个步骤：

(1) 调查取证。调查取证是交通行政处罚一般程序中的第一个步骤。交通管理部门必须对案件情况进行全面、客观、公正的调查，收集证据（证据包括书证、物证、视听材料、证人证言、当事人陈述、鉴定结论、勘验笔录和现场笔录）。必要时，依照法律、法规的规定可以进行检查。

案件调查人员调查、收集证据，不得少于两人，询问证人和当事人时，应当个别进行并告知其作伪证的法律责任，制作《询问笔录》须经被询问人阅核后，由询问人和被询问人签名或者盖章，被询问人拒绝签名或者盖章的，由询问人在询问笔录上注明情况，对与案件有关的物品或者现场进行勘验检查的，应当通知当事人到场，制作《勘验检查笔录》，当事人拒不到场的，可以请在场的其他人员见证，对需要采取抽样调查的，应当制作《抽样取证凭证》，需要妥善保管的应当妥善保管，需要退回的应当退回，对涉及专门性问题的，应当指派或者聘请有专业知识和技术能力的部门和人员进行鉴定，并制作《鉴定意见书》。在证据有可能灭失或者以后难以取得的情况下，经交通管理部门负责人批准，可以先行登记保存，制作《证据登记保存清单》，并应当在 7 日内作出处理决定。

案件调查人员是该案的当事人或者其近亲属，本人或者其近亲属与该案有利害关系，或者与该案当事人有其他关系可能影响案件的公正处理的，应当主动申请回避，当事人也有权向交通管理部门申请要求回避。案件调查人员的回避，由交通管理部门负责人决定，回避决定作出前，案件调查人员不得擅自停止对案件的调查处理。

案件调查人员在初步调查结束后，认为案件事实基本清楚，主要证据齐全，应当制作《交通违法行为调查报告》，并提出处理意见，报送交通管理部门负责人进行审查。

(2) 听取申辩。由以下两个环节组成：

①制发《交通违法行为通知书》《交通违法行为调查报告》是连接调查取证和听取申辩步骤的一个重要环节。交通管理部门负责人在审查《交通违法行为调查报告》后，认为对当事人依法应当免予行政处罚或不予行政处罚的，应当决定撤销案件，并应当消除因采取措施给当事人所带来的不利影响。

交通管理部门负责人对《交通违法行为调查报告》审核后，认为应当给予行政处罚的,交通管理部门应当制作《交通违法行为通知书》,并送达当事人。

制发并送达《交通违法行为通知书》的意义在于有效地执行了《行政处罚法》的要求:"行政机关在作出行政处罚决定之前,应当告知当事人作出行政处罚决定的事实、理由及根据,并告知当事人依法享有的权利"。

②听取当事人陈述、申辩或组织听证。当事人收到《交通违法行为通知书》后,有权在3日内向交通管理部门进行陈述、申辩或者要求交通管理部门组织听证,当事人按要求进行陈述、申辩的,交通管理部门应当充分听取,认真审核当事人的意见,并将其陈述、申辩事实和理由以及提出的证据制成笔录。若当事人陈述的事实、理由或者证据成立,交通管理部门应当采纳。当事人要求组织听证的,案件调查人员应当记录在案,交通管理部门应当组织听证。

(3)作出处罚决定。交通行政处罚调查终结,审查有关案件调查材料、当事人陈述和申辩材料、听证会笔录和听证会报告书后,根据不同情况分别作出以下处理决定:

①违法事实清楚,证据确凿充分,不需要经过听证程序的案件,根据情节轻重,作出处罚决定;

②应当经过听证程序处理的案件,经听证后作出决定;

③案件还需要进一步调查处理的,案件调查人员补充调查;

④违法行为轻微,依法可以不予行政处罚的,不予行政处罚;

⑤违法事实不能成立的,不得给予行政处罚;

⑥违法行为已构成犯罪的,应当将案件有关材料移送有管辖权的司法机关处理。

应该注意的是,当案情复杂或者有重大违法行为需要给予较重行政处罚的,应当集体讨论。

交通管理部门作出行政处罚决定必须制作《交通行政处罚决定书》处罚决定书,必须盖有作出交通行政处罚决定的交通管理部门的印章。处罚决定书应当载明下列事项:

①当事人的姓名或者名称、地址;

②违反法律、法规或者规章的事实和证据;

③交通行政处罚的种类和依据;

④交通行政处罚的履行方式和期限;

⑤不服交通行政处罚决定的,申请行政复议或者提起行政诉讼的途径和期限;

⑥作出处罚的交通管理部门的名称和作出决定的日期。

(4)送达处罚决定书。《交通行政处罚决定书》应当在宣告后当场交付当事人;当事人不在场的,交通管理部门应当在 7 日内送达当事人,由受送达人在《交通行政处罚文书送达回证》上注明收到日期、签名或者盖章,受送达人在《交通行政处罚文书送达回证》上的签收日期为送达日期。根据送达情况的不同,可以作出相应的处理:

①当事人不在场的,交其同住的成年家属签收,并且在备注栏内写明与当事人的关系;

②受送达人已指定代收人的,交代收人签收;

③受送达人拒绝接收的,送达人应当邀请有关基层组织的代表或者其他人员到场,说明情况,在《交通行政处罚文书送达回证》上写明拒收事由和日期,由送达人、见证人签名或者盖章,并把交通行政处罚文书留在收送达人的住处,即视为送达;

④直接送达交通行政处罚文书困难的,可以委托其他交通管理部门代为送达,或者以邮寄、公告的方式送达。邮寄送达,挂号回执上注明的收件日期为送达日期;公告送达,自发出公告之日起经过 60 天,即视为送达。

3. 交通行政处罚的听证程序

交通行政处罚的听证程序,是指交通行政处罚主体在作出处罚决定之前,在非本案调查人员的主持下,举行由该案的调查人员和拟被处以行政处罚的当事人参加的,以供当事人陈述、申辩以及与调查人员辩论的听证会。

交通行政处罚听证程序适用的条件:

①实体条件。听证程序只适用于责令停产停业、吊销证照、较大数额罚款三类较重的行政处罚,处罚较轻的交通行政处罚案件,不适用于听证程序。这一规定与《行政处罚法》第四十二条的有关规定相一致,而且交通运输部还对其中的较大数额罚款的"较大"进行了规定,即"地方交通管理部门按省级人大常委会或者人民政府规定或其授权部门规定的标准执行。交通部直属的交通管理机构按 5000 元以上执行,港务(航)监督机构按一万元以上执行"。

②程序条件。只有在当事人要求听证的情况下,交通管理部门才举行听证,即当事人的申请是一个前提条件,交通管理部门不主动举行听证。交通行政管理部门在作出处罚决定之前,应当告知当事人有要求听证的权利。当事人要求听证的,交通管理部门应当组织听证。

交通管理部门举行听证的,应当按照以下程序进行:

(1)组织听证的准备。交通管理部门应当在举行听证会的 7 日前向当事人送达《听证会通知单》,告知当事人组织听证的时间、地点、听证会主持人名单及是否申请其回避和可以委托代理人的权利。听证会由主持人、案件调查人员、当事人或者其委托代理人、证人、书记员参加。听证会主持人由交通管理部门负责人指定的法制机构工作人员或者其他相应人员担任。委托代理人出席听证会,应当提交当事人的委托书。除涉及国家秘密、商业秘密或者个人隐私外,听证会应当公开举行。此外,当事人或者其委托代理人无正当理由不按时出席听证会或者中途擅自退出听证会的,视为当事人放弃要求听证的权利。

(2)举行听证会。听证会按以下程序进行:

①听证会主持人宣布听证会开始,宣布案由和听证会纪律,宣布和核对听证参加人员名单;

②案件调查人员介绍案件的违法事实和调查过程,宣读或者出示案件的证据,说明拟作出的行政处罚的内容及依据;

③当事人或者其委托代理人对案件的事实、证据、适用的法律依据及拟作出的行政处罚内容进行质证和申辩;

④听证会主持人就案件的有关问题向当事人、案件调查人员、证人询问;

⑤当事人或者其委托代理人做最后陈述;

⑥当事人或者其委托代理人阅读、修改《交通行政处罚案件听证会笔录》,并签字或者盖章;

⑦听证会主持人宣布听证会结束。

(3)作出结论。听证主持人应当在听证会结束后将听证情况和处理意见制作成《交通行政处罚案件听证会报告书》,连同听证会笔录一起上交交通管理部门负责人。

交通管理部门根据《交通行政处罚案件听证会报告书》和听证会笔录,作出处罚决定。

(4)交通行政处罚的执行程序。以上所述的简易程序、一般程序和听证程序,都属于交通行政处罚的决定程序。交通行政处罚一经决定,即进如入执行程序。

交通行政处罚的执行应当遵循以下原则:

(1)当事人自觉履行原则。根据《行政处罚法》第四十四条的规定,交通行政处罚依法作出后,当事人应当在行政处罚决定的期限内,予以履行。

(2)不停止执行原则。交通行政处罚决定作出后,当事人对行政处罚决定不服申请行政复议或者提起行政诉讼的,除法律另有规定外,行政处罚决定不停止执行。这里的"法律"应当是指《行政复议法》和《行政诉讼法》的相关规定。

根据这些规定,行政复议和行政诉讼都不停止交通行政处罚决定的执行,但有下列情形的,可以停止执行:

（1）作出交通行政处罚决定的交通管理部门认为需要停止执行的。

（2）行政复议机关认为应当停止执行的。

（3）在行政复议中，被处罚人申请停止执行，行政复议机关认为其要求合理的，可以决定停止执行。在行政诉讼中，被处罚人申请停止执行，人民法院认为该交通行政处罚决定的执行会造成难以弥补的损失，并且停止执行不损害社会公共利益，可以裁定停止执行。

（4）法律、法规规定停止行政处罚决定执行的。

交通行政处罚执行的强制措施，根据《行政处罚法》第五十一条规定，当事人逾期不履行行政处罚决定的，作出行政处罚决定的行政机关可以采取下列措施：

（1）到期不缴纳罚款的，每日按罚款数额的3%加处罚款；

（2）根据法律规定，将查封、扣押的财物拍卖或者将冻结的存款划拨抵缴罚款；

（3）申请人民法院强制执行。

《行政处罚法》第五十二条、第五十三条规定："当事人确有经济困难，需要延期或者分期缴纳罚款的，经当事人申请和交通管理部门批准，可以暂缓或者分期缴纳。除依法应当予以销毁的物品外，依法没收的非法财物必须按照国家规定公开拍卖或者按国家有关规定处理。罚款、没收违法所得或者没收非法财物拍卖的款项，必须全部上缴国库，任何行政机关或者个人不得以任何形式截留、私分或者变相私分；财政部门不得以任何形式向作出行政处罚决定的交通管理部门返还罚款。没收的违法所得或者返还没收非法财物的拍卖款项。"

第二节 交通行政处罚原则

一、合法性原则

行政处罚法定原则是行政合法性原则在交通行政处罚中的具体体现，规定交通行政处罚必须严格依据法律规定进行。《行政处罚法》第三条规定："公民、法人或者其他组织违反行政管理秩序的行为，应当给予行政处罚的，依照本法由法律、法规或者规章规定，并由行政机关依照本法规定的程序实施。没有法定依据或者不遵守法定程序的，行政处罚无效"。这一规定充分体现了行政处罚法定原则。行政处罚法定原则是交通行政处罚的基本原则之一，也是交通行政处罚的最重要的原则。它主要包括以下三个方面的基本要求。

（1）行政处罚的依据必须是法律、法规或者规章明确规定的。没有法定依据不得实施行政处罚,有些行为尽管违反了有关规定,但法律、法规或者规章没有明确规定应当给予行政处罚的,也不得比照其他法律或者随意实施行政处罚,即"法无明文规定不处罚"。

（2）实施行政处罚的主体及其职责必须是法律、法规或者规定明确规定的。行政处罚的实施必须由具有法定行政处罚权的行政机关、法律、法规授权的组织或者由行政机关依法委托的组织实施。只有法律、法规明确规定了何种行政处罚由某个机关实施,这个机关或者组织才可以实施行政处罚,并且该机关或者组织只能在法律、法规所规定的权限范围内实施行政处罚,不得超越法定权限。

（3）行政处罚的程序必须是法律、法规或者规章明确规定的。作出行政处罚行为必须遵守法定程序,如果在实施行政处罚时,不严格履行法定程序,就会损害被处罚人的合法权益,导致行政处罚行为的违法或者无效。

二、行政处罚公正、公开原则

公正、公开原则是"法律面前,人人平等"在交通行政处罚活动中的具体体现,即实施交通行政处罚必须符合"法律面前,人人平等"的原则。《行政处罚法》第四条规定:"行政处罚遵循公正、公开的原则"。

行政处罚公正原则是指行政处罚的设定与实施要公平公正。这是行政处罚法定原则的进一步延伸和补充,行政处罚不仅要合法,而且要公正、公平。行政处罚公正原则体现在实体公正和程序公正两方面。在实施行政处罚过程中,行政处罚主体必须给予被处罚人公正的待遇,充分尊重当事人在程序上所拥有的独立人格与尊严,避免行政处罚权的行使武断专横。在处罚决定上应当公平对待各方当事人,平等、公正地适用法律,同样违法行为同等处罚,做到过罚相当,不因当事人的地位、权势、名望等因素而有所偏私。

行政处罚公开原则是指行政处罚的设定与事实都要向社会公开。只有公开,将行政处罚的全部活动置于公众的监督之下,才能确保公正的实现,它是公正原则的保障。公开原则有两项基本要求:一是行政处罚依据公开,即有关交通行政处罚的法律、法规和规章必须公开,未经公布的规范不能作为行政处罚的依据。二是行政处罚程序公开,交通管理部门在作出行政处罚决定之前,应当告知当事人作出行政处罚决定的事实、理由、法律依据以及当事人依法享有的权利并充分听取当事人的意见,不能拒绝当事人的陈述与申辩。

三、一事不再罚原则

一事不再罚原则是指行政相对人的同一个违法行为,不能给予两次以上的罚款。它解决的是行政执法实践中多头罚款与重复罚款的问题。《行政处罚法》第二十四条规定："对当事人的同一个违法行为，不得给予两次以上罚款的行政处罚"。

行政处罚以惩戒为目的，针对一个违法行为实施了处罚，就已达到了惩戒的目的，如果再对其进行处罚，则是重复惩罚，违背了过罚相当，有失公正。具体适用这一原则时，应当注意三种情况，一是同一个违法行为违反了一个法律规范，由一个行政机关实施行政处罚的，不得以同一事实和理由给予两次以上的罚款。二是一个违法行为违反了一个法律规范，可由两个行政机关实施行政处罚的，只能由其中的一个行政机关给予罚款的行政处罚。三是同一个违法行为，违反了两个以上的法律规范，依法可由两个以上行政机关给予罚款的，如果一个行政机关给予了罚款，其他行政机关就不得再次实施罚款。

四、处罚与教育相结合原则

处罚与教育相结合原则是指交通管理部门在实施行政处罚时，要注意说服教育，及时纠正违法行为，实现制裁与教育双重功能。《行政处罚法》第五条规定："实施行政处罚，纠正违法行为，应当坚持处罚与教育相结合，教育公民、法人或者其他组织自觉守法"。这就是处罚与教育相结合原则的具体体现。交通管理部门在实施行政处罚活动中，不仅要严肃查处违法行为，按照法律法规的规定给予必要的处罚，同时还要立足于教育，使其真正认识到自己行为的违法性、危害性，从而自觉守法，防止违法行为的再次发生。只有这样才能把处罚和教育、处罚与防范、治标与治本有机地结合起来，达到通过行政处罚，教育公民、法人或者其他组织自觉守法的目的。

处罚与教育相结合原则有两个方面含义：一是对违法行为在事实清楚、证据确凿的基础上必须严肃处理，该处罚的要坚决处罚。二是通过必要的处罚，教育违法者认识违法行为，促使其及时纠正违法，同时也要通过典型案例，开展交通法律法规宣传教育，使广大经营者和从业人员从中受到警示，增强法制观念，强化安全意识，提高依法履行职责的自觉性。

处罚与教育相结合原则是行政执法中的基本方法，二者在行政执法中发挥着互相不可替代的作用。处罚与教育互为前提，互为条件，是相辅相成的统一体。一方面，教育是基础，处罚是手段，二者结合，才能取到更大更好的实效。另一方面，处罚本身也是一种教育，而且是很有效的教育手段。把违法行为调查的过程当作既是查清事实又是教育违法者的过程，对违法者进行法律、法规的宣传教育，使其正确认识违法事实、性质以及危害性等，吸取教训，自觉守法。

五、保障权利原则

保障权利原则是指在行政处罚中要充分保障行政相对人的合法权益。《行政处罚法》第六条规定："公民、法人或者其他组织对行政机关所给予的行政处罚，享有陈述权、申辩权。对行政处罚不服的，有权依法申请行政复议或者提起行政诉讼。公民、法人或者其他组织因行政机关违法给予行政处罚受到损害的，有权依法提出赔偿要求"。这就是保障权利原则的法律体现，法律主要赋予行政相对人在行政处罚过程中享有的权利主要包括：第一，有权知道交通管理部门给予行政处罚的违法事实、理由、法律依据的知情权。第二，陈述和包括要求组织听证在内的申辩权。第三，对行政处罚不服申请行政复议或提起行政诉讼的救济权。第四，认为行政处罚违法损害自己合法权益而提出行政赔偿请求权。这些权利对于实施行政处罚的行政机关是一种义务，在实施行政处罚的过程中，行政机关应当积极地为相对人行使这些权利提供便利，不能随意加于剥夺或限制。

第三节　交通行政礼仪

一、着装规范

交通执法人员着全国交通管理统一的制式服装时，就意味着代表国家行使法定的交通职权，是交通内在性质的外部标志，象征着国家和法律的权威及对工作对象有强制性和威慑力。规范着装是对执法人员的基本要求，它直接关系到交通执法队伍的形象。因此，执法人员必须严格按照《交通行政执法风纪》等有关规定着装。

1. 着装规范

统一着装是指，国家机关工作人员为履行职能和行政执法需要，统一穿着由国家规定的制式服装。统一着装批准权限在国务院，地方各级人民政府和国务院各部门均无权批准。

2003年12月国务院办公厅《关于整顿统一着装的通知》规定，经国务院批准，13个政府有关部门的有关人员允许着统一制服，其中交通部门允许着制服的有"交通部门所属对外开放港口从事港务监督的外勤工作人员和对外籍船舶检验的专职人员，内河港务监督工作人员"。2004年年初，财政部、监察部、国务院纠风办联合下发的《关于做好整顿统一着装工作的实施意见》,再次重申统一着装的批准权限在国务院。省级交通部门无权统一着装。考虑到公路交通执法人员直接面向驾驶员和高速行驶的车辆,2004年8月17日,全国治超工作领导小组就着装问题专门向国务院报告。

最终,鉴于治超工作的特殊性和实际需要,在全国集中治超期间,一线交通执法人员暂缓脱装。

交通行政执法人员的着装范围为:

(1)港务监督工作人员。

(2)外籍船舶检验人员。

(3)内河港务监督人员。

(4)一线交通执法人员(暂缓脱装)。

2. 着装要求

为树立良好的执法队伍形象,规范交通执法人员着装,保证制式服装的严肃性,执法人员在上岗执法、参加集体活动等时间必须按规定着统一的交通制式服装,佩戴标志,携带证件。

(1)持有交通行政执法证的执法人员在执行公务时要按照以下规定着装:

①着标志服装时,必须按规定佩戴帽徽、肩章、胸徽、臂章、执法证号等标志,不得佩戴与交通执法无关的标志、物品,在办公室内和驾车时可不戴大檐帽,但应按规定摆放,不得戴墨镜(烈日下除外)。在室内或者参加会议时,应将脱下的帽子挂在相应的挂衣帽处,帽徽朝下,或者放置在桌子左前方,帽徽朝向自己;

②帽子戴正,扣好领钩、衣扣,不得挽袖、卷裤腿、披衣、敞怀;

③不同布料和不同季节的标志服不得混穿,内衣领高出标志服不得超过两毫米,内衣下摆不得外露;

④冬季着装时,不准围围巾。戴口罩时不得将口罩带系在帽子上;不戴时,应将口罩取下,不得挂在胸前;

⑤夏季着短袖衫时,应将其扎在西裤(裙)内,炎热季节,除执勤以外,在办公区内可以不戴帽,但应穿标志服,严禁赤背或者只穿背心;

⑥着春秋制服时,男执法人员胸章佩戴在左侧上衣口袋上沿居中位置。女执法人员胸章佩戴在上衣左侧高于第三组扣3厘米居中位置。着冬装、夏装及长(短)袖衬衣时,参照春秋制服相应位置佩戴胸章。着春秋制服时必须系配发的领带,着长(短)袖衬衣时除参加会议及重大活动时系领带,日常工作可不系领带;

⑦头发要整洁,男不准留盖耳长发,不准蓄胡须、女不准留披肩发;

⑧着装时,必须穿黑色皮鞋(含皮凉鞋);
⑨季节变更时要按规定时间统一换装;
⑩交通执法人员在上路执法时必须着执勤服,佩戴武装带、头盔。夜间务必加穿反光背心;
⑪临时聘用工、公务勤杂人员禁止着交通执法服装和佩戴使用各种交通执法标志。

(2)持有交通行政执法证的执法人员,在工作、执勤时必须着装,但有下列情况之一的除外:
①身躯有明显伤残不必要着装的;
②女性交通执法人员怀孕后体型发生明显变化的;
③其他不宜着装的情形。

(3)新增着装人员着装的条件:
①必须是经过公开考试考核合格,上级有关部门批准录用的交通在编人员;
②须是经过上岗培训且考试合格,取得交通运输厅核发的交通运输部《交通行政执法证》;
③应具有大专以上文化程度,并且在交通执法岗位上的人员;
④身体健康,无明显缺陷。

3.着装管理

交通执法人员必须举止端正,谈吐文明,精神振作,姿态良好。在公共场所着装时,必须做到遵守社会秩序,尊重社会公德。在公众场合不得搭肩、挽臂、袖手、打闹。不得在公众场合饮酒。不得着制服进入酒店、桑拿、歌舞厅等娱乐场所进行个人消费娱乐活动。

严禁执法人员将标志服或标志转借(赠)给非交通执法人员穿戴。辞职、调离管理机构,或者被辞退、开除公职、因涉嫌违纪违法被立案审查、停止执行职务的不得再着标志服,同时收缴执法标志。

4.仪容仪表

交通行政执法人员执行公务时应当做到:
(1)站立时端正,抬头、挺胸、收腹,双手下垂置于大腿外侧或双手交叠自然下垂,双脚并拢,脚跟相靠,脚尖微开,身体不得靠墙或桌椅,不得摇摆晃动。
(2)落座时坐姿良好,上身自然挺直,不得用手托腮,不得跷二郎腿,不得抖动腿。如座椅可旋转,不得随意转动身体。
(3)行走时步幅适当,节奏适宜,不得袖手、背手和将手插入衣袋,不得一边走路一边吃食物、看书报、摇风扇,两名以上交通行政执法人员徒步执行公务时,应当有序,不得搭肩、拉手、挽臂、揽腰。

(4)指挥车辆接受检查时,指挥手势参照公安部发布的交通警察手势信号执行。

(5)交通行政执法人员在行政相对人面前应当尽量减少不必要的手势动作,不得有下列行为:

①在行政相对人面前双手抱胸;
②用手敲桌台提醒行政相对人;
③在行政相对人面前打哈欠、伸懒腰等;
④与行政相对人有身体上的接触(正当防卫除外)。

(6)驾驶车(船)执法时,应遵守交通规则,保持适当速度和距离,按规定使用扬声器和停靠。

(7)在行政执法过程中,要求对方出示证件、接受检查及要求配合执行其他公务时,应当使用文明用语,出示全国统一的交通行政执法证件,可行举手礼。

二、礼仪规范

1. 执法礼仪的基本理念

执法人员学礼仪、讲礼仪,首先要树立执法礼仪的基本理念。执法礼仪的基本理念是"礼者,敬人也"。这句话是孔子说的,这里的"敬"是尊敬、尊重的意思。"敬"是"礼"的本义,是礼仪的重点和核心。"人"包括他人和自己。在对他人表示尊重的同时,也要注意尊重自己。

(1)尊重他人。尊重他人,就是要敬人之心长存,处处不可失敬于人,不可伤害他人的尊严,更不能侮辱他人的人格。尊重他人主要表现为以礼待人,平等待人,友善待人,尊重他人的风俗习惯,反对傲慢自大,盛气凌人,自以为是,目空一切,唯我独尊。

人际交往的黄金定律是:"你想要他人怎样对待你,你就要怎样对待他人。"也就是说,你要想得到他人的尊重,首先要尊重他人。俗话说:"种瓜得瓜,种豆得豆。"处处尊重他人,得到的回报就是他人处处尊重自己,尊重他人其实就是尊重自己。不尊重他人,就没有资格和理由要求他人来尊重自己。

(2)尊重自己。在执法活动中,执法人员首先要以实际行动来尊重自己,即应以自爱、自信与自尊为基础,在他人面前表现得豁达开朗,乐观坦诚,从容不迫,落落大方,理直气壮,气宇轩昂。既要谨慎,但又不拘谨;既要主动,但又不盲动;既要自我约束,但又不手足无措、畏首畏尾。在任何情况下,都要坚持自立、自强,努力以自身的实际行动在他人面前充分地展现交通管理机关和执法人员的精神风貌。

尊重自己,包括要尊重自身、尊重所从事的职业和所在的单位。

(3)尊重职业。执法人员要有强烈的职业荣誉感,要自觉地履行职业责任,遵守职业纪律,宁愿作出自我牺牲,也不能违背职业良心去做有损职业荣誉的事情。交通职业是执法人员维持生活、发展自己、承担社会义务的手段。首先,执法人员应该为自己所从事的职业而骄傲、而奋斗;其次,执法人员应该严于律己、忠于职守、爱岗敬业,只有这样才会赢得执法对象的尊重。

(4)尊重单位。维护单位的形象就是从根本上维护自己的形象。单位在社会上有地位,自己也分享其荣誉。单位有实力,自己也有利益。所以,要千方百计维护单位的尊严和形象。

尊重是全方位的,"尊重祖国(单位)是根本,尊重上级是天职,尊重同事是本分,尊重下级是美德,尊重所有人是教养"。

(5)不卑不亢。既要尊重他人,又要尊重自己,这就需要我们把握一个度,心里需要有一把"尺子",这把"尺子"就是不卑不亢。不卑,就是不卑躬屈膝。不亢,就是不盛气凌人。不卑不亢是指对人要有恰当的分寸,既不低声下气、低三下四,也不傲慢自大、目中无人。站在现代的角度来看,我们可以把"不卑不亢"理解为:做人要有原则。也就是说,做人做事要有个底线,知道哪些事可以做、哪些事是绝对不能做的。如果没有了做人的原则,也就没有了衡量对与错的尺度,这样就很容易误入歧途,也容易让自己活得很累。

2.执法礼仪的特征

(1)规范性。执法人员代表的是政府的形象,是老百姓安全的心理保障,因此,执法人员在执法活动和人际交往中,必须随时随地严格按照有关规范和要求行事,都要高标准、规范性地要求自己,使自己的言行举止与执法人员的礼仪规范相一致。例如,《交通行政执法风纪》对执法人员的着装、仪表予以规范。《交通行政执法用语规范》对交通行政执法活动中如何使用文明用语予以规范。《交通行政执法检查行为规范》对执法人员在执行检查任务时人员、装备、检查项目等予以规范和制约。《交通行政处罚行为规范》对执法人员在作出交通行政处罚时应遵循的程序予以规范。《交通行政执法文书制作规范》对执法文书的填写、制作等予以规范和制约。

(2)限定性。执法人员在面对执法相对人时,不得自行其是、肆意而为,必须顾及自己的职业和身份,要始终维护和改善执法人员在群众心目中的形象,要始终维护交通管理机关和政府的形象。

（3）严肃性。执法人员的言行举止不是个人私事，而是严肃的纪律，是要遵守国家的法律、法规和条令条例，其行为要与自己的角色相协调，与自己的工作环境相协调。一般公务人员在接待应酬时，喝酒是一件非常正常的事情，因为我国自古就有"无酒不成宴"之说。但是，《交通行政执法禁令》第五条规定："严禁在工作时间饮酒和酒后执法。违反执法禁令者，一律调离执法岗位，注销交通行政执法证件。"

3. 执法礼仪的作用

"人无礼则不生，事无礼则不成，国无礼则不宁。"（《修身》）可见礼的重要作用。礼仪有助于提高人的自身修养，有助于美化生活，美化个人形象，有助于促进人们的社会交往，改善人们的人际关系，还有助于净化社会风气等。执法礼仪主要有以下作用：

（1）树立形象，交流信息。这是执法礼仪的首要功能。在执法人员与公众的信息交流过程中，通过互相了解，形成一种动态的、立体的信息网络。传递信息的功能主要是通过两种交往手段（语言交往手段和非语言交往手段）进行的。在执法活动中，传递信息的功能不仅仅表现为语言手段，而且还有面部表情、手势、体态等非语言交往手段。非语言交往手段是执法人员个人形象的展现，它经常伴随着语言手段进行社会交往，运用各种表达形式来充实语言的表达，从而达到传递信息的作用。

（2）加强修养，提高素质。礼仪修养是道德修养的外在表现，道德修养决定着人们具有什么样的理想、信念、情感、意志、规范等。一般情况下，执法人员的道德修养主要体现在其待人接物的种种细节之中，而这些貌似琐碎的细节恰恰又展示着一个人的基本素质，这就是所谓"细节彰显素质，细节决定成败"。执法人员的礼仪修养，是其个人素质的重要组成部分。执法人员提高礼仪修养是提高个人素质的主要途径之一。

（3）联络感情，化解矛盾。在执法活动过程中，伴随着对交流信息内容的理解和对象个性特征的认识，双方都会产生一定的情绪体验。它表现为两种情感状态：一是情感共鸣，二是情感排斥。当双方对所交流的信息有相同的情绪体验，对象的个性符合自己的社会定式时，就会产生情感共鸣。情感共鸣使双方相互吸引，引起良好的人际关系的建立和发展。相反，则产生情感排斥，这就是所谓的"话不投机半句多""物以类聚，人以群分"。

（4）扬长避短、调节行为。人际交往是确定执法人员自我形象的主要途径。

俗话说："当局者迷,旁观者清。"人们很难直接观察自己,很难准确地察觉自身行为是否得体得当,很难客观评价自身能力的高低,所以需要以他人对自己的反应作为一种衡量参数。人总是渴望自身的价值得到社会的承认。在人际交往过程中,执法人员也可以根据众人对自身的评价不断调整自己的行为,使之符合社会群体对自己的期望,从而树立完美的形象。

4.执法礼仪的原则

执法礼仪的原则,是指执法人员在施行礼仪时的出发点以及遵从的指导思想。它是保证礼仪活动顺利实施并达到预期目标的基本条件。执法礼仪的施行要遵从以下几个原则,它们同等重要,不可或缺。

(1)宽容自律。宽容自律原则,是指执法人员在施行礼仪时,要严于律己、宽以待人,做到"海纳百川、有容乃大"。宽容意味着要有容忍的雅量和多替他人考虑的品德,要多容忍他人、多体谅他人、多理解他人,千万不要求全责备、斤斤计较、过分苛刻。自律是指在没有任何监督的情况下,都能自觉地按照礼仪规范来约束自己、控制自己、检查自己、反省自己。在礼仪的遵守上,不能只要求他人做到,而自己却置身于礼仪之外。不能只要求他人尊重自己,对自己事事讲礼仪、讲礼貌,而自己对他人不尊重,不讲礼仪。

(2)持之以恒。持之以恒原则,是指执法人员在非执法场合也必须遵守道德规范,遵守执法人员的基本礼仪标准,不能可有可无,此一时、彼一时。执法人员在执法活动范畴内是礼仪的模范执行者,到了非执法场合就丢弃了执法人员的准则,语言粗俗,行动随便,完全是另一番景象。这样的大反差表现,只能让人怀疑其执法礼仪的虚伪和造作。因此,执法人员必须始终如一、持之以恒地模范执行执法礼仪规范。

(3)入乡随俗。入乡随俗原则,是指执法人员在施行礼仪时,要把握好与特定事情、特定人物、特定环境相协调的礼仪要求,做到注意分寸、认真得体。由于民族、文化背景不同,客观上存在着"十里不同风,百里不同俗"的现象。对于这一现实要有正确的认识,不要自高自大、唯我独尊,简单否定其他人不同于己的做法。必须坚持入乡随俗,允许不同的风俗存在,尊重对方所独有的风俗习惯,要善于把礼节与不同的风俗同化,与绝大多数人的习惯做法保持一致,切勿目中无人、自以为是、指手画脚、贬低和嘲笑他人、随意批评和指责他人。

(4)规范适度。规范适度原则,是指执法人员在施行礼仪时,要恰如其分、冷热有度、合乎标准,做到"有所为,有所不为"。"有所为"是指有些礼节、礼貌必须到位,即该做的必须做到,该说的必须及时准确地说出来。有些礼节、礼貌等行为不能做过了头,不能太过火。礼仪超过了一定的限度,就变成了恭维、拍马,甚至是低三下四、有求于他人的样子,给人一种虚伪的感觉。

(5)灵活诚信。灵活原则,是指执法人员在施行礼仪时,要有敏锐的洞察力,要根据不同场合、不同对象、不同需要作出及时、恰当和灵活的反应,不能照本宣科、一成不变,要因人而异、灵活运用。

诚信原则,是指执法人员在施行礼仪时,要表里如一、诚心诚意。言行一致,做到"言必信,行必果"。不能说一套做一套、口是心非、三心二意,要赢得群众的信任,在群众中树立起可靠的形象。

三、敬礼规范

1. 敬礼的由来

敬礼的起源可以追溯到古罗马帝国。据说,古罗马帝国的骑士在相互遇见时,有举起盔甲上面甲的传统。他们以此来互表敬意和骑士精神,同时,也是为了向同伴显示自己的脸部,以免被同伴误杀。

到了中世纪,欧洲的一些骑士们常常在公主和贵族妇女面前比武。在经过公主的座席时,他们要对公主唱赞歌,歌词的内容往往把公主比作光芒四射的美丽的太阳。而每当此时,他们总要把手举起来作遮挡太阳的姿态,久而久之,也就逐渐演变成举手到眉的"敬礼"了。

当今世界各国纪律部队通行的敬礼,首先是从英国军队开始的。据说,英国军队在打败了西班牙的无敌舰队以后,曾为凯旋的将士举行一次规模相当壮观的祝捷大会。在大会上,英国女王伊丽莎白一世亲自为有功的将士颁发奖品。当时,为了维护女王的尊严,规定将士在领奖时要用手遮住脸部,不得对女王平视。这种动作后来就演变成用手接触帽檐的礼节。目前,世界各国敬礼的动作虽互有差别,但举手接触帽檐这一点却是通用的。

现代通行的敬礼首先从英国陆军开始,而后传到海军,再由海军传到美国,进而传到全世界。

2. 敬礼种类及动作要领

执法人员敬礼的种类主要有三种:举手礼、注目礼和举枪礼。

(1)举手礼。举手礼是世界各国警察普遍采用的礼节,只是敬礼的具体动作有所不同。使用举手礼时要求精神振奋、姿态端正,以充分表示"敬礼"之意。执法人员行举手礼时必须着制服,戴不戴帽均可,着便服时不得行举手礼。

举手礼的动作要领:上体正直,右手取捷径迅速抬起,五指并拢自然伸直,中指微接帽檐右角前约2厘米处(戴无檐帽或者不戴帽时微接太阳穴,与眉同高),手心向下,微向外张约20度,手腕不得弯曲,右大臂略平,与两肩略成一线。敬礼时双目平视前方或注视受礼人,保持约3秒。同时注视受礼者。礼毕时,将右手按原路线迅速收回。

行举手礼时,行礼者与受礼者的距离不能靠得太近,也不能离得太远,一般在距离5~7步处行礼较为适合。

单人在停止状态与行进间行举手礼的要领略有差别。在停止状态,应面向受礼者立正,行举手礼,待受礼者还礼后礼毕。在行进间,应将头转向受礼者行举手礼,手不随头转动,并继续行进,左臂自然摆动,待受礼者还礼后礼毕。

(2)注目礼。注目礼的礼节是在一些特定的时机和场合使用的敬礼形式,要求眉宇舒展、神情专注、姿态端正。

注目礼的标准姿势要求:行注目礼时面向受礼者,呈立正姿势,目光随受礼者移动,时间视情况而定。

3. 公共场合敬礼的规范要求

(1)参加庆典、集会等重大活动或升国旗时,着制服列队的应当自行立正、行注目礼,带队人员应当行举手礼。未列队的执法人员应当行举手礼。

(2)晋见或者遇见上级领导时,着制服的执法人员应当行举手礼,上级应当还礼,因携带武器装备或者执行任务需要,不便行举手礼时,应当行注目礼,晋见或者遇见本单位经常接触的领导和其他同志时,应当互相致意。

(3)执法人员在进入上级领导办公室前,应当喊"报告"或者敲门,得到允许后方可进入并向上级领导敬礼,进入同级或者其他人员室内前,应当敲门,经允许后方可进入。

(4)遇见上级领导进入集体办公室内检查工作时,在座的执法人员应当自行立正,由办公室负责人或职级最高者或值班执法人员向领导行举手礼,报告当前正在进行的事宜,并陪同检查。在检查过程中,被检查的执法人员应立正致意。正在接听办公电话或接待来访群众时除外,但应迅速向领导立正致意,遇见上级领导进入个人办公室内检查工作时,着制服的执法人员应立正,行举手礼,向领导报告。待领导还礼或致意后,再继续工作。

(5)门岗执法人员应对出入的上级领导及上级领导的车辆敬礼,对门岗的敬礼应当还礼,在车内的上级领导应行注目礼。

(6)执法人员在工作窗口或公共场所交接班时,应当互相行举手礼,因事接触本单位的同级及其他同志时,通常互相敬礼,不同单位的执法人员因公接触时,应当主动致意。

(7) 执法人员因公与非执法人员接触时，应当主动致意，实施文明检查、纠正违章等情况时应先行敬礼，敬礼要严肃认真，并使用公务用语，态度刚柔适度。

(8) 执法人员在外事活动场合与外宾接触时，应当主动致意，行注目礼。

(9) 着制服的执法人员与领导握手前，必须先行举手礼。

四、规范用语

语言是交通执法人员在日常工作中与执法对象交流最直接的桥梁，它所传递的信息不仅仅是执法的内容，还包括对执法对象人格的尊重。冰冷、粗暴的语言会拒人于千里之外，让执法对象产生厌恶，甚至是抵触的情绪。而规范、文明的语言，则有如春风细雨，不但能让执法对象感受到人格的尊严和人性的温暖，在无形之中拉近执法人员与群众之间的距离，而且使其更加积极主动地配合交通执法工作，从而产生意想不到的执法效果。

1. 表达执法意图

语言是人类用来表达感情、交流思想的重要工具，良好的语言运用不但能增进人们的彼此了解、建立融洽的人际关系，而且对化解彼此矛盾、提高工作效率，都有着不可或缺的作用，反之则会因"话不投机"而引发矛盾，轻则产生抵触，重则拳脚相加。因此，对于在交通执法工作中需要经常用语言与执法对象直接交流的执法人员来讲，能否正确地运用语言传递管理信息、表达执法意图就显得尤为重要。

交通执法人员使用规范化执法用语，可以改善管理者与被管理者的关系，有利于争取群众理解、支持、配合，保证交通行政法律、法规的贯彻实施。在日常执法管理中，经常发生这样的事，对同一类交通违法行为的处罚，有的违法行为人虚心接受处罚，而有的违法行为人却暴跳如雷。诚然，这里有违法行为人个人素质的差异，但交通执法人员在执法中的语言运用也是不可忽视的因素。执法者在执法中说话的语态、声调、角度等都有可能对执法效果产生影响。

2. 感染执法相对人

交通管理工作必须依赖于全社会群众的广泛参与，要做到这一点，必须善于使用规范化的执法语言。从近几年的交通管理工作实践看，使用规范化的执法用语，使用优美动听的语言，违章驾驶员和群众易于被说服，主动改正违章行为。使用文明礼貌的体态语言，如给驾驶员敬礼，违章驾驶员往往会心怀愧疚之意而主动接受处理。使用标准的指挥动作，可以感染触动人们换位思考。使用严肃认真的语言，正确运用法律法规，可促使驾驶员认识到法律的威严，自觉遵守交通法律、法规。

使用深入细致体贴入微的说服教育语言,可使驾驶员、车主更易于接受劝导,主动维护交通法律、法规。反之,使用粗暴的语言和动作,必将人为导致执法阻碍,造成种种不良后果。

3.反映执法素质

在执法活动中,语言的优劣直接反映出执法人员的素质和执法水平。巧妙使用语言,可以化恼怒为笑容,化争执为友善。当前,少数地方的执法人员行业作风不正与执法对象的关系不协调、不融洽,有的甚至出现对立和仇视情绪,造成这些不应有现象的一个重要原因就是说话欠妥,不讲究语言艺术,不会使用规范化的执法用语。一线执法人员平时直接与广大驾驶员和群众接触,有的人员因不善于使用规范化执法用语,常常与群众发生口角,甚至打骂斗殴,造成极坏的影响。有的因用语不文明使本来十分简单的事情变得复杂而难以解决。有的因用语不当造成群众、驾驶员不满,引起公愤,导致起哄,造成恶劣影响。由此可见,使用规范化的执法语言能体现交通执法者的整体素质,在执法中使用语言得当,有利于端正行业作风,有利于进一步密切与广大执法对象的关系。

交通执法队伍管理的规范,素质的高低,直接影响到执法形象。而执法的形象又最直接地反映在语言交流和体态动作语言上。因此,交通执法部门一定要注重规范执法用语培训,建立和完善激励机制,强化素质锻炼,把执法语言素质培养作为精神文明建设的重要内容常抓不懈,建设一支高素质的交通执法队伍。

五、交通执法用语要求

(1)表明身份时,使用问候语,出示执法证件,并清楚地告知对方执法主体的名称,例如:

你好!我们是××××××(行政执法主体名称)的执法人员,这是我们的行政执法证件,请看清。

(2)检查车(船)时,清楚明了地告知检查事项和检查依据,例如:

我们依法在这里进行××××××(检查事项)检查,请你配合。

(3)要求出示有关证件时,清楚简洁地告知所要检查的证件名称,例如:

请出示你的××××××证件(证件完整名称)。

(4)勘验(检查)现场时,明确告知现场勘验(检查)的事项,例如:

根据《××××××》(法律、法规、规章完整名称),我们正在进行现场勘验(检查),请你协助。

(5)要求提供有关资料时,清楚地告知所依据的法律、法规、规章及所要检查

的资料的名称,例如:

根据《××××××》(法律、法规、规章完整名称),请提供××××××(资料名称),按规定,我们有义务为你保守有关秘密。

(6)调查取证时,准确无误地告知调查取证的事项、依据,以及行政相对人依法享有的权利、应当履行的义务。涉及案件定性的问题,凡未经查证属实,不得向行政相对人发表结论性意见,例如:

①现在向你询问有关问题,我们依法对询问情况制作笔录,请如实回答。如果你不如实回答,你将承担相应的法律责任。

②根据法律规定,我们现在进行录音(或录像)取证,请如实回答。若你不如实回答,你将承担相应的法律责任。

③根据法律规定,现对××××××进行抽样取证,请你配合。这是抽样清单,请你签字确认。

④由于××××××(证据名称)可能灭失(以后难以取得),根据《行政处罚法》的规定,经本局局长批准,我们现在需要对××××××采取证据登记保存措施,并将在7日内及时作出处理决定。在此期间,你不得销毁或者转移××××××(证据名称)。你(单位)负有保管责任,如证据灭失或转移,将承担法律责任。这是证据登记保存清单,请你核对。如果没有异议,请你在此处签署姓名和时间。

(7)制作笔录后,要将笔录交行政相对人阅读,要求行政相对人核对笔录,并清楚地告知行政相对人应当在笔录上签署的具体内容。如遇到行政相对人有不识字或其他阅读障碍的情况时,应该当场将笔录内容宣读给行政相对人听,例如:

这是我们制作的××笔录,请你仔细核对笔录内容,如果你认为笔录不全或者有错误,可以要求补正。如果没有异议,请你在此处写明"以上笔录无误",并请写清你的姓名和时间。(无书写能力的,由行政相对人按手印。)

(8)在调查取证时,如遇到行政相对人拒绝在有关行政执法文书上签字时,应当简单明了地告知拒绝签字的后果,例如:

请你再次考虑是否签字。如果你拒绝签字,我们将记录在案,依法处理。

(9)行政执法检查等完毕时,应向对方的配合表示感谢,例如:

谢谢!

谢谢你的配合,再见!

耽误你的时间了,请走好!

(10)在作出行政处罚决定前,应当向行政相对人准确无误地告知违法事实、处罚理由、依据、种类、幅度以及依法享有的权利,例如:

经调查,你(单位)的××××××行为,违反了《××××××》(法律、法规、规章的名称)第××条(第××款第××项)的规定,有××××××(证据名称)证据证实,请你主动停止违法行为。根据《××××××》(法律、法规、规章的名称)第××条(第××款第××项)的规定,拟给予××××××(处罚种类和幅度)。

根据《行政处罚法》第三十一条、第三十二条的规定,你(单位)对以上处罚意见有陈述、申辩的权利。如果你对以上事实、依据和处罚意见有不同看法,现在可以进行陈述、申辩。

(11)适用一般程序进行行政处罚时,要向行政相对人出示(送达)《违法行为通知书》,并告知依法享有的权利,例如:

这是《违法行为通知书》,请你认真阅看,并在此处写清你的姓名和时间。根据《行政处罚法》的规定,你享有陈述、申辩权利,你是否要行使这些权利?

如果符合听证条件的,应当告知当事人听证权,例如:

根据《行政处罚法》的规定,你有听证的权利,你是否要求听证?

(12)对行政相对人的陈述、申辩意见进行复核时,要告知当事人是否采纳的理由和依据,例如:

经过复核,我们认为你在陈述、申辩时提出的事实、理由或证据成立,决定予以采纳。

经过复核,我们认为你在陈述、申辩时提出的事实、理由或证据不成立,决定不予采纳。

(13)告行政处罚决定书时,应当向行政相对人告知违法行为事实、理由、处罚依据,依法享有的权利,例如:

经查实,你(单位)有××××××行为,违反了《××××××》(法律、法规、规章的完整名称)第××条第××款第××项的规定,根据《××××××》(法律、法规、规章的完整名称)第××条第××款第××项的规定,××××××(行政执法主体完整名称)现作出××××××(行政处罚决定书编号)《交通行政处罚决定书》,决定对你(单位)处以××××××(行政处罚的种类和数额)。

(14)告知救济权利时,准确无误地告知行政相对人行使救济权的具体方式、期限和途径,以及行政复议机关的具体名称,例如:

如果你(单位)不服《行政处罚决定书》中的行政处罚决定,可以在知道作出行政处罚决定之日起60日内向×××(行政复议机关名称)申请行政复议;或者在知道作出行政处罚决定之日起3个月内向人民法院提起行政诉讼。行政复议、诉讼期间不停止行政处罚的执行。

(15)当场将《行政处罚决定书》交付当事人时,应当告知当事人在《行政处罚决定书》上签字,例如:

这是《行政处罚决定书》,请你确认签收。

(16)行政相对人拒绝签收《违法行为通知书》《行政处罚决定书》等文书时,要明确告知拒绝签字的后果,例如:

由于你拒绝签收《行政处罚决定书》,我们将按照有关规定留置送达,并将有关情况记录在案。

(17)依法当场收缴罚款时,准确无误地告知缴纳罚款的依据和具体数额,并向当事人开立缴纳票据,例如:

根据××××(行政处罚决定书编号)《行政(当场)处罚决定书》作出的行政处罚决定,请你现在缴纳罚款××元,谢谢合作。

这是缴纳票据,请核实。

(18)对于行政相对人提出当场交纳罚款但不符合《行政处罚法》有关规定时,要告知其不能当场收缴罚款的理由,例如:

对不起,根据《行政处罚法》的有关规定,我们不能当场收缴罚款。

(19)依法向银行交纳罚款的,要明确告知行政相对人交纳罚款的地点和期限,例如:

根据××××(行政处罚决定书编号)《行政处罚决定书》作出的行政处罚决定,请你在收到行政处罚决定书之日起15日内到××××银行(银行名称和具体地点)交纳××元。

(20)行政相对人拒绝缴纳罚款的,要告知法律后果,例如:

如果你拒绝缴纳罚款,根据《行政处罚法》第五十一条的规定,每日将按罚款数额的3%加处罚款,并采取必要的方式强制执行。

(21)当对方妨碍公务时,警告对方不得妨碍公务,并告知法律后果,例如:

请保持冷静!我们是××××××(行政执法主体名称)的执法人员,正在依法执行公务。妨碍执行公务是违法的,将会受到法律制裁。请大家配合。

六、文明执法忌语

交通行政执法人员实施交通行政执法,不得使用下列语言:

(1)上路检查时,使用轻蔑、粗俗类的招呼词语。

例如:喂,开车(船)的,下车(船)接受检查!喂,快把证件拿出来!

(2)发现有违法时,使用讥讽性、歧视性类语言。

例如:你胆子不小,钱多了,欠罚!你是外地的,还敢到我们这儿耍威风!

(3)纠正违法行为,对方没反应或对方动作慢时,使用侮辱性、训斥性语言。

例如:喂,你聋了吗?要死不活的,你还不快点?

(4)当对方要求解释执法依据时,使用拒绝性、羞辱性语言。

例如:我没工夫听你啰唆。你还有完没完,我不是已经答复你了吗?你问我,我问谁?有什么规定,你自己没长眼睛,不会看吗?

(5)纠正违法行为,对方辩解时,使用拒绝性、训斥性、威胁性语言。

例如:少啰唆,是你说了算还是我说了算!你再狡辩,罚你更多!你今天不讲清楚,就甭想走。

(6)现场实施罚款、收费,对方不服时,使用粗暴性、威胁性语言。

例如:你老实点,不交钱就扣你车(证)!

(7)暂扣违法车船,对方不服时,使用训斥性、挑衅性语言。

例如:我就是要扣你的,你还能怎么样?

(8)要求对方在有关文书上签字时,使用拒绝性、欺骗性语言。

例如:不用看了!都是照你说的记的,快签名吧!

(9)群众说自己执法态度不好时,使用挑衅性语言。

例如:我就这态度,你有本事去告吧!有意见,你去找领导(上级)反映好了!

(10)告诫违法当事人时,使用训斥性、威胁性语言。

例如:如果下次再犯,就没这么客气了!

(11)对方违法拒不改正发生争吵时,使用威胁性、挑衅性语言。

例如:咱们走着瞧!我看你是不想混了!

(12)向对方说服教育时,使用推卸责任、拨弄是非类的语言。

例如:我们也不想多事呀,是上面要我们这样做,没办法啊。

交通行政执法人员在交通行政执法过程中使用行政执法忌语的,视情节予以批评教育、勒令离岗培训或者收回交通行政执法证件。

第五章 交通行政许可

第一节 交通行政许可概述

一、交通行政许可的概念

交通行政许可,是指交通行政主体根据行政相对方的申请,经依法审查,通过颁发许可证、执照等形式,赋予或确认行政相对方从事某种活动的法律资格或法律权利的一种具体行政行为。如《道路运输经营许可证》《道路运输证》等。

二、交通行政许可的特征

交通行政许可的特征主要有以下几个方面:

(1)交通行政许可是依法申请的行政行为。行政相对方针对特定的事项向交通行政主体提出申请,是交通行政主体实施行政许可行为的前提条件,无申请则无许可。

(2)行政许可的内容是国家一般禁止的活动。在国家一般禁止的前提下,对符合特定条件的行政相对方解除禁止使其享有特定的资格或权利,能够实施某项特定的行为。

(3)行政许可是行政主体赋予行政相对方某种法律资格或法律权利的具体行政行为。行政许可是针对特定的人、特定的事作出的具有授益性的一种具体行政行为。

(4)行政许可是一种外部行政行为。行政许可是行政机关针对行政相对方的一种管理行为,是行政机关依法管理经济和社会事务的一种外部行为。

(5)行政许可是一种要式行政行为。行政许可必须遵循一定的法定形式,应当有明确的书面申请,正规的文书、印章等予以认可和证明。实践中最常见的行政许可的形式就是许可证和执照。

三、交通行政许可的种类与作用

1. 交通行政许可的种类

从行政许可的性质、功能和适用条件的角度来说,大体可以划分为五类:普通许可、特许、认可、核准、登记。

(1)普通许可。普通许可是交通行政机关准许符合法定条件的相对人行使某种权利的行为。凡是直接关系国家安全、公共安全的活动,基于高度社会信用的行业的市场准入和法定经营活动,直接关系到人身健康、生命财产安全的产品、物品的生产及销售活动,都适用于普遍许可。如出租车经营许可、客运班线经营许可、超限车辆行驶公路许可等。

(2)特许。特许是交通行政机关代表国家向被许可人授予某种权力或者对有限资源进行有效配置的管理方式。主要适用于有限自然资源的开发利用、有限公共资源的配置、直接关系公共利益的垄断性企业的市场准入。如网约车经营许可。

(3)认可。认可是交通行政机关对相对人是否具有某种资格、资质的认定,通常采取向取得资格的人员颁发资格、资质证书的方式。认可主要适用于为公众提供服务、与公共利益直接有关,并且具有特殊信誉、特殊条件或特殊技能的自然人、法人或者其他组织的资格、资质的认定,一般要通过考试方式并根据考核结果决定是否认可。

资格资质是对人的许可,与人的身份相联系,但不能继承、转让,没有数量限制。如道路运输从业人员资格证等。

(4)核准。核准是交通行政机关按照技术标准、经济技术规范,对申请人是否具备特定标准、规范的判断和确定。主要适用于直接关系公共安全、人身健康、生命财产安全的重要设备、设施的设计、建造、安装和使用,以及直接关系人身健康、生命财产安全的特定产品、物品的检验、检疫。

核准依据主要是专业性、技术性的,一般要根据实地验收、检测来决定,没有数量限制。如公路监理证。

(5)登记。登记是行政机关对个人、企业是否具有特定民事权利能力和行为能力的主体资格和特定身份的确定。

未经合法登记的法律关系和权利事项是非法的,不受法律保护;对申请登记材料一般只进行形式审查,即可当场作出是否准予登记的决定。如驾驶证、体检表等。

2.交通行政许可的作用

(1)交通行政许可是国家对社会经济、政治、文化活动进行宏观调控的有力手段,有助于从命令式的行政手段过渡到行政许可的法律手段。

(2)交通行政许可有利于维护社会经济秩序,保障广大消费者及公民的权益。

(3)交通行政许可有利于保障社会公共利益,维护公共安全和社会秩序。

(4)交通行政许可有利于资源的合理配置和环境保护,促进人与环境的和谐、健康、协调发展。

第二节 交通行政许可的范围与原则

一、行政许可的范围

根据《行政许可法》第十二条的规定,下列事项可以设定行政许可:

(1)直接涉及国家安全、公共安全、经济宏观调控、生态环境保护以及直接关系人身健康、生命财产安全等的特定活动,需要按照法定条件予以批准的事项;

(2)有限自然资源的开发利用、公共资源配置以及直接关系公共利益的特定行业的市场准入等,需要赋予特定权利的事项;

(3)提供公众服务并且直接关系公共利益的职业、行业,需要确定具备特殊信誉、特殊条件或者特殊技能等资格、资质的事项;

(4)直接关系公共安全、人身健康、生命财产安全的重要设备、设施、产品、物品,需要按照技术标准、技能等资格、资质的事项;

(5)企业或者其他组织的设立等,需要确定主题资格的事项;

(6)法律、行政法规规定可以设定行政许可的其他事项。

二、行政许可的原则

(1)合法性原则。设定和实施行政许可,应当依照法定的权限、范围、条件和程序。合法性原则也称为行政许可法定原则。

(2)公开、公平、公正原则。行政机关从事某种活动或者实施某种行为的过程和结果应当公开;行政机关在履行职责、行使权力时,不仅在实体和程序上都要合法,而且还要合乎常理。行政许可机关应当平等地对待所有个人和组织。

(3)便民原则。行政机关实施行政许可,应当由一个机构统一受理申请,统一送达行政许可决定,并为公民、法人或者其他组织申请行政许可尽量提供方便。

(4)救济原则。公民、法人或者其他组织对行政机关实施行政许可,享有陈述权、申辩权。有权依法申请行政复议或者提起行政诉讼。其合法权益因行政机关违法实施行政许可受到损害的,有权依法要求赔偿。

(5)信赖保护原则。行政机关不得擅自改变已经生效的行政许可。行政许可决定所依据的法律、法规、规章修改或者废止,或者准予行政许可所依据的客观情况发生重大变化,行政机关为了公共利益的需要,可以依法变更或者撤回已经生效的行政许可,但应当对由此给公民、法人或者其他组织造成的财产损失依法给予补偿。

(6)行政许可一般不得转让原则。除法律、法规规定可以转让的行政许可外,其他行政许可不得转让。

(7)监督原则。行政机关应当依法加强对行政机关实施行政许可和从事行政许可事项活动的监督。

第三节 交通行政许可的设定与实施

一、行政许可的设定

1. 行政许可的设定原则

(1)设定行政许可应当遵循经济和社会发展规律。凡是市场竞争机制能够有效调节、行业组织或者中介机构能够自行管理的事项,不得设定行政许可。只有市场、社会自行解决不了的问题,政府才能介入,才能通过设定行政许可进行干预。

(2)设定行政许可应当有利于发挥公民、法人或者其他组织的积极性、主动性,维护公共利益和社会秩序。公民、法人或者其他组织能够自主决定的不应设定行政许可。只有当公民、法人或者其他组织行使这些民事权利可能对他人利益或者公共利益造成损害,并且这种损害难以通过事后赔偿加以弥补、补救时,才能设定行政许可。

(3)设定行政许可应当有利于促进经济、社会和生态环境协调发展。设定行政许可,不能仅仅考虑当前和眼下的利益,而应当统筹经济发展与社会事业及生态环境的协调,保持可持续发展。

2. 行政许可设定权的分配

行政许可设定权的分配是指各种主要法律渊源形式在设定行政许可上的权力配置。

(1)法律的行政许可设定权。法律可以在行政许可法规定的设定行政许可的事项范围以外设定其他行政许可。

(2)行政法规的行政许可设定权。行政法规设定行政许可的权限比法律以外的其他法律规范大,但在法律已经设定行政许可时,行政法规只能作出具体规定,不能增设行政许可。

(3)国务院决定的行政许可设定权。必要时,国务院可以采用发布决定的方式设定行政许可。但在实施后,除临时性行政许可因条件、情况发生变化而废止以外,国务院决定设定的其他行政许可在条件成熟时,国务院应当适时提请全国人大及其常委会制定法律加以设定,或者自行制定行政法规加以设定。

(4)地方性法规的行政许可设定权。地方性法规可以设定行政许可,但法律、行政法规已经对有关事项设定行政许可的,地方性法规只能作出具体规定,不得增设行政许可。

(5)省级政府规章的行政许可设定权。尚未制定法律、行政法规和地方性法规的,因行政管理的需要,确需立即实施行政许可的,省、自治区、直辖市人民政府规章可以设定临时性的行政许可。临时性的行政许可实施满一年需要继续执行的,应当提请本级人大及其常务委员会制定地方性法规。

(6)地方性法规和省级政府规章不得设定行政许可的事项。地方性法规和省、自治区、直辖市人民政府规章,不得设定应当由国家统一确定的公民、法人或者其他组织的资格、资质的行政许可。不得设定企业或者其他组织的设立登记及其前置性许可。其设定的行政许可不得限制其他地区的个人或者企业到该地区从事生产经营和提供服务,不得限制其他地区的商品进入该地区市场。

(7)其他规范性文件一律不得设定行政许可。

二、交通行政许可的实施

1. 行政许可的实施主体

行政许可实施主体是指行使行政许可权并承担相应责任的行政机关和法律、法规授权的具有管理公共事务职能的组织。

行政许可的实施主体主要有三种:

(1)法定的行政机关。行政许可一般由具有行政许可权的行政机关在其法定职权范围内实施。

(2)被授权的具有管理公共事务职能的组织。法律、法规授权的具有管理公共事务职能的组织,在法定授权范围内,以自己的名义实施行政许可。

被授权实施行政许可的具有管理公共事务职能的组织应当具备下列条件:①该组织必须是依法成立的;②被授权实施的行政许可事项应当与该组织管理公共事务的职能相关联;③该组织应当具有熟悉与被授权实施的行政许可有关的法律、法规和专业的正式工作人员;④该组织应当具备实施被授权实施的行政许可所必需的技术、装备条件等;⑤该组织能对实施被授权实施的行政许可引起的法律后果独立地承担责任。

(3)被委托的行政机关。行政机关在其法定职权范围内,依照法律、法规、规章的规定,可以委托其他行政机关实施行政许可。受委托行政机关在委托范围内,以委托行政机关的名义实施行政许可。

委托实施行政许可必须遵循以下规则:①委托主体只能在其法定职权范围内委托实施行政许可;②委托实施行政许可的依据是法律、法规和规章;③委托机关应当对被委托行政机关实施行政许可的行为负责监督,并对被委托机关的行政许可行为的后果承担法律责任;④被委托实施行政许可的行政机关不得将行政许可实施权再转委托给其他组织或者个人;⑤委托行政机关应当将被委托行政机关和被委托实施行政许可的内容予以公告。

《交通行政许可实施程序规定》第三条规定:交通行政许可由下列机关实施:

(一)交通运输部、地方人民政府交通主管部门、地方人民政府港口行政管理部门依据法定职权实施交通行政许可;

(二)海事管理机构、航标管理机关、县级以上道路运输管理机构在法律、法规授权范围内实施交通行政许可;

(三)交通运输部、地方人民政府交通主管部门、地方人民政府港口行政管理部门在其法定职权范围内,可以依据本规定,委托其他行政机关实施行政许可。

2. 行政许可的实施程序

行政许可的实施通常应当按照以下程序和要求进行:

(1)申请与受理。公民、法人或者其他组织从事特定活动,依法需要取得行政许可的,应当向行政机关提出申请,如实向行政机关提交有关材料和反映真实情况,并对其申请材料实质内容的真实性负责。申请人可以委托代理人提出行政许可申请,但依法应当由申请人到行政机关办公场所提出的除外。行政机关应当将法律、法规、规章规定的有关行政许可的事项、依据、条件、数量、程序、期限以及需要提交的全部材料的目录和申请书示范文本等在办公场所公示,并应申请人的要求对公示内容予以说明、解释。行政机关对申请人提出的行政许可申请应当根据不同情况分别作出受理或不受理的处理,并出具加盖本行政机关专用印章和注明日期的书面凭证。

(2) 审查与决定。行政机关应当对申请人提交的申请材料进行审查。申请人提交的申请材料齐全、符合法定形式,行政机关能够当场作出决定的,应当当场作出书面的行政许可决定;不能当场作出行政许可决定的,应当在法定期限内按照规定程序作出行政许可决定。根据法定条件和程序,需要对申请材料的实质内容进行核实的,行政机关应当指派两名以上工作人员进行核查。行政机关对行政许可申请进行审查时,发现行政许可事项直接关系他人重大利益的,应当告知该利害关系人。申请人、利害关系人有权进行陈述和申辩。行政机关应当听取申请人、利害关系人的意见。

对申请人的行政许可申请进行审查后,行政机关应当依法作出准予行政许可或不予行政许可的书面决定。准予行政许可,需要颁发行政许可证件的,应当向申请人颁发相应的加盖本行政机关印章的行政许可证件。不予行政许可的,应当说明理由,并告知申请人享有依法申请行政复议或者提起行政诉讼的权利。准予行政许可的决定应当公开,公众有权查阅。

(3) 期限。除当场作出行政许可决定的外,行政机关应当自受理行政许可申请之日起20日内作出行政许可决定。20日内不能作出决定的,经本行政机关负责人批准,可以延长10日,并将延长期限的理由告知申请人。法律、法规另有规定的,依照其规定。行政许可采取统一办理或者联合办理、集中办理的方式,办理的时间不得超过45日,45日内不能办结的,经本级人民政府负责人批准,可以延长15日,并将延长期限的理由告知申请人。依法需要听证、招标、拍卖、检验、检测、检疫、鉴定和专家评审的,所需时间不计算在规定的期限内,但行政机关应将所需时间书面告知申请人。

行政机关作出准予行政许可的决定,应当自作出决定之日起10日内向申请人颁发、送达行政许可证件,或者加贴标签、加盖检验、检测、检疫印章。

(4) 听证。法律、法规、规章规定实施行政许可应当听证的事项,或者行政机关认为需要听证的其他涉及公共利益的重大行政许可事项,行政机关应当向社会公告,并举行听证。

(5) 变更与延续。被许可人要求变更行政许可事项的,应当向作出行政许可决定的行政机关提出申请,符合法定条件、标准的,行政机关应当依法办理变更手续。需要延续依法取得的行政许可的有效期的,应当在该行政许可有效期届满30

日前向作出行政许可决定的行政机关提出申请(法律、法规、规章另有规定的,依照其规定)。行政机关应当根据被许可人的申请,在该行政许可有效期届满前作出是否准予延续的决定,逾期未作决定的,视为准予延续。

《交通行政许可实施程序规定》第八条规定:"申请人以书面方式提出交通行政许可申请的,应当填写本规定所规定的《交通行政许可申请书》。但是,法律、法规、规章对申请书格式文本已有规定的,从其规定。

依法使用申请书格式文本的,交通行政机关应当免费提供。

申请人可以通过信函、电报、电传、传真、电子数据交换和电子邮件等方式提交交通行政许可申请。

申请人以书面方式提出交通行政许可申请确有困难的,可以口头方式提出申请,交通行政机关应当记录申请人申请事项,并经申请人确认。"

第十条规定:"实施机关收到交通行政许可申请材料后,应当根据下列情况分别作出处理:

(一)申请事项依法不需要取得交通行政许可的,应当即时告知申请人不受理;

(二)申请事项依法不属于本实施机关职权范围的,应当即时作出不予受理的决定,并向申请人出具《交通行政许可申请不予受理决定书》,同时告知申请人应当向有关行政机关提出申请;

(三)申请材料可以当场补全或者更正错误的,应当允许申请人当场补全或者更正错误;

(四)申请材料不齐全或者不符合法定形式,申请人当场不能补全或者更正的,应当当场或者在5日内向申请人出具《交通行政许可申请补正通知书》,一次性告知申请人需要补正的全部内容;逾期不告知的,自收到申请材料之日起即为受理;

(五)申请事项属于本实施机关职权范围,申请材料齐全,符合法定形式,或者申请人已提交全部补正申请材料的,应当在收到完备的申请材料后受理交通行政许可申请,除当场作出交通行政许可决定的外,应当出具《交通行政许可申请受理通知书》。

《交通行政许可申请不予受理决定书》《交通行政许可申请补正通知书》《交通行政许可申请受理通知书》,应当加盖实施机关行政许可专用印章,注明日期。"

第十三条规定:"实施机关受理交通行政许可申请后,应当对申请人提交的申请材料进行审查。

申请人提交的申请材料齐全、符合法定形式,实施机关能够当场作出决定的,应当当场作出交通行政许可决定,并向申请人出具《交通行政许可(当场)决定书》。

依照法律、法规和规章的规定,需要对申请材料的实质内容进行核实的,应当审查申请材料反映的情况是否与法定的行政许可条件相一致。

实施实质审查,应当指派两名以上工作人员进行。可以采用以下方式:
(一)当面询问申请人及申请材料内容有关的相关人员;
(二)根据申请人提交的材料之间的内容相互进行印证;
(三)根据行政机关掌握的有关信息与申请材料进行印证;
(四)请求其他行政机关协助审查申请材料的真实性;
(五)调取查阅有关材料,核实申请材料的真实性;
(六)对有关设备、设施、工具、场地进行实地核查;
(七)依法进行检验、勘验、监测;
(八)听取利害关系人意见;
(九)举行听证;
(十)召开专家评审会议审查申请材料的真实性。

依照法律、行政法规规定,实施交通行政许可应当通过招标、拍卖等公平竞争的方式作出决定的,从其规定。"

第十四条规定:"实施机关对交通行政许可申请进行审查时,发现行政许可事项直接关系他人重大利益的,应当告知利害关系人,向该利害关系人送达《交通行政许可征求意见通知书》及相关材料(不包括涉及申请人商业秘密的材料)。

利害关系人有权在接到上述通知之日起5日内提出意见,逾期未提出意见的视为放弃上述权利。

实施机关应当将利害关系人的意见及时反馈给申请人,申请人有权进行陈述和申辩。

实施机关作出行政许可决定应当听取申请人、利害关系人的意见。"

第十五条规定:"除当场作出交通行政许可决定外,实施机关应当自受理申请之日起20日内作出交通行政许可决定。20日内不能作出决定的,经实施机关负责人批准,可以延长10日,并应当向申请人送达《延长交通行政许可期限通知书》,将延长期限的理由告知申请人。但是,法律、法规另有规定的,从其规定。

实施机关作出行政许可决定,依照法律、法规和规章的规定需要听证、招标、拍卖、检验、检测、检疫、鉴定和专家评审的,所需时间不计算在本条规定的期限内。实施机关应当向申请人送达《交通行政许可法定除外时间通知书》,将所需时间书面告知申请人。"

第十六条规定:"申请人的申请符合法定条件、标准的,实施机关应当依法作出准予行政许可的决定,并出具《交通行政许可决定书》。

依照法律、法规规定实施交通行政许可,应当根据考试成绩、考核结果、检验、检测、检疫结果作出行政许可决定的,从其规定。"

第十七条规定:"实施机关依法作出不予行政许可的决定的,应当出具《不予交通行政许可决定书》,说明理由,并告知申请人享有依法申请行政复议或者提起行政诉讼的权利。"

第十八条规定:"实施机关在作出准予或者不予许可决定后,应当在10日内向申请人送达《交通行政许可决定书》或者《不予交通行政许可决定书》。

《交通行政许可(当场)决定书》《交通行政许可决定书》《不予交通行政许可决定书》,应当加盖实施机关印章,注明日期。"

第十九条规定:"实施机关作出准予交通行政许可决定的,应当在作出决定之日起10日内,向申请人颁发加盖实施机关印章的下列行政许可证件:

(一)交通行政许可批准文件或者证明文件;

(二)许可证、执照或者其他许可证书;

(三)资格证、资质证或者其他合格证书;

(四)法律、法规、规章规定的其他行政许可证件。"

第二十条规定:"法律、法规、规章规定实施交通行政许可应当听证的事项,或者交通行政许可实施机关认为需要听证的其他涉及公共利益的行政许可事项,实施机关应当在作出交通行政许可决定之前,向社会发布《交通行政许可听证公告》,公告期限不少于10日。"

第二十一条规定:"交通行政许可直接涉及申请人与他人之间重大利益冲突的,实施机关在作出交通行政许可决定前,应当告知申请人、利害关系人享有要求听证的权利,并出具《交通行政许可告知听证权利书》。

申请人、利害关系人在被告知听证权利之日起5日内提出听证申请的,实施机关应当在20日内组织听证。"

三、行政许可的监督检查与法律责任

1. 行政许可监督检查的种类

行政许可监督主要包括行政机关内部的层级监督和行政机关对被许可人的监督两种:

(1)行政机关内部的层级监督检查。即上级行政机关基于行政隶属关系对下级行政机关实行的监督。

(2)行政机关对被许可人的监督检查。主要包括:①书面检查;②抽样检查、检验、检测与实地检查;③被许可人的自检;④对取得特许权的被许可人的监督检查。

2. 行政许可的撤销与注销

(1)行政许可的撤销。行政机关违法作出行政许可决定,应当撤销其作出的行政许可决定。对违法的行政许可事项,基于保护公共利益的需要,该撤销的,行政机关应当予以撤销。撤销可能对公共利益造成重大损害的,不予撤销,既可撤销也可不撤销的,行政机关应当衡量各种利益后决定是否行使撤销权。行政许可决定被撤销时,行政机关应当赔偿被许可人因此受到的损害。

(2)行政许可的注销。由于特定事实的出现,由行政机关依据法定程序收回行政许可证件或者公告行政许可失去效力。应当注销行政许可的情形有六种:①行政许可有效期届满未延续的;②赋予公民特定资格的行政许可,该公民死亡或者丧失行为能力的;③法人或者其他组织依法终止的;④行政许可依法被撤销、撤回,或者行政许可证件依法被吊销的;⑤因不可抗力导致行政许可事项无法实施的;⑥法律、法规规定的应当注销行政许可的其他情形。

3. 行政许可机关及其工作人员的法律责任

(1)行政法律责任。应当承担行政法律责任的几种违法行为包括:①规范性文件违法设定行政许可;②行政许可实施机关及其工作人员违反法定的程序实施行政许可;③行政许可实施机关违反法定条件实施行政许可的行为;④行政许可实施机关实施行政许可擅自收费或者不按照法定项目和标准收费的行为;行政许可实施机关及其工作人员截留、挪用、私分或者变相私分实施行政许可依法收取的费用的行为;⑤行政机关不依法履行监督职责或者监督不力的行为;⑥行政机关工作人员办理行政许可、实施监督检查,索取或者收受他人财物或者谋取其他利益的行为。

行政机关及其工作人员承担行政法律责任的具体形式是:①有关机关责令设定行政许可的机关改正,或者依法予以撤销;②上级行政机关或者监察机关责令改正;③直接负责的主管人员和其他直接责任人员所在单位、上级机关或者监察机关给予行政处分;④行政赔偿。

(2)刑事法律责任。行政机关工作人员办理行政许可、实施监督检查,索取、收受他人财物或者谋取其他利益,情节严重构成犯罪的,或者实施行政许可滥用职权、玩忽职守构成犯罪的,或者截留、挪用、私分或者变相私分实施行政许可依法收取的费用构成犯罪的,应当依法给予刑事处罚。

4. 行政许可申请人及被许可人的法律责任

行政许可申请人及被许可人的法律责任分为两个幅度，程度较轻者予以行政处罚或者限制申请资格，较重者予以刑事处罚。其中，行政处罚是原则，限制申请资格和刑罚是例外。

(1) 行政法律责任包括两种，即行政处罚和限制申请人申请资格。

行政处罚主要适用的情况包括：第一，行政许可申请人隐瞒有关情况或者提供虚假材料申请行政许可的。第二，被许可人以欺骗、贿赂等不正当手段取得行政许可的。第三，有下列情形且违法程度较轻的：①涂改、倒卖、出租、出借行政许可证件，或者以其他形式非法转让行政许可的；②超越行政许可范围进行活动的；③向负责监督检查的行政机关隐瞒有关情况、提供虚假材料或者拒绝提供反映其活动情况的真实材料的；④法律、法规、规章规定的其他违法行为。第四，公民、法人或者其他组织未经行政许可，擅自从事依法应当取得行政许可的活动的。

限制申请人申请资格的情形主要包括两种：①申请人隐瞒有关情况或者提供虚假材料申请属于直接关系公共安全、人身健康、生命财产安全事项的行政许可的，行政机关不予受理或者不予行政许可，并给予警告；申请人在1年内不得再次申请该行政许可。②被许可人以欺骗、贿赂等不正当手段取得属于直接关系公共安全、人身健康、生命财产安全事项的行政许可的，行政机关应当依法给予行政处罚；申请人在3年内不得再次申请该行政许可。

(2) 刑事法律责任。被许可人违法从事行政许可活动，情节严重构成犯罪的，依法追究其刑事责任。

第三篇　交通行政惩戒论

第六章 交通行政处罚

第一节 交通行政处罚概述

一、交通行政处罚的概念与特征

1. 交通行政处罚的概念

交通行政处罚是交通行政机关对构成行政违法行为的公民、法人或者其他组织实施的行政法上的制裁。行政处罚是行政违法行为引起的法律后果。所谓行政违法,是指公民、法人或者其他组织违反交通行政管理秩序,依照法律应当由交通行政机关给予行政处罚的危害社会的行为。

2. 交通行政处罚的基本特征

(1)交通行政处罚是交通行政机关行使国家惩罚权的活动。不具有交通行政职能的个人、企业事业单位和其他组织,为维护内部工作生活秩序,按照组织章程或群众公约所采取的处罚措施,不属于行政处罚。

(2)交通行政处罚是处理公民、法人或者其他组织违法行为的管理活动,不同于行政机关对行政机关工作人员的行政处分。行政处分是调整国家行政职务关系的行政纪律措施。行政机关工作人员执行国家公务,负有专门的职权和职责,应当受国家行政纪律的约束。行政处分和行政处罚既不应互相代替,也不能加以混淆。

(3)交通行政处罚是维护国家行政管理秩序的具体行政行为,不同于惩罚犯罪的刑罚。行政违法行为与犯罪都是危害社会的行为,行政处罚与刑罚都是维护国家公共利益和法律秩序的方法。但是刑事处罚是制裁犯罪的手段。犯罪是极端的反社会行为,刑罚是最严厉的国家制裁手段。

因此,刑事法律只能由司法机关实施。行政违法所危害的是国家行政管理秩序,社会危害程度相对于犯罪较低,行政处罚的严厉程度也较刑罚低,而且在立法和实施上有分层次和分部门的多样性。正确区别行政处罚与犯罪,对于实行刑罚优先,禁止以罚代刑,以维护国家公共利益有重要意义。

《行政处罚法》是国家关于设定和实施行政处罚法律规范的总称。所有调整行政处罚设定和实施中发生的社会关系的法律规范都属于行政处罚法的范畴。行政处罚法的表现形式是法律、行政法规、地方性法规和行政规章。除上述形式以外的其他规范性文件不得设定行政处罚。依照行政处罚法的规定,该法公布前制定的法规和规章关于行政处罚的规定与该法不符合的,应当自该法公布之日起,依照该法规定予以修订。

二、交通行政处罚的基本原则

1. 处罚法定原则

行政处罚是国家惩罚权的重要的强制手段和方法,涉及和影响公民、法人和其他组织多方面的权利和利益。为了克服行政处罚的随意性,防止和纠正对行政处罚的滥用,我国行政处罚实行法定原则,行政处罚的设定和实施必须依法进行。

(1)公民、法人或者其他组织的行为,只有法律明文规定应予行政处罚的才受处罚,否则不受处罚。

(2)行政处罚设定权只能由法律授权的国家机关在法定职权范围内行使。

(3)行政处罚的适用,必须严格依照有关行政违法构成的实体法和适用行政处罚的程序法进行,否则行政处罚无效。

2. 公正公开的原则

公正原则的基本要求是公民、法人或者其他组织所应承担的违法责任与所受到的行政处罚相适应。行政处罚机关应当首先查明违法事实和情节,并对违法行为的性质和社会危害程度作出正确评价,然后再依法给予行政处罚。任何畸轻畸重,违法责任与行政处罚失当的,都属于背离公正原则的行政处罚。公开原则的基本要求是关于行政处罚的有关规定必须向社会公开。未经公布的规定,不能作为行政处罚的依据。

3. 处罚与教育相结合原则

处罚与教育相结合原则是行政处罚的设定和实施要同时发挥其强制制裁与促进认识转变的作用,使被处罚者不再危害社会和自觉守法。

对违法行为必须给予惩罚,否则就不足以制止违法行为和恢复正常秩序,通过处罚促使当事人变为守法者。法律规定被处罚人必须有责任能力,是可以教育和转化的人。任何放弃教育努力的处罚或者以罚代管的做法都不符合处罚与教育相结合的原则。

4.保障当事人权利原则

保障当事人权利原则是正确处理惩罚与保护的相互关系,使无辜的人不受行政处罚,使违法行为人受到公正处理,使遭受违法处罚的人得到及时补救。通过保障当事人行使权利,使行政处罚得到正确使用。当事人的权利有两类:

(1)在行政处罚决定过程中的陈述权、申辩权、被告知权和其他程序权;

(2)行政处罚决定作出后的申请复议权、提起诉讼权和请求国家赔偿权等救济权。这些权利是公民、法人和其他组织等行政处罚当事人对国家的公权利,是对国家的请求,需要以国家机关的义务行为来满足,它对监督国家机关依法行使职权具有重要意义。

三、交通行政处罚的种类

《行政处罚法》规定了六类行政处罚种类。这六类处罚主要根据对公民、法人或者其他组织合法权益的影响程度,对行政管理秩序起保护作用。这六类行政处罚分别是:

(1)警告。它是国家对行政违法行为人的谴责和告诫,是国家对行为人违法行为所作的正式否定评价。从国家方面说,警告是国家行政机关的正式意思表示,会对相对一方产生不利影响,应当纳入法律约束的范围。对被处罚人来说,警告的制裁作用,主要是对当事人形成心理压力、不利的社会舆论环境。适用警告处罚的重要目的,是使被处罚人认识其行为的违法性和对社会的危害,纠正违法行为并不再继续违法。

(2)罚款。它是行政机关对行政违法行为人强制收取一定数量金钱,剥夺一定财产权利的制裁方法。适用于对多种行政违法行为的制裁。

(3)没收违法所得、没收非法财物。没收违法所得,是行政机关将行政违法行为人占有的,通过违法途径和方法取得的财产收归国有的制裁方法,没收非法财物,是行政机关将行政违法行为人非法占有的财产和物品收归国有的制裁方法。

(4)责令停产停业。它是行政机关强制命令行政违法行为人暂时或永久地停止生产经营和其他业务活动的制裁方法。

(5)暂扣或者吊销许可证,暂扣或者吊销执照。它是行政机关暂时或者永久地撤销行政违法行为人拥有的国家准许其享有某些权利或从事某些活动资格的文件,使其丧失权利和活动资格的制裁方法。

(6)行政拘留(交通行政机关不具备该项权力)。它是治安行政管理机关(公安机关)对违反治安管理的人短期剥夺其人身自由的制裁方法。

对于上述各种处罚以外的其他处罚种类的设定,只能由全国人民代表大会及其常务委员会制定公布的法律和国务院制定公布的行政法规规定。这就是说,行政处罚新种类的创设权集中在全国人大和国务院,其他机关没有这种权力。

第二节 交通行政处罚的设定与实施

一、交通行政处罚的设定

设定行政处罚,是国家有权机关创设行政处罚、赋予交通行政机关行政处罚职权的立法活动。行政处罚法根据我国的立法体制,对不同法律文件规定行政处罚的权限划分作出了规定:

(1)法律。分为有权可以设定的和必须行使权力进行设定的两方面。全国人大常委会制定的法律,可以设定各种行政处罚。但限制人身自由的行政处罚,只能由法律设定。

(2)行政法规。国务院制定的行政法规,可以设定除限制人身自由以外的行政处罚。如果法律对违法行为已经作出行政处罚规定,行政法规需要作出具体规定的,不得超出法律规定的给予行政处罚的行为、种类和幅度的范围。

(3)地方性法规。地方人大制定的地方性法规可以设定除限制人身自由、吊销企业营业执照以外的行政处罚。如果法律、行政法规对违法行为已经作出行政处罚规定,地方性法规需要作出具体规定的,不得超出法律、行政法规规定的给予行政处罚的行为、种类和幅度的范围。

(4)部门规章。国务院部门规章可以在法律、行政法规规定的给予行政处罚的行为、种类和幅度的范围内作出具体规定。尚未制定法律、行政法规的,可以设定警告或一定数量罚款的处罚,罚款的限额由国务院规定。

(5)地方规章。地方规章可以在法律、法规规定的给予行政处罚的行为、种类和幅度的范围内作出具体规定。这里的法规包括行政法规和地方性法规。尚未制定法律、法规的,地方政府规章对违反行政管理秩序的行为,可以设定警告或一定数量罚款的行政处罚,罚款的限额由省、自治区、直辖市人大常委会规定。

行政处罚法规定,除法律、法规和规章以外的其他规范性文件不得设定行政处罚。

二、交通行政处罚的实施机关

交通行政处罚原则上应当由交通行政机关行使,因为行政处罚在性质上是一项重要的国家行政权和国家制裁权。但是考虑到行政管理的实际需要和行政组织编制管理的现状,法律规定符合条件的非政府组织,经过法律、法规的授权或行政机关的委托可以实施行政处罚。

1. 行政主管机关

国家行政机关行使国家行政处罚权,应当符合法律的要求。

(1)只有法律规定享有处罚权的行政机关才能有行政处罚权。

(2)具有行政处罚权的行政机关只能在法定的职权范围内实施行政处罚。行政机关只能对自己主管业务范围内违反行政管理秩序的行为给予行政处罚。

如何划分行政机关对违法案件的权限分工,由管辖制度加以解决。行政机关综合执法是行政机关提高实施行政处罚效率的重要制度。行政机关一般是按业务特点设置工作部门的,单行的法律法规经常按照行此管理分工将行政处罚权授予某一行业行政主管机关。但是在行政管理实践中,往往需要将属于不同行政主管部门的处罚权集中于某一行政机关统一行使,以提高行政管理效率。行政处罚法规定了综合执法制度。除限制人身自由的行政处罚权只能由公安机关行使外,国务院或者经国务院授权的省、自治区、直辖市人民政府可以决定一个行政机关行使有关行政机关的行政处罚权。

2. 法律、法规授权的组织

作为行政机关行使行政处罚权的例外,某些组织在法定条件下可以成为行政处罚的实施者。按照行政处罚权的来源,这种组织可以分为两类。法律、法规直接授予行政处罚实施权的,称为法律、法规授权的组织;行政机关委托给予行政处罚实施权的,称为行政机关委托的组织。这两类非政府组织实施行政处罚的条件和法律特征不同。

(1)法律、法规授权的组织实施行政处罚的条件是:

①该组织具有管理公共事务的职能;

②法律、法规的明文授权;

③在法定授权范围内行使行政处罚权。

(2)法律、法规授权的组织实施行政处罚的法律特征是:

①以自己的名义实施行政处罚;

②以自己的名义参加行政复议或者行政诉讼,并承担相应的法律后果。

3. 行政机关委托的组织

(1)行政机关委托的组织实施行政处罚的条件是:
①该组织是依法成立的管理公共事务的事业组织;
②该组织有熟悉有关法律、法规、规章和业务的工作人员;
③对违法行为需要进行技术检查或者技术鉴定的,应当有组织进行相应检查鉴定的条件。

(2)行政机关委托非政府组织实施行政处罚的条件是:
①具有法律、法规或者规章的依据;
②委托事项必须在该行政机关的法定权限以内;
③对被委托组织实施行政处罚的行为进行监督;
④对被委托组织实施行政处罚的行为后果承担法律责任。

(3)受委托实施行政处罚的组织的法律义务是:
①以委托行政机关的名义实施行政处罚;
②实施行政处罚不得超出委托范围;
③不得再委托其他任何组织或者个人实施行政处罚。

三、交通行政处罚的管辖与适用

1. 行政处罚的管辖

管辖是关于行政机关处理行政处罚案件权限划分的制度。它对于及时处理行政处罚案件,防止和解决行政机关之间权限冲突具有重要作用。行政处罚法规定的管辖制度的主要内容是:

(1)级别管辖。原则上,行政处罚案件由县级以上地方人民政府具有行政处罚权的行政机关管辖。所谓"原则上",是说法律、行政法规另有规定的例外。
①中央人民政府和乡级人民政府较少处理行政处罚案件;
②县级以上地方人民政府的行政机关只有得到法律的明确授权才能处理行政处罚案件。

(2)地域管辖。原则上,行政处罚案件由违法行为发生地的有权行政机关管辖,但是法律、行政法规另有规定的除外。如果法律、行政法规规定可以由违法行为发现地、行为人居住地的有权行政机关管辖,应当遵从法律、行政法规的规定。

(3)指定管辖。行政机关就管辖事项发生争议,应当报请它们的共同上级行政机关指定管辖。

(4)行政机关和刑事司法机关对违反行政管理秩序应受处罚案件的权限划分。

一些违反行政管理秩序的行为,依其情节严重程度,可能同时构成行政违法和刑事犯罪。当违法行为构成犯罪时,除应依法给予行政处罚外,行政机关必须将案件移送司法机关追究其刑事责任。

《交通运输行政执法程序规定》(试行)第五条规定:"交通运输行政执法案件的管辖,法律、法规有规定的,从其规定;法律、法规没有规定的,由违法行为发生地的县级以上执法部门管辖。"

第六条规定:"对当事人的同一违法行为,两个以上执法部门都有管辖权的,由最先立案的执法部门管辖。"

第七条规定:"两个以上执法部门因管辖权发生争议的,报请共同的上一级行政机关指定管辖。"

第八条规定:"执法部门发现所查处的案件不属于本部门管辖的,应当移送有管辖权的其他部门。执法部门发现违法行为涉嫌犯罪的,依照行政执法机关移送涉嫌犯罪案件的有关规定将案件移送公安机关。"

第九条规定:"下级执法部门认为其管辖的案件属重大、疑难案件,或者由于特殊原因难以办理的,可以报请上一级执法部门直接管辖或者变更管辖部门。"

第十条规定:"跨行政区域的行政处罚案件,相关执法部门应当相互配合,相关行政区域执法部门共同的上一级执法部门应当做好协调工作。"

2. 行政处罚的适用

行政处罚的适用是关于行政处罚实施机关对行政违法行为人,根据违法情节裁量决定科以行政处罚的制度。

(1)责令改正。适用行政处罚必须能够有效制止违法行为对社会的危害。在许多情形下,行政处罚方法本身并不足以制止违法行为人继续危害社会。为了弥补某些行政处罚方法的不足,法律规定行政机关实施行政处罚时,应当责令当事人改正或者限期改正违法行为。

(2)重复处罚。对当事人的同一个违法行为,不得给予两次以上罚款的行政处罚。这是解决行政处罚中行政职权竞合、处罚法规竞合和违法行为竞合的重要规则。在行政管理中,一个违法行为可能同时违反两个以上法规,受两个以上行政处罚机关管辖,或构成两个以上行政违法行为。为使行政违法行为受到适当的处罚,行政处罚法规定了这一规则。

(3)裁量情节。裁量情节,是指行政处罚机关决定是否给予、给予轻或者重以及免除处罚所依据的各种情况。其中不予处罚的情节有:不满14周岁的人、有违法行为的精神病人在不能辨认或者不能控制自己行为时有违法行为的;违法行为轻微并及时纠正,没有造成危害后果的。从轻或减轻处罚的情节有:已满14周岁不满18周岁的人有违法行为的;主动消除或者减轻违法行为危害后果的;受他人胁迫有违法行为的;配合行政机关查处违法行为有立功表现的等。

(4)追究时效。行政处罚追究时效,指行政机关追究当事人违法责任给予行政处罚的有效期限。原则上行政违法行为在2年内未被发现的,不再给予行政处罚。但法律另有规定的除外。

第七章
交通行政执法文书

第一节 交通行政执法文书概述

一、交通行政执法文书的概念

执法文书是交通行政机关行使行政权力办理行政事务的真实记录,它能反映交通行政机关执法的情况,反映行政执法人员法律知识水平和法律技能的状况,反映交通行政机关是否依法办事。行政执法人员制作的执法文书,正是其素质的综合反映。执法文书的制作,应当熟悉掌握执法文书的概念、特征、原则和有关制作主体、案由、格式、叙事、说理、援引法律条文、作出决定等基本理论。

交通行政执法文书概念包含以下几层含义:

(1)执法文书的制作主体是实施交通行政处罚权的行政执法部门。

(2)执法文书的适用范围是在具体的行政执法活动中。

(3)执法文书的制作必须严格按照国家法律、法规的规定。

(4)执法文书必须具有法律效力和法律意义。

二、交通行政执法文书的特点

1.执法文书的特点

(1)制作的合法性。这是指制作执法文书必须严格依据法律的规定,按照不同的文种、要求和时限进行制作。

(2)内容的规范性。执法文书是一种高度程序化的书面文件,各类执法文书的写作内容、形式结构等都有严格要求。执法文书的内容所反映和体现的是国家法律、法规规定,具体的体现实体法律规范所确定的权利义务关系和程序法律规范所规定的行为人享有权利、履行义务的方式、方法、步骤等。

(3)语言表述的准确性。执法文书是庄重严肃的文书,在语言文字的运用上,要求十分严格,不能模棱两可、似是而非,也不能任意夸大或缩小事实。

(4)法律上的确定力。这是指执法文书一经制作完毕并送达到当事人,非经法定程序不得变更或撤销。执法文书是交通行政执法机关具体适用法律的书面表现形式,一旦发生法律效力,就不得以其他文书代替,其执行就具有国家强制力为保证。如果要改变或撤销,只能由交通行政执法机关依照法定程序进行,除人民法院和政府行政复议机构外,其他任何机关、团体或个人都无权予以认定、变更或撤销。

2. 执法文书的分类

(1)执法文书按其用途可分为内部文书和外部文书。内部文书是指在行政执法活动过程中执法机关为行政管理活动需要而制作的在行政机关内部运转的书面文件,如立案审批表、案件处理意见书、重大案件集体讨论记录、结案报告等。而外部文书是指执法机关在具体执法活动中制作的涉及当事人权利、义务关系或调查取证过程中有行政机关以外的人员、组织参与的文书,如调查笔录、勘验笔录、行政处罚决定书、责令停止违法行为通知书等。

(2)执法文书按其形式可分为笔录式和填写式。交通执法文书主要以笔录式执法文书和填写式执法文书为主。笔录式执法文书主要是详细记录当事人违法的客观事实及执法人员的调查结果。填写式执法文书的格式相对固定,如责令停止违法行为通知书、当场处罚决定书等,这类文书在制作时只需在空白处根据实际情况填写即可。

三、交通行政执法文书的作用

交通行政执法文书的作用,是指交通执法文书在运作过程中所体现出来的某种效用。执法文书在实施法律和规范交通活动及行为方面所体现的作用是十分广泛的,主要表现在以下几个方面:

(1)执法文书是实施法律的工具。这是执法文书的最基本作用。执法文书的内容是国家法律与具体行政事务相结合的产物,是运用法律手段调整各种法律关系的记录,它表现了法律适用的结果。

执法文书作为实施法律的工具,起着不可忽视的作用。比如:行政处罚、监督检查等一系列行政执法活动,都必须依照法律规定的程序进行,每道程序又必须以相应的执法文书作为实施的前提。也就是说,没有执法文书,行政执法行为就无法进行。法律文书质量的高低直接关系到法律能否有效执行,关系到国家、集体利益和当事人的合法权益能否切实得到保障。

(2)执法文书是履行职责的凭证。执法文书是执法主体实施某种具体法律行为的凭证,这是执法文书的主要作用。执法机关为了表明实施法律行为的合法性,诸如查扣、处罚时必须出具相应的执法文书,这种执法文书就是表明执法主体行为合法的凭证。行政执法活动是否依法进行,行政执法活动是否正确、合理,行政执法各个环节是否相互衔接等,一般都需由执法文书加以证明和反映。

(3)执法文书是执法活动的记录。执法文书是行政执法过程的跟踪和记录,它以文字的形式,全面、准确、如实地记载和保留行政执法活动的材料和证据,使交通行政机关保证行政执法事项处理的公正、公平。以行政处罚为例,交通行政机关在办理行政违法案件的过程中,随着立案、调查取证、听证、处罚决定、执行等程序的进行,先后制作使用相应的执法文书,记录了整个案件的全过程。随着时间的推移,该处罚程序结束,而执法文书却记录着实施该项行政处罚过程中所出现的各种情况。执法文书不仅对案件、事件的处理起着重要的作用,同时,由于执法文书具有静态、固定的特点,对行政执法活动的总结、纠错有着重大意义。

(4)执法文书是考核干部的尺度。执法文书的制作是行政执法的必然结果,行政执法质量必然体现在执法文书中。制作执法文书是行政执法人员的基本功之一,制作的执法文书质量的高低,反映了制作主体素质。因此,交通行政机关对行政执法人员工作的考核或评估,普遍将其制作的执法文书作为考核或评估内容之一,是十分正确的。从某种意义上说,执法文书的制作和适用水平,是行政执法人员思想政治素质和业务素质的具体折射或反馈。执法文书具有考察制作主体素质的作用,这是执法文书的特殊作用。

第二节 交通行政执法文书制作原则

一、合法原则

执法文书的合法原则,包括执法文书的内容合法、形式合法和使用合法等,必须严格遵循。执法文书合法性问题至少包含如下几层意思:

(1)执法文书的制作主体必须符合法律规定,不符合法律规定的主体制作的执法文书,不具有合法性。

(2)执法文书所依据的法律规范必须本身有效,凡是依据未颁布的或被废止的或被中止的等无效的法律规范而制作的执法文书,不具有合法性。

(3)执法文书必须按照法定程序制作,违反法定程序制作的执法文书,不具有合法性。

(4)执法文书的制作要符合实体法的规范,没有实体法作为基础,执法文书叙事、说理和结论的形成便没有准则。

(5)执法文书制作时,存在着法律解释的合法性问题。执法文书制作主体在行使权利的过程中,将抽象概括的法律规范适用于具体的行政执法事项时,无论是在程序法还是在实体法的适用方面都涉及法律的解释。只有合理的法律解释,才符合合法性的要求。

二、合理原则

执法文书制作应当合理,表现为:一是执法文书的内容合理。二是执法文书的形式合理。执法文书是制作主体适用法律办理具体行政事务过程的产物,其内容合理,实际上是法律的理性体现。法律作为一种社会规范,对人的行为或事件的规定是抽象的、概括的,不可能也对一切的社会现象都作出规定,而执法文书却是把这种抽象的、有限的法律规范适用于具体的人和事。因此,制作执法文书时必须对法律作出合乎理性的解释,否则就谈不上对法律的统一适用,执法文书内容的合理性就难以体现。在行政执法中,运用和解释法律必须使用理性的方法,排除个人的偏见,只有这样才能保证执法文书的内容合理。执法文书的形式合理性表现在两个方面,一是规范结构样式的合理性,二是文书内在结构内容构成的合理性。

三、规范原则

执法文书具有规范的特点,主要体现在执法文书结构内容的固定和某些程序性语言的规范上。规范是执法文书制作主体应当共同遵守的规则,执法文书的内容一般以有序化为规范,包括叙述事实要素化、援引法律条文规则化、列举证据的组合排列链条化、行政执法事项的处理决定标准化等。执法文书的格式规范,主要包括格式的结构规范、格式所列的事项规范,执法文书格式统一,有利于按法定程序制作、依法适用、长期保存。执法文书的结构,一般由首部、正文和尾部构成,执法文书的事项除首部之外,一般由事由、法律规定和处理决定等构成。执法文书具有一定的规格,包括名称、大小、文号、用纸、字体等都要符合规定的条件。

执法文书使用的语言文字符号应力求规范,即以准确为前提,所使用的专业术语要规范,使用的汉字以国务院颁布的第一和第二批简化字表为规范。使用的词语和句子要准确、凝练、严谨、朴实、庄重,要符合公文语体规范、语法规范及有关公文制作技术规范等要求。同时,执法文书使用的标点符号包括使用的数字,如用中文数字还是用阿拉伯数字也要符合规范要求。

四、强制原则

强制原则,是指制作主体依照法定职权和程序,制作执法文书,国家强制力保证执法文书的执行。执法文书的强制性来源于法律的强制性,执法文书是执法和守法活动的产物,是具体实施法律的结果。生效的执法职能文书,是交通行政机关行使国家行政权的集中体现,是对具体的行政事务和当事人具有约束力的非规范性文件,具有行政行为的效力(包括公定力、确定力、拘束力和执行力),由国家权力保证其实施,除非按照法律规定的程序变更或撤销之外,不得变更、不得撤销。

执法文书强制原则,是执法职能文书适用的一个重要原则,表现在三个方面:

(1)执法文书必须由法律规定的主体依法定程序制作,包括了制作主体的强制性规定、制作程序的强制性规定和制作时效的强制性规定,执法文书制作主体不得违背法律的强制性规定。

(2)执法文书一经制作或者认可必须依法执行,否则,应承担相应的法律后果。

(3)执法文书一经制作,非依法定程序不得任意改变。这是法律的强制力和稳定性的必然要求。即使生效的执法文书存在错误,也应该依法定程序来变更。执法文书的强制原则,包括直接强制执行的执法文书,如强制拆除、暂扣车辆等文书,也包括生效后靠人民法院等司法机关强制执行实施的执法文书,如行政处罚决定书等。

第三节 交通行政执法文书制作主体

一、制作主体的概念

交通行政执法文书制作主体,是指依照法律规定,在交通行政事务中享有某一权利、履行某一职责并依法制作相应执法文书的交通行政机关、法律法规授权的组织等制作单位。执法文书制作主体与执法文书的具体制作人不是相同的概念。根据权利能力与行为能力相分离的原则,具体制作执法文书的人不是文书的制作主体。具体的制作人是文书的制作人或代书人。

法律对交通行政事务的程序、主体都做了明确的规定。每一个程序的开展,最后都归结到相应的执法文书制作。因此,各种不同种类的执法文书所反映的不同内容,一方面是法律程序在执法文书中的体现,另一方面,它是交通行政机关、法律法规授权的组织等履行职责、行使交通行政权的具体体现。

执法文书的制作主体具有自身的特点,它不同于一般文章的主体,执法文书的制作主体具有如下特征:

(1)法定性。法定性是指法律的强制性规定,特定的主体制作特定的文书都是由法律规范直接规定的,非法定主体无权制作特定的文书。

(2)职责性制作执法文书,是制作主体依法履行职责的行为,是法定职责的重要内容之一。如交通行政机关制作的行政处罚决定,其职责在于对违法行为进行处罚。法律赋予交通行政机关等制作者,在一定条件下制作交通执法文书的主体资格,制作主体在制作执法文书时,必须严格按照法律规定的职责进行。

(3)权利性制作主体依法制作执法文书,不仅是一种履行职责行为,同时也是一种权利行使行为。如交通管理部门签发《超限运输车辆通行证》,是法律赋予它的职责,又是其依法行使国家行政权的集中体现。

二、主体与执法文书的关系

执法文书与制作主体之间的关系,概括地说,制作主体是执法文书制作者,执法文书是制作主体在办理交通行政事务过程中,根据法律规定,依照客观事实,对具体行政事务作出正确认识以后所作出的文字记载,具体地说,主要是以下三个方面:

(1)只有在法律规定的前提下,一般主体才能成为执法文书的制作主体。执法文书是法律实施的工具,离开了具体的法律实践活动则不可能有执法文书主体的存在。就执法文书的制作来看,执法文书是制作主体在办理交通行政事务中,行使各种权利或履行各种职责时制作的各种执法文书。执法文书只能以法律规定的主体作为文书的制作主体。如果离开了法律的具体规定,所制作的文书也不称为执法文书,因而也就不可能实现特定的目的,完成其特定的任务。

(2)执法文书是制作主体在办理交通行政事务的过程中的产物,执法文书所反映的是具体案件、事件的特定事由,它与法律、法规等具有普遍约束力的规范文件不同。执法文书的制作必须是将具有普遍约束力的规范文件中的规则适用于特定的人或事件。因此,执法文书必须以一定的具体存在的案件、事件为适用对象。在这种具体适用过程中,执法文书制作主体随应特定的程序要求,依照程序法或实体法的规定行使职能和制作文书,离开了具体的案件、事件和相关程序,就不可能制作具体的执法文书,也就谈不上法的适用。

(3)执法文书的制作是制作主体有目的、有意识的反映。执法文书的制作是制作主体对具体案件、事件的具体内容的反映。制作主体在办理交通行政事务中,行使各项权利义务和履行各种职责正是交通行政执法活动的具体体现。制作主体根据执法文书的主旨,正确认定事实,阐明主张和理由,形成合法的结论,最终以文书的形式表现出来,这一过程是制作主体对案件、事件的事实和法律适用进行深刻认识的结果,也是主体的一种有目的、有意识的认识实践活动。它是制作主体在法律规定的前提之下,以具体的案件、事件为反映内容,以自己的执法行为或其他法律行为为条件,对案件、事件作出的有目的的意识反映。

三、文书制作的要求

执法文书的制作主体具有特殊性。在具体文书的选择和制作时有一定规律,因此,从制作主体的角度来看,执法文书对制作主体具有一定的要求:

(1)依法定主体制作。特定的文书只能由特定的主体来制作,这种特定性往往表现为法律的强制性规定。如《车辆暂扣凭证》的制作,只能由享有该项行政许可权的道路运输管理机构来进行,其他无该项行政许可权的机关和个人不能制作该项行政强制决定书。

(2)依法定程序制作。法律所规定的程序都有其特定的要求,是执法文书制作主体在具体行使权利时必须遵循的。各种不同的法律程序产生相应的执法文书,如调查取证程序产生了调查终结报告,听证程序产生了听证意见书等,因此,制作主体必须依照法定程序制作执法文书。

(3)依法定内容制作。各种执法文书都有其特定的内容,而这一特定的内容都是由法律、法规、规章规定的,制作主体只有依照法律规定的内容制作执法文书,才能制作出合法的执法文书。此外,依法定内容制作,还必须以特定的格式来体现其内容,这也是依法制作的重要方面。

不同的执法文书都有各自不同的内容,而这些内容一般应由法律来规定。如行政处罚法对处罚决定书的内容作了明确的规定。当不同的法律关系中形成了不同的事实时,制作主体应根据不同的事实情况及不同的程序选择不同的文书来制作。

第四节 交通行政执法文书结构

一、结构设置

执法文书的结构是根据法律的规定、制作主体的需要、目的及程序的特点来设置的,其范式在设置时都必须遵循如下原则:

（1）根据案件的内在联系和规律来构造文书的结构。虽然案件的性质不同，每个案件的具体情况也不同，但在文书结构的设置时，有一定的规律可循。如案件调查终结报告等文书都涉及案件的实体问题，先是叙述违法事实，之后是对违法行为性质和危害后果的分析，最后是引用法律条款作出某种结论。这类文书既有事实的叙述，又有理由分析及结论。在结构安排上必须严谨、完整，必须按事物发展的逻辑顺序来构造文书的内部结构。另外有些文书只涉及某些程序问题，为了易于制作、提高效率，则采用了填充式或表格式。如：暂扣车辆凭证、当场处罚决定书等。这些文书结构的设置相对而言，简便易行，易于制作。

（2）根据法律的规定来构造文书的结构。执法文书的制作依据来源于法律的规定，在办理交通行政处罚过程中，应当具备哪些文书，什么情况下制作和使用什么样的文书，制作的主体是谁，制作的内容和要求是什么，如何送达等，法律都有相应的规定，必须根据法律规定的程序需求来设置文书的结构。

二、文书结构的特点

执法文书的结构由于其实用性和专业性的需要，决定了执法文书的结构具有显著的特点：

（1）结构的稳定性。执法文书的稳定性是由法律规则的稳定性，表现为结构的固定化，即行文模式的程式化。执法文书在长期的行政执法实践过程中逐步形成了相对稳定的体裁和格式，依照法律的规定，按照一定的格式，把特定的内容和项目简明扼要、条理清晰地表达出来，不仅是形式上的需要，而且还是执法文书管理的规范化和科学化的需要。虽然制作式文书较之其他填充式文书结构更为严谨，但在结构上都是由文书的首部、正文和尾部三部分组成。这样稳定的结构，便于执法文书的制作、查阅、管理，有利于法律的实施。

（2）内容的规定性。执法文书内容的规定性，是指执法文书的内容构成必须符合法律规定，不可缺项漏项。这是法律的稳定性、普遍性和强制性所决定的，为了保证法律的实施，法律一般对执法文书内容、制作要求都有明确的规定，在构造执法文书的结构时，不仅在形式上要求稳定、统一和规范，而且在内容构成方面必须符合法律的规定，形式与内容相辅相成，相互协调，才能确保执法文书的合法性和实用性的有机结合。《行政处罚法》第三十九条规定："行政处罚决定书应当载明下列事项：（一）当事人的姓名或者名称、地址；（二）违反法律、法规或者规章的事实和证据；（三）行政处罚的种类和依据；（四）行政处罚的履行方式和期限；（五）不服行政处罚决定，申请行政复议或者提起行政诉讼的途径和期限；（六）作出行政处罚决定的行政机关名称和作出决定的日期。行政处罚决定书必须盖有作出行政处罚决定的行政机关的印章。"这一规定是制作行政处罚决定书的程序依据,又是行政处罚决定书内容构成的来源,现行行政处罚决定书的形式和内容构成正是这一规定的体现。

(3)结构用语的程式化。结构用语的程式化,是指执法文书的各部分内容的表达,多有规范了的固定用语,书写该项目时只能如此表述,没有丝毫的变通余地。执法文书结构的程式化是法律规则与语言功能的有机结合,执法文书的外部结构形式是由首部、正文和尾部等层次构成的一个有机整体,任何一个层次在文书中都不是孤立存在的,而是彼此联系、相互衔接的,构成承接和过渡部分的样式、用语是规范了的固定用语。如行政处罚决定书尾部表述为:"如不服本处罚决定,可在接到决定书之日起六十日内依法向××交通局申请行政复议,或六个月内向××人民法院起诉。"这段话十分简练地交代了有关行政复议期限、复议机关或提起行政诉讼期限和一审法院等内容,体现结构用语的程式化。

三、执法文书的内容

执法文书的内容,一般由事实、理由和结论三个部分组成,这三个组成部分存在着内在的、有机的逻辑联系,形成不可分割整体。

执法文书的事实是指案件的事实,它不是一种主观臆造,而是一种法律事实。法律事实是指法律所规定的,能够引起法律关系的产生、变更或消灭的具体条件和事实根据。法律事实是经过证据证实了的事实,是经过依法举证、质证、认证的事实。法律事实通常分为法律事件和法律行为两类。法律事件是指能够引起法律关系产生、变更和消灭,而不以人的主观意志为转移的客观事件。法律行为是指能引起法律关系的产生、变更和消灭的,法律主体有意志的行为。因为人们的意志有善意与恶意、合法与违法之分,故其行为也可以分为善意行为、合法行为与恶意行为、违法行为。执法文书记述的事实应当是客观存在的真实情况、事实的本来面目;执法文书引文材料必须经反复核对,出处准确无误,使用数据说明问题要求精确,不允许夸大或缩小,更不允许歪曲甚至虚构、捏造事实。

执法文书的理由包括认定事实的理由和适用法律的理由。认定事实就是认定案件、事件的事实,案件、事件的事实只有通过举证、质证、认证等活动,充分听取各方意见,经过推理判断,对证据的取舍和证明力作出正确的判断和选择,才能作出正确的认定。执法文书认定的事实应当客观,具体要求:一是准确地揭示案件、事件的本来面貌。二是全面阐述案件、事件的各个侧面。三是准确表达案件、事件关键部分的事实。

执法文书的结论一般明确地表达了执法文书的主旨,它是主旨的一种表现形式。结论表达要求正确、鲜明、集中、具体。所谓正确,就是要求执法文书的结论要以事实为根据,以法律为准绳。执法文书的结论是从经过调查复核的确凿的行政事务的事实材料中提炼、概括出来的,又是以法律为标准、为尺度确立和体现的,既不能超出适用的法律条文含义范围,也不能错用、虚用法律条文。所谓鲜明,是指结论态度明确、立场分明、一目了然。执法文书是为了解决行政执法活动中的具体问题而制作的,文书肯定什么,否定什么,维护什么,反对什么,都要做到态度明朗,观点鲜明,绝不可含糊其辞,模棱两可。所谓集中,是指结论一般只阐明一个基本观点,只说明一个基本问题,不可将次要的,甚至与主旨无关的枝节问题放在结论中写。所谓具体,是指结论应当明确表达文书所要解决的什么问题或者制作主体的什么主张。一般可以从执法文书的标题认知其基本结论或主旨,如交通行政机关的行政处罚决定书,就是对特定案件的违法行为作出行政处罚。

执法文书内容的结构形式主要有以下几种:

(1)三段论式结构是指先叙述案情的事实,然后以法律衡量事实的是非对错,最后得出正确判断的结构形式。事实是形成理由的基础和依据。事实的叙述一般承接首部的案由或事由,边叙事,边列举论证分析,也可在叙述事实之后,集中陈述,分析论证。重点要把握好两点:一是法律上构成案件或事件的要素(时间、地点、人物、过程、目的、结果等)叙述清楚。二是从语言上把事实表达清楚。其次,理由是对事实的概括。论述理由离不开事实的叙述,离不开对照法律的具体规定。即理由要与事实保持高度一致。理由与适用的法律条款高度一致。最后,根据事实和理由得出处理结论。

(2)纵向式结构又分为直叙式和递进式两种。直叙式是指文书的内容按照从重到轻,从大到小,从主到次的一种纵深方向发展。如执法文书中主要违法行为在前,次要违法行为在后。直叙式的方法,使文书看上去脉络清晰,主次分明,轻重有别。递进式是指文书内容按照事理的层递关系或认识的过程安排结构,多采用因果结构,由外到内,到浅入深,由易到难,摆情况,找原因,下结论,说理透彻,论辩性强,符合人们认识思维的过程,一些报告类文书多采用此结构方式。

(3)横向式结构是指文书内容沿横向展开。一是按照事物的组成部分展开。二是按照事物的空间分布展开。三是按照事物的归纳关系展开。横向式一般有条款式和并列式两种。条款式也称"简单列举法结构",其特点是内容单一、眉目清晰、简洁明了。一般用来规范人们的各种权利义务关系和具体行为。我国现行的法律、法规、规定等多采用此结构。并列式结构是指文书的内容有多个分论题,各自独立、互不关联,但它们又同时围绕总论题去布局和论述。其特点是理由充分集中,说服力强。对于多种违法行为的案件调查终结报告等执法文书常采用此结构。

四、执法文书制作格式

(1)执法文书制作格式一般包括首部、正文、尾部三个部分。

首部是执法文书的开头部分。一般包括文书制作机关名称、文书名称、文书编号、当事人的基本情况、案由或事由、案件或事件的来源和处理过程等项内容。

正文是执法文书的核心部分,是文书要解决的问题及其法律事实和依据。任何一种执法文书都有正文部分,正文的内容都包括事实、理由及结论三项。不过,有的"结论"是指要求事项或处理意见或处理结果等。在有些文书中,这三项内容是连在一起书写而不是分开表述的。

尾部是执法文书的结束部分,一般包括告知事项、签署、日期、用印、附注说明等项。根据不同的文种,尾部的事项稍有不同,但签署、日期、用印则不可缺少。尾部的用语固定,程式严格,不能随便取舍,否则会影响执法文书的效力。

(2)执法文书制作格式类型主要有四种,即填写式文书、表格式文书、笔录式文书和制作式文书。它们的基本特点、样式和内容如下:

①填写式文书。填写式文书是指结构简单,大部分内容已经固定,只有少量内容由制作者填写的文书。这类文书的特点表现为:第一,填写式文书一般需要填写的内容较为简单,不需要经过复杂的叙述和分析说理。第二,填写式文书的结构简短,制作格式一般篇幅不长。第三,填写式文书易于制作,制作时十分方便迅速,一般用于较为简单的事项,如《当场处罚决定书》《听证通知书》《授权委托书》等。

②笔录式文书。笔录式文书就是以文字的形式如实记录交通行政执法活动的文书。笔录式文书主要起证据作用。因此,这类文书的主要特点表现为:第一,内容真实、完整、客观。笔录式文书应当真实完整地记录现场监督检查、听证、调查、当事人陈述申辩等现场情况、人物对话等需要记录的活动,笔录式文书一定要忠于事实,不能夸大也不能缩小,笔录内容既要全面,又要突出重点。第二,形式简单。笔录式文书记录语言、行为等活动,一般不涉及论证分析或者权利义务的具体主张。第三,手续完备。无论是问答式笔录还是记录行为的笔录,其主体和相关主体必须合法,形成文书的程序和手续必须完备,如在场人应当对笔录的真实性签上意见、日期。

笔录类文书种类繁多,但按其记录的客体可分为记录话语的笔录和记录行为的笔录两类。记录话语的笔录如当事人陈述申辩笔录、调查笔录、听证笔录等,记录行为的笔录如现场检查笔录等。

③表格式文书。表格式义书就是采用表格的方式来表现一定内容的执法文书。这类文书除具有填写式文书的特点外,最明显的特点是借用了表格的外在形

式来表现文书的内容,使阅读者清晰可见、一目了然。各交通行政机关在规范内容单一、便于制作的一类文书时,都运用了这种方法。一般用于内容固定、简明单一的事项,如立案申请表、送达回执等。

④制作式文书。制作式文书也称拟制式文书或叙议式文书,是指制作主体制作时需要叙述事实、阐述理由并在此基础上作出结论的规范性文书。这类文书在规范样式时,结构非常完整,但规定的内容只是文书的形式要素,主要结构内容还要靠制作者根据案情或行政事务具体情况来决定,如《听证报告书》《重大案件集体讨论记录》等都是制作式文书。

第五节 交通行政执法文书制作要求

一、文书制作基本要求

1. 执法文书的填写制作

文书应当使用蓝黑色或黑色笔填写,做到字迹清楚、文面整洁。

交通管理部门制作文书时,应当按照规定的格式印制后填写。有条件的,可以按照规定的格式打印制作。

交通行政执法文书设定的栏目,应当逐项填写,不得遗漏和随意修改。无须填写的,应当用斜线划去。

文书中除编号、数量等必须使用阿拉伯数字的外,应当使用汉字。

2. 执法文书的语体要求

交通行政执法文书应当使用公文语体,语言规范、简练、严谨、平实。

应当正确使用标点符号,避免产生歧义。

交通行政执法文书中"案由"填写为"当事人名称+违法行为定性+案",例如:××(单位或个人)未经许可擅自从事道路运输经营案。

当场处罚决定书、立案审批表、违法行为通知书、行政处罚决定书等文书应当编注案号。

3. 执法文书项目填写要求

交通行政执法文书中当事人情况应当按如下要求填写:

(1)根据案件情况确定"个人"或者"单位","个人""单位"两栏不能同时填写;

（2）当事人为个人的，姓名应填写身份证或户口簿上的姓名；住址应填写常住地址或居住地址；"年龄"应以公历周岁为准；

（3）当事人为法人或者其他组织的，填写的单位名称、法定代表人（负责人）、地址等事项应与工商登记注册信息一致；

（4）当事人名称前后应一致。

4. 笔录类文书制作要求

询问笔录、现场笔录、勘验（检查）笔录、听证笔录等文书，应当当场交当事人阅读或者向当事人宣读，并由当事人逐页签字或盖章确认。当事人拒绝签字盖章或拒不到场的，执法人员应当在笔录中注明，并可以邀请在场的其他人员签字。

记录有遗漏或者有差错的，可以补充和修改，并由当事人在改动处签章或捺指印确认。

交通行政执法文书首页不够记录时，可以附纸记录，但应当注明页码，由相关人员签名并注明日期。

交通行政执法文书中的审核或审批意见应表述明确，没有歧义。

需要交付当事人的文书中设有签收栏的，由当事人直接签收；也可以由其成年直系亲属代签收。

文书中没有设签收栏的，应当使用送达回证。

交通行政执法文书中注明加盖交通管理部门印章的地方必须加盖印章，加盖印章应当清晰、端正。

二、执法文书中的法律依据

1. 执法文书的法律依据适用与原则

执法文书的法律依据适用又称援引法律条文，是指执法文书的制作主体在法律推理的过程中，为了说明制作文书的程序根据、法律事实的认定根据，以及法律结论的合法根据，而对有关法律条文的具体引用。

在执法文书的制作中，一般有法律推理内容的文书都要援引法律条文，执法文书的理由要根据具体情况，可以援引实体法条文和程序法条文，也可以只援引实体法条文或者只援引程序法条文。

制作执法文书，正确引用法律依据具有十分重要的意义。处理具体行政事务如果适用法律出现错误，既不利于国家法律的正确实施，也不利于保护公民、法人和其他组织的合法权益，立法的目的难以实现，各种复杂的社会冲突也难以有效解决。因此，正确引用法律依据体现民主法治精神，有利于维护社会不同主体的利益,使社会向有序化方向发展。

2. 法律规范冲突的适用原则

在行政执法中,常常遇到新法与旧法、一般法与专门法、行政法规和部门规章与地方法规和规章、此地方法规规章与彼地方法规规章等之间的不协调、不一致的地方。在个案中援引法律依据时,有时会遇到同一法律关系由两种或两种以上的法律规范调整,而这些规范之间并不一致,甚至相互矛盾。这时,适用原则有:法律优先、上位法优于下位法、新法优于旧法等。如果法律、法规、规章中有诸多选择或相互冲突的情况下,应当优先适用法律,而不能选择法规和规章为依据。如果相互冲突的规范是由不同级别的机关颁布的,那么应选择适用上级机关颁布的规范。如果相互冲突的规范是由一个机关颁布的,那么选择适用时应优先考虑时间靠后颁布的法律规范。

3. 法律依据的种类

根据援引法律条文的性质以及援引法律条文的内容和作用,执法文书中的援引法律条文可以分成:程序依据式、实体依据式、事实依据式、结论依据式、制作依据式五种类型。

(1)程序依据式。它是指执法文书制作时援引的程序性条文,作为制作文书或作出文书结论的依据。程序性依据在执法文书中的作用:一是执法文书的文种来源于程序法的规定,二是执法文书的内容必须援引相关的程序性条款。因此,程序性依据在执法文书制作过程中有着重要作用。

(2)实体依据式。它是指执法文书中援引有关实体法条文作为确认事实性质或者作为结论依据。例如,行政处罚决定书中,作出处罚决定所援引的法律条文即属于实体依据。

(3)事实依据式。它是指执法文书中援引有关法律条文作为认定法律事实性质、责任的依据。凡是有叙述事实,且法律对该事实性质、责任有明文规定的执法文书都要适用该类型。

(4)结论依据式。它是指执法文书中援引有关法律条文(包括实体法、程序法)作为作出文书结论的依据。结论依据既可以援引法律的一个条文,也援引不同法律不同的条文。

(5)制作依据式。它是指执法文书中援引有关程序法条文作为制作该文书程序的依据。

4. 法律依据适用的要求

执法文书对援引法律条文的要求:

（1）援引法律条文要引用有关实体法和程序法，不能用宪法、党内政策性文件、领导讲话来替代法律，作为援引法律条文的内容。

（2）援引法律条文要准确、具体。具体的行政执法事项的法律依据是特定的法律条文，因此，援引法律条文必须准确无误或者说要贴切和恰当，不能张冠李戴，错误引用。援引法律条文要具体明确，写出引用法律条文的条、款、项、目。

（3）援引法律条文应当排列有序在特定的行政执法事项中，由于事实、法律关系或者处理结果的复杂性，援引法律条款内容丰富。在制作一份文书时，可能既有程序法条款也有实体法条款，在引用不同位次法律规范时应按照一定的先后顺序来进行，不能出现杂乱无章的现象。援引法律条文的排列次序要求是：先主后次，即先援引适用于主要事实的法律条文，后援引适用于次要事实的法律条文；先援引实体性法律条文，后援引程序性法律条文。这是因为只有实体法的存在，才有法律程序的产生，程序是为实体服务。

（4）援引法律条文要完备周全。凡是确定法律事实性质、行为人责任的执法文书，其处理结论和制作该文书的程序所依据的所有法律条文都要一一援引，不能遗漏。同时，援引任何一项法律，都要写出该法律名称的全称，并用书名号括上，不能用简称。

三、文书具体适用及填写

（1）现场笔录。现场笔录是指用于记录现场有关人员基本情况、主要违法事实和主要证据的文书。

"执法地点"栏应填写执法时所处位置，填写具体详细，体现现场特征。

"主要内容"填写的是现场检查中发现的主要违法行为所发生的时间、地点、事件经过及主要证据等相关内容。

（2）举报记录。举报记录是指交通管理部门接到电话、信函、来人等各种渠道的举报揭发违法行为所进行的记录。

"举报内容"栏应写清举报的时间、地点、主要情节、同案人、知情人、证明人等，还应反映出举报人不愿留下姓名或要求保密以及声明其举报材料的可靠程度等内容。

举报内容若案情复杂，可请举报人递交书面举报材料。

（3）立案审批表。立案审批表是指交通管理部门在办理一般程序案件中，用以履行报批立案手续的文书。

"案件来源"栏应当按照检查发现、群众举报、上级交办、有关部门移送、媒体曝光、违法行为人交代等情况据实填写。

"案件基本情况"栏应当写明当事人涉嫌违法的事实、证据等简要情况以及涉嫌违反的相关法律规定等。

(4)协助调查通知书。协助调查通知书是交通管理部门调查案件时,请求有关单位和人员进行协助调查时使用的文书。

如需要某单位进行协助调查,主送栏填写该单位的名称,如需要个人进行协助调查的,主送栏填写协查人的姓名。

(5)询问笔录。询问笔录是指为了查明案件事实、收集证据,向相关人员调查了解有关案件情况的文字记载。

询问笔录应当记录被询问人提供的与案件有关的全部情况,包括案件发生的时间、地点、情形、事实经过、因果关系及后果等。

询问时应当有两名以上执法人员在场,并做到一个被询问人一份笔录,一问一答。询问人提出的问题,如被询问人不回答或者拒绝回答的,应当写明被询问人的态度,如"不回答"或者"沉默"等,并用括号标记。

(6)勘验(检查)笔录。勘验(检查)笔录是指交通行政执法人员对于涉嫌违法行为有关的物品、场所等进行检查或者勘验的文字图形记载和描述。

需要绘制勘验图的,可另附纸。对现场绘制的勘验图、拍摄的照片和摄像、录音等资料应当在笔录中注明。

(7)抽样取证凭证。抽样取证凭证是指交通行政执法人员在执法过程中,抽取涉嫌违法物品样品保存作证据或送交有关部门鉴定而制作的文书。

抽取样品应当按照有关技术规范要求进行。抽样送检的样品应当在现场封样,由当事人和交通行政执法人员共同签字或盖章。

抽样取证凭证中各栏目信息,应当按照物品(产品)包装、标签上标注的内容填写,其中"规格及批号"栏,应当按照物品(产品)包装、标签上标明的批准文号、规格等填写。

(8)鉴定委托书。鉴定委托书是指交通管理部门在调查取证过程中,对相关专业问题委托专业机构进行鉴定的文书。

鉴定委托书应当写明委托人和委托鉴定的事项。委托单位向鉴定机构提交的相关材料要齐全。

(9)鉴定意见书。鉴定意见书是指受交通管理部门的委托,相关专业机构对专业问题出具的专业鉴定意见和结论。

鉴定意见书应当有鉴定机构和鉴定人鉴定资格的说明。

(10)证据登记保存清单。证据登记保存清单是指交通管理部门在查处案件过程中,对可能灭失或者以后难以取得的证据进行登记保存时使用的文书。

交通管理部门应当根据需要选择就地或异地保存。

交通管理部门可以在证据登记保存的相关物品和场所加贴封条,封条应当标明日期,并加盖交通管理部门印章。

文书中应当对被保存物品的名称、规格、数量作清楚记录。

(11)证据先行登记保存处理决定书。证据先行登记保存处理决定书是指交通管理部门在规定的期限内对被登记保存的物品作出处理决定并告知当事人的文书。

证据先行登记保存处理决定书应当写明当事人姓名(或名称)、登记保存作出的时间及具体处理决定。

(12)车辆暂扣凭证。车辆暂扣凭证是交通行政执法人员在实施道路运输监督检查中,经过调查发现车辆从事道路运输经营活动,但没有车辆营运证且无法提供其他有效证件,而对车辆进行暂扣的凭证。

"被暂扣车辆情况"栏应填写清楚车辆本身的信息、车辆所有人的信息以及车辆驾驶人的信息。

"暂扣时间地点"栏应写明车辆被扣留的起始时间和车辆被扣留存放的具体地点。

(13)责令车辆停驶通知书。责令车辆停驶通知书是指由于车辆对公路造成较大损害,交通管理部门责令当事人停驶车辆,停放于指定场所的文书。

"责令停驶时间及地点"栏应写清车辆被责令停驶的准确时间和具体地点。

(14)解除行政强制措施通知书。解除行政强制措施通知书是指经交通管理部门调查核实,依法对暂扣物品解除强制措施并告知当事人的文书。

交通管理部门在作出解除行政强制措施决定时,应当视情况制作解除行政强制措施的物品清单。

(15)责令改正通知书。责令改正通知书是指交通管理部门依据有关法律、法规的规定,责令违法行为人立即或在一定期限内纠正违法行为的文书。

责令改正通知书应当写明具体的法律依据和责令改正违法行为的时限。

(16)回避申请书。回避申请书是指当事人认为交通行政执法人员与案件有直接利害关系,向交通管理部门提出请求交通行政执法人员退出对该案件的调查和处理的文书。

"请求事项及理由"栏应写明向交通管理部门提出的具体要求、理由和法律依据。

(17)同意回避申请决定书。同意回避申请决定书是交通管理部门作出的同意当事人提出的回避申请的文书。

(18)驳回回避申请决定书。驳回回避申请决定书是交通管理部门作出的驳回当事人提出的回避申请的文书。

(19)违法行为调查报告。违法行为调查报告是指案件调查结束后,交通行政执法人员就案件调查经过、证据材料、调查结论及处理意见报请交通管理部门负责人审批的文书。

"调查结论和处理意见"栏应当由执法人员根据案件调查情况和有关法律、法规的规定提出处理意见。据以立案的违法事实不存在的,应当写明建议终结调查并结案等内容,对依法应给予行政处罚的,应当写明给予行政处罚的种类、幅度及法律依据等。

"法制工作机构意见"栏,应当写明具体审核意见,由法制工作机构负责人签名。

"审批意见"栏,由交通管理部门负责人写明意见并签字。

(20)违法行为通知书。违法行为通知书是指交通管理部门在作出行政处罚决定前,告知当事人拟作出的行政处罚决定的事实、理由、依据以及当事人依法享有的权利的文书。

违法行为通知书应当写明当事人的违法事实、违反的法律条款、拟作出行政处罚的种类、幅度及法律依据,并告知当事人享有的陈述和申辩的权利、要求举行听证的权利及法定期限,并注明联系人、联系电话和交通管理部门地址等。

对违法事实的描述应当完整、明确、客观,不得使用结论性语言。

(21)陈述申辩书。陈述申辩书是指是在向当事人送达行政处罚事先告知书后,当事人对案件事实、处罚理由和依据、执法程序等进行陈述申辩时适用的文书。

当事人委托陈述申辩人的,应当出具当事人的委托书。

(22)听证会通知书。听证会通知书是指交通管理部门决定举行听证会并向当事人告知听证会事项的文书。

听证会通知书中应当告知当事人举行听证会的时间、地点、方式(公开或不公开)、主持人的姓名、工作单位及职务以及可以申请回避和委托代理人等事项。

(23)听证公告。听证公告是交通管理部门公开进行听证时,通知相关利害关系人报名参加听证会的文书。

"听证会须知"栏应当详细填写申请参加听证会的公民、法人或者其他组织应当满足的条件,清楚告知参加听证会的各项注意事项。

(24)听证委托书。听证委托书是当事人或第三人不能亲自参加听证,委托相关人员参加听证,代理其行使听证权的文书。

听证委托书应当清楚界定委托权限。

(25)听证笔录。听证笔录是指记录听证过程和内容的文书。

"听证主持人""听证员""书记员"栏填写上述人员的姓名、工作单位及职务。

"听证记录"应当写明案件调查人员提出的违法事实、证据和处罚意见,当事人陈述、申辩的理由以及是否提供新的证据,证人证言、质证过程等内容。

当事人或其委托代理人、主持人、书记员应当在笔录上逐页签名并在尾页注明日期,证人应当在记录其证言之页签名。

(26)听证报告书。听证报告书是指听证会结束后,听证主持人向交通管理部门负责人报告听证会情况并提出案件处理意见的文书。

"听证基本情况摘要"栏应当填写听证会的时间、地点、案由、听证参加人的基本情况、听证认定的事实、证据。

"听证结论及处理意见"应当由听证人员根据听证情况,对拟作出的行政处罚决定的事实、理由、依据作出评判并提出倾向性处理意见。

听证主持人向交通管理部门负责人提交听证报告书时,应当附听证笔录。

(27)重大案件集体讨论纪录。重大案件集体讨论纪录是指用以纪录交通管理部门对案情复杂或有重大违法行为需要给予较重行政处罚的案件进行集体讨论相关情况的文书。

"出席人签名"栏应由全体出席人本人签名,体现集体负责制。

(28)行政(当场)处罚决定书。行政(当场)处罚决定书是指交通管理部门适用简易程序,现场作出处罚决定的文书。

"违法事实及证据"栏应当写明违法行为发生的时间、地点、违法行为的情节、性质、手段、危害后果及能够证明违法事实的证据等情况。

处罚依据应当写明作出处罚所依据的法律、法规的全称,并具体到条、款、项、目,处罚内容应当具体、明确、清楚。

(29)行政处罚决定书。行政处罚决定书是指交通管理部门依法适用一般程序,对当事人作出行政处罚决定时使用的文书。

对违法事实的描述应当全面、客观,阐明违法行为的基本事实,即何时、何地、何人、采取何种方式或手段、产生何种行为后果等。列举证据应当注意证据的证明力,对证据的作用和证据之间的关系进行说明。

应当对当事人陈述申辩意见的采纳情况及理由予以说明,对经过听证程序的,文书中应当载明。

作出处罚决定所依据的法律、法规、规章应当写明全称,列明适用的条、款、项、目。

有从轻或者减轻情节,依法予以从轻或者减轻处罚的,应当写明。

(30)不予行政处罚决定书。不予行政处罚决定书是指交通管理部门认为当事人的违法行为轻微,依法对当事人不予行政处罚时使用的文书。

(31)分期(延期)缴款罚款申请书。分期(延期)缴款罚款申请书是指当事人向交通管理部门请求分期(延期)缴款罚款使用的文书。

分期(延期)缴款罚款申请书中应当填写案件承办人的意见和交通管理部门负责人的审批意见。

(32)同意分期(延期)缴纳罚款通知书。同意分期(延期)缴纳罚款通知书是指交通管理部门同意并告知当事人提出的分期(延期)缴纳罚款申请使用的文书。

(33)不予分期(延期)缴纳罚款通知书。不予分期(延期)缴纳罚款通知书指交通管理部门不同意并告知当事人提出的分期(延期)缴纳罚款申请使用的文书。

不予分期(延期)缴纳罚款通知书应当写清不同意分期(延期)缴纳罚款的具体原因。

(34)行政强制执行申请书。行政强制执行申请书是交通管理部门向人民法院请求强制执行行政处罚决定所使用的文书。

行政强制执行申请书应当附有行政处罚案件的相关案卷材料。

(35)文书送达回证。文书送达回证是指交通管理部门将执法文书送达当事人的回执证明文书。

"送达单位"指交通管理部门,"送达人"指交通管理部门的执法人员或交通管理部门委托的有关人员,"受送达人"指案件当事人。

(36)处罚结案报告。处罚结案报告是指案件终结后,交通行政执法人员报请交通管理部门负责人批准结案的文书。

处罚结案报告应当对案件的办理情况进行总结,对给予行政处罚的,写明处罚决定的内容及执行情况,不予行政处罚的应当写明理由,予以撤销案件的,写明撤销的理由。

四、文书归档及管理

1. 文书组卷要求

(1)一般程序案件应当按照一案一卷进行组卷,材料过多的,可一案多卷。

(2)卷内文书材料应当齐全完整,无重份或多余材料。

(3)案卷应当制作封面、卷内目录和备考表。

(4)封面题名应当由当事人和违法行为定性两部分组成。

(5)卷内目录应当包括序号、题名、页号和备注等内容,按卷内文书材料排列顺序逐件填写。

(6)备考表应当填写卷中需要说明的情况,并由立卷人、检查人签名。

2. 文书归档顺序要求

案件文书材料按照下列顺序整理归档：

(1) 案卷封面；

(2) 卷内目录；

(3) 行政处罚决定书；

(4) 立案审批表；

(5) 现场笔录、询问笔录、勘验(检查)笔录、抽样取证凭证、证据先行登记保存清单、证据先行登记保存处理决定书、鉴定意见等；

(6) 违法行为调查报告、违法行为通知书等；

(7) 听证会通知书、听证公告、听证笔录、听证报告书等听证文书；

(8) 执行的票据等材料；

(9) 罚没物品处理记录等；

(10) 送达回证等其他有关材料；

(11) 行政处罚结案报告；

(12) 备考表。

不能随文书装订立卷的录音、录像等证据材料应当放入证据袋中，并注明录制内容、数量、时间、地点、制作人等，随卷归档。

当事人申请行政复议和提起行政诉讼或者行政机关申请人民法院强制执行的案卷，可以在案件办结后附入原卷归档。

卷内文件材料应当用阿拉伯数字从"1"开始依次用铅笔编写页号，页号编写在有字迹页面正面的右上角和背面的左上角，大张材料折叠后应当在有字迹页面的右上角编写页号，A4横印材料应当字头朝装订线摆放好再编写页号。

3. 案卷装订要求

案卷装订前要做好文书材料的检查。文书材料上的订书钉等金属物应当去掉。对破损的文书材料应当进行修补或复制。小页纸应当用A4纸托底粘贴。纸张大于卷面的材料，应当按卷宗大小先对折再向外折叠。对字迹难以辨认的材料，应当附上抄件。

(1) 案卷应当整齐美观固定，不松散、不压字迹、不掉页，便于翻阅。

(2) 交通执法人员完成立卷后，应当及时向档案室移交，进行归档。

(3) 案卷归档，不得私自增加或者抽取案卷材料，不得修改案卷内容。

第四篇 交通行政强制论

第八章 交通行政强制

第一节 交通行政强制的内涵

一、交通行政强制的定义

交通行政强制,是指交通行政机关为了实现行政目的,对相对人的人身、财产和行为采取的强制性措施。

关于行政强制的基本定义,法律界有多种表述:

(1)行政强制是指行政主体为实现一定的行政目的,依法采取强制措施对相对人的人身或财产予以强行处置的行为。

(2)行政强制是指行政主体为维护国家与社会的管理秩序,或者为迫使行政相对人履行特定行政法上的义务,而通过强制方法实施的具体行政行为。

(3)行政强制的定义在立法中的表述体现在《行政强制法》第二条规定的"本法所称行政强制,包括行政强制措施和行政强制执行。

行政强制措施,是指行政机关在行政管理过程中,为制止违法行为、防止证据损毁、避免危害发生、控制危险扩大等情形,依法对公民的人身自由实施暂时性限制,或者对公民、法人或者其他组织的财物实施暂时性控制的行为。

行政强制执行,是指行政机关或者行政机关申请人民法院,对不履行行政决定的公民、法人或者其他组织,依法强制履行义务的行为"。

二、交通行政强制的基本要素

交通行政强制的实施主体必须是具有管理社会公共事务的行政主体,而且,行政主体还必须是在实施公共管理过程时才具备这一资格。这意味着行政机关如果在从事行政机关内部管理事务,如人事、纪检、考试等非公共利益的管理时,此时的行政机关并不是行政强制的主体。《交通行政执法程序规定》第五十七条规定:"执法部门履行行政执法职能,依照法律、法规的规定,实施行政强制措施。"

违法行为情节显著轻微或者没有明显社会危害的,可以不采取行政强制措施。

行政强制正是公众赋予行政机关从事公益性目的所要求的必须的权力和手段或方法。采取强制方法的手段这一点是行政强制区别于其他行政行为的关键因素。《行政强制法》上的强制方法或手段可以有多种理解。广义的强制方式包括行政机关的一般强制性命令,比如责令停止违法作业、责令立即停驶、责令恢复原状等。狭义的行政强制应仅指采取一种较为具体的强制方式,如扣留等带有一定物理性质的行政作为方式。从外在形式上看,具有较强的物理性特点。从内在要求上看,也有较为严格的主体、范围和条件限制。《行政强制法》中强制手段要比一般行政管理中的强制性特点突出得多,强制的含义也与一般行政管理的强制含义不同,而是具有强烈的主动作为、实施性。

三、交通行政强制的分类

1. 行政强制措施

行政强制措施是指交通行政机关在行政管理过程中,为制止违法行为、防止证据损毁、避免危害发生、控制危险扩大等情形,依法对公民的人身自由实施暂时性限制,或者对公民、法人或者其他组织的财物实施暂时性控制的行为。《行政强制法》将行政强制措施规范为五大类:限制公民人身自由,查封场所、设施或者财物,扣押财物,冻结存款、汇款,其他行政强制措施。

(1)限制公民人身自由。(交通行政执法不具备该项权力)限制公民人身自由是行政强制措施限制人的基本权利,即人身自由权。就强制程度而言,是行政强制措施中最重的。《中华人民共和国人民警察法》(以下简称《警察法》)第九条规定,为了维护社会治安秩序,公安机关的人民警察对有违法犯罪嫌疑的人员,经出示相应证件,可以当场盘问、检查,经盘问、检查,被指控有犯罪行为的、有现场作案嫌疑的、有作案嫌疑身份不明的、携带的物品有可能是赃物的,可以将其带至公安机关,经该公安机关批准,对其继续盘问。即公安机关有现场盘问和留置盘问的权力,均暂时性地限制了被盘问人的人身自由,性质为行政强制措施。

我国现存三种"拘留":一是司法拘留,它是为了保证诉讼活动的正常进行而由人民法院根据《中华人民共和国民事诉讼法》(以下简称《民事诉讼法》)和《中华人民共和国刑事诉讼法》(以下简称《刑事诉讼法》)而采取的拘留形式,其性质为司法行为。二是刑事拘留,它是公安机关或者人民检察院为了保证刑事侦查、审查起诉活动的顺利开展,根据《刑事诉讼法》的规定而采取的拘留行为,其性质亦属司法行为。三是行政拘留,它是公安机关根据《行政处罚法》《中华人民共和国治安管理处罚法》(以下简称《治安管理处罚法》)、《中华人民共和国道路交通安全法》(以下简称《道路交通安全法》)等法律,针对严重违反行政法律规范的行为而实施的拘留,其性质为行政行为(行政处罚)。《人民警察法》第九条第2款规定:"对被盘问人的留置时间自带至公安机关之时起不超过二十四小时,在特殊情况下,经县级以上公安机关批准,可以延长至四十八小时,并应当留有盘问记录。"

(2)查封场所、设施或者财物。查封是指交通行政主体对特定场所、设施或者财物就地查实、封存,以待具体行政行为作出后加以处理的行政强制措施。查封具有如下特征:第一,查封的主体是交通行政主体,即行政机关和法律、行政法规授权的组织。第二,查封对象是场所、设施和财物,通常具有不能或者不宜移动性。第三,查封是原地进行的行为,并不改变被查封对象原有的物理位置。第四,查封的结果是原权利人暂时丧失对查封对象占有、使用及其处分的权利,但所有权并没有发生转移。

(3)扣押财物。扣押是指交通行政主体强制留置行政相对人的财物,限制其继续对其财物进行占有和处分的行政强制措施。扣押和查封的主要区别在于:第一,扣押是把被扣押物品进行物理位置的转移,且是有必要的移动。查封是原地查封,并不移动被查封对象。第二,扣押的对象只能是财物,而查封的对象相对广泛,除了财物,还可以查封场所和设施。但是无论是查封还是扣押,原所有人都暂时丧失了对被查封物或者被扣押物的实际控制权,都是对其财产权的限制。

《道路交通安全法》第一百零三条第3款规定:"擅自生产、销售未经国家机动车产品主管部门许可生产的机动车型的,没收非法生产、销售的机动车成品及配件,可以并处非法产品价值三倍以上五倍以下罚款。有营业执照的,由工商行政管理部门吊销营业执照,没有营业执照的,予以查封。"《中华人民共和国国家安全法实施细则》第二十一条规定:"国家安全机关有权查封、扣押实施危害国家安全行为所使用的工具、场所、物资或者其他财物。"

(4)冻结存款、汇款。(交通行政执法不具备该项权力)冻结是指行政主体暂时性地禁止行政相对人使用其在银行等金融机构的存款或者汇款的行政强制措施。冻结虽然也是限制权利人的财产权,但其直接限制的是金钱,而非物品。与查封和扣押的另外一个区别是,冻结的执行还涉及银行等金融机构的法定义务问题。《中华人民共和国商业银行法》第二十九条规定:"商业银行办理个人储蓄存款业务,应当遵循存款自愿、取款自由、存款有息、为存款人保密的原则。对个人储蓄存款,商业银行有权拒绝任何单位或者个人查询、冻结、扣划,但法律另有规定的除外。"可见,金融机构负有保障存款权利人存取自由的固有义务,银行等金融机构不得侵害、非法限制存款人存取自由的权利。而冻结恰恰是要求金融机构以违反其原有的法定义务为前提来协助冻结决定的执行,实属特例。因此相对来说,冻结存款、汇款这一行政强制措施形式实施的要求高于查封和扣押。

(5)其他行政强制措施。除了上述行政强制措施外,法律、行政法规以及地方性法规还可以依法设定其他行政强制措施。《中华人民共和国禁毒法》规定:"吸毒成瘾人员拒绝接受社区戒毒的,在社区戒毒期间吸食、注射毒品的,严重违反社区戒毒协议的或者经社区戒毒、强制隔离戒毒后再次吸食、注射毒品的,县级以上人民政府公安机关有权对其作出强制隔离戒毒的决定。对于吸毒成瘾严重,通过社区戒毒难以戒除毒瘾的人员,公安机关可以直接作出强制隔离戒毒的决定。"《中华人民共和国专利法》(以下简称《专利法》)第四十九条规定:"在国家出现紧急状态或者非常情况时,或者为了公共利益的目的,国务院专利行政部门可以给予实施发明专利或者实用新型专利的强制许可。"《中华人民共和国计量法》第九条规定:"县级以上人民政府计量行政部门对社会公用计量标准器具,部门和企业、事业单位使用的最高计量标准器具,以及用于贸易结算、安全防护、医疗卫生、环境监测方面的列入强制检定目录的工作计量器具,实行强制检定。"上述的强制隔离戒毒、强制许可和强制检定都属于法律设定的其他行政强制措施。

2.行政强制执行

行政强制执行,是指行政机关或者行政机关申请人民法院,对不履行行政决定的公民、法人或者其他组织,依法强制履行义务的行为。该形式是促使行政相对人能够尽可能地自行履行其法定义务,提高自觉履行率;我国规定了如下方式:加处罚款或者滞纳金,划拨存款、汇款,拍卖或者依法处理查封、扣押的场所、设施或者财物,排除妨碍、恢复原状,代履行,其他强制执行方式。

(1)加处罚款或者滞纳金。加处罚款或者滞纳金从性质上看,属于执行罚。执行罚是指行政强制执行人针对拒不履行不作为义务或者不可为他人替代履行的作为义务的被执行人,科以新的金钱给付义务,以督促其自觉履行的行政强制执行方式。《行政处罚法》第五十一条规定:"当事人到期不缴纳罚款的,作出行政处罚决定的行政机关可以每日按罚款数额的百分之三加处罚款。""加处罚款"虽然名为罚款,但此罚款的性质,并非"行政处罚"中的"罚款",其性质实为行政强制。

(2)划拨存款、汇款。划拨存款和汇款从性质上讲,属于直接强制执行方式,即从被执行人的账户中直接划扣一定数量的金钱以冲抵被执行人的金钱给付义务。这种方式强制执行的力度大,执行效果直接,执行效率高,相应地,对于被执行人的权益影响较大且更为直接。

(3)拍卖或者依法处理查封、扣押的场所、设施或者财物。拍卖或者依法处理查封、扣押的场所、设施或者财物是指行政强制执行人根据法律授权,按照法定程序,通过拍卖或者其他法定方式对已经查封、扣押的场所、设施或者财物,进行处理的行政强制执行方式。

(4)排除妨碍、恢复原状。排除妨碍是指行政机关有权要求违法当事人排除其造成的对于其他公民、法人或组织合法权益或者社会公益的妨碍,以保障权利的正常行使和社会秩序的稳定。行政机关可通过多种方式和手段来达到排除妨碍的预期目的。《道路交通安全法》第一百零六条明确规定:"在道路两侧及隔离带上种植树木、其他植物或者设置广告牌、管线等,遮挡路灯、交通信号灯、交通标志,妨碍安全视距的,由公安机关交通管理部门责令行为人排除妨碍。"

恢复原状即行政机关要求违法当事人将侵害对象恢复到侵害之前的状态。恢复原状要求存在恢复原状的可能,即在事实上可行且必要。行政机关可通过多种方式和手段来达到恢复原状的预期目的。如果恢复原状已在事实上不可能,就不应再坚持这种行政强制执行方式,而改由其他方式来替代。《道路交通安全法》第一百零四条规定:"未经批准,擅自挖掘道路、占用道路施工或者从事其他影响道路交通安全活动的,由道路主管部门责令停止违法行为,并恢复原状,可以依法给予罚款;致使通行的人员、车辆及其他财产遭受损失的,依法承担赔偿责任。"

(5)代履行。代履行是指交通行政机关依法作出要求当事人履行排除妨碍、恢复原状等义务的行政决定,当事人逾期不履行,经催告仍不履行,其后果已经或者将危害交通安全、造成环境污染或者破坏自然资源的,行政机关或者行政机关委托的没有利害关系的第三人代替履行被执行人的作为性的行政法义务,由被执行人承担必要费用的行政强制执行方式。由于代履行避免了行政机关与被执行人的正面冲突,从而缓解了被执行人的抗拒心理,同时仍然实现了行政目标,因此,代履行在实践中被广泛运用。《中华人民共和国消防法》(以下简称《消防法》)规定:"……(三)占用、堵塞、封闭疏散通道、安全出口或者有其他妨碍安全疏散行为的;(四)埋压、圈占、遮挡消火栓或者占用防火间距的;(五)占用、堵塞、封闭消防车通道,妨碍消防车通行的;(六)人员密集场所在门窗上设置影响逃生和灭火救援的障碍物的……经责令改正拒不改正的,强制执行,所需费用由违法行为人承担。"但是需要注意的是,代履行的对象限于他人可以代为履行的作为义务,如违法建筑物的强制拆除。而有些义务,如行政拘留的执行,这是其他人所代替不了的,也是禁止其他人替代的,只能由义务人本人履行。

(6)其他强制执行方式。除上述行政强制执行方式外,法律还可以设定其他形式的行政强制执行方式。例如《中华人民共和国兵役法》第六十一条赋予县级人民政府对于拒绝、逃避兵役登记和体格检查的,应征公民拒绝、逃避征集的,预备役人员拒绝、逃避参加军事训练和执行军事勤务的,且逾期不改的,予以强制履行兵役义务的权力。

四、行政强制的设定

1. 行政强制措施的设定

《行政强制法》规定,行政强制措施可以由以下三种法律文件设定:

(1)法律。法律是全国人民代表大会及其常务委员会依照法定程序制定的,其效力及于全国。法律可以设定任何形式的行政强制措施,而且限制人身自由、冻结存款和汇款的行政强制措施专属于法律设定,系法律保留对象。

(2)行政法规。行政法规是国务院基于《宪法》及《立法法》的授权而制定的,其效力及于全国。就法律位阶而言,行政法规位于宪法和法律之后。尚未制定法律,且属于国务院行政管理职权事项的,行政法规可以设定除限制公民人身自由、冻结存款及汇款和应当由法律规定的行政强制措施以外的其他行政强制措施。

①尚未制定法律,且属于国务院行政管理职权事项的,国务院为了更好地维护行政秩序,有权据此并依《立法法》的法定授权设定相应的行政强制措施。国务院行政管理职权事项具有特定含义和范围。《宪法》第八十九条赋予国务院行使如下行政管理职权:根据宪法和法律,规定行政措施,制定行政法规,发布决定和命令;向全国人民代表大会或者全国人民代表大会常务委员会提出议案;规定各部和各委员会的任务和职责,统一领导各部和各委员会的工作,并且领导不属于各部和各委员会的全国性的行政工作;统一领导全国地方各级国家行政机关的工作,规定中央和省、自治区、直辖市的国家行政机关的职权的具体划分;编制和执行国民经济和社会发展计划和国家预算;领导和管理经济工作和城乡建设;领导和管理教育、科学、文化、卫生、体育和计划生育工作;领导和管理民政、公安、司法行政和监察等工作;管理对外事务,同外国缔结条约和协定;领导和管理国防建设事业;领导和管理民族事务,保障少数民族的平等权利和民族自治地方的自治权利;保护华侨的正当的权利和利益,保护归侨和侨眷的合法的权利和利益;改变或者撤销各部、各委员会发布的不适当的命令、指示和规章;改变或者撤销地方各级国家行政机关的不适当的决定和命令;批准省、自治区、直辖市的区域划分,批准自治州、县、自治县、市的建置和区域划分;依照法律规定决定省、自治区、直辖市的范围内部分地区进入紧急状态;审定行政机构的编制,依照法律规定任免、培训、考核和奖惩行政人员;全国人民代表大会和全国人民代表大会常务委员会授予的其他职权。也就是说,就上述事项,国务院可以通过行政法规来设定相应的行政强制措施。

②法律规定特定事项由行政法规规定具体管理措施的,行政法规享有一定的行政强制措施的设定权。这实际上是法律对于行政法规的特别授权,同时也是行政法规调整具体管理事项的实务需要。

③行政法规的设定权受到种类方面的限制。由于《立法法》将公民人身自由权纳入法律保留的范围,据此行政法规丧失了设定限制公民人身自由的行政强制措施的权力。

④如果存在上位法律,行政法规只能细化法律规定。法律对行政强制措施的对象、条件、种类作了规定的,行政法规不得作出扩大规定。法律中未设定行政强制措施的,行政法规亦不得设定行政强制措施。

(3)地方性法规。根据《立法法》的规定,省、自治区、直辖市以及较大的市的人民代表大会及其常务委员会有权制定地方性法规。地方性法规不得与宪法、法律和行政法规相冲突。《强制法》规定,尚未制定法律、行政法规,且属于地方性事务的,地方性法规可以设定查封场所、设施或者财物和扣押财物的行政强制措施。

①如果没有上位法律和行政法规,且属于地方性事务,地方相应人大机构可以为了应对地方之需,通过地方性法规依法设定行政强制措施。

②"地方性事务"的内涵是特定的,不能做泛化理解。"地方性事务"一词在我国首次出现于《立法法》中,其第六十四条第1款第2项规定,"地方性法规可以就地方性事务作出规定"。有学者认为地方性事务是指"地方的经济发展政策、义务教育普及、环境卫生、民政、公共福利、弱势群体权益保护、城市绿化、城市烟花燃放、养狗、区域内河流、湖泊和风景名胜等的维护和管理等。"

③地方性法规可以设定的行政强制措施种类非常有限,即查封和扣押,其他措施一律禁止设定。由于地方政府具有先天的地方保护主义倾向,立法者对于地方性法规并未给予充分的信任。

④法律对行政强制措施的对象、条件、种类作了规定的,地方性法规不得作出扩大规定。法律中未设定行政强制措施的,地方性法规不得设定行政强制措施。

除上述法律、行政法规、地方性法规以外,其他法律文件,无论是中央的,还是地方的;无论是部门规章,还是地方政府规章,抑或是其他规范性文件,均不得设定行政强制措施。

1996年通过的《行政处罚法》将行政处罚权的设定赋予法律、行政法规、地方性法规、部门规章和地方政府规章。2004年实施的《行政许可法》对此进一步严格控权,在第十四条至第十五条,将行政许可的设定权限定为法律、行政法规、国务院

交通行政执法总论

决定、地方性法规和省级政府规章,即提高设定层级,在中央赋予法律和行政法规以许可设定权,禁止部门规章设定行政许可,以防止其出于部门利益而滥用行政许可设定权。

2. 行政强制执行的设定

关于行政强制执行的模式,存在以下三种做法:

(1) 行政执行制,即行政强制执行权归于行政机关。这种做法最大的特点是能够保证行政效率,对强制执行行为大多实行事后救济。

(2) 司法执行制,即行政强制执行权归于司法机关。"对不履行行政决定的,行政机关一般只能提起诉讼,由法院判决是否强制执行。"这种做法有利于防止行政权的滥用,保护公民的合法权益,但不利于保证并提高行政效率,而且占用了过多的司法成本。

(3) 混合执行制,即把行政强制执行权赋予行政机关和司法机关,其中又分为"以行政执行为主、司法执行为辅"和"以司法执行为主、行政执行为辅"两种做法。

我国《行政强制法》做法是,法律授权行政机关以行政强制执行权,则该特定行政机关享有强制执行权;如果法律没有规定行政机关强制执行的,作出行政决定的行政机关应当申请人民法院强制执行。另外,法律之外的其他法律文件,如行政法规、地方性法规,均无权设定行政强制执行方式。与行政强制措施相比,行政强制执行对行政相对人的影响更大、更彻底,因此行政强制执行的理性成分理应更多些,法律规范对它的限制也就理所当然地更充分些。

第二节 交通行政强制的基本原则

一、交通行政强制法定原则

根据依法行政的要求,交通行政机关实施强制必须做到职权法定。行政强制是一种对公民、法人或者其他组织权益产生深刻影响的公共权力,它必须来自法律法规的特别授权,严禁交通行政强制主体自我授权。行政强制法定原则主要包括两方面的要求:

(1) 法律优位,即行政法规、地方性法规和规章都不得与法律相抵触,所有行政强制行为都要与法律规定相一致。

(2) 法律保留,即有些强制措施必须由法律作出规定,法律之外的行政法规、地方性法规不得作出规定。

《行政强制法》第四条规定:"行政强制的设定和实施,应当依照法定的权限、范围、条件和程序。"这是行政强制法定原则要求的集中体现。第十一条规定:"法律对行政强制措施的对象、条件、种类作了规定的,行政法规、地方性法规不得作出扩大规定。法律中未设定行政强制措施的,行政法规、地方性法规不得设定行政强制措施。"这一规定是法律优位原则的具体体现。第十条规定:"行政强制措施由法律设定。尚未制定法律,且属于国务院行政管理职权事项的,行政法规可以设定除本法第九条第1项、第4项和应当由法律规定的行政强制措施以外的其他行政强制措施。"这一规定是法律保留原则的具体体现。

二、交通行政强制实施原则

(1)行政强制适当原则。行政强制适当原则要求对行政机关设定行政强制权必须为了公共利益所必须,对公民设定行政强制义务应当适当,不能超出需要的限度。该原则是为行政机关行使自由裁量权设置的一种内在标准,它要求行政机关在行使自由裁量权时,所选择的行为方式和手段必须与法律所要实现的目的相一致、合乎比例。世界上许多国家的行政强制法普遍适用适当性原则或比例原则。我国《行政强制法》明确规定了行政强制适当原则。《行政强制法》第五条规定:"行政强制的设定和实施,应当适当。采用非强制手段可以达到行政管理目的的,不得设定和实施行政强制。"另外,《行政强制法》其他一些条文也体现了适当原则的要求。例如,该法第二十三条规定:"不得查封、扣押与违法行为无关的场所、设施或者财物。"第四十五条第2款规定:"加处罚款或者滞纳金的数额不得超出金钱给付义务的数额。"

(2)教育与强制相结合原则。教育与强制相结合原则是教育与惩处相结合原则在行政强制制度中的具体体现。我国《行政处罚法》第五条、《治安管理处罚法》第五条、《行政监察法》第五条等都规定了教育与处罚相结合的原则,这也是我国政府长期以来实行的一项重要的法治原则。所谓教育与强制相结合原则,主要是指行政强制实施过程中,应当贯彻并发挥教育的功能,促进当事人更加主动地履行行政法律义务。在采取行政强制前,应当先告诫当事人,并且通过说服教育,给予当事人依法自觉履行法定义务的机会。只有经过说服教育当事人仍不自觉履行法定义务时,才能实行强制,亦即行政强制应当是在穷尽教育手段仍然不能实现行政目的时不得已而采用的手段。为此,《行政强制法》第六条明确规定:"实施行政强制,应当坚持教育与强制相结合。"此外,教育与强制相结合原则在该法的其他条文中也有具体体现。《行政强制法》第三十五条规定:"行政机关作出强制执行决定前,应当事先催告当事人履行义务。"这种"催告"程序,就是教育与强制相结合理念的典型体现。该原则的适用包括两个关键点:一是"教育"的对象包括对被强制对象的特定教育和对社会公众的一般教育,但主要指前者。二是"教育"与"强制"的关系应当是教育先行,强制次之。

(3)权利救济原则。权利救济原则是一项基本的行政法治原则。尽管各国的救济制度设计不同,但一般都包括行政救济和司法救济。在程序上,不论是行政途径还是司法途径,都包括执行中的救济和执行后的救济。对于执行中的救济,英美规定了禁止令和人身保护令制度,前者适用于对财产的强制行为,后者适用于对人身的强制行为。对于执行后的救济,各国一般规定有行政复议、行政诉讼、和国家赔偿等途径。《行政强制法》第八条规定:"公民、法人或者其他组织对行政机关实施行政强制,享有陈述权、申辩权。有权依法申请行政复议或者提起行政诉讼。因行政机关违法实施行政强制受到损害的,有权依法要求赔偿。公民、法人或者其他组织因人民法院在强制执行中有违法行为或者扩大执行范围受到损害的,有权依法要求赔偿。"这一条文非常完整地规定了对行政强制的权利救济制度:从救济阶段来看,既包括事前救济,也包括事后救济。从救济体制来看,既包括内部救济,也包括外部救济。从赔偿义务机关来看,既包括行政机关,也包括司法机关。

(4)禁止谋利原则。禁止谋利原则是公务廉洁性的基本要求,也是大陆法系中禁止不当联结原则的核心内涵。该原则要求行政机关不得以行政强制权的行使来谋求单位或者个人的利益:

①行政强制权作为一种公共资源,应当为了实现公共目的而运用,它是一种非生产性的资源。如果行政强制权可以用来参与营利活动,则必然使得公权力的享有者和行使者可以大量进行"寻租"活动,导致权力与利益进行交换,造成行政权力廉洁性丧失,政府的公信力严重受损。

②行政机关所设定的行政强制条件必须与其实施的行政行为具有正当的内在关联,否则即是一种权力滥用和恣意,其主要目的在于防止行政机关利用其优势地位,将其职责作商业化的使用。《行政强制法》第七条规定:"行政机关及其工作人员不得利用行政强制权为单位或者个人谋取利益。"这一原则对于防止行政强制权与不当利益相联结具有非常强的现实意义。此外,该法第四十九条规定:"划拨的存款、汇款以及拍卖和依法处理所得的款项应当上缴国库或者划入财政专户。任何行政机关或者个人不得以任何形式截留、私分或者变相私分。"此类规定也是禁止谋利原则的具体体现。

第三节 交通行政强制与行政处罚

一、行政强制与行政处罚的区别

交通行政强制与行政处罚两种具体行政行为最容易混淆。两种行政行为的区别有以下几点：

(1)手段方式性质不同。行政处罚是交通行政机关对公民、法人及其他机关违反交通行政管理秩序时给予的制裁行为，以达到行政管理的目的。交通行政处罚与前述行政强制要素说明中一样，两者都是为了公益性目的，行政处罚采取的是制裁，行政强制是采取强制的方式或手段。

(2)效果目的不同。从两种行政行为实施的效果目的来看，交通行政强制实施的效果是制止违法行为、防止证据损毁、避免危害发生、控制危险扩大等情形，或者迫使当事人强制履行义务的效果。其效果目的是直接对违法或紧急情况下的相对人及其财产、行为实施强制手段，并无惩罚和制裁性。

从行政处罚规定的几类行政处罚种类看，主要有自由罚(人身罚)、财产罚、资格罚(能力罚)、申诫罚等，其行政行为实施的效果目的是重在惩罚，其目的是通过对违法行为人实施一定的制裁、一定的惩罚使行为人承担法律责任。

(3)具体方法不同。行政处罚方式方法是通过设定包括自由罚(人身罚)、财产罚、资格罚(能力罚)、申诫罚在内的剥夺违法相对人的一定期限的权利或永久性的剥夺其财产方式达到惩罚的目的，而行政强制包括的行政强制措施和行政强制执行的方式，具有鲜明的临时性、紧急性、突发性、辅助性的特点，而且，行政强制执行还往往是配合其他行政行为实施，其行为本身不具备独立的惩罚或制裁特点。虽然在实施行政强制的过程中客观地剥夺了相对人一定的权利如自由、财产，但其具有临时性、紧急性和行政机关客面后果的非目的性的特点。

(4)有无违法性要求不同。既然行政处罚是以惩罚、制裁为效果目的，其前提条件经一定的程序确认行政相对人存在违法事实后实施。但是行政强制并不以此为必要条件。行政强制主要以是否存在法律规定的避免危害发生、控制危险扩大等必要情形为条件，其中存在大多数不以违法为要件的情形，比如在紧急疏散中对个别人的临时约束、为避免火势蔓延紧急撤除设施等。

二、责令改正行政强制的关系

《行政处罚法》第二十三条规定:"行政机关实施行政处罚时,应当责令当事人改正或者限期改正违法行为。"根据《行政强制法》的规定内容,其实质是以当事人自我纠正方式承担违法行为的法律后果。同时,行政处罚法有一事不二罚的原则。所以,此类责令在法律属性上虽然不是行政处罚法规定的种类,但是可以理解为行政处罚法下的违法纠正措施,既不是行政强制也不是行政处罚。

三、行政强制与行政管理措施的关系

1. 行政强制与其他行政管理措施的关系

行政强制与其他行政管理措施的关系是部分与整体的关系。即行政强制属于行政管理措施,行政管理措施范围比行政强制范围大。行政管理措施不一定全部是行政强制措施。行政管理措施主要是用于行政管理,并不是完全意义上的行政法的概念。行政管理是包括行政强制在内以行政管理为目的措施的统称,既包括履行行政法义务的措施,也有不属于行政法调整的行政管理中常用的措施。行政管理措施还包括受行政法调整的行政强制措施或应急措施等。这一点在区别行政强制与行政管理措施中要首先区分是否受行政法调整,并且按照行政强制的定义、性质和形态来判断是否行政强制。

2. 行政强制与行政命令的关系

行政命令是行政管理的一个表现形式,以命令方式作出的行政行为可以是行政处罚,比如责令停产停业的命令,也可能是行政强制措施。所以,行政命令主要是一种行政行为的外在形式,并不能从是否是命令来判断是否是或不是行政强制。这一点要根据责令的由来、目的、行为方式的规定内容等方面作判断。

所以,行政命令是行政机关作出要求相对人履行义务的具体行政行为形式,与行政强制和行政处罚是外在形式与内行政决定的内容的关系。判断行政命令的性质以其内容实质来定。

3. 行政强制与行政事实行为的关系

行政事实行为是与行政法的法律行为相对应的一个概念,事实行为的结果并不涉及法律关系,不是为了产生、变更或消灭一个行政法上的权利或者义务关系,而只是产生了一个"事实效果"。主要有执行性的行为,为了使行政强制措施或行政强制执行付诸实施而采取的具体行为。

根据行政事实行为的上述特点,行政事实行为与行政强制的区别主要是行政强制是依《行政强制法》产生行政法上的关系,行政事实行为是为具体实现这种行政法上的强制关系的具体行为本身。行政事实行为本身只是为了使法律关系付诸现实,所以其本身并不是行政强制。所以,强制手段主要是指在行为本身承载的《行政强制法》上的关系,只不过这种关系是以一种事实行为来实现而已,并不是指行政事实行为本身是行政强制。

交通行政执法总论

第九章 交通行政强制程序

第一节 交通行政强制措施的程序

一、一般规定

《行政强制法》第十八条规定:"(一)实施前须向行政机关负责人报告并经批准;(二)由两名以上行政执法人员实施;(三)出示执法身份证件;(四)通知当事人到场;(五)当场告知当事人采取行政强制措施的理由、依据以及当事人依法享有的权利、救济途径;(六)听取当事人的陈述和申辩;(七)制作现场笔录;(八)现场笔录由当事人和行政执法人员签名或者盖章,当事人拒绝的,在笔录中予以注明;(九)当事人不到场的,邀请见证人到场,由见证人和行政执法人员在现场笔录上签名或者盖章;(十)法律、法规规定的其他程序。"

上述规定从理论上可以归纳为三个阶段。(一)(二)的内容是第一阶段,是对主体合法化的内在要求:这是行政机关内部程序要求,是行政机关从一般性的行政管理者转化为行政强制主体的合法性要求。实质内容要求主要是行政机关具体实施人必须向行政机关负责人报告并经批准,取得合法性的授权。外在形式要件是必须由两名以上人员实施,且须持有效执法证件。(三)至(六)为第二阶段,是告知当事人权利义务的阶段,主要是通过表明身份,通知当事人并告知理由、依据及当事人权利救济方式,听取当事人的陈述和申辩。(七)至(十)为第三阶段,是具体实施见证阶段的要求,在实施的同时主要是要求作好见证,保存证据,以便使具体实施行为的合法性固定化。

《交通运输行政执法程序规定》(试行)第五十九条规定:"执法部门实施行政强制措施应当遵守下列规定:

(一)实施前向执法部门负责人报告并经批准,制作《行政强制措施审批表》;

(二)由不少于两名执法人员实施,并主动出示合法有效执法证件;

(三)通知当事人到场;

（四）制作《行政强制措施告知书》，当场告知当事人采取行政强制措施的理由、依据以及当事人依法享有的权利、救济途径；

（五）听取当事人的陈述和申辩，根据需要制作《陈述申辩笔录》；

（六）制作《现场笔录》，由当事人和执法人员签字或者盖章，当事人拒绝的，在笔录中予以注明；当事人不到场的，邀请见证人到场，由见证人和执法人员在现场笔录上签字或者盖章；

（七）制作并当场交付《行政强制措施决定书》；

（八）法律、法规规定的其他程序。"

二、紧急情形下的程序要求

在行政强制措施实施中有两种特殊情形的程序要求：

（1）第一种情形是情况紧急，需要当场实施行政强制措施的，行政执法人员应当在二十四小时内向行政机关负责人报告，并补办批准手续。行政机关负责人认为不应当采取行政强制措施的，应当立即解除。这一点《行政强制法》规定的很明确，需要注意的是时间要求和手续要求，一是要在二十四小时报告，这里的二十小四应当理解为现场实施行政强制措施完毕后起算；二是补办相关手续应当是书面且对紧急情况有特殊说明。最后，关于在紧急情况下实施行政强制措施的，以上正常情形下的三个阶段程序要不要参照执行，因为第十九条中只规定了第一阶段的排除使用，并未否定其他两个阶段的要求，所以，执法中仍然应当按照规范的要求履行告知当事人权利义务的阶段和具体实施见证阶段的义务，不能以紧急情况为由而加以忽略。

（2）第二种情形是关于限制公民人身自由的行政强制措施的附加程序。由于对人身自由的强制措施事关人的基本权利和人权保障要求，特别是由扩大到除公安机关之外的其他所有有行政强制权力的行政机关实施对人身自由的强制，一定要谨慎处理，否则会形成人人自危的局面，影响社会和谐的政治大局。附加程序主要增加了告知被执行人家属的义务，而且告知内容要具体到实施的主体、地点和期限。其次，《行政强制法》针对个别行政机关在对实施人身自由强制存在的延期或惩罚性的做法，一是不得超过法定期限，目前一般规定是十五天，这一期限应当是最长期限，即使违法事由和情形仍然存在，条件仍然具备，也不得继续实施，而应根据具体情况转为其他方式。而且，解除后不能以同一违约法事再次实施对人身自由的行政强制。二是行政目的达到或实施的条件消失的，应当立即解除，不能以时间未达到一定的期限为由继续实施行政强制措施。否则，对公民的人身自由的强制措施就转变成了行政处罚的性质。与行政强制性质和作用完全违背了。

除了对两种情形下的行政强制措施作为规定外,其中都统一规定的一个兜底条款:"法律、法规规定的其他程序。"这主要是指法律法规有特殊程序要求且与《行政强制法》不冲突的条件下,行政机关也应当遵照执行。《行政强制法》规定在行政强制措施的实施中发现涉嫌犯罪的应当移交司法机关处理。此时行政强制措施属于移交之日起自动中止。

《交通运输行政执法程序规定》(试行)第六十条规定:"发生紧急情况,需要当场实施行政强制措施的,执法人员应当在二十四小时内制作《行政强制措施审批表》,向执法部门负责人报告,补办批准手续。执法部门负责人认为不应当采取行政强制措施的,应当立即解除。"

三、交通行政查封、扣押实施程序规定

交通行政执法中涉及查封、扣押,而且也是行政强制措施中最常见的种类。除了上述一般规定外,查封、扣押的程序规定有以下特别要求:

(1)查封、扣押的相关性要求。即有关场所、财物必与违法行为相关。

(2)明确规定了执法文书的法定内容。

《行政强制法》第二十四条规定:"查封、扣押决定书应当载明下列事项:(一)当事人的姓名或者名称、地址;(二)查封、扣押的理由、依据和期限;(三)查封、扣押场所、设施或者财物的名称、数量等;(四)申请行政复议或者提起行政诉讼的途径和期限;(五)行政机关的名称、印章和日期。"

(3)时间要求:《行政强制法》第二十五条规定:"查封、扣押的期限不得超过三十日。情况复杂的,经行政机关负责人批准,可以延长,但是延长期限不得超过三十日。法律、行政法规另有规定的除外。"

(4)行政机关附随义务要求。行政机关在行使查封、扣押的强制措施时,负有法定义务。《行政强制法》第二十五条、第二十六条分别规定以下义务:"①延长期限书面告知义务;②承担检测、检验、检疫或者技术鉴定的费用的义务;③妥善保管查封、扣押的场所、设施或者财物;④承担保管费用;⑤先行赔偿及向第三人追偿义务;⑥变卖低价补偿义务。"

(5)行政机关的禁止行为要求。①不得查封、扣押公民个人及其所扶养家属的生活必需品;②不得重复查封,不得擅自延期、超期;③不得使用或者损毁查封、扣押的场所、设施或者财物。

《交通运输行政执法程序规定》(试行)第六十一条规定:"实施查封、扣押等的行政强制措施的期限不得超过三十日;情况复杂需延长查封、扣押期限的,应当制作《延长行政强制措施期限审批表》,经执法部门负责人批准,可以延长,但是延长

期限不得超过三十日。法律、行政法规另有规定的除外。

需要延长查封、扣押期限的,执法人员应当制作《延长行政强制措施期限通知书》,将延长查封、扣押的决定及时书面通知当事人,并说明理由。

对物品需要进行检测、检验或者技术鉴定的,应当明确检测、检验或者技术鉴定的期间,并书面告知当事人。查封、扣押的期间不包括检测、检验或者技术鉴定的期间。检测、检验或者技术鉴定的费用由执法部门承担。"

第六十二条规定:"执法部门采取查封、扣押措施后,应当及时查清事实,在本规定第六十一条规定的期限内作出处理决定。对违法事实清楚,依法应当没收的非法财物予以没收;法律、行政法规规定应当销毁的,依法销毁;应当解除查封、扣押的,作出解除的决定。"

第六十三条规定:"对查封、扣押的财物,执法部门应当妥善保管,不得使用或者损毁;造成损失的,应当承担赔偿责任。"

四、解除查封、扣押的要件

行政强制措施具有临时性特点,所以何种情形下解除行政强制措施的内容至关重要。否则行政强制就会演化一种带有制裁性的行政行为,与行政强制的性质不符。所以《行政强制法》第二十八条专门规定:"有下列情形之一的,行政机关应当及时作出解除查封、扣押决定:(一)当事人没有违法行为;(二)查封、扣押的场所、设施或者财物与违法行为无关;(三)行政机关对违法行为已经作出处理决定,不再需要查封、扣押;(四)查封、扣押期限已经届满;(五)其他不再需要采取查封、扣押措施的情形。"

查封、扣押作为行政强制措施,其目的是制止违法行为、防止证据损毁、避免危害发生、控制危险扩大等情形。当目的达到或条件解除时,行政强制措施即无存在的必要。其解除的条件既是对行政强制措施禁止行为的纠正,又是公益性目的实现的要求。行政执法主体应当严格执行,否则就会承担相应的法律责任。

《交通运输行政执法程序规定》(试行)第六十四条规定:"有下列情形之一的,应当及时作出解除查封、扣押决定,制作《解除行政强制措施决定书》,并及时送达当事人,退还扣押财物:

(一)当事人没有违法行为;

(二)查封、扣押的场所、设施、财物与违法行为无关;

(三)对违法行为已经作出处理决定,不再需要查封、扣押;

(四)查封、扣押期限已经届满;

(五)其他不再需要采取查封、扣押措施的情形。"

第二节 交通行政强制执行程序

一、交通行政强制执行

行政强制执行一般要履行法定程序。即书面催告、行政强制执行决定、送达、实施四个阶段。这四个阶段均要法定书面内容要求。

1. 书面催告

《行政强制法》第三十五条规定:"行政机关作出强制执行决定前,应当事先催告当事人履行义务。催告应当以书面形式作出,并载明下列事项:(一)履行义务的期限;(二)履行义务的方式;(三)涉及金钱给付的,应当有明确的金额和给付方式;(四)当事人依法享有的陈述权和申辩权。"

2. 行政强制执行决定

《行政强制法》第三十七条规定:"经催告,当事人逾期仍不履行行政决定,且无正当理由的,行政机关可以作出强制执行决定。强制执行决定应当以书面形式作出,并载明下列事项:(一)当事人的姓名或者名称、地址;(二)强制执行的理由和依据;(三)强制执行的方式和时间;(四)申请行政复议或者提起行政诉讼的途径和期限;(五)行政机关的名称、印章和日期。"

《行政强制法》规定了作出立即执行决定的条件。第三十八条最后一款规定:"在催告期间,对有证据证明有转移或者隐匿财物迹象的,行政机关可以作出立即强制执行决定。在立即执行中,要注意有证据证明这一要求,不能主观认为就可以采取立即执行条款。"

(1)送达。《行政强制法》第三十八条规定:"催告书、行政强制执行决定书应当直接送达当事人。当事人拒绝接收或者无法直接送达当事人的,应当依照《民事诉讼法》的有关规定送达。"

(2)实施。《行政强制法》并无相应条款,但实际上这一环节必不可少,是以行政事实行为,比如实施的查封、扣押或强制拆除的具体行为,来实施行政强制执行的过程。

二、行政强制执行的中止与终结

行政强制执行中止,属于暂停执行,待条件恢复后继续执行。行政强制执行终结,则是结束执行,以后就同一违法事项不再执行。这里的中止与终结的基本原理与《民事诉讼法》的执行应无差异,只是中止与终结的条件不同。

行政强制执行中止条件有三种情形,一是当事人无能力履行,比如执行罚的罚款,当事人已无财产可罚的情形。二是第三人主张权利情形,主要是指有关执行的标的权属与权利关系不清,出现第三人权利关联状态,执行可能侵害第三人的权利。第三种情形属于执行主体主观认为的有可能造成难以弥补的损失,且中止执行不会损害公共利益的以及行政机关认为无须执行的。这主要是指一些违法情形造成的后果属于不可逆转的,可以中止执行。

行政强制执行终结的条件可以归纳两个条件:一是客观上已不能执行,如行政强制法规定的(一)公民死亡,无遗产可供执行,又无义务承受人的;(二)法人或者其他组织终止,无财产可供执行,又无义务承受人的;(三)执行标的灭失的,均属此类情形。

第二个条件是执行的外在条件不具备了。比如行政决定被撤销,或行政机关认为无须执行。

三、行政强制执行的特殊程序

1. 执行协议

《行政强制法》第四十二条规定:"实施行政强制执行,行政机关可以在不损害公共利益和他人合法权益的情况下,与当事人达成执行协议。执行协议可以约定分阶段履行;当事人采取补救措施的,可以减免加处的罚款或者滞纳金。执行协议应当履行。当事人不履行执行协议的,行政机关应当恢复强制执行。"

执行协议在性质上应当属于行政合同,由行政机关决定是否签署,并与当事人协商相关执行的条件。前提条件是不损害公共利益和他人合法权益。

2. 强制拆除

《行政强制法》第四十四条规定:"对违法的建筑物、构筑物、设施等需要强制拆除的,应当由行政机关予以公告,限期当事人自行拆除。当事人在法定期限内不申请行政复议或者提起行政诉讼,又不拆除的,行政机关可以依法强制拆除。"

从规定可以看出,强制拆除除了以上正常程序外,主要是增加了以下条件:一是公告环节。二是依法定期限不申请行政复议或者提起行政诉讼。这里的法定期限主要是指《行政复议法》第九条:"公民、法人或者其他组织认为具体行政行为侵犯其合法权益的,可以自知道该具体行政行为之日起六十日内提出行政复议申请。但是法律规定的申请期限超过六十日的除外"。《行政诉讼法》46条规定:"公民、法人或者其他组织直接向人民法院提起诉讼的,应当在知道作出具体行政行为之日起六个月内提出。法律另有规定的除外。"

3.金钱给付

金钱给付的执行特殊要求:主要是加处罚款或者滞纳金的标准应当告知当事人。

《行政强制法》第四十六条规定:"行政机关依照本法第四十五条规定实施加处罚款或者滞纳金超过三十日,经催告当事人仍不履行的,具有行政强制执行权的行政机关可以强制执行。"

4.代履行

《行政强制法》第五十条规定:"行政机关依法作出要求当事人履行排除妨碍、恢复原状等义务的行政决定,当事人逾期不履行,经催告仍不履行,其后果已经或者将危害交通安全、造成环境污染或者破坏自然资源的,行政机关可以代履行,或者委托没有利害关系的第三人代履行。"

《交通运输执法程序规定》(试行)第一百一十八条规定:"执法部门依法作出要求当事人履行排除妨碍、恢复原状等义务的行政决定,当事人逾期不履行,经催告仍不履行,其后果已经或者即将危害交通安全、造成环境污染或者破坏自然资源的,执法部门可以代履行,或者委托没有利害关系的第三人代履行。"

第一百一十九条规定:"代履行应当遵守下列规定:

(一)代履行前送达《代履行决定书》;

(二)代履行三日前送达《行政强制执行催告书》,催告当事人履行;当事人履行的,停止代履行;

(三)委托无利害关系的第三人代履行时,作出决定的执法部门应当派员到场监督;

(四)代履行完毕,执法部门到场监督的工作人员、代履行人、当事人或者见证人应当在执行文书上签字或者盖章。

代履行的费用按照成本合理确定,由当事人承担。但是,法律另有规定的除外。"

第一百二十条规定:"需要立即清理道路、航道等的遗洒物、障碍物、污染物,当事人不能清除的,执法部门可以决定立即实施代履行;当事人不在场的,执法部门应当在事后立即通知当事人,并依法作出处理。"

5.拍卖

《行政强制法》第四十六条最后一款规定:"没有行政强制执行权的行政机关

应当申请人民法院强制执行。但是,当事人在法定期限内不申请行政复议或者提起行政诉讼,经催告仍不履行的,在实施行政管理过程中已经采取查封、扣押措施的行政机关,可以将查封、扣押的财物依法拍卖抵缴罚款。"

这是一个对行政机关的普遍授权条款,没有行政强制执行执行权的机关,也可以直接以拍卖方式实现罚款的行政处罚目的。但是要符合两个条件,一是仅指罚款这一行政处罚。二是指拍卖的对象是查封、扣押的财物。

6. 申请人民法院强制执行

行政机关申请人民法院强制执行是指无行政强制执行权力的行政机关在符合一定条件下,申请人民法院强制执行。主要有以下条件:

一是达到法定期限要求。申请前催告。催告是申请人民法院强制执行前的一个专门书面催告。

申请人民法院强制执行,需提交法定要求的材料。主要是行政强制法第五十五条规定的法定材料:(一)强制执行申请书;(二)行政决定书及作出决定的事实、理由和依据;(三)当事人的意见及行政机关催告情况;(四)申请强制执行标的情况;(五)法律、行政法规规定的其他材料。

此外,材料的形式要件要求是:强制执行申请书应当由行政机关负责人签名,加盖行政机关的印章,并注明日期。

四、行政强制执行的随附义务和禁止行为

行政强制执行的随付义务和禁止性行为。归纳主要如下:

1. 随附义务

主要是指行政机关的错误负担义务,如果行政执行错误的,行政机关应以恢复原状退、还财物或赔偿方式承担错误责任。

相关条款内容:《行政强制法》第四十一条:"在执行中或者执行完毕后,据以执行的行政决定被撤销、变更,或者执行错误的,应当恢复原状或者退还财物,不能恢复原状或者退还财物的,依法给予赔偿。"

2. 禁止行为

(1)禁止一定时间或一定方式实施行政强制执行;

(2)禁止暴力、胁迫及非法方式代履行;

《行政强制法》第四十三条规定:"行政机关不得在夜间或者法定节假日实施行政强制执行。但是,情况紧急的除外。行政机关不得对居民生活采取停止供水、供电、供热、供燃气等方式迫使当事人履行相关行政决定。注意这里的停止供水、

供电、供热、供燃气等方式不能对居民使用,但并未限制对单位使用。所以,对执行相对人是单位的,仍然可以使用。"

3. 禁止侵吞执行款项

《行政强制法》第四十九条规定:"划拨的存款、汇款以及拍卖和依法处理所得的款项应当上缴国库或者划入财政专户。任何行政机关或者个人不得以任何形式截留、私分或者变相私分。"

第十章 申请人民法院强制执行程序

第一节 申请人民法院强制执行概述

一、申请人民法院强制执行的概念

行政机关申请人民法院强制执行,是当事人在法定期限内不申请行政复议或者提起行政诉讼,又不履行行政决定的,没有行政强制执行权的行政机关可以在法定期限内,依照法律规定向人民法院提出强制执行的申请,由人民法院进行审查并作出是否执行的裁定,从而实现行政决定所确定义务的制度。

行政机关申请人民法院行政强制执行的案件包括两类:一是行政诉讼案件判决或裁定的执行,即公民、法人或者其他组织拒绝履行人民法院生效的判决、裁定的,行政机关可以向人民法院申请强制执行;二是公民、法人或者其他组织拒不履行行政机关作出的行政决定,在法定期限内又不申请行政复议或者提起行政诉讼的,行政机关可以依照法律规定申请人民法院强制执行,由于此类强制执行并非因行政审判而发生,因而被称为行政非诉执行或非诉行政执行。

行政机关申请人民法院强制执行的案件主要有以下特征。

(1)案件的起因是公民、法人或者其他组织在法定期限内,不申请行政复议或提起行政诉讼,又不履行行政决定所确定的义务。

(2)案件的申请人是没有行政强制执行权的行政机关,被执行人是公民、法人或者其他组织。

(3)案件执行的内容是行政机关作出的具体行政行为,即行政决定。而且该行政决定还要有可执行的对象,包括对物和行为的执行。

(4)案件执行的目的是保障没有行政强制执行权的行政机关作出的行政决定得以实现。由于承载具体行政行为内容的行政决定没有进入行政诉讼程序,因而不同于人民法院对经过行政诉讼判决维持的具体行政行为的执行,后者虽然实际执行的仍是具体行政行为的内容,但该具体行政行为已经过人民法院裁判,转化为司法决定。这是行政非诉执行案件与行政诉讼执行案件的本质区别。

行政机关依法申请人民法院强制执行,由人民法院对其申请以及行政决定进行审查和裁定,该制度设计的现实功能有三个方面:

(1)规范功能。行政机关依法申请人民法院强制执行,有利于规范强制执行行为。行政决定是否合法,是否必须动用公权力保障其执行,涉及公权力和私权利之间的博弈。经过人民法院审查,发挥司法机关对行政权力的规范和监督作用,有利于减少强制执行中的盲目性和非理性,尤其是避免因地方政绩工程而带来的冲动,使行政机关在公权力行使过程中更加慎重。

(2)保障功能。行政机关依法申请人民法院强制执行,有利于保障当事人的合法权益。在申请人民法院强制执行制度中,不经过司法机关的审查裁定,没有行政强制执行权的行政机关所作的行政决定及其确立的义务就不能实现。由人民法院来审查行政机关的申请,判断行政决定的合法性,可以在一定程度上降低甚至避免行政机关权力滥用的可能性,从而保障当事人的合法权益。

(3)维护功能。行政机关依法申请人民法院强制执行,有利于维护公共利益。当事人在法定期限内不申请行政复议或者提起行政诉讼,又不履行行政决定不利于公共利益的实现,因而需要国家公权力的介入。依法没有行政强制执行权的行政机关,申请人民法院对行政决定进行审查并作出裁定,有利于及时启动强制执行程序,促进行政目标的实现,维护公共利益。

二、申请人民法院强制执行的性质

法律规定当事人不履行行政决定时,行政机关可以采取行政罚款等手段实施制裁,但是没有赋予行政机关直接执行的权力。在行政罚款手段实施后,当事人仍不履行行政决定和行政罚所确定的义务时,行政机关只能向法院提起执行。法律只是在紧急状态等少数情况下,才授权行政机关可以直接强制执行。

当事人不履行行政决定所确立的义务时,行政机关既可以自行强制执行,也可以申请司法机关强制执行,但什么情况下可以由行政机关强制执行,什么情况下必须申请司法机关执行,要有法律、法规的明确规定。这种综合执行模式可分为两种类型,即以司法机关强制执行为主、行政机关强制执行为辅,或者以行政机关强制执行为主、以司法机关强制执行为辅。

人民法院的审查和裁决,是对行政决定的肯定或否定,肯定之后所作出的予以执行的裁定,是对行政决定的进一步认可。

从行政决定的效力来看,具体行政行为一经产生就具有公定力、确定力、拘束力和执行力。无论是行政机关组织实施的强制执行行为,还是人民法院组织实施的强制执行行为,都是一种具体落实行政决定的事实行为或者二次行为。行政行为的执行是行政行为效力的具体体现。

三、申请人民法院强制执行依据

行政机关申请人民法院强制执行的制度依据,主要有法律、行政法规、司法解释,以及法规、规章。此外,一些地方性法规、规章也会根据上位法,对行政机关申请人民法院强制执行作出规定。

1. 法律

规定行政机关申请人民法院强制执行的法律主要有三类。

(1)《行政强制法》。行政强制法第5章对没有行政强制执行权的行政机关申请人民法院强制执行作了专门规定,内容涉及申请人民法院强制执行的主体、范围、条件、期限,人民法院的管辖、受理、审查、裁定、实施,强制执行的费用等。

(2)诉讼法。包括《行政诉讼法》和《民事诉讼法》。《行政诉讼法》第九十七条规定:"公民、法人或者其他组织对具体行政行为在法定期限内不提起诉讼又不履行的,行政机关可以申请人民法院强制执行,或者依法强制执行。"根据《最高人民法院关于执行〈中华人民共和国行政诉讼法〉若干问题的解释》第九十七条,人民法院审理行政案件,除依照行政诉讼法和本解释外,可以参照民事诉讼的有关规定。因此,《民事诉讼法》也可以作为行政机关申请人民法院强制执行的法律依据。

(3)其他涉及行政管理工作的单行法律。例如,《行政处罚法》第五十一条规定:"当事人逾期不履行行政处罚决定的,作出行政处罚决定的行政机关可以采取下列措施:(一)到期不缴纳罚款的,每日按罚款数额的百分之三加处罚款;(二)根据法律规定,将查封、扣押的财物拍卖或者将冻结的存款划拨抵缴罚款;(三)申请人民法院强制执行。"

2. 行政法规

一部分行政法规对行政机关申请人民法院强制执行作了规定。《公路管理条例》第三十三条规定:"当事人对公路主管部门给予的处罚不服的,可以向上级公路主管部门提出申诉,对上级公路主管部门的处理决定不服的,可以在接到处理决定书之日起15日内向人民法院起诉,期满不起诉又不履行的,公路主管部门可以申请人民法院强制执行。"

3. 司法解释

《最高人民法院关于执行〈中华人民共和国行政诉讼法〉若干问题的解释》对行政机关申请人民法院强制执行作了较为详细的规定。在行政强制法实施之前,该解释为行政机关申请人民法院强制执行的实体和程序问题提供了重要的规范性依据。

例如,《最高人民法院关于执行〈中华人民共和国行政诉讼法〉若干问题的解释》第八十六条规定:"行政机关根据行政诉讼法第六十六条的规定申请执行其具体行政行为,应当具备以下条件:(一)具体行政行为依法可以由人民法院执行;(二)具体行政行为已经生效并具有可执行内容;(三)申请人是作出该具体行政行为的行政机关或者法律、法规、规章授权的组织;(四)被申请人是该具体行政行为所确定的义务人;(五)被申请人在具体行政行为确定的期限内或者行政机关另行指定的期限内未履行义务;(六)申请人在法定期限内提出申请;(七)被申请执行的行政案件属于受理申请执行的人民法院管辖。人民法院对符合条件的申请,应当立案受理,并通知申请人;对不符合条件的申请,应当裁定不予受理。"第八十七条规定:"法律、法规没有赋予行政机关强制执行权,行政机关申请人民法院强制执行的,人民法院应当依法受理。法律、法规规定既可以由行政机关依法强制执行,也可以申请人民法院强制执行,行政机关申请人民法院强制执行的,人民法院可以依法受理。"此外,该解释第八十八条至第九十五条还分别对行政机关申请人民法院强制执行的时限、管辖、申请材料、财产保全、审理机构、执行机构、裁定不准予执行的标准等问题作了规定。

先后发布实施的《最高人民法院关于人民法院执行工作若干问题的规定(试行)》《最高人民法院关于人民法院办理执行案件若干期限的规定》也都对行政机关申请人民法院强制执行的有关内容作了具体规定。

根据《立法法》,法律的效力高于行政法规、地方性法规、规章。行政法规的效力高于地方性法规、规章。因此,《行政强制法》颁布实施后,法规、规章、司法解释,以及法规、规章、司法解释之外的其他规范性文件中如有与该法不一致的规定,一律不再适用。

第二节 交通行政机关的申请

一、申请强制执行的前提条件

《行政强制法》第五十三条规定:"当事人在法定期限内不申请行政复议或者提起行政诉讼,又不履行行政决定的,没有行政强制执行权的行政机关可以自期限届满之日起3个月内,依照本章规定申请人民法院强制执行。"据此,行政机关申请人民法院强制执行，有两个基本的前提条件。一是当事人对行政机关作出的行政决定，不申请行政复议或者提起行政诉讼，又不自觉履行。二是向人民法院提出强制执行申请的，必须是没有行政强制执行权的行政机关。目前与这两个前提条件有关的制度比较复杂，学术界和实务部门也存在不同看法，需要进一步分析研究。

1. 当事人不提起行政救济与"不停止执行"原则

根据行政强制法，公民、法人或其他组织在法定期限内，既不申请行政复议或提起行政诉讼，又不履行行政决定所确定的义务，没有行政强制执行权的行政机关才可以申请人民法院强制执行。但是，《行政处罚法》《行政复议法》《行政诉讼法》等法律中又确立了"行政复议和行政诉讼期间具体行政行为不停止执行"的原则。这看起来存在矛盾的规定，在实践中应该如何理解和适用，是一个重要问题。

一方面，一部分法律条文确立了"复议诉讼不停止执行"原则。例如，《行政处罚法》第四十五条规定："当事人对行政处罚决定不服申请行政复议或者提起行政诉讼的，行政处罚不停止执行，法律另有规定的除外。"《行政复议法》第21条规定："行政复议期间，具体行政行为不停止执行。但是，有下列情形之一的，可以停止执行：（一）被申请人认为需要停止执行的；（二）行政复议机关认为需要停止执行的；（三）申请人申请停止执行，行政复议机关认为其要求合理，决定停止执行的；（四）法律规定停止执行的。"《行政诉讼法》第五十六条规定："诉讼期间，不停止具体行政行为的执行。但有下列情形之一的，停止具体行政行为的执行：（一）被告认为需要停止执行的；（二）原告申请停止执行，人民法院认为该具体行政行为的执行会造成难以弥补的损失，并且停止执行不损害社会公共利益，裁定停止执行的；（三）法律、法规规定停止执行的。"以上规定，确立了具体行政行为在复议、诉讼期间不停止执行的原则，同时规定了"不停止执行"原则的例外情形。当然，这些例外情形不构成对"不停止执行"原则的否定。

另一方面，一部分法律条文又否定了"不停止执行"的原则。例如，《行政强制法》第五十三条规定："当事人在法定期限内不申请行政复议或者提起行政诉讼，又不履行行政决定的，没有行政强制执行权的行政机关可以自期限届满之日起3个月内，依照本章规定申请人民法院强制执行。"《行政诉讼法》第九十七条规定："公民、法人或者其他组织对具体行政行为在法定期限内不提起诉讼又不履行的，行政机关可以申请人民法院强制执行，或者依法强制执行。"《最高人民法院关于贯彻执行〈中华人民共和国行政诉讼法〉若干问题的解释》第九十四条规定："在诉讼过程中，被告或者具体行政行为确定的权利人申请人民法院强制执行被诉具体行政行为，人民法院不予执行，但不及时执行可能给国家利益、公共利益或者他人合法权益造成不可弥补的损失的,人民法院可以先予执行。后者申请强制执行的,应当提供相应的财产担保。"这些规定,实际上又否认了"不停止执行"原则。

在行政法律制度和行政行为执行实践中,对于行政机关作出的具体行政行为,在执行方式上存在三种类型,即当事人自己主动履行、依法拥有行政强制执行权的行政机关自行强制执行或者申请人民法院强制执行、没有行政强制执行权的行政机关申请人民法院强制执行。

在行政机关依法拥有强制执行权、可以自行强制执行的模式下,依照《行政强制法》《行政诉讼法》等规定,只有在当事人对具体行政行为在法定期限内不提起行政诉讼又不履行义务的情况下,行政机关才可以依法强制执行。在当事人的法定起诉期间以及整个诉讼期间,行政机关都不能行使法律赋予其的行政强制执行权,从而使具体行政行为在实际上处于暂时停止执行的状态。

在没有行政强制执行权的行政机关申请人民法院强制执行的模式下,根据《行政强制法》《行政诉讼法》的规定,在当事人的法定起诉期限届满之前,以及在整个行政诉讼期间,行政机关都不得申请人民法院强制执行,人民法院也不能受理行政机关的申请,从而使具体行政行为在事实上也处于暂时停止执行的状态。

2. 没有行政强制执行权的行政机关

《行政强制法》第十三条规定:"行政强制执行由法律设定。法律没有规定行政机关强制执行的,作出行政决定的行政机关应当申请人民法院强制执行。"第五十三条规定:"当事人在法定期限内不申请行政复议或者提起行政诉讼,又不履行行政决定的,没有行政强制执行权的行政机关可以自期限届满之日起3个月内,依照本章规定申请人民法院强制执行。"据此,行政强制执行权的设定遵循法律保留原则,凡是法律没有授权行政机关强制执行的,作出行政决定的行政机关都必须申请人民法院强制执行。

对于执行罚或代履行等间接强制执行的方式,法律一般都授权给行政机关实施。例如,对于执行罚,《行政强制法》第四十五条规定:"行政机关依法作出金钱给付义务的行政决定,当事人逾期不履行的,行政机关可以依法加处罚款或者滞纳金。"《行政处罚法》第五十一条也规定:"当事人到期不缴纳罚款的,作出行政处罚决定的行政机关可以每日按罚款数额的百分之三加处罚款。"对于代履行,《行政强制法》第五十条规定:"行政机关依法作出要求当事人履行排除妨碍、恢复原状等义务的行政决定,当事人逾期不履行,经催告仍不履行,其后果已经或者将危害交通安全、造成环境污染或者破坏自然资源的,行政机关可以代履行,或者委托没有利害关系的第三人代履行。"

《行政强制法》第十三条规定:"法律没有规定行政机关强制执行的",一般是指法律没有将直接强制执行方式授权给行政机关的情形,即依法没有直接行政强制执行权的行政机关作出行政决定后,只能申请人民法院强制执行。根据《行政强制法》第五十三条,向人民法院提出强制执行申请的主体,必须是依法设有行政强制执行权的行政机关。

二、申请强制执行的期限

申请强制执行的期限,是行政机关有权请求人民法院依法审理其强制执行申请的时间阶段。行政机关申请人民法院强制执行,必须遵守一定的期限,只有在法定期限届满之后,才能依法向人民法院提出强制执行的申请。同时,为提高强制执行的效率,尽快实现行政决定所确立的义务,保证法律的严肃性和有效性,法律对行政机关申请法院强制执行应当有一定的时限要求,行政机关不能无限期向人民法院申请强制执行其行政决定。

《行政强制法》第五十三条规定:"当事人在法定期限内不申请行政复议或者提起行政诉讼,又不履行行政决定的,没有行政强制执行权的行政机关可以自期限届满之日起3个月内,依照本章规定申请人民法院强制执行。"这里的法定期限,指的是法律规定的当事人申请行政复议或者提起行政诉讼的期限,是当事人面对公权力的介入而获得行政救济权的时间阶段。例如,《行政复议法》第九条第1款规定:"公民、法人或者其他组织认为具体行政行为侵犯其合法权益的,可以自知道该具体行政行为之日起60日内提出行政复议申请;但是法律规定的申请期限超过60日的除外。"《行政诉讼法》第四十六条规定:"公民、法人或者其他组织直接向人民法院提起诉讼的,应当在知道作出具体行政行为之日起6个月内提出。法律另有规定的除外。"这里的"60日"和"6个月"就是当事人寻求救济途径的法定期限。根据《行政诉讼法》《行政复议法》以及《最高人民法院关于执行＜中华人民共和国行政诉讼法＞若干问题的解释》,人民法院在审理行政非诉案件时,对该条款的适用应区分以下几种情况:

(1)如果法律规定当事人可以选择申请行政复议或者提起行政诉讼,当事人获知行政决定后,在法律期限内没有申请行政复议或者提起行政诉讼,又不履行行政决定的,没有强制执行权的行政机关可以在法定期限届满后申请人民法院强制执行。

(2)如果行政机关作出具体行政行为时,未告知当事人诉权或者起诉期限的,应以当事人在知道或者应当知道诉权或者起诉期限之日起的3个月为期满之日,以期满之日的次日为起点开始的3个月内,没有行政强制执行权的行政机关可以申请人民法院强制执行。当然,当事人必须在从知道或者应当知道具体行政行为内容之日起的 2 年内行使诉权。

(3) 如果当事人不知道行政机关作出的具体行政行为内容的,应以当事人在知道或应当知道该具体行政行为内容之日起的 6 个月为期满之日,以期满之日的次日为起点开始的 6 个月内,没有行政强制执行权的行政机关可以申请人民法院强制执行。对涉及不动产的具体行政行为从作出之日起不超过 20 年,其他具体行政行为从作出之日起不超过 5 年。

(4) 如果由于不属于当事人自身的原因超过起诉期限的,被耽误的时间不计算在起诉期间内。因人身自由受到限制而不能提起诉讼的,被限制人身自由的时间不计算在起诉期间内。在这种情况下,应以当事人不属于其自身原因消除或恢复人身自由之日起的 3 个月为期满之日,以期满之日的次日为起点开始的 3 个月内,没有行政强制执行权的行政机关可以申请人民法院强制执行。

(5) 如果法律规定行政复议是最终的救济程序,而当事人在法定的 60 日期限内又没有申请行政复议的,这种情况下的时间计算方法是,以当事人知道作出具体行政行为之日起为期满之日,以期满之日的次日为起点开始的 3 个月内,没有强制执行权的行政机关可以申请人民法院强制执行,超过 3 个月的,人民法院应当依法不予受理。

为提高强制执行效率,节约执行成本,维护公共利益,《行政强制法》将行政机关申请人民法院强制执行的申请时间规定为"期限届满之日起的 3 个月内"。但是,《最高人民法院关于执行〈中华人民共和国行政诉讼法〉若干问题的解释》第八十八条规定:"行政机关申请人民法院强制执行其具体行政行为,应当自被执行人的法定起诉期限届满之日起 180 日内提出。逾期申请的,除有正当理由外,人民法院不予受理"。因此,《行政强制法》与最高人民法院司法解释的规定并不一致。根据法律位阶适用原则,《行政强制法》实施后,行政机关申请人民法院强制执行应当统一适用 3 个月的规定,而不再适用司法解释中 180 天的规定。

三、催告

催告是行政机关在申请人民法院强制执行前,应当先向在法定期限内不申请行政复议或者提起行政诉讼,又不履行行政决定的当事人发出通知,要求和督促其自觉履行行政决定的程序。

申请人民法院强制执行前的催告,主要内容是告知当事人违法的事实及可能的强制执行后果,使其意识到自己的错误,并在规定期限内自觉履行行政决定。行政机关申请人民法院强制执行前,催告是一个重要的必经程序。通过事先的通知和告诫,使当事人意识到自己不履行行政决定所确立的义务,将必然导致公权力依法介入,产生对自己不利的后果,从而促使其自觉履行法律规定的义务。如果不经催告就直接申请人民法院强制执行,不仅不利于保护当事人的合法权益,也可能引发当事人与行政机关的对立局面,甚至还可能会激化矛盾。因此这样的制度设计符合立法精神,有利于降低执法成本,同时也是对当事人进行法治教育的机会。

《行政强制法》第五十四条规定:"行政机关申请人民法院强制执行前,应当催告当事人履行义务,同时确定了催告书的书面载体形式。参照《行政强制法》第三十五条的规定,催告书应载明以下内容:当事人的权利、义务和责任;当事人履行义务的期限;当事人履行义务的方式,涉及金钱给付的,应有明确的金额和给付方式;当事人逾期仍不履行义务将可能产生的后果;当事人依法享有的陈述权和申辩权。"

催告书送达10日后当事人仍未履行义务的,行政机关就可以向人民法院申请强制执行。值得注意的是,为有效保护当事人的合法权益,实现程序正义的价值,应参考《行政强制法》第三十六条的规定,允许当事人收到催告书后作出陈述和申辩,行政机关应当充分听取当事人意见,对其提出的事实、理由和依据应当进行记录和复核。如果当事人提出的事实、理由或者证据成立的,行政机关应当予以采纳,并重新审视之前作出的行政决定;如果当事人提出的事实、理由或证据不成立,行政机关就应当依法向人民法院提出强制执行的申请。

《最高人民法院关于执行〈中华人民共和国行政诉讼法〉若干问题的解释》第九十一条第1款规定:"行政机关申请人民法院强制执行其具体行政行为,应当提交申请执行书、据以执行的行政法律文书、证明该具体行政行为合法的材料和被执行人财产状况以及其他必须提交的材料。"《行政强制法》第五十五条对行政机关向人民法院提交的材料,在形式和内容上都作了更为细致的要求。根据规定,行政机关向人民法院申请强制执行,应当提供的材料有:强制执行申请书;行政决定书及作出决定的事实、理由和依据;当事人的意见及行政机关催告情况;申请强制执行标的情况;法律、行政法规规定的其他材料。法律同时要求,强制执行申请书应当由行政机关负责人签名,加盖行政机关的印章,并注明日期。

第三节 人民法院的审理

一、管辖

人民法院强制执行案件的管辖,是人民法院系统内同级人民法院或者上下级人民法院之间,就受理执行案件所进行的权限分工。行政机关申请人民法院强制执行案件的管辖,主要涉及地域管辖和级别管辖。

根据《行政强制法》和《最高人民法院关于执行〈中华人民共和国行政诉讼法〉若干问题的解释》,行政非诉执行案件由申请人所在地的人民法院管辖,即行政机关向其所在地有管辖权的人民法院申请强制执行,这个所在地一般是指行政机关办公地点的所在地。如果强制执行的对象是不动产,行政机关应向不动产所在地的人民法院申请强制执行。

《最高人民法院关于执行〈中华人民共和国行政诉讼法〉若干问题的解释》第六条规定:"各级人民法院行政审判庭负责审理行政案件和审查行政机关申请执行其具体行政行为的案件。专门人民法院、人民法庭不审理行政案件,也不审查和执行行政机关申请执行其具体行政行为的案件。"第九十三条规定:"人民法院受理行政机关申请执行其具体行政行为的案件后,应当在 30 日内由行政审判庭组成合议庭对具体行政行为的合法性进行审查,并就是否准予强制执行作出裁定;需要采取强制执行措施的,由本院负责强制执行非诉行政行为的机构执行。"据此,根据最高人民法院的司法解释,由人民法院行政审判庭组成合议庭负责审理行政机关申请人民法院强制执行的案件。

二、受理

受理是人民法院对行政机关申请人民法院强制执行的申请书以及有关材料进行初步审查,对符合法律规定的申请决定立案审理的行为。

人民法院接到行政机关强制执行的申请后,应当在 5 日内作出是否受理的裁定。对于不属于本院管辖的强制执行申请,可以裁定不予受理。《行政强制法》第五十六条第 2 款规定:"行政机关对于人民法院不予受理的裁定有异议的,可以在 15 日内向上一级人民法院申请复议,上一级人民法院自收到复议申请之日起 15 日内作出是否受理的裁定。"据此,如果上一级人民法院经过复议,作出不予受理的裁定,则该裁定为产生效力的终局裁定,行政机关必须遵守。

《行政强制法》第五十六条第 1 款规定:"人民法院接到行政机关强制执行的申请,应当在 5 日内受理。"这是要求人民法院在接到申请的 5 日内必须受理,应当在 5 日内作出是否受理的裁定。

三、审查

人民法院裁定受理行政机关强制执行的申请后,案件进入审查程序。行政强制法对人民法院的审查环节规定了两类程序,即形式审查和实质审查。

1. 形式审查

《行政强制法》第五十七条规定:"人民法院对行政机关强制执行的申请进行书面审查,对符合本法第五十五条规定,且行政决定具备法定执行效力的,除本法第五十八条规定的情形外,人民法院应当自受理之日起7日内作出执行裁定。"《行政强制法》第五十五条规定:"行政机关向人民法院申请强制执行,应当提供下列材料:(一)强制执行申请书;(二)行政决定书及作出决定的事实、理由和依据;(三)当事人的意见及行政机关催告情况;(四)申请强制执行标的情况;(五)法律、行政法规规定的其他材料。强制执行申请书应当由行政机关负责人签名,加盖行政机关的印章,并注明日期。"行政机关提供的材料只有符合法律规定的要求,人民法院才能在此基础上对行政机关的申请予以审查,并作出是否执行的裁定。

行政机关所作出的行政决定是否具备法定执行效力。这里的"具备法定执行效力",主要是行政机关作出的行政决定已经发生法律效力,当事人在法定期限内没有申请行政复议或者提起行政诉讼,又不自觉履行。行政机关所作出的行政决定只有发生了法律效力,才具有执行效力,才有可能进入实施程序。

行政机关所作出的行政决定是否存在《行政强制法》第五十八条规定的"明显缺乏事实根据的,明显缺乏法律、法规依据的,其他明显违法并损害被执行人合法权益的"法定情形。如果存在所述三项情形之一,人民法院就要听取被执行人和行政机关的意见,而不能仅仅实行书面审查后就作出裁定。

如果上述内容符合法律规定,人民法院应当自受理之日起7日内作出执行裁定。

2. 实质审查

根据《行政强制法》,人民法院在形式审查过程中,发现行政决定存在明显缺乏事实根据,明显缺乏法律、法规依据,或者其他明显违法并损害被执行人合法权益的情形,要予以实质审查,即《行政强制法》第五十八条第1款和第2款规定:"人民法院发现有下列情形之一的,在作出裁定前可以听取被执行人和行政机关的意见:(一)明显缺乏事实根据的;(二)明显缺乏法律、法规依据的;(三)其他明显违法并损害被执行人合法权益的。人民法院应当自受理之日起30日内作出是否执行的裁定。裁定不予执行的,应当说明理由,并在5日内将不予执行的裁定送达行政机关。"

人民法院对发现存在法定情形的行政决定予以实质审查,是从事实层面和法律层面对行政机关作出的行政决定予以审查。这涉及审查标准问题。人民法院审查行政机关申请强制执行案件的标准,是人民法院审查判断行政机关所作出的行政决定以及强制执行的申请是否合法,并以此作出裁定的法律标准。

根据《行政强制法》第五十八条第1款和第2款的规定,人民法院对行政机关申请强制执行案件的审查标准是,行政机关所作出的行政决定是否存在明显违法现象,也就是"明显违法标准";即明显缺乏事实根据,明显缺乏法律、法规依据,其他明显违法并损害被执行人合法权益。如果行政决定具备这些条件之一,人民法院在作出裁定前,可以听取被执行人和行政机关的意见,并作出是否执行的裁定。

人民法院对行政机关申请人民法院强制执行案件的审查标准,与人民法院对行政诉讼案件的审理标准有明显区别。根据行政诉讼法及其司法解释,人民法院对行政诉讼案件的审理标准有合法性标准和违法性标准两类。合法性标准包括具体行政行为证据确凿,适用法律、法规正确,符合法定程序;这三者必须全部具备,缺一不可。违法性标准包括:主要证据不足,适用法律、法规错误,违反法定程序,超越法定职权,滥用职权,不履行或拖延履行法定职责,行政处罚显失公正。被诉具体行政行为只要具备这七种情形中的任何一种,便可以被认定为违法。

人民法院审理行政诉讼案件的过程中,有法庭调查、辩论、质证、合议庭评议等环节,因而在程序上更加严格。相比之下,人民法院对行政机关申请强制执行案件的审查不经过开庭审理环节,在程序上相对简单。但《行政强制法》规定,人民法院在书面审查行政机关强制执行申请的过程中,如果发现法律规定的可能影响执行案件公正性的法定情况,可以听取被执行人和行政机关的意见。这是《行政强制法》的一处亮点。

根据《行政强制法》规定,人民法院可以听取被执行人和行政机关的意见。至于听取被执行人和行政机关意见的方式,法律没有明确规定,实践中可以有座谈会、论证会、个别访谈、实地访问等形式。

四、裁定

行政机关申请人民法院强制执行程序中的裁定,是人民法院在依照法定的权限和程序对行政机关强制执行的申请进行审查后,就是否强制执行行政决定所作出的决定。人民法院作出裁定后,可能发生的法律程序有两种:如果人民法院裁定准予执行行政决定,案件进入强制执行的实施程序。如果裁定不予执行,人民法院应当说明理由,并在五日内将不予执行的裁定送达行政机关。

对于人民法院不予执行的裁定,行政机关如有异议的,法律赋予了其提起复议的权力,即《行政强制法》在第五十八条第3款规定:"行政机关对人民法院不予执行的裁定有异议的,可以自收到裁定之日起15日内向上一级人民法院申请复议,上一级人民法院应当自收到复议申请之日起30日内作出是否执行的裁定。"据此,上一级人民法院收到行政机关的复议申请后,如果作出的是执行裁定,那么案件就进入执行的实施阶段。如果作出的是维持下级人民法院不予执行的裁定,那么意味着该案件正式终结,行政机关的决定不再执行。行政强制法在此环节中规定复议程序,有利于规范和监督人民法院的审查权,提醒其依法审慎地作出是否强制执行的裁定,维护公共利益和当事人的合法权益。

对于人民法院作出的准予强制执行的裁定,当事人是否可以提起再审,《行政强制法》《行政诉讼法》及其司法解释都没有规定,实践中存在两种意见。一种观点认为,《行政诉讼法》第九十条规定:"当事人对已经发生法律效力的判决、裁定,认为确有错误的,可以向上一级人民法院提出申诉,但判决、裁定不停止执行",行政非诉执行裁定属于裁定的一种,当然可以提起再审。第二种观点认为,《行政诉讼法》中既然对行政非诉执行裁定没有规定再审程序,意味着当事人对行政非诉执行裁定不能提起再审。当事人不能对行政非诉裁定提起再审,主要理由是:

(1)再审是对已经审判终结的案件的再行审理,如果案件未经审判,那么再审的前提条件就不存在。行政非诉执行裁定只是对行政机关申请执行的具体行政行为的审查,而不是案件的审判终结。

(2)《行政诉讼法》第九十条规定,已发生法律效力的判决及"裁定"确有错误的,当事人可以申请再审,但这里的"裁定"是特指审判程序中有案件审理终结意义的裁定,例如不予受理、驳回起诉等裁定,而不是指那些不具有案件审理终结意义的行政非诉执行裁定。如果人民法院的裁定进入强制执行程序后,又发现具体行政行为违法或错误,给当事人造成损失的,当事人可以根据《国家赔偿法》的规定申请行政赔偿,获得救济。

(3)根据《行政强制法》,当事人在法定期限内,既不申请行政复议或者提起行政诉讼,又不履行行政决定的情况下,行政机关才向人民法院申请强制执行。因此,当事人在法定期限内不提起行政诉讼,就已丧失了诉权。如果允许当事人申请再审,拖延履行行政决定所确立的义务,显然不利于提高强制执行案件的执行效率,也不符合公正与效率原则的要求,违背行政强制执行制度的设计初衷。

第四节 强制执行裁定的实施

一、强制执行裁定的实施主体

人民法院强制执行裁定的实施主体,涉及的是人民法院在作出强制执行的裁定后,由谁负责组织实施的问题。在实践中,行政机关申请人民法院强制执行的案件,既可以由人民法院组织实施,也可以由行政机关组织实施,其制度依据是《行政诉讼法》及其司法解释。例如,《行政诉讼法》第九十七条规定:"公民、法人或者其他组织对具体行政行为在法定期间不提起诉讼又不履行的,行政机关可以申请人民法院强制执行,或者依法强制执行。"《最高人民法院关于执行〈中华人民共和国行政诉讼法〉若干问题的解释》第八十七条对此作了补充规定:"法律、法规没有赋予行政机关强制执行权的,行政机关申请人民法院强制执行的,人民法院应当依法受理。法律、法规规定既可以由行政机关依法强制执行,也可以申请人民法院强制执行,行政机关申请人民法院强制执行的,人民法院可以依法受理。"

二、强制执行裁定的实施期限

强制执行裁定的实施期限,是人民法院作出强制执行的裁定后,在一定时间阶段内完成执行行为,从而实现行政决定所确定的义务的时间阶段。《行政强制法》没有对人民法院实施强制执行的一般期限作出明确规定,只是在第59条规定:"因情况紧急,为保障公共安全,行政机关可以申请人民法院立即执行。经人民法院院长批准,人民法院应当自作出执行裁定之日起5日内执行。"这是在"情况紧急""为保障公共安全"的前提下,对人民法院实施强制执行的期限所作的要求。虽然《行政强制法》和《行政诉讼法》对于"情况紧急"之外的一般情况下,人民法院实施强制执行的期限都没有作出规定,但这并不意味着人民法院实施强制执行可以不受时限的约束。这里可以适用《最高人民法院关于人民法院办理执行案件若干期限的规定》(法发〔2006〕35号)第一条的规定,即"非诉执行案件一般应当在立案之日起3个月内执结。有特殊情况须延长执行期限的,应当报请本院院长或副院长批准。申请延长执行期限的,应当在期限届满前5日内提出。"

除了强制执行的时限,人民法院实施强制执行时,还应遵循人民法院执行工作的一般程序,即应当出示有关证件及法律文书,制作执行笔录。执行笔录应当载明被执行人、执行时间和地点、执行内容和方式、执行过程、执行人员等内容。人民法院强制执行完毕后,应当将执行结果书面通知申请强制执行的行政机关。

三、强制执行裁定实施过程中的执行协议

行政机关作出的行政决定生效后应当得到全面、有效的执行,非经法定程序不得更改,否则就会影响公共利益的实现,不利于行政管理工作的正常开展,因而主张在行政决定强制执行过程中不能适用和解程序,也不能达成执行协议。

《行政强制法》第四十二条第1款确认了行政强制执行过程中的执行协议以及

和解制度,即"实施行政强制执行,行政机关可以在不损害公共利益和他人合法权益的情况下,与当事人达成执行协议。执行协议可以约定分阶段履行。当事人采取补救措施的,可以减免加处的罚款或者滞纳金"。在不损害公共利益和他人合法权益的前提下,行政机关与当事人达成执行协议,有利于督促当事人自觉履行行政决定所确立的义务,化解行政机关与当事人之间的矛盾冲突,尽量避免强制执行手段的运用,减少因强制执行而可能产生的不稳定因素。

虽然《行政强制法》没有明确规定行政机关申请人民法院强制执行的案件可以适用执行协议,但在强制执行裁定的实施过程中,可以参照《行政强制法》第四十二条的规定,允许执行机关与当事人在不损害公共利益和他人合法权益的前提下,达成执行协议。

和解制度与执行协议在一定程度上体现了公权力与私权力之间的妥协。在这种制度推行过程中,必须以不损害公共利益和他人合法权益为前提。如果执行协议达成后,当事人拒不履行执行协议,或者存在转移财产、抽逃资金现象,或者有其他丧失或可能丧失义务履行能力情形的,执行机关应当恢复强制执行。

第五节 人民法院强制执行的费用

一、强制执行费用的承担主体

人民法院的诉讼费用包括案件受理费和案件审理过程中实际支出的费用。行政机关申请人民法院强制执行案件的费用,可以分为申请费和案件执行过程中实际支出的费用。执行案件中的申请费是人民法院因动用了公共资源对具体个案进行审理而收取的费用,相当于诉讼案件中的受理费。案件执行过程中实际支出的费用则由多种原因而产生,其内容包括:由人民法院或人民法院委托其他单位和个人进行的与案件执行有关的勘验、鉴定、评估、拍卖、变卖、仓储、保管和运输等实际支出的费用。因查询、复印、邮寄、通信等相关行为发生的费用,人民法院异地执行案件时支出的差旅费用等等。

2006年国务院公布,并于2007年开始实施的《诉讼费用交纳办法》没有要求行政机关向人民法院交纳强制执行的申请费。因此,行政机关申请人民法院强制执行的案件,不向人民法院交纳申请费。

《行政强制法》明确规定,行政机关申请人民法院强制执行,不缴纳申请费。

强制执行的案件起因是被执行人不履行行政机关的决定,为维护公共利益,只能通过国家公权力的强制介入,实现行政管理目标。由此而发生的费用,理应由被执行人承担,这也是一些国家和地区强制执行制度和实践中的惯例。《行政强制法》第六十条第1款和第2款明确规定,强制执行的费用由被执行人承担。人民法院以划拨、拍卖方式强制执行的,可以在划拨、拍卖后将强制执行的费用扣除。扣除了强制执行费用之后的其余款项再还给被执行人,这些都体现了被执行人承担执行费用的原则。

二、人民法院委托拍卖程序

法院强制执行财物的过程中,可能会以拍卖的形式将被执行财物折合成具体款项。《拍卖法》第九条规定:"国家行政机关依法没收的物品,充抵税款、罚款的物品和其他物品,按照国务院规定应当委托拍卖的,由财产所在地的省、自治区、直辖市的人民政府和设区的市的人民政府指定的拍卖人进行拍卖。拍卖由人民法院依法没收的物品,充抵罚金、罚款的物品以及无法返还的追回物品,适用前款规定。"这是对行政机关和人民法院委托拍卖程序的具体要求,主要目的在于规范行政机关和人民法院委托拍卖行为,防止委托拍卖过程中的腐败和渎职现象发生。为规范人民法院委托拍卖工作,《行政强制法》第六十条第3款规定:"依法拍卖财物,由人民法院委托拍卖机构依照《中华人民共和国拍卖法》的规定办理。"

三、执行款项的处理

人民法院强制执行的款项,是人民法院在强制执行过程中,通过划拨、拍卖等方式获得的款项。执行款项是人民法院强制执行的结果,其处理结果直接影响强制执行的工作成效。《行政强制法》对人民法院强制执行款项的处理作了严格规定,要求人民法院划拨的存款、汇款以及拍卖和依法处理所得的款项应当上缴国库或者划入财政专户,不得以任何形式截留、私分或者变相私分,并对违反规定的人民法院及其工作人员的法律责任作了规定。

第十一章 交通行政强制中的法律责任

第一节 法律责任概述

一、法律责任的概念

法律责任是法学中的一个基本概念。关于什么是法律责任,有不同的理解和阐述,形成了不同的法律责任概念。具有代表性的主要有以下几种:

(1)制裁说。即把法律责任界定为"制裁""惩罚"。一个人在法律上对一定行为负责,或者他为此承担法律责任,意思就是他作相反行为时应受制裁。

(2)义务说。这种观点把法律责任归为"义务",即指由于侵犯法定权利或者违反法定义务而引起的、由专门国家机关认定并归结于法律关系的有责主体的、带有直接强制性的义务。

(3)不利后果说。即认为法律责任通常是指由于法律保护的权利遭到侵害或者法律要求的义务未能切实履行,根据法律规定相关主体承担的不利后果。

(4)能力责任说。这种观点强调某种特定能力的本身是构成法律责任的一种要素,认为责任乃是一种对自己行为负责、辨认自己的行为、认识自己行为的意义、把它看作是自己的义务的能力。

(5)社会观念说。即主张法律责任是指行为主体因违反法律义务的行为和意愿导致他人损害所引起的、社会公认的承担不利后果(受到惩罚或赔偿损害)的应当性。"不利后果说",又称作违法责任,是指法律关系中的主体由于其行为违法,按照法律规定必须承担的消极法律后果。

法律责任的概念,包括以下几层含义:第一,承担法律责任的主体既包括公民、法人,也包括机关和其他社会组织。既包括中国人,也包括外国人和无国籍人。第二,违法行为的实施是承担法律责任的前提条件。第三,法律责任是一种消极的法律后果,即一种法律上的惩戒性负担。第四,法律责任只能由有权国家机关依法予以追究。

二、法律责任的特征

法律责任不同于其他社会责任,如政治责任、道义责任等。法律责任有其自身的特征:

(1)它是与违法行为相联系的。没有违法行为,就谈不上法律责任。由于违法行为的性质和危害程度的不同,违法行为所应承担的法律责任也不相同。

(2)它的内容是立法明确而具体规定的。法律责任是一种强制性的法律措施,必须由有立法权的国家机关根据职权依照法定程序制定的有关法律、行政法规、地方性法规或者规章来加以明文规定,否则就不能构成法律责任。

(3)它具有国家强制性。法律责任是以国家强制力为后盾的。所谓国家强制力,主要是指国家司法机关或者国家授权的行政机关采取强制措施强迫违法行为人承担法律责任。而其他社会责任,则只能通过舆论和行为主体的自觉行动等途径保证执行,不能通过国家强制力保证执行。

(4)它是由国家授权的机关依法实施的。对违法行为追究法律责任,实施法律制裁,是国家权力的重要组成部分,必须由国家授权的机关,主要是指国家司法机关和有关的国家行政机关依法进行。其他任何组织和个人均无权进行。

三、法律责任的功能

法律责任是社会主义法律制度得以贯彻实施的前提条件,对于维护经济社会秩序、保障公民、法人和其他组织合法权益具有不可替代的重要作用。从法律责任目的的角度看,法律责任的功能主要包括:

(1)惩罚功能。即惩罚违法者,维护社会安全和秩序。惩罚是解决纠纷的一种重要方式,是法律责任的一个重要功能。惩罚是以国家公共权力为后盾,由国家机关根据法律规定的程序追究法律责任,以此惩罚违法者。

(2)救济功能。是指对受到侵害的法律关系主体提供救济,恢复、补偿其受侵犯的权利。法律责任通过设定一定的财产责任,赔偿或者补偿在一定法律关系中受到侵犯的权利或者在一定社会关系中受到损失的利益。

(3)预防功能。是指通过使违法者承担法律责任,教育违法者和其他社会成员,预防违法犯罪的发生。法律责任通过设定违法犯罪必须承担的不利法律后果,表明社会和国家对这些行为的否定态度。这不仅对违法犯罪者具有教育、震慑作用,而且也可以教育其他社会成员依法办事,不做有损社会、国家、集体和他人合法利益的行为。

(4)教育功能。是指法律责任的设定和追究,能够教育公民、法人和其他组织及行政执法机关遵守法律、严格执行法律,自觉履行法定义务,能够增强他们的法律意识,提高他们的法律觉悟,逐步培养形成法治的观念和思维。

法律责任的上述功能,是一个有机的整体,彼此之间相辅相成,相互促进,不应片面夸大某一方面功能,而忽视和否定其他方面功能。

四、法律责任的种类

法律责任的种类,是指根据不同的划分标准将法律责任区分为不同的表现形式。根据不同的划分标准,可以划分出不同的法律责任实现形式,例如以责任的内容为划分标准,法律责任可以分为财产责任和非财产责任。以责任的程度为划分标准,可以分为有限责任和无限责任。以责任人数为划分标准,可以划分为个人责任与集体责任。以行为人有无过错为划分标准,可以分为过错责任与无过错责任等等。

当然,由于法律责任是因违法行为而引起的,因此最常被大家接受和使用的法律责任分类还是:以引起法律责任的行为的性质或者说被违反的法律规范的性质为区分标准,将法律责任分为刑事责任、民事责任、行政责任三种。

(1)刑事责任。它是指法律关系主体违反国家刑事法律规范,所应承担的刑罚制裁的法律责任。它是法律责任中最为严厉的,只能由国家审判机关依法予以追究。根据我国刑法的规定,我国刑罚分为主刑和附加刑两大类。主刑主要有管制、拘役、有期徒刑、无期徒刑、死刑。附加刑主要有罚金、剥夺政治权利、没收财产。另外,对于犯罪的外国人,可以独立适用或者附加适用驱逐出境,对于危害重大的犯罪军人,可以附加剥夺勋章、奖章和荣誉称号。

(2)民事责任。它是指法律关系主体违反民事法律规范,所应承担的民事制裁的法律责任。根据《民法通则》《合同法》《物权法》《侵权责任法》等的规定,民事责任的形式主要有停止侵害、排除妨碍、消除危险、返还财产、赔偿损失、支付违约金、恢复原状、修理、重作、更换、消除影响、恢复名誉、赔礼道歉等。

(3)行政责任。它又称为行政法律责任,是指法律关系主体由于违反行政法律规范的规定,所应承担的一种行政法律后果。根据追究的机关不同,行政责任主要包括处分、行政赔偿和行政处罚。这里的处分是指国家行政机关按行政隶属关系对有违法失职行为的行政机关公务员给予的惩处。行政赔偿是指国家行政机关及其工作人员在行使职权时,违法侵犯公民、法人或者其他组织的合法权益并造成损害,由国家行政机关依法承担赔偿责任。行政处罚是指因公民、法人或者其他组织违反行政管理秩序,行政机关对其财产或者人身依法给予的制裁。

以行政法律责任承担主体的差异为标准,行政法律责任还可以分为行政相对

交通行政执法总论

人的责任和行政机关及其工作人员的责任。行政相对人的责任形式主要是行政处罚,行政机关及其工作人员的责任形式主要是处分和行政赔偿。

从《行政强制法》第6章"法律责任"的有关规定看,既有刑事责任,也有行政责任,既有处分,也有赔偿,还有行政处罚,既有行政机关及其工作人员的法律责任,也有人民法院及其工作人员的法律责任,还有行政相对人的法律责任。

第二节 交通法律责任的追究主体

一、上级行政机关

上级行政机关对下级行政机关的监督,既包括人民政府对其所属工作部门的监督,也包括上级人民政府对下级人民政府的监督、上级政府工作部门对下级政府对应工作部门的监督。这种监督,在性质上属于政府内部的层级监督。这种监督体制的确立源自我国宪法和法律规定的行政管理体制。《宪法》第108条规定:"县级以上的地方各级人民政府领导所属工作部门和下级人民政府的工作,有权改变或者撤销所属各工作部门和下级人民政府的不适当的决定";第110条第2款规定:"地方各级人民政府对上一级国家行政机关负责并报告工作。全国地方各级人民政府都是国务院统一领导下的国家行政机关,都服从国务院。"《地方各级人民代表大会和地方各级人民政府组织法》第六十六条规定:"省、自治区、直辖市的人民政府的各工作部门受人民政府统一领导,并且依照法律或者行政法规的规定受国务院主管部门的业务指导或者领导。自治州、县、自治县、市、市辖区的人民政府的各工作部门受人民政府统一领导,并且依照法律或者行政法规的规定受上级人民政府主管部门的业务指导或者领导。"这种管理体制决定了上级行政机关实施的监督,不仅是具有法律效力的监督,而且由于其以直接、紧密的上下级关系的存在为基础和前提,因而监督的方式更加多样,监督的内容更加全面,监督的运作更加及时,监督的效果也往往更好。据此,《行政强制法》第六十一条、第六十二条、第六十三条第2款、第六十四条都对上级行政机关依法追究法律责任作出了规定。上级行政机关追究责任,既可以通过一般性的层级监督,也可以通过行政复议。

二、有关部门

《行政强制法》第六十一条、第六十二条、第六十三条第2款、第六十四条在规定上级行政机关进行责任追究的同时,规定"有关部门"享有同样的权力。此外,

《行政强制法》第六十三条第1款还规定由财政部门和有关部门依法追究责任。根据上述规定,可以进行责任追究的部门主要包括:

（1）监察部门。《行政强制法》规定的有关部门主要就是指监察部门。监察机关是国家行政机关中行使监察监督的专门机构。根据《行政监察法》第十八条的规定,监察机关的主要任务之一就是负责对国家行政机关及其工作人员和国家行政机关任命的其他人员执行国家法律、法规、政策、决定、命令的情况以及违法违纪行为进行监察,对被监察对象进行处理,包括责任追究,都属于监察机关的法定职责。据此,《行政监察法》第十九条规定,监察机关履行职责,有权"责令被监察的部门和人员停止违反法律、法规和行政纪律的行为";第二十四条规定:"监察机关根据检查、调查结果,对于违反行政纪律,依法应当给予警告、记过、记大过、降级、撤职、开除行政处分的,或者违反行政纪律取得的财物,依法应当没收、追缴或者责令退赔的,可以作出监察决定或者提出监察建议。上述规定,正与《行政强制法》对有关部门追究法律责任的规定相衔接和呼应。

（2）财政部门和审计部门。《行政强制法》第六十三条的规定:"行政机关将查封、扣押的财物或者划拨的存款、汇款以及拍卖和依法处理所得的款项,截留、私分或者变相私分的,由财政部门或者有关部门予以追缴。对直接负责的主管人员和其他直接责任人员依法给予记大过、降级、撤职或者开除的处分。"这里的责任追究主体既包括财政部门,也包括审计部门。根据《财政违法行为处罚处分条例》的规定,县级以上人民政府财政部门和审计机关在各自职权范围内,依法对财政违法行为作出处理、处罚决定。因此,对于《行政强制法》第六十三条规定的财政违法行为,依法应由财政部门和审计机关进行责任追究。

三、人民法院

人民法院是国家审判机关。它作为行政强制法律责任的追究机关,主要发生在行政赔偿和刑事责任两个领域。

人民法院在审理行政案件中,认为行政机关的主管人员、直接责任人员违反政纪的,应当将有关材料移送该行政机关或者其上一级行政机关或者监察、人事机关,追究有关人员的法律责任。认为有犯罪行为的,应当将有关材料移送公安、检察机关,追究有关人员的刑事责任。同时,根据《国家赔偿法》的规定,赔偿义务机关逾期不予赔偿或者赔偿请求人对赔偿数额有异议的,赔偿请求人可以向人民法院提起诉讼。综上,人民法院可以通过行政诉讼的方式,判令违法实施行政强制的行政机关依法承担行政赔偿的法律责任。

行政机关及其工作人员如果在行政强制过程中实施的违法行为构成了犯罪,

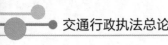

则依法需要追究刑事责任。根据《刑法》和《刑事诉讼法》，行政机关工作人员刑事责任的追究通常由人民检察院启动，最终确定则由人民法院完成。

第三节 交通行政工作人员的法律责任

一、概述

所谓交通行政机关及其工作人员的法律责任，是指交通行政机关及其工作人员因违法实施行政强制而依法需要承担的法律责任。其构成要件包括：

(1)违法实施行政强制是法律责任产生的前提条件。这里的违法实施行政强制，既包括实体上的执法违法，如没有法律法规依据实施行政强制或者滥用行政强制权，也包括程序上的执法违法，如不符合法定的步骤、方式、形式、时限等。

(2)法律责任的承担者主要是违法实施行政强制的行政机关的工作人员。当行政机关作为法人违法实施行政强制时，承担责任的通常是直接负责的主管人员和其他直接责任人员。当行政机关工作人员作为个体违法实施行政强制时，承担责任的即为行政机关工作人员本人。行政机关工作人员，包括直接负责的主管人员和其他直接责任人员，承担的责任主要是处分和刑事责任。行政机关作为违法实施行政强制的主体，其承担责任的形式主要是行政赔偿。

根据《行政强制法》第七十条的规定，"法律、行政法规授权的具有管理公共事务职能的组织在法定授权范围内，以自己的名义实施行政强制，适用本法有关行政机关的规定"，法律责任的承担主体实际上还包括法律、行政法规授权行使行政强制权的组织，其在实施行政强制时法律地位与行政机关相同，法律、行政法规授权组织中参照《公务员法》管理的工作人员在实施行政强制时法律地位与行政机关工作人员相同。《行政机关公务员处分条例》第五十四条对此有明确规定，该条规定："对法律、法规授权的具有公共事务管理职能的事业单位中经批准参照《公务员法》管理的工作人员给予处分，参照本条例的有关规定办理。"

(3)法律责任为法律规范所确认。什么样的行为属于违法行为，应当承担什么样的法律责任，必须由立法明确作出规定。《行政强制法》详细规定了行政机关及其工作人员的违法行为以及相应承担的法律责任，这是追究法律责任的法律依据。

(4)法律责任应当由有关国家机关依法追究。对行政机关及其工作人员法律责任的追究必须依法进行，行政责任的追究由有关行政机关或者审判机关根据《行政处罚法》《公务员法》《行政机关公务员处分条例》《行政诉讼法》《国家赔偿法》等规定的条件和程序进行,刑事责任的追究由司法机关依据《刑法》《刑事诉讼法》的规定进行。

二、承担法律责任的主要情形

1. 行政机关违法实施行政强制

根据《行政强制法》第六十一条的规定,行政机关实施行政强制,没有法律、法规依据或者违反法律、法规的实体和程序规定的,需要承担法律责任。主要包括六种情形:

(1)没有法律、法规依据的。根据《行政强制法》的规定,只有法律、行政法规、地方性法规有权设定相应的行政强制措施,法律、法规以外的规章和规范性文件均不得设定行政强制措施。行政强制执行只能由法律设定。根据上述规定,行政机关实施行政强制措施,必须有法律或者法规依据。实施行政强制执行,必须有法律依据。否则,就构成违法实施行政强制。这是行政强制法定原则的基本要求。

(2)改变行政强制对象、条件、方式的。实践中,法律、法规在设定行政强制措施时,法律在设定行政强制执行时,都会明确具体的对象、条件和方式,这是对实施行政强制从实体上进行的限制。这就要求,实施行政强制不仅要有法律、法规依据,还必须依照法律、法规规定的对象、条件和方式,不得擅自改变,否则同样构成违法实施行政强制。

(3)违反法定程序实施行政强制的。行政强制法定原则不仅要求行政强制在实体上有法律、法规依据,还要求行政强制必须遵守法定的程序。行政强制法主要就是一部程序法。行政强制法既规定了行政强制措施、行政机关强制执行以及行政机关申请人民法院强制执行的一般程序,又对查封、扣押和冻结等行政强制措施以及加处罚款和滞纳金、代履行等行政强制执行的程序作了专门规定。例如,行政机关实施行政强制措施,通常需要遵守以下规定:实施前须向行政机关负责人报告并经批准;由两名以上行政执法人员实施;出示执法身份证件;通知当事人到场;当场告知当事人采取行政强制措施的理由、依据以及当事人依法享有的权利、救济途径;听取当事人的陈述和申辩;制作现场笔录;现场笔录由当事人和行政执法人员签名或者盖章,当事人拒绝的,在笔录中予以注明;当事人不到场的,邀请见证人到场,由见证人和行政执法人员在现场笔录上签名或者盖章等。行政机关必须切实增强程序意识,严格遵守这些程序规定,否则就构成程序违法。

(4)违反《行政强制法》规定,在夜间或者法定节假日实施行政强制执行的。

《行政强制法》第四十三条第1款规定："行政机关不得在夜间或者法定节假日实施行政强制执行。但是，情况紧急的除外。"按照这一规定，只要不是在情况紧急的情况下，行政机关一律不得在夜间或者法定节假日实施行政强制执行。这是对行政强制执行实施时间的限制。之所以这样规定，是因为在夜间或者法定节假日实施行政强制执行，不仅会严重影响当事人的休息权和隐私权，而且会对其生活秩序和家庭秩序造成不必要的损害，还会影响周围居民的正常休息，造成执法扰民，不利于社会主义和谐社会的构建。所谓"夜间"，根据《环境噪声污染防治法》的规定，是指晚上22点至凌晨6点之间的期间。所谓"法定节假日"，根据《全国年节及纪念日放假办法》，是指新年、春节、清明节、劳动节、端午节、中秋节、国庆节等全体公民放假的节日，妇女节、青年节、儿童节和中国人民解放军建军纪念日等部分公民放假的节日和纪念日，以及少数民族聚居地区的地方人民政府规定的仅适用于本地区少数民族的假日。根据《行政强制法》的规定，在夜间或者法定节假日实施行政强制执行的唯一例外是"情况紧急"。应当注意的是，这里的"情况紧急"规则应当慎重使用，必须是不在夜间或者法定节假日实施行政强制执行则今后无法执行、难以执行或者执行将失去意义的特殊情形，不能对此作扩大或者随意解释。

（5）对居民生活采取停止供水、供电、供热、供燃气等方式迫使当事人履行行政决定的。《行政强制法》第四十三条第2款规定："行政机关不得对居民生活采取停止供水、供电、供热、供燃气等方式迫使当事人履行相关行政决定。"这是对行政机关行政强制执行方式的限制。针对这种行政强制执行方式，行政强制法明确予以禁止。主要理由：一是停止供水、供电、供热、供燃气等方式严重侵犯当事人的基本权利，影响其正常生活。二是这种执法方式比较野蛮，容易引起当事人对抗情绪，社会影响恶劣，与社会主义和谐社会目标背道而驰。三是这种极端的行政强制执行方式违反行政法上的比例原则，对于实现行政管理目标而言不是适当的，也不是必需的，超过了必要性的限度。

（6）有其他违法实施行政强制情形的。这是一项兜底的规定。即前述五项情形以外的行政强制行为，只要违反有关法律、法规的规定，均属于违法实施行政强制，应当承担相应法律责任。

2.行政机关违法实施查封、扣押、冻结等行政强制措施

查封、扣押、冻结是行政机关在行政执法中广泛使用的三种行政强制措施。由于查封、扣押、冻结直接限制当事人的财产权利，对当事人影响比较大，因而《行政强制法》第3章第2节、第3节对其实施程序作出了专门规定，同时行政机关采取这些措施，还需要受《行政强制法》第3章第1节规定的行政强制措施一般程序的

约束。违反这些规定,需要承担相应的法律责任。根据《行政强制法》第六十二条的规定,需要承担法律责任的这方面情形包括:

(1)扩大查封、扣押、冻结范围的。《行政强制法》第二十三条规定:"查封、扣押限于涉案的场所、设施或者财物,不得查封、扣押与违法行为无关的场所、设施或者财物。不得查封、扣押公民个人及其所扶养家属的生活必需品。当事人的场所、设施或者财物已被其他国家机关依法查封的,不得重复查封。"第二十九条第2款规定:"冻结存款、汇款的数额应当与违法行为涉及的金额相当。已被其他国家机关依法冻结的,不得重复冻结。"根据这些规定,行政机关采取查封、扣押、冻结行政强制措施时,应当严格遵守适当原则,正确把握强制对象,不得随意扩大范围,应当坚持以下原则:一是查封、扣押对象必须是涉案的场所、设施或者财物,与违法行为无关的场所、设施或者财物不得查封扣押。二是查封、扣押有法定的限度,不能严重影响当事人的基本生活,即不得查封、扣押公民个人及其所扶养家属的生活必需品。三是冻结存款、汇款的数额应当与违法行为涉及的金额相当,不能超过此数额采取冻结措施。四是不能针对同一对象重复采取查封、扣押、冻结等强制措施,即对同一场所、设施或者财物,或者同一笔存款、汇款,只能由一个行政机关采取一次行政强制措施。如果查封、扣押、冻结的对象超出了法定的范围,违反了前述原则,则侵犯当事人的合法财产权益,构成违法实施行政强制措施,应当承担相应法律责任。

(2)使用或者损毁查封、扣押场所、设施或者财物的。《行政强制法》第二十六条第1款规定:"对查封、扣押的场所、设施或者财物,行政机关应当妥善保管,不得使用或者损毁。造成损失的,应当承担赔偿责任。"查封、扣押只是对当事人场所、设施或者财物的暂时性控制,限制其使用,并未对场所、设施和财物最终处分,如何处分这些场所、设施和财物取决于行政机关调查的结论和作出的行政决定,在此之前,行政机关对于查封、扣押的场所、设施和财物负有保管义务,应当妥善保管,尽到注意义务。使用或者损毁被查封、扣押的场所、设施和财物,不仅违反法律规定,而且构成对当事人财产权益的侵害,造成实际损害后果的还需要进行赔偿。

(3)在查封、扣押法定期间不作出处理决定或者未依法及时解除查封、扣押的。《行政强制法》第二十五条第1款规定:"查封、扣押的期限不得超过30日。情况复杂的,经行政机关负责人批准,可以延长,但是延长期限不得超过30日。法律、行政法规另有规定的除外",这是对查封、扣押法定期限的规定。第二十八条第1款规定:"有下列情形之一的,行政机关应当及时作出解除查封、扣押决定:(一)当事人没有违法行为;(二)查封、扣押的场所、设施或者财物与违法行为无关;

(三)行政机关对违法行为已经作出处理决定,不再需要查封、扣押;(四)查封、扣押期限已经届满;(五)其他不再需要采取查封、扣押措施的情形。"这是关于解除查封、扣押的适用情形的规定。根据上述规定,行政机关采取查封、扣押措施后,应当及时查清事实,在法定期限内作出处理决定,该没收的没收,该销毁的销毁,该解除查封、扣押的依法作出解除查封、扣押的决定。违反这些规定,构成违法查封、扣押。

(4)在冻结存款、汇款法定期间不作出处理决定或者未依法及时解除冻结的。《行政强制法》第三十二条第1款规定:"自冻结存款、汇款之日起30日内,行政机关应当作出处理决定或者作出解除冻结决定;情况复杂的,经行政机关负责人批准,可以延长,但是延长期限不得超过30日。法律另有规定的除外。"第三十三条第1款规定:"有下列情形之一的,行政机关应当及时作出解除冻结决定:(一)当事人没有违法行为;(二)冻结的存款、汇款与违法行为无关;(三)行政机关对违法行为已经作出处理决定,不再需要冻结;(四)冻结期限已经届满;(五)其他不再需要采取冻结措施的情形。"根据上述规定,行政机关在采取冻结措施后,应当在法定期限内作出处理决定,或者根据第三十二条的规定作出解除冻结的决定,否则构成违法冻结,需要承担法律责任。

3.行政机关截留、私分或者变相私分查封、扣押的财物或者划拨的存款、汇款以及拍卖和依法处理所得的款项

《行政强制法》第六十三条第1款规定:"行政机关将查封、扣押的财物或者划拨的存款、汇款以及拍卖和依法处理所得的款项,截留、私分或者变相私分的,由财政部门或者有关部门予以追缴;对直接负责的主管人员和其他直接责任人员依法给予记大过、降级、撤职或者开除的处分。"

查封、扣押的财物,与划拨的存款、汇款以及拍卖和依法处理所得的款项一样,涉及国家财政收入,必须切实加强监管,防止给腐败分子留下可乘之机,造成款项流失,损害国家利益。据此,《行政强制法》第二十六条、第二十七条规定:"对查封、扣押的场所、设施或者财物,行政机关应当妥善保管,不得使用或者损毁,并在规定期限内作出处理决定,该没收的没收,该销毁的销毁,该解除查封、扣押的应当立即退还财物或者退还拍卖或者变卖所得款项。"第四十九条规定:"划拨的存款、汇款以及拍卖和依法处理所得的款项应当上缴国库或者划入财政专户。任何行政机关或者个人不得以任何形式截留、私分或者变相私分。"根据上述规定,截留、私分或者变相私分查封、扣押的财物或者划拨的存款、汇款以及拍卖和依法处理所得的款项都属于行政强制中的违法行为,应当按照《财政违法行为处罚处分条例》的规定追究法律责任。根据《财政违法行为处罚处分条例》的规定,应当由监察机关

及其派出机构或者任免机关,依照人事管理权限,对行政机关中直接负责的主管人员和其他直接责任人员依法给予处分。

4.行政机关工作人员将查封、扣押的场所、设施或者财物据为己有

《行政强制法》第六十三条第2款规定:"行政机关工作人员利用职务上的便利,将查封、扣押的场所、设施或者财物据为己有的,由上级行政机关或者有关部门责令改正,依法给予记大过、降级、撤职或者开除的处分。"

《行政强制法》第二十六条规定:"行政机关对查封、扣押的场所、设施或者财物应当妥善保管。"第二十七条规定:"行政机关采取查封、扣押措施后应当及时作出处理决定。"第二十八条规定:"行政机关解除查封、扣押后应当退还财物或者退还拍卖或者变卖所得款项。"根据上述规定,行政机关对于查封、扣押的场所、设施或者财物不得随意处置,相应地,行政机关工作人员也不得随意处置。如果在查封、扣押过程中,行政机关工作人员利用职务便利,将查封、扣押的场所、设施或者财物据为己有,则属于滥用职权的非法侵占行为,应当依法承担相应法律责任。

5.行政机关及其工作人员利用行政强制权为单位或者个人谋取利益

《行政强制法》第六十四条规定:"行政机关及其工作人员利用行政强制权为单位或者个人谋取利益的,由上级行政机关或者有关部门责令改正,对直接负责的主管人员和其他直接责任人员依法给予处分。"

《行政强制法》第七条明确规定:"行政机关及其工作人员不得利用行政强制权为单位或者个人谋取利益。"这一规定的目的在于防止行政机关及其工作人员滥用行政强制权,谋取私利,侵害公民、法人或者其他组织的合法权益。违反这一规定,应当依法追究相应的法律责任。

6.行政机关指令金融机构将款项划入国库或者财政专户以外的其他账户

《行政强制法》第六十六条第2款规定:"违反本法规定,行政机关、人民法院指令金融机构将款项划入国库或者财政专户以外的其他账户的,对直接负责的主管人员和其他直接责任人员依法给予处分。"

《行政强制法》第四十九条规定:"划拨的存款、汇款以及拍卖和依法处理所得的款项应当上缴国库或者划入财政专户,任何行政机关或者个人不得以任何形式截留、私分或者变相私分。"这条规定的目的是保障国家财政收入应收尽收,维护国家财政秩序。如果行政机关指令金融机构将款项划入国库或者财政专户以外的其他账户,则属于财政违法行为,应当按照《财政违法行为处罚处分条例》的规定追究直接负责的主管人员和其他直接责任人员的法律责任。

三、承担法律责任的主要方式

行政机关承担法律责任的方式是指行政机关因其在行政强制中的违法行为而依法承担相应法律后果的具体形式。由于行政机关是一个组织单位,本身难以成为法律责任的具体承担者,而且以行政机关名义实施的违法行政强制行为,通常是由直接负责的主管人员和其他直接责任人员决定和实施的,直接负责的主管人员和其他直接责任人员应当在法律上对违法行政强制行为负责,因此实践中行政机关应当承担的法律责任主要由行政机关中直接负责的主管人员和其他直接责任人员来承担。根据《行政强制法》的规定,行政机关及其工作人员承担法律责任的方式主要包括以下几种:

1. 处分

根据《公务员法》的规定,处分是指公务员因违法违纪而依法承担的纪律责任。从行政系统看,根据《行政机关公务员处分条例》的规定,行政机关公务员违反法律、法规、规章以及行政机关的决定和命令,应当承担纪律责任的,应当依法给予处分。2006年1月1日起施行的《公务员法》第五十五条规定:"公务员因违法违纪应当承担纪律责任的,依照本法给予处分。"第五十六条规定:"处分分为:警告、记过、记大过、降级、撤职、开除。"《公务员法》是对公务员进行纪律责任追究的基本法,其明确限定了公务员承担纪律责任的形式只能是处分,而不能是其他。2007年6月1日起施行的《行政机关公务员处分条例》也明确采用的是处分这个概念,而不是沿用原来的"行政处分"概念。因此,在《公务员法》和《行政机关公务员处分条例》出台后,应当以"处分"替代原来的"行政处分"。

《公务员法》第五十三条规定:"公务员违反纪律,应当接受处分的行为包括:(一)散布有损国家声誉的言论,组织或者参加旨在反对国家的集会、游行、示威等活动;(二)组织或者参加非法组织,组织或者参加罢工;(三)玩忽职守,贻误工作;(四)拒绝执行上级依法作出的决定和命令;(五)压制批评,打击报复;(六)弄虚作假,误导、欺骗领导和公众;(七)贪污、行贿、受贿,利用职务之便为自己或者他人谋取私利;(八)违反财经纪律,浪费国家资财;(九)滥用职权,侵害公民、法人或者其他组织的合法权益;(十)泄露国家秘密或者工作秘密;(十一)在对外交往中损害国家荣誉和利益;(十二)参与或者支持色情、吸毒、赌博、迷信等活动;(十三)违反职业道德、社会公德;(十四)从事或者参与营利性活动,在企业或者其他营利性组织中兼任职务;(十五)旷工或者因公外出、请假期满无正当理由逾期不归;(十六)违反纪律的其他行为。"

根据《公务员法》第五十六条的规定,处分分为:警告、记过、记大过、降级、撤职、开除。主要根据被处分人所犯过错的主观恶性轻重、危害后果大小等具体情节分别适用。警告是对违纪公务员提出的一种训诫,意在引起违纪者的注意和警惕。记过是比警告严厉的处分形式,处分材料记入人事档案。记大过是较为严厉的处分形式,处分材料记入人事档案。降级是降低行政级别的一种处分形式,适用于严重违反纪律,使国家和人民利益受到严重损失的行为。撤职是撤销现任职务的处分形式,适用于严重违反纪律,表明该公务员已不适合继续担任现任领导职务的行为。开除是将公务员从行政机关中除名的处分形式,适用于严重违法违纪,屡教不改,已不适合继续在行政机关中担任公务员的情形。根据《公务员法》的规定,受处分的期间为:警告,六个月;记过,十二个月;记大过,十八个月;降级、撤职,二十四个月。受撤职处分的,按照规定降低级别。公务员在受处分期间不得晋升职务和级别,其中受记过、记大过、降级、撤职处分的,不得晋升工资档次。

《行政强制法》对处分的规定可以分为两种情况:一是笼统规定应当"依法给予处分",至于具体应当给予何种处分,由有关机关结合实际情况根据《公务员法》和《行政机关公务员处分条例》确定,《行政强制法》第六十一条、第六十二条、第六十四条、第六十六条都采取了这种立法例;二是针对行政强制中的特定违法情形,直接确定应当承担何种形式的处分,例如《行政强制法》第六十三条针对行政机关截留、私分或者变相私分查封、扣押的财物或者划拨的存款、汇款以及拍卖和依法处理所得的款项,行政机关工作人员利用职务便利将查封、扣押的场所、设施或者财物据为己有,规定了"记大过、降级、撤职或者开除"的处分。

2. 行政赔偿

行政赔偿是指行政机关及其工作人员违法行使行政处罚权侵犯公民、法人和其他组织的合法权益并造成损害的,由行政机关承担赔偿责任。《行政强制法》第六十八条规定,违反本法规定,给公民、法人或者其他组织造成损失的,依法给予赔偿。应当注意,这里的"损失",既包括财产损失,也包括人身损失。根据《国家赔偿法》第三条、第四条的规定,行政机关及其工作人员在行使行政职权时,违法采取限制公民人身自由的行政强制措施或者有造成公民身体伤害或者死亡的其他违法行为,侵犯公民人身权的,或者违法对财产采取查封、扣押、冻结等行政强制措施或者有造成财产损害的其他违法行为,侵犯公民、法人和其他组织财产权的,受害人有取得赔偿的权利。在此基础上,《国家赔偿法》第4章进一步对赔偿方式和计算标准作出了规定。第三十三条规定:"侵犯公民人身自由的,每日赔偿金按照国家上年度职工日平均工资计算。"第三十四条对侵犯公民生命健康权应支付的赔偿金标准作出了规定。根据第三十五条的规定,侵犯公民人身权,致人精神损害的,还应当在侵权行为影响的范围内,为受害人消除影响、恢复名誉、赔礼道歉,造成严重后果的,应当支付相应的精神损害抚慰金。第三十六条对侵犯公民、法人和其他组织的财产权造成损害时的赔偿进行了规定,例如查封、扣押、冻结财产的,解除对财产的查封、扣押、冻结,造成财产损坏或者灭失的,进行赔偿。应当返还的财产损坏的,能够恢复原状的恢复原状,不能恢复原状的,按照损害程度给付相应的赔偿金。应当返还的财产灭失的,给付相应的赔偿金。财产已经拍卖或者变卖的,给付拍卖或者变卖所得的价款。变卖的价款明显低于财产价值的,应当支付相应的赔偿金。返还执行的罚款或者罚金、追缴或者没收的金钱,解除冻结的存款或者汇款的,应当支付银行同期存款利息。对财产权造成其他损害的,按照直接损失给予赔偿。

行政机关工作人员在行使行政强制权过程中违法并给当事人造成损害,当事人要求赔偿的,由该行政机关工作人员所在的行政机关负责赔偿。负责赔偿的义务机关是行政机关,但最终承担者是国家。《国家赔偿法》第三十七条规定:"赔偿费用列入各级财政预算。赔偿请求人凭生效的判决书、复议决定书、赔偿决定书或者调解书,向赔偿义务机关申请支付赔偿金。赔偿义务机关应当自收到支付赔偿金申请之日起7日内,依照预算管理权限向有关的财政部门提出支付申请。财政部门应当自收到支付申请之日起15日内支付赔偿金。"之所以这样设计是因为,行政机关工作人员代表国家行使行政强制权,损害是由其履行行政管理职责所致,而且行政强制行为是以行政机关名义作出,某一损害究竟是行政机关之过还是行政机关工作人员之过形式上很难分辨,而且事实上,损害后果的赔偿也绝非行政机关工作人员的财力所能负担。因此,从保护公民、法人和其他组织的合法权益出发,规定由行政机关负责赔偿更为恰当。这样也有利于保证行政机关工作人员行政执法的积极性。

3. 行政追偿

根据《行政强制法》和《国家赔偿法》的规定,行政机关违法实施行政强制侵犯相对人的人身或者财产权利时,应当依法进行赔偿。行政赔偿是为行政机关设计的法律责任制度。但是在特定的情况下,在行政赔偿的前提下,还可能存在行政机关工作人员的法律责任,即行政追偿。行政追偿是公务员而不是行政机关的赔偿责任,具体是指当行政机关工作人员因故意或者重大过失,违法或者不当行使行政强制权,给相对人造成不必要的人身或者财产损失时,所应当承担的赔偿责任。

行政机关工作人员以行政机关名义代表国家行使行政强制权,其行为效果应由行政机关承受。行政机关对于行政机关工作人员的行为,即使是有过错的行为,也应当承担相应的外部责任,即由行政机关出面对行政相对人承担赔偿责任,这既是出于充分保护相对人合法权益的需要,也是为了避免挫伤或者损害行政机关工作人员正常履行职责的积极性。但同时,为了监督和促进行政机关工作人员依法慎重行事,严格遵守法定义务,公正认真行使行政强制权,防止其滥用行政强制权,侵犯相对人合法权益,有必要在一定条件下对行政机关工作人员进行责任追究,使其对自己的重大错误承担应有的责任。我国《国家赔偿法》第十六条明确规定:"赔偿义务机关赔偿损失后,应当责令有故意或者重大过失的工作人员或者受委托的组织或者个人承担部分或者全部赔偿费用。"

4. 刑事责任

行政处罚违法不仅可能导致行政责任,一定情况下还可能构成犯罪,需要追究刑事责任。行政机关工作人员承担刑事责任,是指行政机关工作人员在实施行政强制过程中存在违法行为且情节严重,已构成犯罪,仅仅让其承担行政法律责任已经不足以抵销其行为的危害后果,在这种情况下由司法机关依法追究其刑事责任。根据《行政强制法》的规定,行政强制行为引起的刑事责任,主要由行政执法人员而不是行政机关来承担。刑事责任是公务人员法律责任的一种特别表现形式,也是公务人员法律责任体系中最为严厉的一种,适用于公务人员依职权的行为违反刑事法律规范的情形。刑事责任的追究由司法机关承担。由于行政机关工作人员在行政强制过程中犯罪,属于职务犯罪,因而通常由人民检察院立案侦查。人民检察院经侦查认为,嫌疑人的犯罪事实已经查清,证据确凿充分,依法应当追究刑事责任,则依法作出起诉决定,向人民法院提起公诉。人民法院经开庭审理,对于犯罪事实清楚、证据充分的,依法作出被告人有罪或者无罪、犯什么罪、适用什么刑罚的判决,使行政机关工作人员承担相应的刑事法律责任。

《行政强制法》第六十八条第2款规定:"违反本法规定,构成犯罪的,依法追究刑事责任。"

应当追究刑事责任的情形主要包括:

(1)侵占、窃取、骗取或者以其他手段非法占有查封、扣押的场所、设施或者财物。

《行政强制法》第六十三条对"行政机关工作人员利用职务上的便利,将查封、扣押的场所、设施或者财物据为己有",规定了相应的行政法律责任。但是如果该行为情节严重就会构成犯罪,具体来说就是贪污罪。其主要依据是,《刑法》第382条第1款规定,国家工作人员利用职务上的便利,侵吞、窃取、骗取或者以其他手段非法占有公共财物的,是贪污罪。具体的量刑标准由《刑法》第383条规定,即根据情节轻重,构成贪污罪的行为分别应当接受的刑罚或者刑事责任是:(一)个人贪污数额在 10 万元以上的,处 10 年以上有期徒刑或者无期徒刑,可以并处没收财产。情节特别严重的,处死刑,并处没收财产。(二)个人贪污数额在 5 万元以上不满 10 万元的,处 5 年以上有期徒刑,可以并处没收财产。情节特别严重的,处无期徒刑,并处没收财产。(三)个人贪污数额在 5 千元以上不满 5 万元的,处 1 年以上 7 年以下有期徒刑,情节严重的,处 7 年以上 10 年以下有期徒刑。个人贪污数额在 5 千元以上不满 1 万元,犯罪后有悔改表现、积极退赃的,可以减轻处罚或者免予刑事处罚,由其所在单位或者上级主管机关给予处分。(四)个人贪污数额不满 5 千元,情节较重的,处 2 年以下有期徒刑或者拘役,情节较轻的,由其所在单位或者上级主管机关酌情给予处分。对多次贪污未经处理的,按照累计贪污数额处罚。

(2)利用行政强制权索取他人财物或者非法收受他人财物,为他人谋取利益。

《行政强制法》第六十四条规定:"行政机关及其工作人员利用行政强制权为单位或者个人谋取利益的,由上级行政机关或者有关部门责令改正,对直接负责的主管人员和其他直接责任人员依法给予处分。"行政机关工作人员如果实施该行为,情节严重的,就会构成犯罪,具体来说就是受贿罪。其直接法律依据是,我国《刑法》第三百八十五条规定:国家工作人员利用职务上的便利,索取他人财物的,或者非法收受他人财物,为他人谋取利益的,是受贿罪。对于犯有受贿罪的行政机关工作人员,应当按照《刑法》第三百八十六条的规定,根据受贿所得数额及情节,依照贪污罪有关规定处罚,索贿的从重处罚。也就是说,受贿罪的刑罚标准与贪污罪相同。具体数额在《刑法》关于贪污罪的规定中已经明确。所谓情节,主要是指受贿的动机、目的、手段、对象、危害后果以及退赃、悔罪表现等。从立法精神和司法实践来看,存在一个受贿罪与一般受贿行为的界限问题。根据《刑法》第三百八十三条的规定,受贿额不满 5 千元且情节较轻的,可认定为"不构成犯罪的",由其所在单位或者上级主管机关酌情给予处分。这里的情节较轻,主要是指数额不大、时间不长、退赃积极主动、悔罪态度较好、造成的危害后果较小等情形。

5.滥用职权、玩忽职守

《刑法》第三百九十七条规定:"国家机关工作人员滥用职权或者玩忽职守,致使公共财产、国家和人民利益遭受重大损失的,处 3 年以下有期徒刑或者拘役,情节特别严重的,处 3 年以上 7 年以下有期徒刑。本法另有规定的,依照规定。国家机关工作人员徇私舞弊,犯前款罪的,处 5 年以下有期徒刑或者拘役,情节特别严重的,处 5 年以上 10 年以下有期徒刑。本法另有规定的,依照规定。"这是关于国家机关工作人员滥用职权罪、玩忽职守罪的规定。在行政强制过程中,行政机关工作人员如果不履行法定职责,或者滥用行政强制权,致使公共财产、国家和人民利益遭受重大损失的,则构成滥用职权罪或者玩忽职守罪。

除以上几种犯罪行为外,其他违反行政强制法规定的行为,如果构成犯罪的,也应当依法追究刑事责任。

6. 关于责令改正

《行政强制法》第六十一条、第六十二条、第六十三条、第六十四条都规定,行政机关违反有关规定实施行政强制时,"由上级行政机关或者有关部门责令改正"。责令改正是有权机关基于对行政机关及其执法行为的监督权而对违法行为作出的处理,是有关机关对行政执法进行监督的一种方式,其性质属于行政命令。

责令改正的目的是纠正行政执法过程中的违法或者不当现象,不同于旨在监督行政权行使的行政复议和行政诉讼。无论是行政复议,还是行政诉讼,都是救济公民、法人和其他组织的合法权益的有效机制。在这些机制中,公民、法人和其他组织通过行使自己的复议申请权或者诉权,要求有关机关审查行政主体的行政行为并根据行政执法的具体情形作出相应的裁判。而责令改正则是行政执法机关的上级机关或者有关部门基于纠正违法的需要而作出的具体处理决定。

责令改正尽管不是独立的法律责任形式,但是也属于一种独立的监督形式,具有其特殊的内容和用途,具有不可替代的独特作用。责令改正可以并且经常和有关法律责任一起并存,共同发挥作用,而不是简单包含在其他的法律责任之中,同时,责令改正并不能替代或者折抵法律责任形式的承担。作出行政强制的主体是行政机关,因此承担改正义务的主体也应当是行政强制机关。

第五篇 交通行政证据论

第十二章 交通行政证据

第一节 交通行政证据概述

一、交通行政证据的概念和种类

交通行政证据是指在行政程序中,由交通行政主体、相对人、代理人等依照法定程序收集或提供的具有法定形式,能够证明案件真实情况,并经行政主体查证属实的一切事实。它能复原案件的真相、提供法律适用的依据,可以用来证明行政执法案件事实的材料。它包括:书证、物证、证人证言、视听资料、当事人陈述、鉴定结论、勘验笔录、现场笔录等。

《交通运输执法程序规定》(试行)第二十九条规定:"本规定所称证据,是指执法部门收集和核实的证明交通运输执法案件事实情况的材料。证据包括:

(一)书证;

(二)物证;

(三)视听资料;

(四)电子数据;

(五)证人证言;

(六)当事人的陈述;

(七)鉴定意见;

(八)勘验(检查)笔录、现场笔录。"

《行政诉讼法》第三十三条规定,证据有以下几种:书证、物证、视听资料、电子数据、证人证言、当事人的陈述、鉴定结论、勘验笔录、现场笔录。

(1)书证。即以文字、符号、图画所表现出的思想内容来证明案件事实的书面文件或其他用品。对这类证据,要注意不能让人在表面上发现问题,内容上前后不要矛盾。最好能取得原件,对于复印件,要能证明其与原件一致,最好由利害关系人在复印件上注明"复印件与原件一致"并签字、盖单位公章,注明日期。

(2)物证。能证明案件真实情况的物品或物质痕迹。对于物证的固定和提取要注意保存完整,保证有一定的数量。注意的问题是要防止以保存证据的方法扣留财产。

(3)证人证言。即证人就其了解的案情向行政机关所作的陈述。作证的只能是自然人,在取证的时候要注意未成年人和精神病人的陈述不能作为证言,办理本案的行政机关的执法人员也不能作证。在制作笔录的时候,要记录证人的身份证号码、取得身份证复印件,有单位的可由单位盖章。若笔录有多页,应由证人每页签名,最后页要顶着正文内容签名。

(4)当事人陈述。即当事人就有关案件的事实向行政机关所作的陈述。注意的问题是仅有当事人的陈述,不能定案,比如在认定"违法所得"的时候,不能仅凭当事人的陈述。

(5)视听资料(电子数据)。即以录音、录像以及计算机储存的资料来证明案件真实情况的证据。要注意的是要把它特定化,固定于当事人或本案,最好由当事人在照片背后签名。若是其他人提供的,应该制作笔录。

(6)现场笔录。即行政执法人员对案发现场所作书面记录。检查人的资格一般由法规或规章来规定。应由检查人、记录人、当事人、旁证(公证)签名。

(7)鉴定结论。指专门的鉴定机关对案件所涉及的技术性问题所作的书面结论。要注意鉴定机关的合法性,由法定机关出具。样品在抽、封、检中易出问题,应保证原封原送。

二、行政证据的特征

行政证据与诉讼证据一样,必须具备以下特征:

(1)证据的真实性。证据的真实性,是指证据必须具有能够客观反映案件事实真相的属性,或者说具有客观存在性。证据的客观真实性,要求证据的内容和证据的形式都必须具有客观性。证据的内容应当以客观事物为基础,离开客观存在的主观臆断,没有根据的猜测等都不具有证据的客观真实性。证据形式的客观性,要求证据必须以一定的有形载体展示在人们面前,如物证、书证、证人证言等。证据的客观真实性往往并不能完全等于纯粹的客观真实,事实上存在片面性和误差等不符合案件真实的可能性,这就要求必须对证据进行严格的审查,通过证据的出示、对证据的质疑,排除对证据虚假和不真实的怀疑,从而使最终反映案件事实真相的证据成为定案量罚的依据。

(2)证据的关联性。证据的关联性又称证据的相关性,是指证据与案件的待证事实具有一定的关系。证据只与案件事实具有关联性才可被采用,与案件事实没有关联的证据不能作为定案的依据。审查证据的关联性主要从以下几方面入手:一是该证据要证明的内容与案件事实是否有关。二是该证据所证明的内容对案件事实认定是否具有实质性意义。三是该证据对于要证明的事实是否具有证明力。当然,证据的关联性是相对的,不是绝对的。比如说施工图审查中发现违反工程建设标准强制性条文案件,就得获得该施工图纸和审查意见单,因为这是确定违规的重要证据。

(3)证据的合法性。证据的合法性,是指证据的主体、取得证据的程序、方式以及证据的形式必须符合法律的规定。任何非法获取的证据,都不得承认其证明力,不能被用来作为行政处罚的事实依据。它包含以下内容:一是证据主体必须符合法律有关规定,比如说不具有检测认证资质的检测部门提供的检测报告就不具有合法性特征,不能被采用。二是证据的收集和取得证据的方法必须符合法定程序和要求。比如一个执法人员收集的证据就不符合法定程序,不能被采用。三是证据的形式必须符合法律规定,比如说现场笔录应载明时间、地点和时间等内容,执法人员应签名。

三、证据的表现形式与证明效力

1. 证据的表现形式

(1)本证与反证。凡是用以证明举证人所主张的事实的证据,称为本证。与本证相对的是反证,是指另一方为否定举证人的主张,而提出的证据。用以证明有相反的事实存在,反证同本证是相辅相成的,在有些场合,对举证人的主张来说是本证,而对另一方的主张来说则是反证。

(2)原始证据与传来证据。按其来源不同,可分为原始证据与传来证据。凡是直接来源于案件事实的证据叫原始证据。如当事人陈述、证人证言、物证、书证、视听资料、勘验笔录、现场笔录等原件都是原始证据。传来证据是在信息传输的中间环节形成的,是由原始证据派生出来,经过传述、转抄或复制的第二手资料。原始证据的证明力一般优于传来证据。由于技术设备、传述能力等因素的影响,可能使得经过传述、转抄、复制的内容发生差错,但这并不是否认传来证据的证明作用,在某些情况下,它也可能优于原始证据,特别是案情复杂的案件,原始证据不易获取,可以通过一些传来证据,发现获取原始证据的线索。

(3)直接证据与间接证据。根据证据与具体行政行为依据的事实的关系,可以将证据划分为直接证据和间接证据。凡是能直接单独地证明具体行政行为是否合法的事实,称为直接证据。间接证据是必须与其他证据相结合,并经过推理才能证明具体行政行为是否合法的证据,如物证、勘验笔录、鉴定结论等。相比而言,直接证据的证明力强一些。间接证据的证明力弱一些,大多数案件都是直接证据与间接证据相结合,互相印证,共同证明案件的真实情况。这不仅因为直接证据可能虚假,也因为有的案件收集不到或很难收集到直接证据,因此必须收集和运用间接证据。

(4)言词证据与实物证据。根据证据的表现形式,可以把证据分为言词证据与实物证据。言词证据是指以人的陈述形式表现证据事实的各种证据,如当事人的陈述、证人证言等。实物证据是指以客观存在的物体表现证据事实的证据,如物证等。一般来说,言词证据的证明比较明显。但是,言词证据的客观真实性常常会受到陈述者主客观条件的影响,实物证据是客观存在的实物体,具有可感性、可观性。但是实物证据不能直接表达它对案情的证明作用,并且还可能伪造。因此,在实践中要注意两者并重,具体分析。

2.证据的证明效力

(1)具有完全证明效力的证据。具有完全证明效力的证据是指对某一案件的某一待证事实有证明效力的证据。①原始证据或与原始证据核对无误的传来证据、法院的判决或裁定;②鉴定结论;③以有形载体固定或显示的电子数据交换、电子邮件以及其他数据资料,其制作情况和真实性经对方当事人确认,或者以公正等其他有效方式予以证明的,与原件具有同等的证明效力。

(2)不具有完全证明效力的证据。不具备完全证明效力的证据是指需要和其他证据一起才能证明某一待证事实。属于此类的证据不能单独作为定案的依据,必须要有其他证据佐证补强。不具备完全证明效力的证据有:①未成年人所作的与其年龄和智力状况不相适应的证言;②与一方当事人有亲属关系或其他亲密关系的证人所作的对当事人有利的证言,或者与一方当事人有不利关系的证人所作的对当事人不利的证言;③应当出庭作证而无正当理由不出庭作证的证人证言;④难以识别是否经过修改的视听资料;⑤无法与原件、原物核对的复制件或者复制品;⑥经一方当事人或者他人改动,对方当事人不予认可的证据材料;⑦其他不能单独作为定案依据的证据材料。

(3)证明效力大小需要综合判断的证据。证明同一事实的数个证据,其证明效力一般可以按照下列情形分别认定。①国家机关以及其他职能部门依职权制作的公文文书优于其他书证;②鉴定结论、现场笔录勘验笔录、档案材料以及经过公证或者登记的书证优于其他书证视听资料和证人证言;③原件、原物优于复制件、复制品;④法定鉴定部门的鉴定结论优于其他鉴定部门的鉴定结论;⑤法庭主持勘验所制作的勘验笔录优于其他部门主持勘验所制作的勘验笔录；⑥原始证据优于传来证据；⑦其他证人证言优于与当事人有亲属关系或者其他密切关系的证人提供的对该当事人有利的证言；⑧出庭作证的证人证言优于未出庭作证的证人证言；⑨数个种类不同、内容一致的证据优于一个孤立的证据。

（4）不具有证明效力的证据。①严重违反法定程序收集的证据材料；②以偷拍、偷录、窃听等手段获取侵害他人合法权益的证据材料；③以利诱、欺诈、胁迫、暴力等不正当手段获取的证据材料；④在中华人民共和国领域以外或者在中华人民共和国香港特别行政区、澳门特别行政区和台湾地区形成的未办理法定证明手续的证据材料；⑤当事人无正当理由拒不提供原件、原物，又无其他证据印证，且对方当事人不予认可的证据的复制件或者复制品；⑥被当事人或者他人进行技术处理而无法辨明真伪的证据材料；⑦不能正确表达意志的证人提供的证言；⑧不具备合法性和真实性的其他证据材料。

（5）不能作为证据的"证据"。①行政执法机关及其诉讼代理人在作出具体行政行为后或者在诉讼程序中自行收集的证据；②行政执法机关在行政程序中非法剥夺公民、法人或者其他组织依法享有的陈述、申辩或者听证权利所采用的证据；③行政执法机关在行政程序中未作为具体行政行为依据的证据。

四、举证责任

《行政处罚法》第三十六条规定："行政机关发现公民、法人或者其他组织有依法应当给予行政处罚的行为的，必须全面、客观、公正地调查、收集有关证据。"这一规定便是对行政机关举证责任的确认。也就是说，行政机关在作出行政处罚时，必须有充分的证据来证明相对人的行政违法行为、危害后果及其因果关系的存在。

举证责任的要求也就是在行政机关实施行政处罚时，对行政违法事实的证明要达到的程度。也就是说，行政处罚的要求"确有应受行政处罚的违法行为"，其具体标准是"事实清楚、证据确凿"。事实清楚，是指行为人实施行政违法行为的时间、地点、手段、目的、动机及有关从重、从轻、减轻、免除处罚的情节等均已查清。这是正确适用法律实施处罚的前提和基础。证据确凿，是指认定违法事实的证据必须确实、可靠，能够形成认定违法事实是否存在以及情节轻重的足够依据。证据确凿，是事实清楚的保障。

在行政执法活动中的举证责任主要有以下三个方面：

（1）证明违法行为主体。即违法行为人的情况，包括违法自然人的基本情况、违法法人或其他组织的基本情况。

在行政执法活动中，需查看行政相对人的相关行政许可证明文件，如《营运证》等,首先确定相对人是以个人名义申请登记还是以法人或其他组织名义申请登记,这有利于判定违法主体。

(2)证明违法行为。即违法行为人实施违反行政管理秩序行为的情况。具体指行为人是否实施了违反行政管理秩序的行为;行为的时间、地点、方式、手段、后果。行为与后果是否存在因果关系,有无从重、从轻、减轻、免除处罚的情节等。

(3)是否应给予行政处罚。主要指行为人的行为是否属于交通法律、法规规定的行政违法性的行为,应给予什么样的行政处罚,处罚的依据是什么。

在执法实践中,不同的处罚程序应采用不同的举证方式:

(1)简易程序中的取证规定:简易程序适用于案件事实清楚、处罚较轻的行政处罚。

(2)一般程序中的取证规定:调查取证是行政处罚一般程序中的第一步骤。《行政处罚法》第三十六条和第三十七条作出了规定。行政主体发现行政相对人有依法应当给予行政处罚行为的,必须全面、客观、公正地调查,收集有关证据。必要时,依照法律、法规的规定,可以进行检查。行政机关在调查或者进行检查时,执法人员不得少于两人,并应当向当事人或者有关人员出示证件。当事人或者有关人员应当如实回答询问,并协助调查或者检查,不得阻挠。询问或者检查应当制作笔录。行政机关在收集证据时,可以采取抽样取证的方法。在证据可能灭失或者以后难以取得的情况下,经行政机关负责人批准,可以先行登记保存,并应当在7日内及时作出处理决定。在此期间,当事人或者有关人员不得销毁证据或者转移证据。执法人员与当事人有利害关系的,应当回避。陈述、申辩中当事人可以对证据提出自己的疑问。

(3)听证程序中的证据要求:凡在听证程序中出示的证据材料,当事人陈述、辩论等过程和情况都应制作笔录,笔录核对无误后交当事人及其他参加人签名或盖章。在听证程序中应注意出示所有已获取的证据,并告诉当事人享有质证的权利,同时在听证笔录中载明。

第二节 交通行政执法证据的收集

一、收集证据的概念

调查收集证据是指,执法机关为了证明案件事实,按照法律规定的范围和程序,收集证据和证据材料的法律活动。证据必须由执法人员和当事人依据法定程序收集和提供。

证据收集和提供必须具有合法性。因为证据的收集和提供不仅涉及公民的基本权利,而且收集和提供证据本身既是一项权利,更是一项责任。如果未按法律规定任意扩大收集和提供证据的主体,必将对当事人的基本权利和义务以及其他公民的基本隐私权等人权造成极大伤害。

《交通运输执法程序规定》(试行)第三十二条规定:"执法人员应当及时、全面、客观、合法地收集证据材料,依法履行保密义务,不得收集与案件无关的材料,不得将证据用于法定职责以外的其他用途。"

二、证据收集的方式

行政机关在办理行政处罚案件过程中要有效地增强行政处罚案件证据收集的规范性和可操作性,交通执法人员应依法收集与案件有关的证据,并依法予以查证。收集证据是运用证据认定案件事实的前提。在收集证据时,交通执法人员应注意以下几个问题:

1. 收集的证据应当合法

为了保证证据的客观性,法律、法规、规章和司法解释均对证据的收集作了相关规定。

有的规定体现为对证据的形式要求,如视听资料的复制件应当注明制作方法、制作时间、制作人等情况。有的规定体现为收集证据时应遵循的原则,如询问当事人和证人应当个别进行,应尽量收集证据的原件。还有一些通过规定什么样的证据不予采信的方式,从反面说明收集证据的规则。例如,最高人民法院《关于行政诉讼证据若干问题的规定》第五十七条规定:"严重违反法定程序收集的证据材料,以偷拍、偷录、窃听等手段获取侵害他人合法权益的证据材料,以利诱、欺诈、胁迫、暴力等不正当手段获取的证据材料,及不具备合法性和真实性的其他证据材料不能作为定案证据。"

2. 收集证据应当及时、主动

一方面,随着时间的推移,某些证据会发生变化甚至消失,另一方面,当事人出于利害关系的考虑会尽可能地掩盖事实真相,包括隐匿、损毁、消灭和伪造证据。

这些情况客观上都会增加交通执法人员查清案件事实的难度。因此,交通执法人员在得知案件线索后,应当主动在第一时间赶到违法行为发生的现场,及时收集与违法行为有关的证据。

3. 收集证据应当客观、全面

全面是对证据收集的内容和范围的要求。客观包括两个方面：一是收集的证据应具有客观性。二是交通执法人员在收集证据时要持客观态度，既不能主观猜想，也不能根据主观需要来收集证据，更不能弄虚作假伪造证据。

在证据收集过程中，可能会出现各种各样证据材料并存的情况，如证明某种事实存在的证据和证明该事实不存在的证据并存，对当事人不利的证据和对当事人有利的证据并存，直接证明某种事实的证据和间接证明某种事实的证据并存，证明案件主要事实的证据和证明案件次要事实的证据并存。对于这些混在一起的证据材料，交通执法人员应全面、客观地加以收集，保证定性处罚的准确性。

4. 收集证据应当深入、细致

（1）认真检查与案情有关的场所，认真收集与案情有关的物品，认真询问、调查与案情有关的单位和个人。

（2）紧紧围绕案情发现和收集证据，把握好证据与案件事实的关联性，做到既不遗漏证据，又不盲目收集。

5. 收集证据应当充分运用现代科学技术手段

在证据收集过程中，应当注意及时将科学技术的新成果运用到证据的收集中去。例如，运用计算机技术和数据证明当事人实施了违法行为。

6. 收集证据应当保密

保守国家机密、保护经营者商业秘密和个人隐私，是全社会应尽的法定义务。交通执法人员在收集证据时，如果涉及国家机密、经营者商业秘密和个人隐私，应当注意保密。

证据的有效收集应该是对证据本质要求三要素——合法性、客观性、关键性的体现。证据是否有效，直接关系到对证据的审查和对事实的认定能否顺利进行，关系到审查和认定的具体结果。

《交通运输执法程序规定》(试行)第三十三条规定："执法部门可以通过下列方式收集证据：

（一）现场检查，制作相关证据材料；

（二）询问当事人、利害关系人、其他有关单位或者个人，听取当事人或者有关人员的陈述、申辩；

（三）向有关单位和个人调取证据，包括物证和书证、视听资料等，可以提取原物，也可以查阅、复制有关资料；

（四）通过技术系统、设备固定违法事实，通过重点场所、执法车辆安装的或者执法人员随身携带的录音录像设备对现场情况进行摄像、拍照或者录音；

（五）依照法定职权，经执法部门负责人书面批准，可以不经过当事人同意，采取录音、录像、拍照等方式提取不侵犯当事人合法权益且与违法行为有关的证据，但不得以反复纠缠、许诺重金、虚拟灾害等手段和方式引诱取证，不得采取欺骗、诬陷当事人或者其他违法方式取证；

（六）委托有资质的机构，对与违法行为有关的问题进行鉴定；

（七）对违法行为发生的现场或者涉及的物品进行勘验、检查；

（八）依法收集证据的其他方式。"

三、证明材料的收集方法

交通执法人员可以要求当事人及证明人提供证明材料或者与违法行为有关的其他材料，并由材料提供人在有关材料上签名或者盖章。对于本条规定的证明材料及其他材料的收集，需要掌握以下内容：

（1）材料的范围。当事人及证明人提供证明材料或者与违法行为有关的其他材料的范围比较广，包括书证、物证、视听材料、证人证言、当事人陈述、鉴定结论6种。需要说明的是，除完全由办案机关制作的勘验笔录、现场笔录外，所有的证据种类均可以由当事人及证明人提供。但本条规范的当事人提供的物证，并不包括全部的物证，仅指能够以文字材料方式提供的物证，如经虚假签字的董事会决议。本条所规范的当事人陈述和证人证言，是指当事人或证明人自行书写提供给办案机关的文字材料，这与经办案机关制作成询问笔录的当事人陈述和证人证言有所不同。

（2）材料的性质。当事人及证明人提供证明材料或者与违法行为有关的其他材料，是指各种原始证据。以证据的来源为标准，证据可以分为原始证据和传来证据。原始证据是指直接来源于案件事实或原始出处的证据。传来证据是指不是直接来源于案件事实或原始出处，而是经过复印、复制、影印、抄录、转述等中间环节形成的证据。简单地说，传来证据是对原始证据的复制。区别原始证据和传来证据，以是否来源于案件事实或原始出处为标准，而不能简单地从形式看其是否属于复制件、复印件、影印件、抄录件等。例如，街边散发的小广告，其原件可能只有一份，即最初排版打印的那份，其余都是复印件。但不论是最初排版打印出来的原件，还是后来印发的复印件，由于都是直接来源于案件事实，因此都是原始证据。但如果工商行政管理机关在办案中又进行了复印，这时的复印件就属于传来证据。

（3）材料的形式。由当事人及证明人提供证明材料或者与违法行为有关的其

交通行政执法总论

他材料,须由提供人在证明材料上签名或者盖章,以证明材料的来源或提供行为属实。

在当事人及证明人提供的各种材料中,还可能包括有关单位的证明材料,内容可能涉及对特定咨询的答复、对有关事实的证明以及对有关政策或标准的陈述和解释等。审查这部分证据材料时,要有别于办案机关通过公函方式直接获得的单位证明材料。一是仍然要在证据力方面加以注意,以辨真伪。二是需要根据具体案件情况通过审查其证明力,来决定是否予以采信(在这方面,无论是当事人提供还是办案机关直接获得,都完全一致)。也就是说,并非单位的证明材料就必然对案件具有较高的证明力,依法办案必须严格遵循法定的证据规则办事。

《交通运输执法程序规定》(试行)第三十四条规定:"收集、调取书证应当遵守下列规定:

(一)收集书证原件。收集原件确有困难或者不可能的,可以收集与原件核对无误的复制件、影印件或者抄录本;

(二)收集书证复制件、影印件或者抄录本的,由证据提供人标明'经核对与原件一致',注明出具日期、证据来源,并签字或者盖章。书证由有关部门保管并由其提供的,经该部门核对无异后注明出处并加盖其印章;

(三)收集图纸、专业技术资料等书证的,应当附说明材料,明确证明对象;

(四)收集评估报告的,应当附有评估机构和评估人员的有效证件或者资质证明的复印件;

(五)取得书证原件的节录件的,应当保持文件内容的完整性,注明出处和节录地点、日期,并有节录人的签名;

(六)取得工商、公安、税务等有关部门出具的证明材料作为证据的,证明材料上应当加盖出具部门的印章并注明日期;

(七)被调查对象或者证据提供者拒绝在证据复制件、各式笔录及其他需要其确认的证据材料上签字或者盖章的,可以邀请有关基层组织、被调查对象所在单位、公证机构、法律服务机构或者公安机关代表到场见证,说明情况,在相关证据材料上记明拒绝确认事由和日期,由执法人员、见证人签名或者签章。"

四、视听资料的收集方法

"对于视听资料、计算机数据,交通执法人员应当收集有关资料的原始载体。收集原始载体有困难的,可以收集复制件,并注明制作方法、制作时间、制作人等情况。声音资料应当附有该声音内容的文字记录。"

这条规定重申了收集视听资料、计算机数据原始证据的重要性,同时阐明了复制这类证据(形成传来证据)的特定要求。

收集视听资料、计算机数据应注意的问题:

(1)收集视听资料、计算机数据,应当首先选择收集其原始载体。

(2)收集视听资料、计算机数据的复制件,应当注明制作方法。制作方法是形成复制件的关键因素。制作设备和制作方法会直接影响复制件的内容。在有些情况下,如果制作方法不正确会导致所复制的视听资料、计算机数据内容失真。因此,在制作复制件时,不仅要注明制作的时间和制作人,还应注明该视听资料、计算机数据的制作方法。交通执法人员在审查证据时,应充分注意到制作方法可能带来的不利后果,注意通过其他证据予以补充,剔除不利因素。

(3)声音资料应当附有该声音内容的文字记录。要求声音资料附有该声音内容的文字记录,是为了让交通执法人员更清楚地了解声音资料的内容,文字记录本身并不属于证据范畴。文字记录应当与声音资料的内容保持一致,尽可能按原话记录。

其他相关问题:

(1)关于视听资料、计算机数据的保存。交通执法人员收集到视听资料、计算机数据后,应当对其进行封存或者采取其他措施妥善保管,如加贴标记、保管于特定场所等,使他人能够从外观上分辨出该录音带、录像带、光盘等属于特定的证据载体,避免造成证据丢失。

(2)关于计算机数据。计算机数据是存储在磁带、磁盘或者储存器内,只有计算机才能识别的数据。这种数据只有借助计算机设备,如显示器、打印机等,才可以转成行政处罚的证据。因此,收集存储在计算机硬盘中的数据时,应注意两个问题:

①需要以影音内容作为证据的,应当将该影音内容复制到光盘或者移动硬盘等可以随案卷转移的特定载体上;

②需要以文字内容作为证据的,应当将该文字内容打印出来。

需要注意的是,复制后的影音资料和打印出来的文字材料,其性质和效力属于复制件。

(3)关于电子邮件。电子邮件是随着网络技术的发展而产生的一种新的证据形式。我国相关法律、法规已明确认可了电子邮件的证据效力。如果电子邮箱收件箱中的文件为只读文件,不具备计算机专业技术的人一般无法直接在收件箱中修改电子邮件的内容,因此,电子邮件具有比较强的证明力。

需要注意的是,电子邮件作为证据使用有两个前提:一是电子邮件没有受到计算机病毒等侵袭。二是拟作为证据使用的电子邮件所在的电子邮箱为当事人所有。

（4）关于电视台偷拍的视听资料。为加强新闻监督，电视台经常未经当事人同意拍摄并曝光当事人的违法行为。我国行政诉讼中对偷拍取得的视听资料以影响到当事人的合法权益为排除界限，而电视台的现场偷拍通常是在公共场所进行的，从拍摄过程和拍摄结果看并未侵犯到当事人的合法权益。

因此，只要是客观记录违法事实的视听资料，都可以作为证据使用。但工商行政管理机关不能以电视台偷拍的视听资料作为认定案件事实的唯一证据，应当再收集相关证据，在证据充分的情况下作出行政处罚决定

《交通运输执法程序规定》（试行）第三十六条规定："收集视听资料应当遵守下列规定：

（一）收集有关资料的原始载体，并由证据提供人在原始载体或者说明文件上签字或者盖章确认；

（二）提取原始载体确有困难的，可以提取复制件。提取复制件的，应当由证据提供人出具由其签字或者盖章的说明文件，注明复制品与原始载体内容一致；

（三）原件、复制件均应当注明制作方法、制作时间、制作地点、制作人和证明对象等；

（四）复制视听资料的形式包括采用存储磁盘、存储光盘进行复制保存、对屏幕显示内容进行打印固定、对所载内容的书面摘录与描述等。条件允许时，应当优先以书面形式对视听资料内容进行固定，由当事人注明"经核对与原件一致"，并签字或者盖章确认；

（五）视听资料的存储介质无法入卷的，可以转录入存储光盘存入案卷，并标明光盘序号、证据原始制作方法、制作时间、制作地点、制作人，及转录的制作人、制作时间、制作地点等。证据存储介质需要退还当事人的，应当要求当事人对转录的复制件进行确认。"

第三十七条规定："收集电子数据应当遵守下列规定：

（一）提取电子数据的原始载体。无法提取电子数据原始载体或者提取确有困难的，可以提供电子数据复制件，但应当附有不能或者难以提取原始载体的原因、复制过程以及原始载体存放地点或者电子数据网络地址的说明，并由复制件制作人和原始电子数据持有人签名或者盖章，或者以公证等其他有效形式证明电子数据与原始载体的一致性和完整性；

（二）收集电子数据应当记载取证的参与人员、技术方法、步骤和过程，记录收

集对象的事项名称、内容、规格、类别以及时间、地点等,或者将收集电子数据的过程拍照或者录像;

(三)收集的电子数据应当使用光盘或者其他数字存储介质备份。执法部门为取证人时,应当妥善保存至少一份封存状态的电子数据备份件,放入执法案卷归档备查;

(四)提供通过技术手段恢复或者破解的与案件有关的光盘或者其他数字存储介质,电子设备中被删除、隐藏或者加密的电子数据,应当附有恢复或者破解对象、过程、方法和结果的专业说明。"

第三十八条规定:"执法部门可以通过下列方式确认电子数据:

(一)打印后由被调查对象、执法人员签名或者盖章;

(二)以公证的方式证明;

(三)转化为只读光盘、磁盘等,经被调查对象、执法人员与原电子数据核对无误后,加封封条;

(四)依据《电子签名法》的相关规定使用电子签名;

(五)能够确认电子数据的其他方式。"

五、证据的收集的条件

根据《行政处罚法》三十六条、三十七条的规定,行政机关发现公民、法人或者其他组织有依法应当给予行政处罚的行为的,必须全面、客观、公正地调查,收集有关证据。交通运输行政执法人员调查、收集证据,应当遵守下列规定:

(1)不得少于两人。

(2)询问证人和当事人,应当个别进行并告知其作伪证的法律责任。制作《询问笔录》须经被询问人阅核后,由询问人和被询问人签名或者盖章,被询问人拒绝签名或者盖章的,由询问人在询问笔录上注明情况。

(3)对与案件有关的物品或者现场进行勘验检查的,应当通知当事人到场,制作《勘验检查笔录》,当事人拒不到场的,可以请在场的其他人员见证。

(4)对需要采取抽样调查的,应当制作《抽样取证凭证》,需要妥善保管的应当妥善保管,需要退回的应当退回。

(5)对涉及专门性问题的,应当指派或者聘请有专业知识和技术能力的部门和人员进行鉴定,并制作鉴定意见书。

(6)证据可能灭失或者以后难以取得的情况下,经交通行政执法部门负责人批准,可以先行登记保存,制作《证据登记保存清单》,并应当在 7 日内作出处理决定。

六、证据收集的要求

1. 收集证据前的准备

先立案、后调查取证是一项基本原则,交通行政执法活动除了日常进行的现场检查,需要现场收集证据外,一般都会有准备地进行收集证据的工作。对于已经立案的案件,根据已有的线索或证据,交通行政执法人员应作客观的分析,已证事实有哪些,待证事实有哪些,待证事实应该会有哪几方面的证据,哪些证据需要补充,要根据交通行政执法的特点,如果要提取有关物证,应准备必要的设备等。如遇到一次调查的人数众多或者检查范围很大等情况,还应多安排交通行政执法人员参加,以便能及时完成取证工作。

2. 收集证据的方法、手段

收集证据的方法、手段是一个程序问题,法律、法规对证据收集的方式、方法、程序等都有明确的规定,行政执法人员收集证据时必须遵循这些规定,严格地说,违反法律、规定的方法、程序所收集到的证据是无效证据。

收集证据本身就是一项深入、细致的调查研究工作。调查取证的目的在于还原事实真相,做到事实清楚、定性准确是每一个行政处罚案件应努力达到的目标,也是依法行政、公正执法的基本要求,其内容既包括证据的内容有效,也包括证据的取得程序合法。行政处罚案件的证据是指行政执法机关通过法定程序收集的,用来证明行政处罚案件事实情况的一切材料,包括当事人陈述、证人证言、物证、书证、勘验笔录、鉴定结论、视听资料等。通过证据的相互印证,能再现违法事实,并使之客观地接近案件真相。

证据具有关联性、合法性、真实性三大属性。关联性是对证据的最低要求,只有与特定案件具有关联的材料才有可能成为其证据,否则,即使是符合合法、真实的属性,假如不具有关联性,也只能是毫无用处或毫无意义的证据。强调案件证据的关联性,对案件的证据进行严格筛选,不仅有利于提高案件质量,也有利于提高行政效率。合法性是对具有关联性的证据材料的价值判断,证据的取得必须符合有关实体法和程序法的规定,包括行政机关不能采取法律禁止的方法、手段去获得证据,也包括行政机关要按照法定的程序去获得证据,一个证据即使内容真实且也能用来证明案件事实,假如不合法,也不应作为认定案件事实的依据。在行政处罚案件中使用非法的证据将导致承担一定法律责任,如果证据的取得非法,将导致取得的证据无效,并将直接导致行政机关在行政诉讼中败诉。真实性也是证据重要属性,证据要能够反映案件事实的真相,捏造的、弯曲的、不能真实再现违法行为真相的材料是无效的证据。

3. 收集证据的要点

在执法机关搜集的证据中,现场勘察笔录和询问笔录是其中非常重要的一部分。由于执法面对的违章行为的特殊性和长期以来形成的固有办案模式影响,执法人员在证据的搜集过程中,常常忽视证据收集的即时性和当场性,即在违章现场制作各类笔录,因为违章现场是能最直观反映当事人的违章情况的,有利于执法人员查清事实。在执法人员搜集证据的过程中,往往因为个人的疏忽等原因导致证据出现纰漏。如执法人员在制作勘察笔录的时候未写明具体勘察时间,询问笔录当事人未注明签字时间,这些缺失有时候会使整个证据链出现漏洞,导致行政诉讼中执法机关败诉,所以执法人员细致入微的检查是保证案卷质量的关键,比如涉及时间的证据材料,应尽可能具体到几点几分。

《交通运输执法程序规定》(试行)第三十九条规定:"证人证言和当事人陈述的收集,以制作《询问笔录》为主要形式,或者由当事人、证人自行书写材料证明案件事实。"

《询问笔录》应当客观、如实地记录询问过程和询问内容,尽可能地按照被询问人的原话进行记录。对询问人提出的问题被询问人不回答或者拒绝回答的,应当注明。

《询问笔录》应当交被询问人核对,对阅读有困难的,应当向其宣读。记录有误或者遗漏的,应当允许被询问人更正或者补充,并要求其在修改处捺指印。

被询问人确认执法人员制作的笔录无误的,应当在《询问笔录》上逐页签名或者捺指印。被询问人确认自行书写的笔录无误的,应当在结尾处签名或者捺指印。拒绝签名或者捺指印的,执法人员应当在《询问笔录》中注明。

现场制作对证人和当事人的《询问笔录》存在困难的,应当进行口头询问,并用摄像机拍摄询问过程。

第三节 证据收集的原则

一、客观收集原则

收集证据必须客观,是对证据收集的最基本要求,交通行政执法人员在调查取证过程中应当尊重客观事实,从案件的实际出发,实事求是,按照证据的本来面目去认识它。在调查取证时,交通行政执法人员不能先入为主,先主观地认为被调查事项应该是如何的,然后带着自己划定的框框去进行调查取证,这样调查获取的证据就有可能无法反映案件的真实情况,因为在证据中有许多本身就是行政执法人员主观臆想的东西。例如,交通行政执法人员进行现场检查,在制作现场检查笔录时,就应该对现场的客观存在行为或物品作描述记录,存在什么记录什么,现场不存在的情况则不能记录,现场听到但没有发现的东西也不能作记录,这样任何一个未到达现场的人看过笔录后就能够了解现场的情况,真实地反映现场的状况。

客观收集原则并不是说交通行政执法人员可以不作分析,只机械地作证据收集,而是要求交通行政执法人员具体问题具体分析,根据不同案件了解案情,分析已知的证据,明确未知的证据,查找证据线索,发现、提取证据。客观收集原则还要求交通行政执法人员按照不同的证据用不同的方式去收集,收集到的证据要妥善保管,而不能弄虚作假,歪曲事实真相。

二、全面收集原则

全面收集证据原则是和客观收集原则相联系的,全面、客观是证据收集要求的两个最基本方面。收集证据必须全面,是从证据收集的范围和内容来讲的。因为交通行政执法人员收集交通行政执法证据完全是一种主动行为,也就是要调查人员主动地去调查取证。作为违法行为人,总会千方百计地掩饰自己的违法行为,使自己不受处罚或者受到较轻的处罚,也就是有的违法行为人不会轻易把最直接的证据交出来。这就要求交通行政执法人员根据案件实际尽量扩大调查范围,获取与案件有关的所有内容,既要收集与案件有关的违法行为的证据,也要收集与案件有关的有利于违法行为人的客观证据,不能片面收集某一类证据,要力争做到全面、客观,所收集到的证据,客观上形成"证据链"。

三、及时收集原则

证据收集必须及时,是指交通行政执法人员发现案件后,应尽快到达案发现场,立即着手开始收集证据,以免发生证据灭失,失去收集证据的机会,在证据可能灭失或以后难以取得的情况下,可以采取先行登记保存的扣押等措施来保全证据。除此之外,没有明确案件发生现场,交通行政执法人员得到可能存在的案件线索时也应及时收集证据。证据并不是一成不变的,无论是何种形式的证据,自然条件的变化、人为因素的影响或其他原因都可能会使其灭失或者难以找寻,给以后的调查取证工作带来困难,有时甚至是事关案件定性的重要证据根本无法取得,给执法工作带来被动。第一时间收集证据材料,尤其是获取现场证据材料,使违法行为人无以狡辩,此外还能从现场发现其他证据的线索,以利于证据之间相互印证。在交通行政违法案件调查中,不及时调查取证,知情人可能因时间的推移而对某些案件事实记忆模糊,使询问笔录作为证据的证明力下降。同样,不及时收集证据有可能给交通行政违法行为人提供隐匿、毁灭证据的机会。

四、依法收集原则

交通行政执法证据的收集主要依据的是《行政处罚法》和相关的交通管理法律、法规和规章,这些规定包括证据收集的程序、方式、方法等。例如,《行政处罚法》第三十六条规定:"……行政机关发现公民、法人或其他组织有依法应当给予行政处罚的行为的,必须全面、客观、公正地调查,收集有关证据。必要时,依照法律、法规和规章的规定,可以进行检查。"第三十七条规定:"行政机关在调查或进行检查时,执法人员不得少于两人,并应当向当事人或者有关人员出示证件。询问或者检查应当制作笔录。""行政机关在收集证据时,可以采取抽样取证的方法。在证据可能灭失或者以后难以取得的情况下,经行政机关负责人批准,可以先行登记保存……""执法人员与当事人有直接利害关系的,应当回避"。《行政处罚法》第六条、第四十二条规定:"当事人享有陈述权、申辩权、听证权",《最高人民法院关于行政诉讼证据若干问题的规定》第六十条规定:"在行政程序中非法剥夺当事人依法享有的陈述、申辩或者听证权利所收集的证据无效"。交通行政执法证据的收集同样应遵循这些规定,也只有依据这些法律、法规和规章规定的收集的证据才能保证交通行政执法活动客观、公正、有效地进行。上述规定体现了三种行政调查取证的方法,即行政检查、抽样取证和证据先行登记保存。交通行政检查并非在所有情况下都可以进行,而只有在相应的交通管理法律、法规和规章有规定的,才能实施行政检查,没有规定的,则不能随意实施检查。

第四节 证据的收集分类与采用

一、物证

物证是指据以查明案件事实情况的一切物品和痕迹,这些物品和痕迹包括违法的工具、违法行为所侵害的客观事物,违法过程中所遗留的痕迹和物品,以及其他能够揭露和证明案件事实的物品和痕迹等。在执法实践中,大致包括以下几类:

(1)违法使用的工具。例如:损坏公路赔偿案件中的车辆等。

(2)违法行为遗留下的痕迹和物品。例如:公路路面上渗漏的油污。

(3)违法行为侵害的客观事物。例如:损坏公路赔偿案件中被损坏的公路路面等。

(4)违法现场留下的物品。例如:扬撒货物案件中货运车辆在行驶中扬撒的货物等。

(5)其他可以用来发现违法行为的存在物。例如:物体的位置、大小、颜色特征等。

随着科学技术的不断发展,可以作为证据使用的物品和痕迹也逐步扩大,在执法实践中,勘验现场拍摄的现场照片,对某些难以移动或易于消失的物品、痕迹复制的模型或拍摄的照片都是属于物证的范畴,在运用时,作为物证发挥证明作用。

物证与其他证据种类相比,更直观,更容易把握,与言词证据相比,它更客观,真实性更大。言词证据的运用一般要靠实物证据相结合,才能发挥其证明作用,物证则可以不依赖于言词证据而存在。

物证的收集是指执法人员发现、提取、固定、保管和保全证据的专门活动,它是执法活动的重要环节,物证的收集应当遵守客观、细致、及时、依靠群众和善于运用科学技术手段的原则,在道路运输行政执法中,主要有两种收集方法:①勘验、检查,对有关场所、物品等进行查看和检验;②证据登记保存,根据《行政处罚法》第三十七条第2款规定:在证据可能丢失或者以后难得取得的情况下,经行政机关负责人批准,可以先行登记保存。

根据最高人民法院《关于行政诉讼证据若干问题的规定》的要求,提供物证应符合下列要求:①提供原物。提供原物确有困难的,可以提供与原物核对无误的复印件或者证明该物证的照片、录像等其他证据。②原物为数量较多的种类物的,提供其中的一部分。

《交通运输执法程序规定》(试行)第三十五条规定:"收集、调取物证应当遵守下列规定:

(一)收集原物。收集原物确有困难或者不可能的,可以收集与原物核对无误的复制件或者证明该物证的照片、录像等其他证据;

(二)原物为数量较多的种类物的,可以采用拍照、取样、摘要汇编等方式收集。拍照取证的,应当对物证的现场方位、全貌以及重点部位特征等进行拍照或者录像;抽样取证的,应当通知当事人到场,当事人拒不到场或者暂时难以确定当事人的,可以由在场的无利害关系人见证;

(三)收集物证,应当在《勘验(检查)笔录》中载明获取该物证的时间、原物存放地点、发现地点、发现过程以及该物证的主要特征,并对勘验现场尽可能以照片、视频等方式予以同步记录;

（四）物证不能入卷的，应当采取妥善保管措施，并拍摄该物证的照片或者录像存入案卷。"

二、书证

书证是指能够根据其表达的思想和记载的内容查明案件真实情况的一切物品。这些物品大致可包括：用文字记载的内容来证明案情的书证，以符号表达的思想来证明案情的书证，或用数字、图画及其他方式表露的内容或意图来证明案情的书证。在行政执法过程中适用的书证主要有以下几类：

（1）反映行为人和物主体身份的书证。如身份证、户口簿、车辆行驶证、从业资格证等。

（2）反映各种民事经济关系的书证。如运输经营者与货主之间的运输合同、运输单位的账册、各种收据、车票、船票、经济合同等。

（3）从事经营性活动的广告、宣传单、客运经营者私自制作的班线牌等。

（4）各种规章和管理制度。如：在受理道路运输经营行政许可须审查是否有健全的安全生产管理制度。

（5）各种检验、验证文书。如：车辆综合性能检测站对营运车辆出具的检测报告单等。

（6）各种裁判文书、公证文书等。

书证所记载的内容或表达思想往往是直接证明有关案件事实，它同案件事实是一种重合关系，根据最高人民法院《关于行政诉讼证据若干问题的规定》的要求，提供书证应当符合下列要求：

（1）提供书证的原件、原本、正本或副本均属于书证的原件。提供原件确有困难的，可以提供与原件核对无误的复印件、照片、节录本。

（2）提供由有关部门保管的书证原件的复制件、影印件或者抄录件的，应当注明出处，经该部门核对无异后加盖其印章。

（3）提供报表、图纸、会员账册、专业技术资料、科技文献等书证的，应当附有说明材料。

（4）被告（行政执法机关）提供的被诉具体行政行为所依据的询问、陈述、谈话类笔录，应当有行政执法人员、被询问人、陈述人、谈话人的签名或盖章。

（5）法律、法规、司法解释和规章对书证的制作形式另有规定的从其规定。

三、证人证言

证人证言是指知道案件真实情况的人，向执法人员所做的有关案件部分或全部事实的陈述。证人证言的内容包括对查清案件真相的一切事实。与案件无关的内容或者是证人的估计、判断、想象等,不能作为证言的内容。执法人员只能要求证人陈述案件事实,而不能要证人对这些事实作出判断,证人陈述的情况可以是亲自听到的或看到的,也可以是别人听到或看到的而转告的,但转告的情况,必须说明来源,说不出来源的或者道听途说的不能作为证人证言适用。

收集证人证言,询问证人应按以下程序进行:

(1)对证人的询问应由指定的交通执法人员进行。为了保证证言的客观性,询问证人时不能少于两名交通执法人员。

(2)询问证人前应作好充分的准备工作,拟订询问提纲,认真分析案件,尤其是对询问的重点要明确,还要对证人与本案和本案当事人的关系了解清楚。

(3)询问证人要深入实际、深入群众,最好到证人所在的单位或住所进行,询问时必须出示询问的证明文件;必要时,可通知证人到指定地点接受询问。

(4)询问证人必须个别进行,不许采用讨论会、座谈会的形式互相启发诱导进行询问。

(5)询问时,应当告知证人如实提供证据,实事求是作证是每个公民的义务。如果有意作伪证或隐匿证据要负法律责任。

(6)询问时,还要查明证人的身份及基本情况以及证人与本案的关系。不得启发、诱导、指引,要让其全面、客观地叙述他所了解的案件情况。然后,再根据询问提纲要解决的问题,有步骤地向证人提问。

(7)询问证人要制作询问笔录,并交给证人核对或向他宣读,允许补充、改正。经确认无误后,由证人在笔录上签名或捺手印。

(8)询问未成年证人时,要有他父母或监护人在场,要选择他们习惯的场所。询问的方式也要适应未成年人的特点,尽量清除他们不必要的顾虑。询问聋、哑的证人,应当有懂得聋哑手势的翻译,并且将这些情况记入笔录。

提供证人证言应当符合下列要求:

(1)写有证人的姓名、年龄、性别、职业、住址等基本情况;

(2)有证人的签名,不能签名,应以盖章等方式证明;

(3)注明出具日期;

(4)附有居民身份证复印件等证明证人身份的文件。

证人证言属于言词证据,它同实物证据相比,其优点是生动形象、具体,但在证明力上客观性较差,特别在风气不正的情况下,证人要受到各种客观因素的影响,同时每个证人的情况不同,对案件事实的感觉能力、记忆能力、表达能力等方面都是千差万别的,即使一个最诚实的证人提供的情况,也有失真的可能。因此,证人证言的证明力反映在真与假的程度上,具有不稳定性,在执法过程中,必须认真审查、判断。

《交通运输执法程序规定》(试行)第四十条规定:"询问当事人或者证人的,除应当符合调查取证的一般规定外,还应当遵循下列规定:

(一)询问应当个别进行;

(二)询问前应当确认被询问人员的身份;

(三)不得使用威胁性、诱导性语言。"

四、当事人陈述

当事人陈述是指当事人就有关案件的事实情况向执法人员所作的说明,它包括当事人自己说明案件事实和对案件事实的承认。其内容包括:

(1)关于案件事实的陈述。

(2)对案件处理方式的意见。

(3)对证据的分析和辩解的意见。

(4)对争议事实的法律评断和适用法律的意见等。

当事人陈述在行政程序中,当事人即是实体法律关系的直接参与者,又是法律关系的主体,当事人与案件的处理结果有直接利害关系,其陈述的证明力具有双重性:一方面,当事人是直接参与者,它对案件事实的产生、发展、演变及结果最为清楚、全面、深刻。因此,当事人陈述,从某种意义上来说,比任何其他证据形式都更能反映案件的真实情况。另一方面,由于当事人为了给自己作合法辩护,往往在陈述中掺入虚假成分,并始终带着有利于自己的主观性和片面性,所以对当事人的陈述,执法人员既应充分重视,又不能轻易置信,而需要与案件中所出现的其他证据相互佐证,去伪存真,从而辩证发挥其证明案件真实情况的作用。

询问当事人的要求和程序基本上与询问证人大体一致,另外还应当注意以下几个问题:

(1)询问前,应当认真、仔细地审阅案卷材料,了解其他证据和掌握当事人的基本违法事实,从中找出矛盾和焦点,明确需要询问的问题,以便做到心中有数,有步骤、有的放矢地对当事人进行询问。

(2)询问时,要让当事人围绕案情详细陈述有关的各种真实和情节,待当事人陈述完毕后,执法人员即可提出问题,让当事人回答,提问要明确、具体,特别是对一些重要事实和关键性问题,要求当事人作出切实性的回答,在询问中发现当事人陈述的内容与本案无关时,应及时加强引导,发现当事人前后陈述不一致时,要提示其前后出现的矛盾,让其确认孰真孰假。执法人员对当事人的陈述要认真地听取,慎重地分析,不能先入为主,偏听偏信,更不能感情用事,对不适合自己口味的陈述,随便加以制止。

(3)询问过程中,执法人员应当根据当事人的认识等具体情况,及时做好思想工作,教育他们采取正确的态度,实事求是地、全面地陈述有关案件情况,既不要夸大,也不要缩小,更不能做虚假的陈述,妨碍执法活动的顺利进行。发现当事人有抵触情绪,拒绝陈述时,要了解原因所在,通过做思想工作加以消除,如果仍然拒绝陈述,应当向其说明,这并不影响执法机关根据全案的证据认定案件事实。

(4)询问当事人所制作的笔录,都应当尽可能地按照原话原意记载清楚,客观地加以反映,不得断章取义,笔录应当向当事人宣读或者交由当事人亲自阅看。如果他们认为在笔录中对自己陈述记载有遗漏或差错,有权申请补正。如果他们认为记载无误(错、漏补正修改后),应当要求当事人在笔录中签名或盖章。如果拒绝签名或盖章,应注明情况,并且主持询问的询问人和记录人也要在笔录上签名,并注明年、月、日、时。

五、鉴定结论

鉴定结论是签订人根据行政执法机关的指派或聘请,运用自己的专业知识和技能,对案件中需要解决的专门性问题进行鉴定后所作出的结论性判断。行政执法机关在行政程序中采用的鉴定结论,应当载明委托人或委托鉴定的事项、向鉴定部门提交的相关材料、鉴定的依据和采用的科学技术手段、鉴定部门和鉴定人资格说明,并应有鉴定人签名和鉴定部门的盖章。通过分析获得的鉴定结论,应当说明分析过程。鉴定结论是鉴定人运用自己的专门知识和技能,凭借科学的设备和仪器,分析、检测、研究案件专门性问题所作的结论,因此在证明力上,具有客观性和科学性特点,但是有些鉴定结论,由于受设备条件、技术性能、客观干扰、主观条件、业务水平等方面的原因,其科学性、准备性受到了影响,特别是当前,我国的鉴定体制多元化,鉴定人员的资格不规范、自鉴自审、重复鉴定等情况,尤其是在社会风气不正的情况下,鉴定人作为社会中的一员必然与其他人发生各种联系,也就会对鉴定活动产生影响,导致鉴定结论出现差错。

六、勘验笔录、现场笔录

勘验笔录、现场笔录是指案件调查人员对案件有关场所、物品进行勘验、检查,所作的文字记载,并由勘验、检查人员和现场见证人签名的一种书面文件。行政执法机关制作的勘验笔录、现场笔录,应当载明时间、地点和案件等内容,并由执法人员和当事人签名。当事人拒绝签名或者不能签名的,应当注明原因。有其他人在现场的,可由其他人签名。勘验现场笔录是执法机关依照法定程序制作的,它是对现场物证、书证的固定和保全。因此,它的证明力相对比较客观,作为证据表现形式的笔录,具有很强的证明力。

勘验、检查笔录包括现场笔录、现场照相和现场绘图等,制作时必须客观、全面、准确。具体内容包括:

(1)违法行为发现时间、地点,当事人姓名、性别、职业、住址等情况。

(2)现场勘验、检查人员姓名、职务,见证人姓名、职业、住址。

(3)勘验现场工作开始和结束时间,勘验的顺序以及当时的气候和光线条件。

(4)现场所在地位置及周围环境。

(5)现场遗留物和痕迹情况。

(6)提取物证、书证的名称及数量。

(7)现场拍照的内容、数量。

(8)绘制现场图的种类和数量,现场图应写明名称、图例及说明事项,并由绘图人签名。

《交通运输执法程序规定》(试行)第四十一条规定:"执法人员对与案件事实有关的物品或者场所实施现场检查或者勘验的,应当制作《勘验(检查)笔录》。

《勘验(检查)笔录》应当当场制作定稿,不得事后根据记忆制作。"

第四十二条规定:"实施现场检查或者勘验的,除应当符合调查取证的一般规定外,还应当遵循下列规定:

(一)实施现场检查或者勘验,应当有当事人或者第三人在场。如当事人不在场且没有第三人的,执法人员应当在勘验(检查)笔录中注明;

(二)现场检查或者勘验,应当限于与案件事实相关的物品和场所。"

第四十三条规定:"收集、制作《现场笔录》,应当遵守下列规定:

(一)《现场笔录》应以第三人称、陈述句进行描述;

(二)全面记录现场检查过程中发现的情况,记载违法行为的发生时间、地点、事情经过及主要证据,告知当事人采取行政决定的事实、理由和依据,告知当事人享有陈述、申辩、要求听证等权利以及当事人是否行使上述权利等相关内容;

(三)记录时使用的文字要规范、简洁、客观;

(四)《现场笔录》应当由执法人员和当事人签名。当事人拒绝签名或者不能签名的,应当注明原因。有其他人在现场的,可以由其他人签名。法律、法规对《现场笔录》的制作另有规定的,从其规定。"

七、视听资料

视听资料是指利用现代科技手段,将可以重现案件原始声响、形象的录音、录像资料和储存于电子计算机的有关资料及其他科技设备提供的信息,用来作为证明案件事实情况的资料。行政执法机关在收集视听资料时应当符合下列要求:

(1)提供有关资料的原始载体。提供原始载体确有困难的,可以提供复制件。

(2)注明制作方法、制作时间、制作人或证明对象等。

(3)声音资料应当附有该声音内容的文字记录。视听资料是通过高精技术手段制作的,它具有直接、准确、形象、科学的特点,在收集和制作中尤其应当注意不得侵犯当事人的合法权益,不得偷拍、偷录、窃听。

第五节 证据的采集与保全

一、证据的采集

证据采集是指证明主体依法直接提取,采集并掌握与案件有关的各种证据材料的程序性活动。收集证据是证明案件事实的基础和前提,也是行政机关正确作出行政行为的首要工作。

收集的证据应足以证明以下的三种事实:

(1)实体性事实。实体性事实是由实体法规定的,行政机关作出行政决定必须查清并证明的事实。它是行政程序中证明对象的主要部分。可分为:①主体事实,即所确认的违法当事人是否明确,肯定,是否是本人或法定代表人,受委托人是否有授权委托书。在这点上,由于行政案件中大量使用法律文书等文字材料,主体的一致性非常重要,否则就是出现无权代理及当事人推诿、抵赖等情况,影响行政效率。②行为事实,即主体是否实施了法律肯定或否定行为的事实,对于有逾期不改正,有明确要求的,当事人是否有逾期不改正的行为。③情节事实,即是否有法律规定的各种情节的事实。④结果事实,主体行为造成结果的事实是否严重,是否对社会有重大危害等。

(2)程序性事实,可分为:①程序形式事实,即执法人员人数要求及出示执法证件;笔录及文书制作规范;送达形式符合规定。②顺序事实,即立案—调查—告知—决定—送达。③期限事实即立案,结案期限,举证期限,告知及听证期限,送达期限等。

(3)行政机关拒绝当事人请求事项的原因事实。行政机关拒绝当事人请求事项的,应当说明理由,并承担拒绝请求原因事实的证明责任。当事人依法享有申述权和申辩权,行政机关必须充分听取当事人的意见,对当事人提出的事实、理由和证据,应当进行复核。行政机关及其执法人员未告知当事人给予行政处罚的事实、理由和依据,或者拒绝听取当事人的陈述、申辩、行政处罚决定不能成立,当事人放弃陈述或申辩权的除外。

证据的采集方法,即怎样取得证据:

(1)询问。询问是证据收集主体与案件有关人员或案件知情者进行谈话,依法了解案件情况的专门活动。询问有行政主体进行的询问和当事人进行的询问;有以当事人为询问对象的询问和以其他人为询问对象的询问。行政程序中的询问指正式询问,是指询问人员依照法律规定进行的具有法律效力的询问。证据调查人员在进行正式询问之前,应当向被询问者出示有关的调查机关的证明文件和身份证件,并告知被询问者在参与调查过程中所享有的权利和承担的责任。正式询问应个别进行,并制作笔录。

(2)检查。检查是行政机关收集证据的方式。实行检查应当有法律的规定,必须针对法律规定的对象并依照法律规定的程序和方法进行。

(3)拍照、录音、录像。拍照、录音、录像是行政程序中常见的收集证据的手段,能够全面和客观地反映案件事实全貌,有利于查清案件事实。我国长期实践中,对偷拍、偷录能否作为证据缺乏专门规定,而最高人民法院《证据规定》第五十七条规定,"以偷拍、偷录、窃听等手段获取侵害他人合法权益的证据材料"不能作为定案的根据,即采取这种手段获得的证据只要不侵害他人合法权益,就能被法院采用,实际上承认了它的合法性。

(4)复印抄录。对于可作证据的书面材料,如无法收集原件,应对其进行复印和抄录。并与原件核对无误,注明出处,原件持有者核对无异后应加盖印章或签名。

(5)鉴定。鉴定是指具有特定专业知识的人,接受指派或委托,对行政程序中涉及需要用特定专业知识或特殊技能加以解决的问题进行鉴别或判断的活动。行政程序中的鉴定可以是行政机关指定或委托的鉴定,也可以是当事人委托进行的鉴定。

(6)勘验。勘验是指调查人员对与案件有关的场所、物品等进行观察、检验、以便发现和收集证据,了解案件有关情况的活动。

现场勘验的主要任务是了解案件发生经过、搜集、保留证据、记录和固定现场情况。主要分三个步骤:①制作现场图;②现场拍照或录像;③制作现场勘验笔录,勘验笔录只记录所观察的事实，不允许交通执法人员进行分析判断，且制作笔录的人员是专门机关的交通执法人员。勘验笔录与民事、刑事诉讼中的勘验笔录相同，是对现场或物品进行勘察、检验所作的笔录，而现场笔录是行政机关工作人员在实施具体行政行为时，对现场情况所作的笔录。最高人民法院《关于行政诉讼证据若干问题的规定》第十五条对行政机关向人民法院提供现场笔录的要求作出了规定，但对勘验笔录未提出要求，因此其标准要求应当参照现场笔录。

二、证据的保全

证据保全是证据收集主体在证据可能灭失或以后难以取得的情况下，根据当事人的请求或者依照职权采取一定措施加以确定的制度。行政程序中的证据保全根据不同的划分标准可分为：

（1）依申请的证据保全和依职权的证据保全，如法院及行政机关所享有的证据先行登记及抽样取证的权利。

（2）诉讼前的证据保全及诉讼中的证据保全。我国民事诉讼及行政诉讼都规定，在证据可能灭失或以后难以取得的情况下，当事人有诉讼前申请或依职权进行证据保全的权利，此外，当事人在诉讼中还有补充取证的权力，如遇证据无法取得，可申请人民法院提取。

（3）一般证据保全措施与强制措施。行政机关采取一般证据保全措施不需要特别法律授权，在其职权范围内都可以采取，采取强制性证据保全措施应当符合下列条件①须有法律、法规、规章依据；②符合程序规定；③应遵守一般证据保全的时限及比例性，适当性原则。

此外，《行政处罚法》第三十七条只规定了抽样取证及证据先行登记保存措施，未对可以采取的其他方式作出原则性规定，暴露了立法上的不足。随着对政府依法行政要求的提高，迫切要求执法机关取证手段多样化，证据保全的方式也应多样化，因此，我认为应将证据保全与行政证据的形式及特殊要求联系起来，在立法上作出列举性或原则性规定，以促进和保证行政机关依法取证，提高行政效率。

《交通运输执法程序规定》（试行）第四十四条规定："执法人员抽样取证时，应当制作《抽样取证凭证》，对样品加贴封条，开具物品清单，由执法人员和当事人在封条和相关记录上签字或者盖章。"

法律、法规、规章或者国家有关规定对抽样机构或者方式有规定的，执法部门应当委托相关机构或者按规定方式抽取样品。

三、证据的先行登记保存

证据先行登记保存是指行政机关为防止证据隐匿、转移、销毁或者防止易于灭失的证据灭失,通过法定程序采取的必要的收集证据的方式。先行登记保存作为保存固定证据的形式,本身不是证据的种类形式,但有关文书可以起到证据的作用。

收集保存证据的方式,是保存现场检查笔录中主要证据的重要方法,也是通向抽样取证的重要一环。取得现场检查笔录、先行登记保存、抽样取证、鉴定报告的过程,是一个对主要证据关联作用加强化、内在性质明晰化的过程,也是一个在证据效力上权威化的过程。也就是说,是一个主要证据求真、求准的过程。

先行登记保存可以认为具有短期封存扣留证据的作用,但性质上不是扣留封存措施。先行登记保存具有扣存封存证据的作用,交给当事人自己保存就是封存证据,由行政机关自己保存则是扣留证据。因此,先行登记保存和查封扣留具有相似之处:两者都是法律赋予行政机关查处违法行为时可依职权采取的措施之一。两者都具有保存证据的功能,都是行政机关提取证明违法事实存在的证据来源,两者的实施都需行政机关负责人批准,都应当场清点,开具清单,由当事人和交通执法人员签名或盖章,交当事人一份,并要送达先行登记保存证据或封存扣留财物通知书。但因为性质不同,先行登记保存的证据(应当)就地由当事人保存的,为了和封存相区别,不应当加封行政机关的封条。

证据先行登记保存是行政执法人员收集证据时,在证据可能灭失或者以后难以取得的法定情形下采取的。

证据保存的手段应同证据保存的任务相适应。选用证据保存手段是应首先弄清被保存的证据是用何种方式承载事实信息的,然后从有利于保存证据所记载的事实信息这一根本任务出发,选择适当保存手段。它是收集证据的一种方式,但不是唯一的方式。需要利用涉案物品的实质性特征作为证据而又不能用其他取证手段代替时,采用证据先行登记保存。如果可采取调查笔录、视听资料和勘验笔录等其他形式去收集证明和认定行为人违法事实的证据,就不应采取证据先行登记保存这一方法。在采取证据先行登记保存这一方式之前,应就其必要性进行慎重的权衡,当用则用,不当用则不用,达到既不放纵违法行为又尽量减少执法冲突的目的。

先行登记保存影响了当事人的财产权,因此行政执法人员在采取证据先行登记保存之前,必须经行政机关负责人书面批准。当然,机关负责人书面批准只是一种内部程序,在紧急情况下可以先口头征得机关负责人同意,事后再及时补办书面审批手续,也可以事先授权。行政机关实施证据先行登记保存的法定时限只有7

日,必须在7日内作出没收、解除登记保存等处理决定。

法律规定这一期限主要从加强依法行政,提高办事效率,保障公民、法人和其他组织的合法权益的角度出发,主要有两个含义:一是行政机关先行登记保存的有效期只有7日,超过规定期限,作出的先行登记保存被视为无效。二是作出处理决定。行政机关通过对证据的审查和判断,进行分析研究,鉴别真伪,应当确认违法事实的尽快确认违法事实,应当没收的予以没收,一旦认为当事人无违法行为,应当及时解除证据先行登记保存。因为,任何机关、组织、个人无权超越法律规定而占有、控制他人所有的合法财产。

先行登记保存7日内的处理决定应当包括五种方式。一是依法作出行政处罚决定,应当予以没收的,予以没收。二是需要检验(检测)的,送交检验(检测)。三是进一步获得证据证明已经被先行登记保存的证据属于"可能危害人体健康的物品及其有关材料"时,依法作出查封或扣押的决定。四是告知对保存物品涉及的违法事实进行立案查处。五是依法解除先行登记保存。

法定要求,即行政机关先行登记保存的物品必须是与违法行为有直接必然关联的物品,必然具有证据客观性、关联性和合法性三个基本特征。同时,在证据先行登记保存期间,必须对登记保存的物品进行妥善保管,以保证物品的完整,当事人或者有关人员不得销毁或转移证据。

《交通运输执法程序规定》(试行)第四十六条规定:"在证据可能灭失或者以后难以取得的情况下,执法部门可以对与涉嫌违法行为有关的证据采取先行登记保存措施。

采取先行登记保存措施,应当经执法部门负责人批准。"

第四十七条规定:"先行登记保存有关证据,应当当场清点,制作《证据登记保存通知书》,由当事人和执法人员签字或者盖章,当场交当事人一份。

先行登记保存期间,当事人或者有关人员不得损坏、销毁或者转移证据。"

第四十八条规定:"对先行登记保存的证据,执法部门应当于先行登记保存之日起七日内采取以下措施,并制作《证据登记保存处理决定书》:

(一)根据情况及时采取记录、复制、拍照、录像等证据保全措施;

(二)需要鉴定的,及时送交有关部门鉴定;

(三)违法事实成立,应当依法予以没收的,作出行政处罚决定,没收违法物品;

(四)根据有关法律、法规规定可以查封、扣押的,决定查封、扣押;

(五)违法事实不成立,或者违法事实成立但依法不应当予以查封、扣押或者没收的,决定解除先行登记保存措施。

执法部门逾期未作出处理决定的,先行登记保存措施自动解除。"

第十三章
证据的审查与采信

第一节 行政证据的审查

一、物证的审查方法

1. 审查物证的证据力的内容

(1) 审查物证的来源。来源合法与否决定了物证是否有证据力。因此,在审查物证时,首先要考虑物证出自哪里、由谁收集、由谁提供等问题。

(2) 审查物证是否符合法定形式。如物证的收集程序是否合法,收集物证时是否采用了利诱、欺骗、胁迫、暴力等不正当手段。

2. 审查物证的证明力的内容

(1) 审查物证的存在形式、外部特征或内部属性是否有所改变。物证种类繁多,每种物品的保存方法、保质期限都不尽相同。而物证又是以物品的存在形式、外部特征或内部属性来证明案件事实的。因此,在审查物证时,需要注意所取得的物证是否已经因为保存的问题而使其外部特征、内部属性有所改变。

(2) 审查物证是否为原物。原物的证明力最强,因此在行政处罚中,一般应使用原物作为证据。但是,有些原物不易保存,有些原物体积较大不宜作为物证保存,有些原物数量较多不必全部保存等,因此法律规定在无法以原物为证据时,也可以使用复制品作为证据,或者通过拍照、摄像等记录物证,但对此都有一定的形式要求,以保持物证的客观性。

(3) 审查物证是否同案件事实具有关联性。证据只有同案件事实具有关联性,才能作为认定事实的依据。这种关联性可大可小,可能很密切、很直接,也可能较疏远、较间接,具体如何掌握,需要根据实际情况来定。

二、书证的审查方法

1. 审查书证的证据力

审查书证的证据力,主要是审查书证制作方面的真实性,具体包括:

(1)审查书证的制作人,即书证是否由其所标明的制作人制作、制作人是否有制作书证的资格。如果书证所载明的制作人未曾制作此书证,或者制作人没有制作该种书证的资格,那么书证不具有证明力。

(2)审查书证的形式是否完备。如书证原件是否有证据提供人的签名或盖章。

(3)审查书证的制作过程,即书证的制作过程是否符合法律、法规、规章或司法解释对该书证的要求。比如,是否存在暴力、威胁、利诱、欺骗等情形。

(4)审查书证有无伪造或者变造的痕迹。伪造是指制造根本就不存在的假文书,变造是指通过涂改、加字、减字等方式改变书证的内容。由于书证的内容通常是按照一定的书写方式排列的,在书写中不会留下多余空间,因此书证的变造比较容易识别。

2. 审查书证的证明力

主要是审查书证的真实性,具体包括:

(1)审查书证所要表达的确切含义。

(2)审查书证的内容是不是相关人员的真实意思表示。这可以通过询问书证的当事人、书证的制作人来确定。对于不是出于当事人真实意思表示的书证,不能作为证据来使用。

(3)审查书证与案件事实之间是否具有关联性。

三、证人证言的审查方法

(1)审查判断证人的适格性。证人的适格性,在我国又称为证人资格、证人能力、证人的范围。被排除作为证人的人可以分为两类。一类是与案件的诉讼结果有关的人,如与诉讼结果有利害关系的人、当事人的配偶。排除他们是因为担心这些人可能因自身利益而提供虚假证言。一类是在品质能力上有所缺陷,从而具有不可信之风险的人,如儿童、精神不健全者。排除他们是因为担心因这些人在能力、道德或其他品行方面的缺陷会影响其证言的可信性。

(2)审查判断证人证言的合法性。证据的合法性,又称证据的法律性,是指证据的形式以及证据的收集和运用必须符合法律的规定,它主要表现在两个方面:一是审查判断收集证人证言的程序是否合法。也就是说证人证言必须是法定人员依照法律规定的程序和方法收集的。二是要审查判断证人证言是否具备法定的形式,手续是否完备,收集证人证言要有指定的交通执法人员进行,询问证人时不能少于两名交通执法人员,要向证人出示证件,介绍自己的身份,同时查明证人的身份及基本情况,告知作伪证应承担的后果。

(3)审查判断证人证言同案件事实的关联性。证人证言同案件事实的关联性就是指证人证言同案件事实有某种联系,并因此对证明案件具有实际意义,这种联系主要包括因果联系、条件联系、时间联系、空间联系、必然联系和偶然联系等。证人证言与需要证明案件事实之间的关联性大小对证人证言的证明力大小有决定作用。有关联则有证明力,无关联则无证明力,关联的形式和性质不同,证据证明力的大小也有不同,因此,审查判断证人证言的证明力就要分析该证人证言是否与案件事实之间的关联性。

(4)审查判断证人证言内容的真实性。审查判断证人证言的真实可靠,就是要查明证人证言所反映的或者所证明的是否为案件中的真实情况,即该证人证言的是否可靠。

审查判断证人证言的真实可靠性一般可以从以下两个方面进行审查判断:一是从证人证言的来源进行审查判断。二是从证人证言的内容进行审查判断,从证人证言的来源审查判断证人证言的真实可靠性,主要是审查证人证言的形成过程中有无影响其真实可靠的因素。

(5)审查判断证人与案件当事人的关系。证人与案件当事人的关系对证人所作的证言影响特别大,所作证言就有可能导致证言失实、偏袒一方的现象,就会出现违背客观事实的证据,可信程度相对较小。这种关系包括亲属关系、同居关系、朋友关系以及恩怨关系。因此最高人民法院《关于民事经济审判方式改革问题的若干规定》(以下简称《若干规定》)第二十七条第2款规定:"证人提供的对其有亲属关系或者其他密切关系的一方当事人有利的证言,其证明力低于其他证人证言。"

四、当事人陈述的审查方法

当事人是执法案件的亲身经历者,他们最了解案件的事实。但是当事人与案件处理结果有直接利害关系,为了胜诉,保护自己的利益,他们一般会陈述对自己有利而对另一方不利的事实,也可能掩盖、歪曲事实。因此,对于当事人的陈述应当客观对待,注意是否有片面和虚假的成分。既不可盲目相信,也不能忽视其作用,要把当事人的陈述和该案的其他证据结合起来,综合研究审查。

首先审查当事人是在什么情况下陈述的。其陈述的动机与目的是什么。其次,从当事人陈述的具体内容上进行审查,核查是否与案情相符,即是否符合本案实体法律关系的发生、发展、变化和消灭的来龙去脉,是否合情合理,有无可疑之处。

最后,应结合本案的其他证据进行综合分析、审查,研究它们所反映的情况是否一致,有无矛盾,发现有矛盾,应进一步收集证据或通过查证的方法加以解决,以便正确确定其是否真实可靠。

如果当事人的陈述和其他证据之间没有矛盾,各方当事人陈述的事实也一致,可以将当事人的陈述作为认定事实的根据。

对当事人彼此间的事实陈述的内容不一致的,应当及时进行询问,以便揭示出现矛盾的原因,判明孰真孰假。审查判断当事人陈述,必须从实际出发,实事求是,重证据,不轻信,认真查对。

五、鉴定结论的审查

1. 对鉴定资料进行审查

也就是对鉴定结论所依据的检验材料(如检材和样本)的客观真实性、全面完整性进行审查。鉴定资料是鉴定结论的基础。如果鉴定所依据的资料不具备鉴定条件,不符合规定的检验标准,鉴定结论的科学性就难以得到保障。审查鉴定资料时应当注意:

(1)审查检材的发现、提取是否合法,处理、固定方法是否正确,检材提取的部位是否准确,在存储、传递过程中有无遭到损坏,检材有无变形、伪装,检材的性状、数量、质量是否符合要求,是否反映了客体的特征;

(2)审查样本(样品)收取的来源是否真实可靠、数量是否充足,可比条件是否符合。如果样本数量不足、来源不真实、不具备可比条件,可能导致鉴定人作不出结论或做错结论。同时还要注意审查鉴定人是否将检材和样本相互混淆,这也是防止鉴定结论发生错误的一个重要方法。

2. 对鉴定的方法、步骤等进行审查

鉴定人使用的鉴定方法,是鉴定结论科学可靠性的重要保证。要使鉴定结论正确,首先要有科学的鉴定方法。鉴定的步骤、方法不当,也会导致鉴定结论不正确:同一被检物,采用不同的方法检验可能会得出不同的检验结论。要审查鉴定人运用仪器设备和技术检验手段是否完善,检验的步骤、方法是否正确,运用的检验手段和方法的先进性、灵敏度,其所获得的结果稳定性和准确性如何;在整个鉴定过程中是否坚持了唯物辩证的认识方法,是否运用同一认定理论指导鉴定活动。

3. 对鉴定结论的依据是否确实充分、科学可靠进行审查

鉴定结论的科学依据，体现出鉴定结论在法律上的可信程度。鉴定结论的科学依据越充分，对受检物的特性认识越深刻，其结论的可信程度越大。因此，第一，要审查鉴定结论所依据的原理是否科学，是否经过实践反复证实，在科学上、法律上是否得到承认。第二，要审查鉴定结论是否把握了以客体的特征为依据，而不是停留在对个别特征的认识上。第三，要审查鉴定书中对特征符合点和差异点的解释是否全面，是否符合情理，如作肯定结论只列举了符合点而未对差异点作解释或虽已解释但说服力不强，作否定结论只论证了差异点而对符合点未予列举，或虽有发现但未说明其形成的原因和性质，这些都属于鉴定结论科学依据不充分的表现。同时，还应审查鉴定书的结论是否清楚、逻辑性是否严密。

六、勘验笔录、现场笔录的审查

在行政诉讼过程中，法庭一般会对勘验笔录和现场笔录进行严格的审查，勘验笔录一般指行政执法工作人员对具体行政行为认定的事实所依据的现场进行勘察、检验所作的记录。现场笔录是指行政机关在作出具体行政行为之前或者对相对人的行为现场所做的笔录。在诉讼过程中，现场笔录作为被诉具体行政行为的证据，由被告提供给法院。行政诉讼法第三十一条把勘验笔录与现场笔录并举，规定为一类证据形式。

勘验笔录虽然是由交通行政技术人员获取的，但在庭审时，还是应当按照法律的有关规定，进行严格的审查，向诉讼参与人出示并经当事人质证，只有当事人没有足以反驳的相关证据时，才能作为认定事实的证据使用。首先，审判人员要审查勘验笔录是否符合法律要求，主要注意：①制作主体是否有行使勘验的权力；②涉及专门性的技术问题，是否指派或聘请了具有专门知识的人参加；③勘验时有无见证人在场，是否通知当事人或其成年家属到场；④勘验人员、被邀请的参加人员、当事人是否在勘验笔录上签名或盖章。其次，要审查现场有无变动、是否已遭到破坏等。

法庭对现场笔录的审查，一般应着重从以下几个方面进行：

（1）审查现场笔录是否是在实施行政管理活动现场制作的。现场笔录如果是在对违法行为处理的现场制作的，则具有客观性，直接反映违法事实。如果脱离现场，事后追记，可能会因时间、记录人的记忆等条件限制，使现场笔录失实，降低或失去证明力。

（2）审查现场笔录是否伪造或变造。凡现场笔录中有事后添补的内容或涂改

痕迹,如果该处没有被处理人加盖印章或指印的,就有可能属于伪造或变造的现场笔录,一般不能作为定案根据。如果当事人对填补的内容或涂改的地方未提出反对意见或者有其他证据印证的,应当认定其证明力。

(3)审查被处理人对现场笔录记载的事实所持的意见。如果被处理人在现场笔录上签字认可,在诉讼中提出相反意见,但拿不出证据支持的,一般应确认现场笔录的证明力。如果被处理人未在现场笔录上签字或对笔录记载的事实提出否定意见,则表明对笔录记载的事实有异议,此时应通过其他证据来证明被处理人的违法行为,这种现场笔录不能作为定案的根据。

(4)分析研究现场笔录记载的内容。由于现场笔录制作人的主观动机不同,认识、观察、文字水平等有一定差距,往往记载的情况与事实有差异,如果记载内容比较简单、不明确,事后解释也不详细、不清楚,被处理人提出反对意见,就需要在其他证据印证的情况下,才能作为定案的根据。

(5)审查现场笔录与其他证据的联系。在同一案件中既有现场笔录又有其他证据时,如果两者吻合,现场笔录可以作为认定案件事实的证据使用。如果有矛盾,就应进一步审查和鉴别。

七、视听资料的审查

视听资料是证据的一种,在诉讼法中所说的视听资料,是指以图像和音像、数据和有形文字资料反映出来的,可以起到证明案件事实的一种客观证据。它包括录音带、电话录音,以及录像带、光碟、电视录像、电影胶片和电脑装置等储存的数据和资料等等。这种新的证据正随着科学技术的发展而进入证据领域,也给我们认定视听资料作为证据的真实性及效力带来挑战。据现行诉讼法规定和司法实践经验,对视听资料的审查判断,应遵守下列规则:

(1)要审查判断视听资料的制作情况。首先,要由录音人和录像人证明录音和录像的时间、地点以及在什么情况下录制的声音和图像等。其次,如果录音和录像经过复制,还应由复制人证明在复制时无剪辑增减录音和录像的情况。再次,应由当事人辨别是否是自己的声音和图像。例如,可采用声纹鉴定等方法鉴定声音。

(2)必须审查视听资料内容的真伪。要确认视听资料有无证明力,关键在于确认其内容的真伪。例如,可以通过慢速播放的方法,鉴别是否有消磁和剪辑的情况,通过高分辨仪的鉴别,可以审查所录制的声音有无伪造情况。最后,还可以对磁带进行检查,查看有无剪辑的痕迹。

(3)必须把视听资料与案件中的其他证据相印证。审查判断视听资料同检验其他诉讼证据一样,也要运用案件中的其他证据与视听资料相印证,把视听资料与刑事被告人的供述和辩解、被害人的陈述、民事当事人的陈述相印证。把视听资料与现场勘验检查笔录、鉴定结论相印证。如相一致，要说明相一致的理由。如果出现矛盾，就应分析矛盾的原因，并提出解决矛盾的办法。

第二节 证据的认定与采纳

一、认定证据的主体与客体

审查认定证据的主体就是对证据进行审查和认定的组织，但是审查证据的人和认定证据的人并不完全等同。例如，在行政诉讼过程中，凡是使用证据的人，都要对证据进行审查，但是，认定证据是法官行使审判权的一种职能活动，是具有特定法律效力的司法行为，因此，执法人员和律师只是审查证据的主体，不是认定证据的主体，只有法官既是审查证据的主体也是认定证据的主体。

审查认定证据的客体即审查认定活动的对象。审查认定证据的对象是证据而不是案件事实。在诉讼活动中，案件事实也需要审查认定，但是它与证据的审查认定不可混淆。审查认定证据是为认定案件事实服务的，但是认定证据并不等于认定案件事实。在司法实践中，也许人们有时并不严格区分对证据的认定和对案件事实的认定。然而，就诉讼中的认识活动而言，认定证据应该与认定案件事实区分开来，因为它们是法官"决策"过程中两个相互衔接又相互区别的认识阶段。一方面，认定证据并不等于认定案件事实，即使确认了案件中所有证据的证明效力，也不等于就完成了对案件事实的认定。另一方面，认定案件事实也不等于认定证据，法官不能用认定案件事实的活动笼统地代替对案件中各种证据的认定活动，后者应该在程序和方法上具有相对的独立性。

二、认定证据的内容与方式

（1）法官审查认定证据的内容包括两个方面：一是审查证据能力，确认其是否具有证据资格，是否可以进入诉讼。二是审查证据效力，即审查获准进入诉讼程序的证据是否真实可靠，是否具有充分证明案件事实的证明价值，确认其是否足以作为认定案件事实的根据。前者可以称为证据的采纳，后者可以称为证据的采信。就法官的认识过程来说，采纳是对证据的初步审查和认定，采信是对证据的深入审查和认定，采纳是采信的基础，采信是采纳的延续。没有被采纳的证据当然谈不上采信，但是采纳了的证据也不一定都被采信。

(2)审查认定证据的方式。从不同的角度,我们可以对法官审查认定证据的方式进行多种划分。首先,根据认证的时间和地点不同,可以分为庭前认证、当庭认证和庭后认证。其次,根据认证主体的数量不同,可以分为个人认证与合议认证。再次,根据认证主体对证据的审查方式不同,可以分为直接认证和间接认证两种方式。所谓直接认证,是指法官在对证据进行直接审查的基础上进行的认证。第四,根据作为认证对象的证据数量不同,可以分为单一认证和综合认证。第五,根据认证结果的表现形式不同,可以分为口头认证和书面认证。最后,根据法官对证据的认定过程是否划分为采纳和采信两个阶段,可以分为一步认证和两步认证。

三、采纳证据的标准

(1)关联性标准。在诉讼双方提交法庭的各种证据中,只有确实与案件事实存在关联性的证据才可以采纳为诉讼中的证据,不具备关联性的证据不得采纳。关联性是证据的自然属性,是证据与案件事实之间客观存在的联系。在诉讼活动中,作为证据采纳标准之一的关联性必须是对案件事实具有实质性证明意义的关联性,即证据必须在逻辑上与待证事实之间具有证明关系。

(2)合法性标准。诉讼双方提交法庭的证据必须在取证的主体、程序、手段,以及证据的形式等方面都符合法律的要求或规定,否则就不能采纳为诉讼中的证据。合法性是证据的社会属性,是国家基于一定的价值考量而赋予证据的属性。虽然证据的基本功能是证明案件事实,但是在制作证据的时候,司法公正和保障人权应放在第一位。

四、采纳证据的主要规则

(1)非法证据规则。非法证据规则又称为非法证据排除规则。所谓"非法证据",即违反法律规定收集或提取的证据。如何对待非法证据,《行政诉讼法》仅对取证方法作出了禁止性规定而没有就非法证据排除问题作出明确规定,只是列举了一些非法证据而没有规定是否排除。虽然最高人民法院和最高人民检察院的有关司法解释就非法证据排除问题作出了补充规定,但是仍然不够具体明确。司法人员在进行裁量时应该考虑以下几个方面的因素:违法的严重程度、侵权的严重程度、非法取证人员的主观过错情况、非法证据的证明价值、社会公共利益的需要、对司法公正和法治环境的影响等。

(2)传闻证据规则。传闻证据规则又称为传闻证据排除规则。目前,我国的法律还没有就传闻证据规则作出具体的规定,只是在学理上有所阐述。设立传闻证据排除规则的理由主要在于：第一，传闻证据有误传或失实的危险，可能影响司法的实体公正。第二，采纳传闻证据实际上剥夺了对方当事人的质证权，会影响司法的程序公正。在目前我国证人出庭率极低的状况下，设立传闻证据排除规则具有重大的现实意义。

（3）意见证据规则。意见证据规则又称为意见证据排除规则，其基本要求是：证人只能向司法机关陈述其知晓或了解的案件事实情况，不能对案件事实进行推测、分析和评价，不能提供个人对案件情况的意见。带有意见性质的证人证言一般不能采纳为诉讼中的证据。确立意见证据排除规则的理由主要有两个：其一，普通证人没有提出结论性意见的专门知识，其意见往往带有主观片面性，可能干扰或影响法官或陪审员对案件事实的正确判断。其二，对于案件中一般事实问题的认定不需要专门知识，法官或陪审员完全有能力自己作出判断，无须证人提供意见。然而，在有些情况下，意见证言是不易排除或不宜排除的，因此意见证据排除规则也有例外。

（4）品格证据规则。所谓品格证据，是指能够证明一个人的品行、性格、行为习惯等特征的证据。品格证据既包括良好品格的证据，也包括不良品格的证据。诉讼活动中使用的品格证据一般涉及以下内容：第一，关于某人在工作单位或社会上之名声的证据。第二，关于某人特定的行为方式或社会交往方式的证据。第三，关于某人以前有劣迹或前科的证据。一般来说，品格证据不能作为证明案件事实的根据，因此品格证据规则又称为品格证据排除规则。而在有些情况下，品格证据确实有采纳的价值或必要。这主要有两种情况：其一是关于相同而且特殊之作案手法的品格证据。其二是关于欺诈或者说谎的品格证据。

（5）有限采纳规则。证据的"有限采纳规则"亦可称为证据的"部分可采性规则"，是英美法系国家证据法中关于证据可采性的一个重要规则。按照这个规则，某些言词或实物证据只能为某个限定的目的而被采纳为证据。例如，某证人先前的矛盾性陈述可以用来对该证人进行质疑，但是不能用来认定案件事实。某证据可以采用，但是只能针对一方当事人而不能针对另一方当事人。在英美法系国家的司法实践中，"有限采纳"的证据多用于对证人的质疑，包括证明某证人身上存在着感觉缺陷，证明某证人的精神状态有问题，证明某证人以前曾经作出过与其法庭证言相矛盾的陈述等。

五、证据的审查与认定

根据《交通运输执法程序规定》（试行）：执法部门应当对其收集到的证据逐一审查，进行全面、客观和公正地分析判断，确定证据材料与案件事实之间的证明关系,准确认定案件事实。

审查证据时,应当审查证据的合法性、真实性、关联性,并判断证据有无证明力以及证明力的大小。

审查证据的合法性,应当审查下列事项:
(1)调查取证的执法人员是否具有相应的执法资格;
(2)证据的取得方式是否符合法律、法规和规章的规定;
(3)证据是否符合法定形式;
(4)是否有影响证据效力的其他违法情形。

审查证据的真实性,应当审查下列事项:
(1)证据形成的原因;
(2)发现证据时的客观环境;
(3)证据是否为原件、原物,复制件、复制品与原件、原物是否相符;
(4)提供证据的人或者证人与当事人是否具有利害关系;
(5)影响证据真实性的其他因素。

单个证据的部分内容不真实的,不真实部分不得采信。

审查证据的关联性,应当审查下列事项:
(1)证据的证明对象是否与案件程序性事实或者实体性事实有本质的内在联系,以及关联程度的大小;
(2)证据所证明的事实对案件主要情节和案件性质的影响程度大小;
(3)证据之间是否互相印证,形成证据链;
(4)所形成的证据链能否印证案件的事实。

当事人对违法事实无异议放弃陈述、申辩,视听资料、电子数据等能够形成证据链,并足以认定案件事实的,执法人员可以将视听资料、电子数据等单独作为定案证据。

下列证据材料,不能单独作为案件事实的认定依据:
(1)未成年人所作的与其年龄和智力状况不相当的证言;
(2)与当事人有亲属关系或者其他密切关系的证人所作的对该当事人有利的证言,或者与当事人有不利关系的证人所作的对该当事人不利的证言;
(3)难以识别是否经过修改的视听资料;
(4)无法与原件、原物核对的复印件、复制品。

以非法手段取得的证据,不得作为认定案件事实的根据。

第三节 法庭审理证据规则

一、法庭举证规则

《行政诉讼法》第三十四条规定:"被告对作出的具体行政行为负有举证责任,应当提供作出该具体行政行为的证据和所依据的规范性文件。"《行政诉讼法若干问题解释》(以下简称《解释》)第二十六条也规定:"在行政诉讼中,被告对其作出的具体行政行为承担举证责任,被告应当在收到起诉状副本之日起10日内提交答辩状,并提供作出具体行政行为时的证据、依据。被告不提供或者无正当理由逾期提供的,应当认定该具体行政行为没有证据、依据。"

在行政诉讼中,举证特殊规则是指举证责任的倒置,即被告承担明确具体且限时的举证责任。行政诉讼法规定这一举证规则主要是基于以下理由:其一,由于在行政法律关系中,行政机关和行政相对人处于不平等的地位,它们之间是一种管理与被管理的关系。行政法律关系的产生基于行政机关单方面的行为。行政机关作出某一具体行政行为,一要有事实根据,二要有法律、法规规范性文件作依据。因此,在审查具体行政行为是否合法时,理所当然应由行政机关承担举证责任,提供作出该具体行政行为的证据及依据的规范性文件。行政机关作出具体行政行为时,应当遵循"先取证、后裁决"的法定程序规则,否则就是程序违法或滥用职权。进入行政诉讼程序之后,如果行政机关在法定期限内举不出证据,便说明其已经违反了法定行政程序规则,已经违法,理应由其承担败诉责任。其二,从功利的角度,让被告承担举证责任,有利于促使行政机关依法行政,减少或避免违法具体行政行为的发生,使行政机关作出具体行政行为时必须做到证据确凿充分,否则必将导致被诉且败诉的法律后果。

在行政诉讼中,对被告所负的举证责任,应当明确以下两点:一是所举证据是在行政诉讼程序中取得的证据。这是行政机关"先取证,后裁决"程序规则的要求。由于行政机关在行政诉讼中提供的证据也是其作出具体行政行为的依据,因此,《行政诉讼法》第三十五条规定:"在诉讼过程中,被告不得自行向原告和证人收集证据。"当然,人民法院要求当事人提供或补充证据的除外。如《解释》第二十八条规定:"有下列情形之一的,被告经人民法院准许可以补充相关的证据:(一)被告在作出具体行政行为时已经收集证据,但因不可抗力等正当事由不能提供的;(二)原告或者第三人在诉讼过程中,提出了其在被告实施行政行为过程中没有提出的反驳理由或者证据的"。二是被告举证的范围应限于有关具体行政行为是否合法的问题。包括作出具体行政行为有关的书证、物证、证人证言、当事人的陈述等。属专门性问题,应提供鉴定结论;属现场处理的,应当提供现场笔录。属不作为行为的,应当提供不作为合法的证据等。

二、法庭取证规则

根据《行政诉讼法》的规定,人民法院为了审查具体行政行为的合法性,有权向有关行政机关以及其他组织、公民调取证据。这既是人民法院的权限,也是人民法院的责任。但是在行政诉讼中,人民法院并不需要像在民事诉讼中一样,去全面、客观地收集和调查证据,人民法院既有权调查证据,也要注意充分调动诉讼参与人提供证据的积极性。《解释》第二十九条明确规定:"有下列情形之一的人民法院有权调取证据:(一)原告或者第三人及其诉讼代理人提供了证据线索,但无法自行收集而申请人民法院调取的;(二)当事人应当提供而无法提供原件或者原物的。"

行政诉讼中的取证是一项重要的诉讼活动,对人民法院正确、及时处理案件很有意义。取证除符合上述规定中的情形外,还应当注意以下几点:

(1)取证必须依照法定程序进行。如《行政诉讼法》规定,在诉讼过程中,人民法院对专门性问题需要鉴定的,应当交由法定鉴定部门鉴定,没有法定鉴定部门的,由人民法院指定的鉴定部门鉴定。

(2)取证应迅速、及时,以取得充分而确定的证据。这样有利于准确及时地查明案件事实。

(3)在必要时,人民法院可根据《行政诉讼法》第三十六条的规定,依职权主动采取证据保全。在诉讼进行中,如果人民法院发现存在证据可能灭失或以后难以取得的情况,应主动采取措施,对有关证据进行保全。

(4)在审查行政处罚是否显失公正这一涉及具体行政行为的适当和合理性问题时,由于被告可以不就具体行政行为是否合理举证,人民法院在原告举证不力,又不宜简单驳回原告诉讼请求的时候,人民法院也可主动取证。

三、法庭质证规则

《解释》第三十一条第(1)项规定:"未经法庭质证的证据不能作为人民法院裁判的根据。"因此,质证应是行政诉讼的必经程序,是人民法院审查、核实当事人所举证据的主要方法。质证主要是指在庭审中,当事人相互就对方提供的证据的客观性、相关性和合法性进行充分质对、辩驳,以便法庭对所有证据进行审核和认定。

但是,有关行政诉讼质证规则的现有法律规定比较笼统,本文认为,行政诉讼中的质证应当遵循以下规则:

(1)开庭质证,应当充分展示当事人所举证据。如对物证,必须交当事人当庭辨认。出示书证,应当尽可能出示原件,不能提供原件而提供复制件的,应当说明复制件的真实合法性。若证人出庭作证,应允许另一方当事人充分询问。若证人不出庭作证,宣读证人证言应准确完整。视听资料要完整,且应当庭播放。鉴定结论、勘验笔录、现场笔录等的副本或复印件应交送各方当事人。对法院调查取得的证据,也应由法庭宣读,由当事人进行质证。这样,使当事人能够充分地对证据提出质询,对证据效力提出看法,以便法庭对证据去伪存真。

(2)质证应进行充分的质对、辩驳。应当允许当事人互相发问、向证人或鉴定人发问。原告应对被告提供的证明被诉具体行政行为合法的事实根据、法律依据等进行一一质对。被告应针对为支持其诉讼请求而提出的证据进行辩驳。同时,原、被告或第三人也有权对法院调查取得的证据以及经法院委托作出的鉴定结论等证据提出质证意见,还可申请重新鉴定。并且经人民法院准许重新鉴定的结论,应再次开庭质证,当事人可就证据的证明力进行充分辩论。

(3)质证应在法官的指导下进行。行政诉讼中,法官加强对质证活动的指导非常必要。在庭审过程中,法官要指导当事人特别是原告紧紧围绕证据与被诉具体行政行为的合法性及其诉讼请求的关系进行质证,并应当指出当事人之间争议的焦点。采取一事一证一质或其他方式循序进行,以提高质证的效率、保证质证的效果。

四、法庭采信规则

(1)证明标准规则。证明标准即证明要求,明确证明标准,有助于法官按法定要求完成证明的任务,有助于正确、及时地审理行政案件。一般说来,行政诉讼证明标准应同于民事诉讼、刑事诉讼,即要求证据确实、充分。但是,根据行政诉讼法第三十二条规定,对于被诉的具体行政行为,应当由被告承担举证责任。如果被告不能以足够的证据证明其具体行政行为的合法性,法院也不能收集到必要的证据证明案件的真实情况,这样按照"确实、充分"的证据标准,证明任务就无法完成,案件也无法审结。但是依行政诉讼法有关举证责任分配的规定,法院可判决被告败诉。可见,行政诉讼的证明标准不是必须达到绝对的客观真实,而只是一种法律真实。当证明的主体对案件事实的认定只要符合实体法和程序法的有关规定,从法律的角度达到了真实的程度,就应当认为达到了证明的标准。

(2)证据排除规则。①对被告及其诉讼代理人在作出具体行政行为后自行收集的证据,以及被告严重违反法定程序收集的其他证据不能作为认定被诉具体行政行为合法的证据。②复议机关在复议过程中收集和补充的证据,不能作为人民法院维持原具体行政行为的根据。被告在一审过程中没有提交的证据,不能作为二审法院撤销或者变更一审裁判的根据。

(3)具体采信规则。①一方当事人提出的证据,对方当事人认可或不予反驳的,法庭可予采信;②双方当事人对同一事实分别举出相反的证据,但均无足够理由否定对方的证据,法庭应分别审查当事人的证据,并结合其他证据决定是采信;③法庭就针对某一案件事实的所有证据,应综合起来进行审查判断,所采信的证据的证明方向应是一致,共同指向同一事实,反之就不能采信;④对经过举证、质证并当庭采用的证据,如果能够当庭采信的,可以当庭采信;当庭不能采信的,可以在休庭合议后再决定是否采信。

第六篇 交通行政程序论

第十四章
交通行政执法程序

第一节 交通行政执法程序概述

一、交通行政执法程序的概念

交通行政执法程序是为了规范交通行政执法行为,保障交通运输行政执法部门依法、公平、公正履行职责,提高交通运输行政执法效能,保护公民、法人和其他组织的合法权益,避免相对人的权利受到侵害而制定的,是由交通行政执法的方式、步骤、时间、顺序所构成的。一般体现为前后相互连接的几个阶段,每个阶段又有其相应的具体要求。交通行政执法人员必须遵守这些程序要求,它主要包括:亮证执法、告知权利、听取申述、申辩、举行听证、集体决定等。

交通行政执法程序是体现交通行政执法行为方式、步骤和过程的表现形式,它是交通行政管理民主化、法制化的体现和反映。其含义之一就是行政行为必须遵守法定程序,违反法定程序必须承担相应的法律责任。

二、交通行政执法程序的特点

交通行政执法程序一般应体现行政效率的原则和保护相对人合法权益的原则,但是行政行为对象的特定性、内容的具体性和行为方式的多样性,决定了其程序的多样性和差异性,如行政许可程序、行政处罚程序、行政强制执行程序等。但归纳起来,交通行政执法程序具有以下三个共同特点:

(1)法定性。交通行政执法程序是国家权力机关按照立法程序制定的行为规范。在一般情况下,它是行政执法行为有效的构成要件之一,如果行政执法行为违反了程序的规定,就会发生执法行为无效、部分无效或经补正后有效的法律后果。

(2)普遍性。交通行政执法程序是法律规范的重要组成部分,表达的是国家意志,因而具有普遍的拘束力。任何行政执法人员必须严格按照程序的规定去实施相关的行为,否则,会导致程序违法,法律不予保护。

(3)辅助性。程序是依附于实体而存在的,如果没有实体内容,程序的规定就毫无用处。交通行政执法程序是规定实施行政执法活动的方法、步骤和过程,它围绕着实施行政执法活动的实体规范而发生作用,实体与程序相辅相成。

三、交通行政执法程序的规定

根据行政执法机关在执法活动中的地位,大致可分为主动型行政执法和被动型行政执法。

(1)主动型行政执法是指交通行政执法机关通过日常检查、上级交办、媒体曝光、群众举报等多种途径发现违法行为,依照法律、法规的规定,按照程序对行政相对人进行的一种处罚。具体有以下程序组成:

①告知身份。即向当事人说明自己的身份,告知身份的方式主要是出示证件。

②实施检查。即按照法定程序对交通相对人遵守交通法律、法规的情况进行检查。

③立案。交通行政执法机关通过调查,对于应给予行政处罚或有违法嫌疑需要进一步调查处理的,可以立案。立案应当填写立案表,由有关领导批准。

④调查取证。为了搞清案情,充分掌握定案处理的根据,交通执法人员按照法定程序,通过询问、调查等合法手段取得行政相对人违法活动的证据。如物证、书证、证人证言、当事人的陈述和辩解等。

⑤举行听证。《行政处罚法》第四十二条规定:"责令停产停业,吊销许可证或者执照,较大数额罚款等行政处罚决定之前,应当告知当事人有要求举行听证的权利","当事人要求听证的,行政机关应当组织听证"。交通行政机关在办理较大行政案件时,当事人提出听证的,交通行政机关应当组织听证,保证当事人的合法陈述、申辩的权利。

⑥审批。案件调查结束后,承办人应当写出案件处理意见,报送有关领导审批。需要向上级机关报批的,还要填写案件处理意见书,按审批规定连同案卷一并上报审批。

⑦定案。交通主管机关对当事人的违法事实经过调查,认为证据确凿,事实清楚,就可以对案件进行定性,并依法确定给予当事人某种行政处罚,按照规定程序批准后,即可作出交通行政处罚决定书。

⑧送达。即将《交通行政处罚决定书》等需要交付给当事人的其他法律性文件送达当事人,送达的程序包括送达方式、送达期限等(具体内容参见下册《交通行政执法文书》)。

⑨执行。执行一般有两种情况:一是作出决定的行政机关直接执行。行政执

法机关在当事人不执行本机关的决定时,可以依法采取措施,保证决定的执行。二是申请人民法院强制执行。如果法律没有赋予交通主管机关直接的强制执行权,主管机关可以依法申请法院强制执行。

⑩结案。交通主管机关的行政处罚决定生效并执行完毕后,案件终结,案卷由作出决定的机关归档保存。

(2)被动型行政执法是指由当事人提出申请,行政执法机关依法受理、审查、核准等行政行为,具体有以下程序组成:

①申请。这是交通主管机关办理许可证或营业执照的必经程序,是行政相对人向执法机关表明其意图的一种方式,也是行政执法机关办理许可证(照)的前提条件。

②受理。这是交通主管机关接受申请人提出的申请,并对其提出的申请进行审理过程的开始。申请人只有按规定提交文件,并将应填报的表格填好后,主管机关才可以受理,否则不予受理。

③审查。这是主管机关对申请人提交的文件、证件和填写的表格的真实性、合法性、有效性进行全面审查及核实的过程。审查一般包括程序性审查、实质性审查等几个方面。

④核准。经审查核实后,主管机关对申请事项作出同意的意思的表示,即为核准。核准一般以书面的形式作出。

⑤颁发。主管机关经审查核准后,即可发给行政相对人申请的证(照),在证(照)中列明核准事项并加盖主管机关的印章。

⑥公告。即由主管机关在一定的范围内将核准的申请情况公示于众。

四、交通行政执法程序的作用

交通行政执法程序是交通行政执法活动中不可缺少的重要环节。完善行政执法程序,对于改善交通行政执法活动、提高行政执法水平,具有重要的意义和作用。

(1)可以保障实体法的贯彻实施。一个完善的法律体系,不但要有实体法,而且必须有程序法。因为程序法是规定怎样执行和按照什么步骤执行实体法的执法规范,它的重要作用是保障实体法的正确实施。这也是法律体系中程序法的共同作用。

(2)可以促进行政执法行为的合法性。《行政诉讼法》要求具体行政行为的程序必须合法,明确地把违反法定程序列入行政诉讼的可诉范围。《行政处罚法》也对违反法定程序的处罚行为作了规定:"违反法定程序的处罚无效"。行政执法必须严格按程序办事,行政执法的合法性才有保障。

（3）可以保护行政相对人的合法权益。公民、法人或其他组织作为行政相对人,他们的权益是通过行政机关执行行政执法程序来实现的。如,行政执法人员执行公务应当通过佩戴公务标志或出示证件向行政相对人告知身份,使相对人能够辨认真假。再如,处罚相对人后,及时告知其寻求救济的途径等。

（4）可以加强廉政建设,提高工作效率。因法定程序是公开的,它使得行政相对人可以及时了解行政执法工作,便于对执法机关及执法人员的监督。所以,可以有效防止行政执法人员在执法过程中的武断和专横,促进行政机关的廉证建设。此外,执法程序的法制化,可以有效地防止因执法人员素质上的差异而出现的工作拖拉等问题,提高行政执法机关的工作效率。

第二节 交通行政执法程序的内容

一、简易程序

交通行政处罚的简易程序作为交通行政处罚程序的一种,是指交通管理部门当场实施行政处罚所适用的简便易行的决定程序。当场处罚是指有管辖权的交通管理部门发现当事人的违法行为后,无须进一步调查取证,当场根据当事人的违法事实和情节,依法对其实施行政处罚的情形。

设置简易程序有助于提高行政效率,实现交通行政执法的目的。但也应当看到这一程序很容易对违法相对一方的合法权益造成不必要的损害,因此必须严格控制它的范围。违法事实确凿并有法定依据,对公民处以 50 元以下、对法人或者其他组织处以 1000 元以下罚款或者警告的行政处罚的,可以当场作出行政处罚决定。

根据这一规定,可以适用简易程序的交通行政处罚案件,必须符合以下三个条件：

（1）违法事实确凿。即违法事实简单、清楚,证据充分,没有异议。

（2）对这种违法行为实施处罚有法定根据。即必须是法律、法规和规章明文规定可以处罚的。

（3）处罚较轻。即对个人处以 50 元以下的罚款和警告,对组织处以 1000 元以下罚款或者警告。

执法人员当场作出行政处罚决定之前,应当将所认定的违法事实、处罚理由和依据告知当事人,当事人有权就此进行陈述和申辩。执法人员必须充分听取当事人的意见,对当事人提出的事实、理由和证据应当进行复核;当事人提出的事实、理由和证据成立的,应当予以采纳。

执法人员作出当场处罚决定,必须填写统一编号的《交通行政(当场)处罚决定书》,当场交付当事人,并告知当事人不服行政处罚决定可以依法申请行政复议或者提起行政诉讼。

执法人员作出当场处罚决定之日起5日内,应当将《交通行政(当场)处罚决定书》副本向所属交通管理部门备案。

《交通运输执法程序规定》(试行)第六十六条规定:"执法人员适用简易程序当场作出行政处罚的,应当按照下列步骤实施:

(一)向当事人出示合法有效执法证件并查明对方身份;

(二)告知当事人违法事实、处罚理由和依据;

(三)告知当事人享有的权利与义务;

(四)听取当事人的陈述和申辩并进行复核;当事人提出的事实、理由或者证据成立的,应当采纳;

(五)填写预定格式、编有号码的《当场行政处罚决定书》并当场交付当事人,告知当事人在法定期限内可以依法申请行政复议或者提起行政诉讼;《当场行政处罚决定书》应当由执法人员签名或者盖章;

(六)当事人在《当场行政处罚决定书》上签字;

(七)作出当场处罚决定之日起五日内,将《当场行政处罚决定书》副本提交所属执法部门备案。"

二、一般程序

一般程序,又称普通程序,是交通管理部门实施行政处罚的基础程序,是简易程序和听证程序以外的行政程序。一般程序与简易程序的区别在于:一般程序强调调查取证步骤的重要地位和作用。在一般程序当中,调查取证是实施交通行政处罚的前提步骤,通过调查取证,交通管理部门可以了解违法行为事实,掌握充分证据,确定违法行为的性质和情节,并依法对当事人实施交通行政处罚。

由一般程序的性质所决定,其适用范围与简易程序的适用范围有着严格的区别。一般程序适用于以下三类案件:

(1)处罚较重的案件。即对个人处以警告和50元罚款以上、对组织处以警告和1000元以上罚款的处罚案件。

(2)情节较复杂的案件。即需要经过调查才能搞清的处罚案件。

(3)当事人对于执法人员给予当场处罚的事实认定有分歧而无法作出行政处

罚决定的案件。

交通行政处罚的一般程序,必须经过法定的四个步骤:

1. 调查取证

调查取证是交通行政处罚一般程序中的第一个步骤。交通管理部门必须对案件情况进行全面、客观、公正地调查,收集证据(证据包括书证、物证、视听材料、证人证言、当事人陈述、鉴定结论、勘验笔录和现场笔录)。必要时,依照法律、法规的规定可以进行检查。

案件调查人员调查、收集证据,不得少于两人;询问证人和当事人时,应当个别进行并告知其作伪证的法律责任。制作《询问笔录》须经被询问人阅核后,由询问人和被询问人签名或者盖章,被询问人拒绝签名或者盖章的,由询问人在询问笔录上注明情况。对与案件有关的物品或者现场进行勘验检查的,应当通知当事人到场,制作《勘验检查笔录》,当事人拒不到场的,可以请在场的其他人员见证。对需要采取抽样调查的,应当制作《抽样取证凭证》,需要妥善保管的应当妥善保管,需要退回的应当退回。对涉及专门性问题的,应当指派或者聘请有专业知识和技术能力的部门和人员进行鉴定,并制作《鉴定意见书》。在证据有可能灭失或者以后难以取得的情况下,经交通管理部门负责人批准,可以先行登记保存,制作《证据登记保存清单》,并应当在 7 日内作出处理决定。

案件调查人员是该案的当事人或者其近亲属,本人或者其近亲属与该案有利害关系,或者与该案当事人有其他关系可能影响案件的公正处理的,应当主动申请回避,当事人也有权向交通管理部门申请要求回避。案件调查人员的回避,由交通管理部门负责人决定,回避决定作出前,案件调查人员不得擅自停止对案件的调查处理。

案件调查人员在初步调查结束后,认为案件事实基本清楚,主要证据齐全,应当制作《交通违法行为调查报告》,并提出处理意见,报送交通管理部门负责人进行审查。

2. 听取申辩

本步骤由以下两个环节组成:

(1)制发《交通违法行为通知书》《交通违法行为调查报告》是连接调查取证和听取申辩步骤的一个重要环节。交通管理部门负责人在审查《交通违法行为调查报告》后,认为对当事人依法应当免予行政处罚或不予行政处罚的,应当决定撤销案件,并应当消除因采取措施给当事人所带来的不利影响。

交通管理部门负责人对《交通违法行为调查报告》审核后,认为应当给予行政处罚的,交通管理部门应当制作《交通违法行为通知书》,并送达当事人。

制发并送达《交通违法行为通知书》的意义在于有效地执行了《行政处罚法》第四十一条的要求。该条规定:行政机关在作出行政处罚决定之前,应当告知当事人作出行政处罚决定的事实、理由及根据,并告知当事人依法享有的权利。

(2)听取当事人陈述、申辩或组织听证。当事人收到《交通违法行为通知书》后,有权在3日内向交通管理部门进行陈述、申辩或者要求交通管理部门组织听证,当事人按要求进行陈述、申辩的,交通管理部门应当充分听取,认真审核当事人的意见,并将其陈述、申辩事实和理由以及提出的证据制成笔录。若当事人陈述的事实、理由或者证据成立,交通管理部门应当采纳。当事人要求组织听证的,案件调查人员应当记录在案,交通管理部门应当组织听证。

3. 作出处罚决定

《行政处罚法》第三十八条规定:"调查终结,行政机关负责人应当对调查结果进行审查,根据不同情况,分别作出如下决定:(一)确有应受行政处罚的违法行为的,根据情节轻重及具体情况,作出行政处罚决定;(二)违法行为轻微,依法可以不予行政处罚的,不予行政处罚;(三)违法事实不能成立的,不得给予行政处罚;(四)违法行为已构成犯罪的,移送司法机关。对情节复杂或者重大违法行为给予较重的行政处罚,行政机关的负责人应当集体讨论决定。"

应该注意的是,当案情复杂或者有重大违法行为需要给予较重行政处罚的,应当集体讨论。

交通管理部门作出行政处罚决定必须制作《交通行政处罚决定书》,处罚决定书必须盖有作出交通行政处罚决定的交通管理部门的印章。处罚决定书应当载明下列事项:

(1)当事人的姓名或者名称、地址;

(2)违反法律、法规或者规章的事实和证据;

(3)交通行政处罚的种类和依据;

(4)交通行政处罚的履行方式和期限;

(5)不服交通行政处罚决定的,申请行政复议或者提起行政诉讼的途径和期限;

(6)作出处罚的交通管理部门的名称和作出决定的日期。

4. 送达处罚决定书

《交通行政处罚决定书》应当在宣告后当场交付当事人。当事人不在场的,交通管理部门应当在7日内送达当事人,由受送达人在《交通行政处罚文书送达回证》上注明收到日期、签名或者盖章,受送达人在《交通行政处罚文书送达回证》上的签收日期为送达日期。根据送达情况的不同,可以作出相应的处理:

(1)当事人不在场的,交其同住的成年家属签收,并且在备注栏内写明与当事人的关系;

(2)受送达人已指定代收人的,交代收人签收;

(3)收送达人拒绝接收的,送达人应当邀请有关基层组织的代表或者其他人员到场,说明情况,在《交通行政处罚文书送达回证》上写明拒收事由和日期,由送达人、见证人签名或者盖章,并把交通行政处罚文书留在收送达人的住处,即视为送达;

(4)直接送达交通行政处罚文书困难的,可以委托其他交通管理部门代为送达,或者以邮寄、公告的方式送达。邮寄送达,挂号回执上注明的收件日期为送达日期;公告送达,自发出公告之日起经过60天,即视为送达。

《交通运输执法程序规定》(试行)第六十七条规定:"除依法可以当场作出的行政处罚外,执法部门实施行政检查或者通过举报、其他机关移送、上级机关交办等途径,发现公民、法人或者其他组织有依法应当给予行政处罚的交通运输违法行为的,应当自发现或者接收之日起七日内决定是否立案。"

第七十二条规定:"执法人员在初步调查结束后,认为案件事实清楚,主要证据齐全的,应当制作《案件调查报告》,提出处理意见,报送办案机构负责人审查。

案件调查报告应当包括当事人的基本情况、违法事实、相关证据、案件性质、调查结论及处理意见。"

第七十三条规定:"对案件情节复杂或者重大违法行为给予较重的行政处罚,办案机构应当将案件调查报告移送负责法制工作的内设机构进行审核。

前款规定的案件审核范围,由省级交通运输主管部门根据实际情况确定。"

第七十四条规定:"负责法制工作的内设机构主要从下列方面进行案件合法性审核:

(一)案件是否属于本部门管辖;

(二)适用法律、法规、规章是否正确;

(三)行政处罚是否适当;

(四)程序是否合法。"

三、听证程序

交通行政处罚的听证程序,是指交通行政处罚主体在作出处罚决定之前,在非本案调查人员的主持下,举行由该案的调查人员和拟被处以行政处罚的当事人参加的,以供当事人陈述、申辩以及与调查人员辩论的听证会。交通执法部门作出下列行政处罚决定之前,应当在送达违法行为通知书时告知当事人有要求举行听证的权利:

(1)责令停产停业;

(2)吊销许可证或者执照;

(3)较大数额罚款;

(4)没收较大数额违法所得;

(5)法律、法规和规章规定的当事人可以要求举行听证的其他情形。

前款第(三)项、第(四)项规定的较大数额,地方执法部门按照省级人大常委会或者人民政府规定或者其授权部门规定的标准执行。海事行政执法部门按照对自然人处1万元以上、对法人或者其他组织10万元以上执行。

交通行政处罚听证程序适用的条件有两个:一是实体条件,听证程序只适用于责令停产停业、吊销证照、较大数额罚款三类较重的行政处罚,处罚较轻的交通行政处罚案件,不适用于听证程序。二是程序条件,只有在当事人要求听证的情况下,交通管理部门才举行听证,即当事人的申请是一个前提条件,交通管理部门不主动举行听证。交通行政管理部门在作出处罚决定之前,应当告知当事人有要求听证的权利。当事人要求听证的,交通管理部门应当组织听证。

当事人要求听证的,应当自收到《违法行为通知书》之日起三日内以书面或者口头形式提出。当事人以口头形式提出的,执法部门应当将情况记入笔录,并由当事人在笔录上签字或者盖章。

交通执法部门应当在听证的七日前向当事人送达《听证通知书》,将听证的时间、地点通知当事人和其他听证参加人。

听证设听证主持人一名,负责组织听证;记录员一名,具体承担听证准备和制作听证笔录工作。

听证主持人由执法部门负责人指定;记录员由听证主持人指定。

本案调查人员不得担任听证主持人或者记录员。

听证主持人在听证活动中履行下列职责:

(1)决定举行听证的时间、地点;

(2)决定听证是否公开举行;

(3)要求听证参加人到场参加听证、提供或者补充证据;

(4)就案件的事实、理由、证据、程序、处罚依据等相关内容组织质证和辩论;

(5)决定听证的延期、中止或者终止,宣布结束听证;

(6)维持听证秩序。对违反听证会场纪律的,应当警告制止;对不听制止,干

扰听证正常进行的旁听人员,责令其退场;

(7)其他有关职责。

听证参加人包括:

(1)当事人及其代理人;

(2)本案执法人员;

(3)证人、检测、检验及技术鉴定人;

(4)翻译人员;

(5)其他有关人员。

要求举行听证的公民、法人或者其他组织是听证当事人。当事人在听证活动中享有下列权利:

(1)申请回避;

(2)亲自参加听证,或者委托一至二人代理参加听证;

(3)进行陈述、申辩和质证;

(4)核对、补正听证笔录;

(5)依法享有的其他权利。

与听证案件处理结果有利害关系的其他公民、法人或者其他组织,作为第三人申请参加听证的,应当允许。为查明案情,必要时,听证主持人也可以通知其参加听证。

委托他人代为参加听证的,应当向执法部门提交由委托人签字或者盖章的授权委托书以及委托代理人的身份证明文件。

授权委托书应当载明委托事项及权限。委托代理人代为放弃行使陈述权、申辩权和质证权的,必须有委托人的明确授权。

听证主持人有权决定与听证案件有关的证人、检测、检验及技术鉴定人等听证参加人到场参加听证。

听证应当公开举行,涉及国家秘密、商业秘密、个人隐私的除外。

公开举行听证的,应当公告当事人姓名或者名称、案由以及举行听证的时间、地点等。

交通执法部门举行听证的,应当按照以下程序进行:

(1)宣布案由和听证纪律;

(2)核对当事人或其代理人、执法人员、证人及其他有关人员是否到场,并核实听证参加人的身份;

(3)宣布听证员、记录员和翻译人员名单,告知当事人有申请主持人回避、申辩和质证的权利;对不公开听证的,宣布不公开听证的理由;

(4)宣布听证开始;

(5)执法人员陈述当事人违法的事实、证据,拟作出行政处罚的建议和法律依据;执法人员提出证据时,应当向听证会出示。对证人证言、检测、检验及技术鉴定意见和其他作为证据的文书,应当当场宣读;

(6)当事人或者其委托代理人对案件的事实、证据、适用法律、行政处罚意见等进行陈述、申辩和质证,并可以提供新的证据;第三人可以陈述事实,提供证据;

(7)听证主持人可以就案件的有关问题向当事人或其委托代理人、执法人员、证人询问;

(8)经听证主持人允许,当事人、执法人员就案件的有关问题可以向到场的证人发问。当事人有权申请通知新的证人到会作证,调取新的证据。当事人提出申请的,听证主持人应当当场作出是否同意的决定;申请重新检测、检验及技术鉴定的,按照有关规定办理;

(9)当事人、第三人和执法人员可以围绕案件所涉及的事实、证据、程序、适用法律、处罚种类和幅度等问题进行辩论;

(10)辩论结束后,听证主持人应当听取当事人、第三人和执法人员的最后陈述意见;

(11)中止听证的,听证主持人应当宣布再次听证的有关事宜;

(12)当事人或其委托代理人做最后陈述;

(13)听证主持人宣布听证结束,听证笔录交当事人或其委托代理人核对。当事人认为听证笔录有错误的,有权要求补充或改正。当事人核对无误后签字并捺指印或者盖章;当事人拒绝的,由听证主持人在听证笔录上说明情况。

有下列情形之一的,听证主持人可以决定延期举行听证:

(1)当事人因不可抗拒的事由无法到场的;

(2)当事人临时申请回避的;

(3)其他应当延期的情形。

延期听证,应当在听证笔录中写明情况,由听证主持人签字。

听证过程中,有下列情形之一的,应当中止听证:

(1)需要通知新的证人到会、调取新的证据或者证据需要重新检测、检验及技术鉴定的;

(2)当事人提出新的事实、理由和证据,需要由本案调查人员调查核实的;

(3)当事人死亡或者终止,尚未确定权利、义务承受人的;

(4)当事人因不可抗拒的事由,不能继续参加听证的;

(5)因回避致使听证不能继续进行的;

(6)其他应当中止听证的情形。

中止听证,应当在听证笔录中写明情况,由听证主持人签字。

延期、中止听证的情形消失后,听证主持人应当及时恢复听证,并将听证的时间、地点通知听证参加人。

听证过程中,有下列情形之一的,应当终止听证:

(1)当事人撤回听证申请的;

(2)当事人及其代理人无正当理由不参加听证或者未经听证主持人允许,中途退出听证的;

(3)当事人死亡或者终止,没有权利、义务承受人的;

(4)听证过程中,当事人或者其代理人扰乱听证秩序,不听劝阻,致使听证无法正常进行的;

(5)其他应当终止听证的情形。

听证终止,应当在听证笔录中写明情况,由听证主持人签字。

记录员应当将举行听证的全部活动记入《听证笔录》,经听证参加人审核无误或者补正后,由听证参加人当场签名或者盖章。当事人或者其代理人、证人拒绝签字并捺指印或盖章的,由记录员在《听证笔录》中记明情况。

《听证笔录》经听证主持人审阅后,由听证主持人和记录员签字。

听证结束后,执法部门应当依照相关规定,作出如下决定:

(1)确有应受行政处罚的违法行为的,根据情节轻重及具体情况,作出行政处罚决定;

(2)违法行为轻微,依法可以不予行政处罚的,不予行政处罚;

(3)违法事实不能成立的,不得给予行政处罚;

(4)违法行为已构成犯罪的,移送司法机关。

四、违反法定程序的表现形式

行政执法程序要求行政主体在行政执法过程中必须履行相应步骤,不得任意变更或省略,违反法定程序的表现形式多种多样,归纳起来,可分为下列五种:

(1)步骤上的违反。对于法定的行政步骤,行政主体不可跳跃性遵循,少走一步就是违反法定程序。

(2)顺序上的颠倒。行政程序中的法定程序不能颠倒,如行政处罚法规定,行政机关在作出行政处罚之前,应当告知当事人有陈述和申辩的权利。

(3)形式上的违法。主要是指具体行政行为没有以法定形式表现出来,此类情形通常表现为以口头通知代替书面告知或送达的形式。

(4)方式上的违反。即行政机关没有按照法定的方式完成,主要包括:不主动表明行政执法身份,对行政违法行为先处理后取证,不向当事人说明理由,不听取当事人的意见,不告知当事人的权利等等。

(5)时限上的违反。即行政主体没有在法定期限内完成行政行为。如,《行政处罚法》第三十七条规定,行政机关对先行登记保存的证据,应当在7日内及时作出处理决定。行政机关在7日内没有作出处理决定的,就属于超越职权违法。

第十五章 程序的原则与流程

第一节 行政程序的原则

一、合法原则

合法原则是指行政活动的程序必须依据法律、符合法律,不得由行为者随意违反或变更。在法律没有明确规定程序的情况下,行政机关自行采用的程序也必须遵循贯彻法律的一般精神原则。合法原则是行政合法性原则在行政程序领域的具体化。其基本内容包括:

(1)行政机关实施行政行为必须严格按照法律所规定的方式、步骤和顺序进行。

(2)行政机关行使职权所选择的程序必须有利于保护相对人的合法权益。

(3)违反法定程序的行为,应予以撤销。

(4)违反法定程序的行政机关应承担相应的法律责任。

二、公正原则

公正原则是指行政机关在实施行政行为时,要在程序上平等地对待相对人,排除各种可能造成不平等或偏见的因素。公正原则不仅要求实际上已实现了公正,而且还要求使行政相对人对行政行为有一种公正的确信感。公正原则包括以下内容:

(1)行政机关对所有的相对人都要一视同仁,不偏不倚,为他们公正地提供各种机会。

(2)行政机关要公正地了解必要的事实真相,查明事实并收集有关的证据。

(3)行政机关在作出影响相对人权益的决定时要排除偏见,如实行回避、审裁分离、禁止单方面接触制度等。

三、公开原则

公开原则是指行政机关在实施行政行为时,除涉及国家机密、商业秘密或者个人隐私外,应当一律向行政相对人和社会公开。行政相对人可以通过参与行政程序维护自己的合法权益。社会民众可以通过公开的行政程序监督行政机关依法行使行政权力。公开原则是行政程序法的生命。只有将行政机关的行政活动纳入社会公众的广泛监督之下,才可能有效地防止行政机关滥用职权或徇私舞弊。公开原则包括以下内容:

(1)行使行政权的依据必须公开。这里的"依据"包括两方面的内容:其一,如果行使行政权的依据是抽象的,必须事先以法定形式向社会公布。其二,如果行使行政权的依据是具体的,必须在作出决定以前将该依据以法定形式告知相关的行政相对人。我国《行政处罚法》已有这方面的规定。

(2)行政信息公开。行政信息的公开是行政相对人参与行政程序,维护自身合法权益的重要前提。行政机关根据行政相对人的申请,应当及时、迅速地向其提供所需要的信息和资料,除非法律有不得公开的禁止性规定。不公开的范围应当由法律规定,使行政机关尽可能没有自由选择的余地。

(3)行政过程公开。行政过程公开并不是要求行政机关将整个行政程序都让行政相对人参与或了解,而是在行政程序中几个决定或影响行政相对人合法权利和义务的阶段前后,让行政相对人有参与或者了解的机会。

(4)行政决定公开。行政机关对行政相对人的合法权益作出有影响的决定,必须向行政相对人公开,从而使行政相对人获得行政救济的机会。如果应当公开的行政决定没有公开,该行政决定就不能产生法律效力,不具有法律执行力。

四、参与原则

参与原则是指行政相对人或其他利害相关人在行政程序中有权对行政行为发表意见并且使这种意见得到应有重视的原则。参与行政的原则,是各国行政程序法普遍承认的原则,该原则的法律价值是使行政相对一方在行政程序中成为具有独立人格的主体,而不致成为为行政权随意支配的、附属性的客体。参与原则主要体现在行政相对人在行政程序上的权利,这些权利主要有:参与听证权、陈述权、申辩权、阅览卷宗权、复议申请权。

第二节 执法程序的制度与流程

一、执法程序的制度

1. 告知制度

行政主体在实施行政行为的过程中,应当及时告知行政相对人拥有的各项权利,包括申辩权、出示证据权、要求听证权、必要的律师辩护权等。

告知制度的具体要求是:行政主体作出影响行政对人权益的行为,应事先告知该行为的内容,包括行为的时间、地点、主要过程、作出该行为的事实依据、相对人对该行为依法享有的权利等。

告知制度的主要作用:一是尽可能防止行政主体违法或不当行为的发生,给行政相对人造成既成的不可弥补的损害。二是有利于减少行政行为的障碍或阻力,保障行政行为的顺利实施。三是事先告知也充分体现了行政主体对行政相对人的利益和人格的尊重。

2. 听证制度

听证制度是现代程序的核心制度,是行政相对人参与行政程序的重要形式。通过向行政机关陈述意见,并将陈述意见体现在行政决定中,行政相对人主动参与了行政程序,参与了影响自己权利、义务的行政决定的作出,体现了行政的公正和民主。因此听证制度已经成为现代行政程序的基本制度之一。

广义的听证,是指在一定的行政主体及其公务人员的主持下,在有关当事人的参加下,对行政管理中的某一个问题进行论证的程序。它广泛地存在于行政立法、行政司法和行政执法的过程中。狭义的听证,是指在行政执法过程中听取利害关系人意见的程序,即行政主体在作出有关行政决定之前,听取行政相对人的陈述、申辩和质询的程序。

3. 回避制度

回避制度,是指国家行政机关的公务员在行使职权的过程中,如与其处理的行政法律事务有利害关系,为保证处理的结果和程序进展的公平性,依法终止其职务的形式并由其他人代理的一种程序法制度。回避制度的真正价值在于确保行政程序的公正性,保证行政程序公正的原则得到具体落实。

4. 信息公开制度

信息公开,是指凡涉及行政相对方权利和义务的行政信息资料,除法律规定予以保密的以外,有关行政机关都应该依法向社会公开,任何公民或组织都可以依法查阅复制。信息公开制度有利于公民参政,有利于公民行使和实现自己的权利,有利于防止行政腐败和暗箱"操作"。这样,公民的权益就会获得比较切实的保障。

信息公开的范围,除法律、法规另有规定的以外,凡是涉及行政相对方权利和义务的信息,必须向社会公开。行政主体应当提供条件和机会让公众知晓行政信息。没有公开的信息不能作为行政主体行政行为的依据。

5. 职能分离制度

职能分离制度,是指行政主体审查案件的职能和对案件裁决的职能,分别由内部不同的机构或人员来行使,确保行政相对人的合法权益不受侵犯的制度。

职能分离制度调整的不是行政主体与行政相对人的关系,而是行政机关内部的机构和人员的关系。职能分离制度可以建立权力制约机制,防止行政机关及其工作人员的腐败和滥用权力,防止行政执法人员的偏见,保证行政决定的公正、准确。行政分离制度还有利于树立行政机关在公众心目中的形象,消除公众对行政机关的偏见和疑虑。

6. 时效制度

时效制度是对行政主体行政行为给予时间上的限制,以保证行政效率和有效保障行政相对人合法权益的程序制度。时效制度要求行政主体在实施行政行为,特别是直接涉及行政相对人合法权益的行为时,遵循法律明确规定的时间限制。

时效制度的作用:时效制度保障了行政行为及时作出,避免因为时间的拖延、耽搁造成行政相对人权益的损害。防止和避免官僚主义,提高行政效率。督促行政主体及时作出行政行为,防止因为时间的拖延造成证据的散失、毁灭或环境、条件变化等影响行政行为作出的准确性。还有利于稳定行政管理秩序和社会秩序。

时效制度的主要内容包括:行政行为的期限、违反行政时效的法律后果和对违反时效制度的司法审查。

7. 救济制度

行政救济有广义和狭义之分。广义行政救济,包括行政机关系统内部的救济,也包括司法机关对行政相对方的救济,以及其他救济方式,如国家赔偿等。其实质是对行政行为的救济。狭义上的行政救济是指行政相对方不服行政主体作出的行政行为,依法向作出该行政行为的行政主体或其上级机关,或法律、法规规定的机关提出行政复议申请。受理机关对原行政行为依法进行复查并作出裁决。或上级行政机关依职权主动进行救济。或应行政相对方的赔偿申请,赔偿机关予以理赔的法律制度。

行政救济的内容包括:行政复议程序、行政赔偿程序和行政监督检查程序。

二、执法程序的流程

1. 案件来源

交通行政管理机关查处违法案件来源主要有以下形式:
(1)执示人员在平时监督检查中主动发现;
(2)从检举、申诉中发现;
(3)有关部门转来的案件线索;
(4)上级机关交办的案件;
(5)当事人主动投案自首。

2. 立案

交通行政案件的立案需有相对确定的当事人,有初步证据证明存在违法行为,根据现有事实和证据,有可能对该违法违章行为作出处罚,可能作出的处罚不适用简易程序。

具备以上条件的交通行政案件需填写《立案审批表》;报请本部门审批。

3. 调查取证

交通行政管理机关办案需要收集的证据有7种:书证、物证、证人证言、视听材料、勘验笔录和现场笔录、当事人陈述、鉴定结论。证据的收集方式有:询问、现场检查、查账、委托鉴定人鉴定、查阅、复制有关资料、委托其他工商行政管理机关协助调查、要求有关人员提供证据材料、抽样取证。(具体内容参见本书下篇《交通行政执法证据》)

4. 案件的核审

一般程序案件均须核审。交通行政案件的审核机构为交通局法制科。核审方式为:书面核审(阅卷)。核审程序包括:
(1)案卷提交;
(2)登记;
(3)核审;
(4)提出核审意见和建议;

（5）退回；

（6）再次核审。

5. 告知

告知内容包括：

（1）告知当事人有关情况：即拟对其作出的处罚的事实、理由及证据。

（2）告知当事人陈述、申辩及要求听证的期限，具体有：书面告知、邮寄送达告知、公告告知、委托告知。

6. 处罚

经告知程序后，制作处罚决定书。

7. 送达

将处罚决定送达当事人，送达的形式有六种：直接送达、留置送达、委托送达、邮寄送达、转交送达、公告送达。

8. 执行

罚款的执行：

（1）当场收缴当场处以 20 元以下罚款的、对公民处以 20 元以上 50 元以下或对法人或其他组织处以 1000 元以下罚款，不当场收缴以后很难执行的情况以及在边远、水上、交通不便地区、当事人向银行缴纳确有困难，经当事人提出的情况。交通执法人员在执行当场罚款时应出具财政部门统一制发的罚款收据，并加盖本机关印章，收款人应签字或盖章，注明收缴日期。

（2）由当事人到指定银行缴纳。

（3）强制执行。当事人逾期不按上述方式履行行政处罚时，作出处罚的交通行政管理机关可以采取强制措施强制执行，即到期不缴纳罚款的，每日按罚款数额的 3% 加处罚款或依法申请人民法院强制执行。

吊销执照的执行：

处罚决定书一经送达便可执行，执行方式是将营业执照正、副本全部予以收缴。

9. 结案

交通行政案件处理终结时，由案件承办人对案件办理全过程进行总结。由于特殊原因而使案件无法继续办理的案件，说明原因，作出的结案总结。《结案报告》需由交通机构负责人签署对本案结案的批准意见。

第七篇 交通行政救济论

第十六章 交通行政复议

第一节 交通行政复议程序

一、交通行政复议的申请

交通行政复议的申请,也称复议的提起,是指公民、法人或者其他组织认为交通行政机关的具体交通行政行为侵犯其合法权益,依法向交通行政复议机关提出请求,要求其对该具体交通行政行为的合法性、适当性进行审查,并要求改变或撤销该具体交通行政行为,以保护其合法权益的行为。

根据《行政复议法》和《交通行政复议规定》,申请交通行政复议必须符合一定的条件:

1. 申请人是认为具体交通行政行为侵犯其合法权益的公民、法人或者其他组织

这一条件包含三层含义:

(1)申请人可以是个人,也可以是组织;可以是中国的个人或者组织,也可以是外国的个人或者组织。申请人的范围是非常广泛的。

(2)申请人与具体交通行政行为有直接的利害关系,即具体交通行政行为本身直接影响申请人的权利和义务。

(3)申请人认为具体交通行政行为侵犯其合法权益。这里所谓的"认为"是指申请人主观上认为自己的合法权益受到具体交通行政行为的侵害,至于在客观上是否受到侵害,则需要通过审理才能确定。

2. 有明确的复议被申请人

申请人向行政复议机关申请交通行政复议,必须指出被申请人。如果没有被申请人,或者被申请人不明确,行政复议机关就无法开展复议活动。在实践中,由于作出具体交通行政行为的交通行政主体比较复杂,往往复议申请人不能准确地确定复议被申请人,所以应当允许复议申请人只要列出其认为的"被申请人"就视

交通行政执法总论

为合格,而且行政复议机关应当根据申请人所陈述的事实和相关依据,帮助申请人确定合适的交通行政复议被申请人。

3. 有具体的复议请求和事实依据

所谓的"具体的复议请求",是指申请人申请复议的主张和要求复议机关审理和决定的内容。复议请求一般有:请求复议机关决定撤销违法的具体交通行政行为。请求复议机关决定变更明显不当的具体交通行政行为,如交通行政处罚的畸轻畸重。请求复议机关责令被申请人履行交通行政职责。请求复议机关责令被申请人重新作出具体交通行政行为。请求复议机关附带审查具体交通行政行为所依据的不合法的其他规范性文件。请求复议机关责令被申请人赔偿损失等。

所谓的"事实根据",是指能够证明交通行政主体已经作出某种具体交通行政行为的材料,以及能够证明交通行政主体作出的具体交通行政行为侵犯其合法权益的材料。事实根据既可以包括案情事实,也可以包括证据事实。如交通行政处罚决定书等。

4. 属于行政复议的受案范围

《行政复议法》第六条对行政复议的受案范围作了明确的规定,如果复议申请人申请复议的事项不属于该条的范围,行政复议机关可以不予受理。

5. 属于复议机关的管辖范围

申请复议必须符合法律、法规关于复议案件的相应规定,即受理交通行政复议案件的复议机关必须对该案件享有管辖权。不符合复议管辖的规定,复议机关可以不予受理。如果复议机关受理了不属于自己管辖的交通行政复议案件,应当及时转送有管辖权的机关。

6. 必须符合法定的申请期限

期限是申请复议的时间限制。《行政复议法》第九条第 1 款规定:"公民、法人或者其他组织认为具体行政行为侵犯其合法权益的,可以自知道该具体行政行为之日起 60 日内提出行政复议申请。"60 日可以看作是法律规定的一般期限,如果其他法律、法规规定了行政复议的期限,则应该遵守该规定。此外,《行政复议法》规定了申请期限的例外规定。根据《行政复议法》第九条第 2 款的规定,因不可抗力或者其他正当理由耽误法定期限的,申请期限自障碍消除之日起重新计算。

7. 申请复议应当采用法定的方式

根据《行政复议法》第十一条的规定,申请行政复议,可以采用口头形式,也可以采用书面形式。采用书面形式的,必须向行政复议机关递交复议申请书。复议申请书一般应包括：复议申请人和被申请人的基本情况、申请复议的请求、申请请求所依据的事实和理由、复议机关的名称和申请复议的时间等。

二、交通行政复议申请的审查和处理

交通行政复议机关在收到公民、法人或者其他组织的复议申请书后，应当及时审查复议申请书的内容，并在一定的期限内作出是否受理的决定。

公民、法人或者其他组织向交通运输行政复议机关申请交通运输行政复议，应当自知道该具体行政行为之日起六十日内提出行政复议申请；但是法律规定的申请期限超过六十日的除外。

因不可抗力或者其他正当理由耽误法定申请期限的，申请人应当在交通运输行政复议申请书中注明，或者向交通运输行政复议机关说明，并由交通运输行政复议机关记录在《交通运输行政复议申请笔录》中，经交通运输行政复议机关依法确认的，申请期限自障碍消除之日起继续计算。

申请人申请交通运输行政复议，可以书面申请，也可以口头申请。

申请人口头申请的，交通运输行政复议机关应当当场记录申请人、被申请人的基本情况，行政复议请求，主要事实、理由和时间；申请人应当在行政复议申请笔录上签名或者署印。

公民、法人或者其他组织向人民法院提起行政诉讼或者向本级人民政府申请行政复议，人民法院或者人民政府已经受理的，不得再向交通运输行政复议机关申请行政复议。

交通运输行政复议机关收到交通运输行政复议申请后，应当在五日内进行审查。对符合《行政复议法》规定的行政复议申请，应当决定予以受理，并制作《交通运输行政复议申请受理通知书》送达申请人、被申请人；对不符合《行政复议法》规定的行政复议申请，决定不予受理，并制作《交通运输行政复议申请不予受理决定书》送达申请人；对符合《行政复议法》规定，但是不属于本机关受理的行政复议申请，应当告知申请人向有关行政复议机关提出。

除前款规定外，交通运输行政复议申请自交通运输行政复议机关设置的法制工作机构收到之日起即为受理。

公民、法人或者其他组织依法提出交通运输行政复议申请，交通运输行政复议机关无正当理由不予受理的，上级交通运输行政机关应当制作《责令受理通知书》责令其受理；必要时，上级交通运输行政机关可以直接受理。

交通运输行政复议原则上采取书面审查的办法，但是申请人提出要求或者交通运输行政复议机关设置的法制工作机构认为有必要时，可以向有关组织和个人调查情况,听取申请人、被申请人和第三人的意见。

复议人员调查情况、听取意见,应当制作《交通运输行政复议调查笔录》。

交通运输行政复议机关设置的法制工作机构应当自行政复议申请受理之日起七日内,将交通运输行政复议申请书副本或者《交通运输行政复议申请笔录》复印件及《交通运输行政复议申请受理通知书》送达被申请人。

被申请人应当自收到前款通知之日起十日内向交通运输行政复议机关提交《交通运输行政复议答复意见书》,并提交作出具体行政行为的证据、依据和其他有关材料。

交通运输行政复议决定作出前,申请人要求撤回行政复议申请的,经说明理由并由复议机关记录在案,可以撤回。申请人撤回行政复议申请,应当提交撤回交通运输行政复议的书面申请书或者在《撤回交通运输行政复议申请笔录》上签名或者署印。

撤回行政复议申请的,交通运输行政复议终止,交通运输行政复议机关应当制作《交通运输行政复议终止通知书》送达申请人、被申请人、第三人。

申请人在申请交通运输行政复议时,对《行政复议法》第七条所列有关规定提出审查申请的,交通运输行政复议机关对该规定有权处理的,应当在三十日内依法处理;无权处理的,应当在七日内制作《规范性文件转送处理函》,按照法定程序转送有权处理的行政机关依法处理。

交通运输行政复议机关对有关规定进行处理或者转送处理期间,中止对具体行政行为的审查。中止对具体行政行为审查的,应当制作《交通运输行政复议中止审查通知书》及时送达申请人、被申请人、第三人。

交通运输行政复议机关在对被申请人作出的具体行政行为审查时,认为其依据不合法,本机关有权处理的,应当在三十日内依法处理;无权处理的,应当在七日内按照法定程序转送有权处理的国家机关依法处理。处理期间,中止对具体行政行为的审查。

交通运输行政复议机关中止对具体行政行为审查的,应当制作《交通运输行政复议中止审查通知书》送达申请人、被申请人、第三人。

三、交通行政复议的审理

1. 审理方式

《行政复议法》第二十二条规定:"行政复议原则上采取书面审查的办法。"根据这一规定,交通行政复议采取书面审理为主,其他方式为辅的审理方式。

所谓的"书面审理",是指交通行政复议机关仅就双方所提供的书面材料进行审查,然后作出相应决定的一种审理方式。当出现特殊情况,交通行政复议机关也可以采取其他方式进行审理。而所谓的"其他方式",即指开庭审理。即交通行政复议机关通知申请人、被申请人、证人等到场,通过双方对争议的事实、法律依据质证、辩论,最后由交通行政复议机关作出决定的审查方式。

此外,交通行政复议不能适用调解。交通行政复议机关不能将调解作为复议的一个必经程序,也不能以调解的方式结案。原因在于被申请复议的交通行政机关行使的是国家的交通行政职权,而交通行政机关没有权力处分该职权,因而不存在调解的基础。

2. 审理准备

为了保证交通行政复议活动的顺利进行,复议人员必须做好审理前的准备工作。复议审理准备是复议机关审理所有交通行政复议案件的一个必经阶段。在这一阶段,复议人员应当做好以下工作:

(1)向被申请人发送交通行政复议申请书副本。

《行政复议法》第二十三条第1款规定:"行政复议机关负责法制工作的机构应当自行政复议申请受理之日起7日内,将行政复议申请书副本或者行政复议申请笔录复印件发送被申请人。被申请人应当自收到申请书副本或者申请笔录复印件之日起10日内,提出书面答复,并提交当初作出具体交通行政行为的证据、依据和其他有关材料。"将申请书副本发送被申请人可以便于被申请人了解申请人申请的内容,做好必要的准备,以便被申请人有针对性地提交答辩书。限期被申请人提交答辩书和作出具体交通行政行为的有关材料有利于复议人员对案情及申请人、被申请人双方争议的内容有初步的了解,为审理做好准备。

(2)确定复议人员。

交通行政复议机关受理案件后,应及时确定办理复议案件的人员,并及时告知申请人、被申请人和第三人,以便于申请复议人员回避。

(3)决定被申请的具体交通行政行为是否停止执行。

交通行政管理活动具有连续性、及时性等特点,要求交通行政机关针对实际情况及时作出具体交通行政行为,并敦促义务方及时履行。一般情况,只要处理决定作出,就不应当停止执行。但现实情况的复杂性决定了在符合法定条件时,可以停止执行具体交通行政行为的执行。《行政复议法》第二十一条规定:"行政复议期间具体行政行为不停止执行;但是,有下列情形之一的,可以停止执行:

①被申请人认为需要停止执行的;

②行政复议机关认为需要停止执行的；
③申请人申请停止执行,行政复议机关认为其要求合理,决定停止执行的；
④法律规定停止执行的。"

(4)审阅交通行政复议资料。

审阅交通行政复议资料是复议人员了解案情的必要步骤。审阅的内容包括：
①申请人的复议请求及其事实、理由和证据；
②被申请人的答辩意见,及其事实、理由和证据；
③具体交通行政行为依据的规范性文件是否合法有效；
④案件中有哪些问题不明确的需要进一步调查核实以及对第三人提出的证据认为有必要进行鉴定的。

(5)更换或者追加复议参加人。

交通行政复议机关如果发现复议申请人或者被申请人不符合条件的,应当及时更换。复议机关如果发现必要的共同复议参加人未参加复议的,应当及时通知其参加复议。如果发现与本案有利害关系的人未参加复议,可通知其以第三人的身份参加复议。

3. 复议申请的撤回

复议申请的撤回,是指申请人向复议机关申请复议后,在复议决定作出之前,依法撤回复议申请的行为。对此,《行政复议法》第二十五条规定："行政复议决定作出前,申请人要求撤回行政复议申请的,经说明理由,可以撤回。撤回行政复议申请的,行政复议终止。"根据这一规定,申请人撤回交通行政复议申请应当具备以下条件：

(1)申请人撤回复议申请必须出于自愿。在复议当事人中,只有申请人才有权撤回复议申请,被申请人和第三人都无权撤回复议申请。而且,交通行政复议申请人撤回复议申请,必须是一种自愿行为,如果是受外界的压力而要求撤回申请,交通行政复议机关不应当允许其撤回。

(2)撤回交通行政复议申请必须说明理由。交通行政复议申请人如果想要撤回复议申请,必须说明理由,由复议机关对撤回理由进行审查,根据其撤回是否出于自愿以及其中是否存在违法情形决定是否准许。

(3)撤回复议申请必须在交通行政复议决定作出之前,复议已经结束则不存在撤回复议申请的问题。这是对复议申请撤回的时间限制。

4. 复议审理的依据

交通行政复议在性质上属于交通行政司法活动,当然具有司法的特性,因此,在交通行政复议过程中,也必须贯彻"以事实为依据、以法律为准绳"的原则。《行政复议条例》第四十一条规定:"复议机关审理复议案件,以法律、行政法规、地方性法规、规章,以及上级行政机关依法制定和发布的具有普遍约束力的决定、命令为依据。复议机关审理民族自治地方的复议案件,并以该民族自治地方的自治条例、单行条例为依据。"《行政复议法》对复议审理的依据没有作出明确规定,但根据复议审理的需要,应当以下列规范性文件为依据:法律、行政法规、地方性法规、规章、决定、命令、自治条例和单行条例等。

5. 复议审理的期限

交通行政复议审理期限,是指交通行政复议机关接到复议申请到作出复议决定所需要的时间界限。复议审理期限规定的意义在于,可以提高行政复议的工作效率,及时保障申请人的合法权益。对此《行政复议法》第三十一条第1款规定:"行政复议机关应当自受理申请之日起60日内作出行政复议决定。但是法律规定的行政复议期限少于60日的除外。情况复杂,不能在规定期限内作出行政复议决定的,经行政复议机关的负责人批准,可以适当延长,并告知申请人和被申请人。但是延长期限最多不超过30日。"

四、交通行政复议决定

交通行政复议决定,是指交通行政复议机关对复议案件进行审理后,根据所查明的案件事实,适用法律、法规和规章以及其他具有普遍约束力的决定、命令,对有争议的具体交通行政行为作出判断和处理。

根据《行政复议法》及《交通行政复议规定》,交通行政复议决定有以下几种:

(1)具体行政行为认定事实清楚,证据确凿,适用依据正确,程序合法,内容适当的,决定维持;

(2)被申请人不履行法定职责的,责令其在一定期限内履行;

(3)具体行政行为有下列情形之一的,决定撤销、变更或者确认该具体行政行为违法;决定撤销或者确认该具体行政行为违法的,可以责令被申请人在一定期限内重新作出具体行政行为:

①主要事实不清、证据不足的;

②适用依据错误的;

③违反法定程序的;

④超越或者滥用职权的;

⑤具体行政行为明显不当的。

(4)被申请人不按照《行政复议法》第二十三条的规定提出书面答复、提交当初作出具体行政行为的证据、依据和其他有关材料的,视为该具体行政行为没有证据、依据,决定撤销该具体行政行为。

交通运输行政复议机关责令被申请人重新作出具体行政行为的,被申请人不得以同一的事实和理由作出与原具体行政行为相同或者基本相同的具体行政行为。

交通运输行政复议机关作出交通运输行政复议决定,应当制作《交通运输行政复议决定书》,加盖交通运输行政复议机关印章,分别送达申请人、被申请人和第三人;交通运输行政复议决定书一经送达即发生法律效力。

交通运输行政复议机关向当事人送达《交通运输行政复议决定书》及其他交通运输行政复议文书(除邮寄、公告送达外)应当使用《送达回证》,受送达人应当在送达回证上注明收到日期,并签名或者署印。

1. 维持具体交通行政行为的决定

维持决定是交通行政复议机关作出维持被申请的具体交通行政行为的决定。根据《行政复议法》第二十八条第1款第1项的规定,作出维持决定的条件是:具体交通行政行为认定事实清楚、证据确凿、适用依据正确、程序合法、内容适当五项。而且,这五项要件必须同时具备。

2. 撤销具体交通行政行为的决定

撤销具体交通行政行为的决定,是指具体交通行政行为违法,交通行政复议机关否定其效力的复议决定。根据《行政复议法》第二十八条第1款第3项的规定,作出撤销具体交通行政行为决定的条件是:主要事实不清、证据不足;适用依据错误;违反法定程序;超越或者滥用职权;具体交通行政行为明显不当五项。这五项要件只要满足其一,交通行政复议机关就可以作出撤销具体交通行政行为的决定。

3. 责令被申请人履行法定职责的决定

责令被申请人履行法定职责的决定,是指交通行政复议机关经过对交通行政复议案件的审理,认定被申请人具有不履行或者拖延履行法定职责的情形,作出要求被申请人履行其法定职责的决定。

适用责令被申请人履行法定职责的决定,应当符合以下条件:

(1)被申请人对交通行政相对一方依法负有履行职责的义务;

(2)须有申请人向被申请人提出申请,被申请人有拒绝履行、拖延履行的行为,或者对其申请不予答复;

(3)申请人向被申请人提出申请,应当符合法定条件。

交通行政复议机关责令被申请人作出具体交通行政行为,应当指出行为的内容和作出期限。

4.变更具体交通行政行为的决定

交通行政复议机关经过审理,全部或者部分改变被申请人的具体交通行政行为。实践中,变更具体交通行政行为多是变更明显不当的具体交通行政行为,如畸轻畸重的交通行政处罚。

根据《行政复议法》第二十八条第1款第3项的规定,适用变更决定的情形是:主要事实不清、证据不足;适用依据错误;违反法定程序;超越或者滥用职权;具体交通行政行为明显不当。

5.确认具体交通行政行为违法的决定

交通行政复议机关经审理,认为具体交通行政行为违法,但不适用撤销、变更或者责令其履行职责的,可以确认该具体交通行政行为违法。对此,《行政复议法》第二十八条第1款第3项作出了相应的规定。根据《行政复议法》的其他规定,在多数情况下,确认具体交通行政行为违法,是责令被申请人在一定期限内作出具体交通行政行为以及责令其予以赔偿的前提条件。

6.给予交通行政赔偿的决定

申请人在申请交通行政复议时一并提出交通行政赔偿要求的,复议机关经审查,对符合《国家赔偿法》有关规定应当给予赔偿的,在决定撤销、变更或者确认具体交通行政行为违法时,同时决定被申请人依法给予赔偿。对此,《行政复议法》第二十九条作了详细的规定。

五、交通行政复议决定的执行

交通行政复议决定一经作出,就具有确定力、拘束力和执行力。交通行政复议决定的法律效力决定了该决定必须被履行或执行。

就交通行政复议决定实现的途径而言,有两种方式:一种是被申请的交通行政机关自觉履行,另外一种是对交通行政复议决定的执行。

对于被申请人为履行义务人,《行政复议法》第三十二条规定:"被申请人应当履行行政复议决定。被申请人不履行或者无正当理由拖延履行行政复议决定的,行政复议机关或者有关上级行政机关应当责令其限期履行。"《行政复议法》第三十七条对被申请人在履行行政复议决定时的法律责任作了相应的规定,该规定是:"被申请人不履行或者无正当理由拖延履行行政复议决定的,对直接负责的主管人员和其他直接责任人员依法给予警告人过、记大过的行政处分。经责令履行仍拒不履行的,依法给予降级、撤职、开除的行政处分。"

对于申请人为复议决定履行人,《行政复议法》第三十三条规定:"申请人逾期不起诉又不履行行政复议决定的,或者不履行最终裁决的行政复议决定的,按照下列规定分别处理:

(1)维持具体行政行为的行政复议决定,由作出具体行政行为的行政机关依法强制执行,或者申请人民法院强制执行;

(2)变更具体行政行为的行政复议决定,由行政复议机关依法强制执行,或者申请人民法院强制执行。"

第二节 交通行政复议的受案范围

一、交通行政复议受案范围的确定

1. 交通行政复议受案范围的确定方式

《交通行政复议规定》没有对复议范围进行具体规定。根据相关的规定,交通行政复议受案范围的确定采用了三种方式:

(1)依据是《行政复议法》第二条的规定。该规定是:"公民、法人或者其他组织认为具体行政行为侵犯其合法权益,依法向行政机关提出行政复议申请,行政机关受理行政复议申请,作出行政复议决定,适用本法。"

(2)通过逐条的排列来确定交通行政复议的受案范围。对属于行政复议范围的行政争议案件加以逐个列举,凡在列举范围内的就属于可复议的。否定的,就是不属于可复议的。

(3)《行政复议法》第六条第1项至第10项采用了肯定式对可复议案件进行了列举规定,第11项则采用概括式进行规定,即:"认为行政机关的其他具体行政行为侵犯其合法权益的。"第七条规定了在申请审查具体行政行为的同时可以一并申请审查具体行政行为所依据的规范性文件,但规范性文件限于国务院部门的规定、县级以上地方各级人民政府及其工作部门的规定、乡镇人民政府的规定。第八条以否定列举的方式将内部行政行为和民事纠纷做了排除规定。

2. 交通行政复议受案范围确定的基本标准

根据《行政复议法》第二条和第七条的规定,可以确定交通行政复议受案范围的基本标准:

（1）作为交通行政复议受案范围的交通行政行为必须是具体交通行政行为和一部分抽象交通行政行为。根据这一标准，交通行政复议受案范围的交通行政行为既可以是具体交通行政行为，也可以是抽象交通行政行为。将所有的具体交通行政行为列入受案范围的原因是，具体交通行政行为极易对相对一方的合法权益造成损害，必须对其进行救济。而对于抽象交通行政行为而言，除交通行政立法之外的其他规范性文件，其效力位阶较低，制定的程序较为宽泛，对相对一方造成的损害也较大，因此，必须将其列入受案范围。但国务院的其他规范性文件则例外。对于交通行政立法，其审查按照法律、行政法规办理。

（2）作为交通行政复议受案范围的交通行政行为必须是行政复议法规定的可以复议的交通行政行为。具体交通行政行为虽然可以作为交通行政复议的申请对象，但是由于具体交通行政行为的多样性，并非所有的具体交通行政行为都可以被列入受案范围。如对于交通行政机关作出的行政处分，就不能申请交通行政复议，而只能依照有关法律、行政法规的规定提出申诉。

（3）公民、法人或者其他组织认为具体交通行政行为侵犯其合法权益或者具体交通行政行为所依据的规定不合法。根据这一标准，交通行政相对一方申请复议时，只是"认为"其合法权益受具体交通行政行为侵害，至于是否违法侵害则要等到复议机关审查后才能确定；侵害的必须是申请者本人的合法权益，而不是其他人的合法权益；而且，认为受侵害的必须是合法权益，而不能是非法权益。此外，在对法定规范性文件进行申请时，必须以规范性文件是具体交通行政行为的依据为条件，而且必须在对具体交通行政行为申请复议时一并提出，而不能单独提出。

（4）公民、法人或者其他组织必须依法向交通行政机关提出申请。交通行政复议的申请是整个复议程序的前提条件，也是复议程序不可缺少的环节。交通行政相对一方必须在法定期限内提出复议申请，而且申请复议必须符合法定条件和法定形式。

二、行政行为的复议范围

根据《行政复议法》第六条的规定，相对一方对具体行政行为可以申请复议的范围有十一个方面，其中行政机关确认自然资源所有权和使用权以及变更或废止农业承包合同一般不属于交通行政管理的范畴，不属于交通行政复议范围，其余几个方面可用于交通行政复议范围：

（1）对交通行政机关作出的警告、罚款、没收违法所得、没收非法财物、责令停产停业、暂扣或者吊销许可证、暂扣或者吊销执照、行政拘留等交通行政处罚决定不服的。

交通行政处罚是交通行政主体对违反交通行政法规,实施了危害交通行政管理秩序的行为的交通行政相对一方给予的一种法律制裁。交通行政处罚的种类有五种,即警告,罚款,没收违法所得、没收非法财物,责令停产停业,暂扣或者吊销许可证、暂扣或者吊销执照。对这五种交通行政处罚,只要交通行政相对一方认为其侵犯自己的合法权益,就可以依法提出复议申请,交通行政复议机关必须予以受理。对于行政拘留而言,由于其不是交通行政处罚的一种,在理论上不应当将其列入交通行政复议的受案范围。

(2)对交通行政机关作出的限制人身自由或者查封、扣押、冻结财产等交通行政强制措施决定不服的。

交通行政强制措施是交通行政主体对拒不履行法定义务或者违反法定义务的交通行政相对一方实施的对其人身权和财产权直接有影响的一种具体交通行政行为。如限制人身自由的约束,对财产的查封、扣押、冻结、扣缴、强制拆除、缴纳滞纳金、强制检查等。交通行政相对一方只要对交通行政主体实施的这些强制措施不服的,就可以依法提出复议申请。

(3)对交通行政机关作出的有关许可证、执照、资质证等证书变更、中止、撤销的决定不服的。

许可证、执照等的管理是交通行政机关实施交通行政管理的一种有效手段。交通行政机关颁发的许可证很多,如公路管理机构颁发的超限运输许可证;运政机构颁发的经营许可证、营运证;航运管理机构颁发的运输许可证、运输服务许可证等。如果相对一方对交通行政机关关于这些许可证、执照等实施的变更、中止、撤销等行为不服的,可以依法提出复议申请。

(4)认为交通行政机关侵犯其合法经营自主权的。

经营自主权,是指公民、法人或者其他组织在遵守国家法律和计划的基础上,对自己的人、财、物和产、供、销等拥有独立的支配的权利。经营自主权一般包括:生产经营决策权、产品与劳务定价权、产品销售权、物资采购权、进出口权、投资决策权、资产处置权、劳动用工权以及拒绝摊派权等。

(5)认为交通行政机关违法集资、征收财物、摊派费用或者违法要求履行其他义务的。

这是《行政复议法》新增加的一条。交通行政机关有权为相对一方设定或者免除义务,但必须严格依法执行。任何超越法律、法规和规章的规定为相对一方设定义务,都是违法行为。对此,受侵犯的交通行政相对一方有权向复议机关申请复议。而且,对于交通行政机关的违法集资、摊派费用等行为,也可以以合法经营自主权受侵犯为理由申请复议。

(6)认为符合法定条件,申请交通行政机关颁发许可证、执照、资质证、资格证等证书,或者申请交通行政机关审批、登记有关事项,交通行政机关没有依法办理的。

许可证、执照、资质证、资格证等都是交通行政许可的具体形式。对于交通行政机关关于许可方面的行为不服的,申请许可者可以申请交通行政复议。本条限于对交通行政许可不作为行为申请复议。

根据《行政复议法》第六条第8项的规定,申请交通行政复议必须具备有关条件:

①交通行政相对一方已经向交通行政机关提出取得相应证照的申请或者是要求取得有关事项的审批、登记的申请,并且履行了法定的申请手续;

②交通行政相对一方认为自己符合取得相应证照或有关事项登记、审批的条件;

③交通行政机关或者是拒绝办理,或者是不予答复,总之是没有依法办理。

(7)认为交通行政机关的其他具体交通行政行为侵犯其合法权益的。

这一规定是行政复议受案范围的"兜底条款"。这样规定的原因是,一方面,不可能对所有的行为都加以列举。另一方面,随着我国民主法制建设的进程,交通行政复议的受案范围必将不断扩大。

根据《行政复议法》第七条的规定,当行政相对一方认为行政机关的具体行政行为侵犯其合法权益时,有权向有权机关申请行政复议。同时,如果认为具体交通行政行为所依据的相应规范性文件不合法,有权在对具体交通行政行为申请复议的同时,一并提出对该规范性文件的复议申请。应注意的是只能"一并"提出,如果单独提出,交通行政复议机关将不予受理,而且,能够被申请复议的交通行政规范性文件,限于法律、法规、章之外的规范性文件。

三、不能申请行政复议的事项

不能申请行政复议的事项有四类,即对行政法规、规章或者具有普遍约束力的决定命令不服的;对行政机关工作人员的奖惩、任免等决定不服的;对民事纠纷的仲裁、调解或者处理决定不服的;对国防、外交等国家行为不服的。《行政复议法》第八条规定了不能申请复议的事项,具体内容是:不服行政机关作出的行政处分或者其他人事处理决定的,依照有关法律、行政法规的规定提出申诉。不服行政机关对民事纠纷作出的调解或者其他处理,依照有关法律的规定申请仲裁或者提起民事诉讼。根据以上规定,不能申请交通行政复议的事项有:

1. 部分抽象交通行政行为

根据以上论述,部分抽象交通行政行为可以被申请复议,如省级以下交通部门的规范性文件。另外一部分则不能被申请交通行政复议,主要是法律、法规和行政规章。

2. 行政处分或者其他人事处理决定

《行政复议法》之所以将其排除在复议救济范围之外,主要是因为,对于这些行为,行政系统内部已经设有救济机制,如各级信访机构、各级监察机构等。另外,这些行为即使有所侵犯,侵犯的也往往是交通行政机关工作人员的权益,而不是作为交通行政管理的外部相对一方的合法权益。

3. 交通行政仲裁、交通行政调解或者其他处理行为

严格来说,交通行政仲裁和交通行政调解并不能算作是交通行政行为。因为,交通行政仲裁是交通行政机关以第三者的身份居中裁决特定民事纠纷的行为。交通行政调解行为的客体是公民、法人或者其他组织之间发生的特定民事争议,而不是交通行政机关行使交通行政职权而作出的具体交通行政行为,而且该调解行为也不具有强制执行的法律效力。基于此,《行政复议法》将其排除在复议受案范围之外。

对此,相关法律均有规定。如,《汽车质量纠纷调解办法》第二十八条规定:"如经调解不能达成协议或调解达成协议后,一方不履行协议,有关当事方可以依法提请仲裁机构仲裁或向人民法院提起民事诉讼。"再如,《汽车货物运输规则》规定:"承运人、托运人、收货人及有关方在履行运输合同或处理货运事故时,发生纠纷、争议,应及时协商解决或向县级以上人民政府交通主管部门申请调解。当事人不愿和解、调解或者和解、调解不成的,可依仲裁协议向仲裁机构申请仲裁。当事人没有订立仲裁协议或仲裁协议无效的,可以向人民法院起诉。"

第三节 交通行政复议机关与管辖

一、交通行政复议机关

交通行政复议机关,是指依照法律的规定,有权受理交通行政复议申请,依法对被申请的具体交通行政行为进行合法性、适当性审查并作出决定的行政机关。

根据现行的法律、法规的规定,交通行政复议机关有三种:

(1)作出被申请复议的具体交通行政行为的交通行政主体;

(2)作出被申请复议的具体交通行政行为的交通行政主体的上一级交通行政机关;

(3)作出被申请复议的具体交通行政行为的交通行政主体所属的本级人民政府。

交通行政复议机构是有交通行政复议权的行政机关内部设立的一种专门负责交通行政复议案件的受理、审查和裁决工作的办事机构。《行政复议法》第三条规定:"依照本法履行行政复议职责的行政机关是行政复议机关。行政复议机关负责法制工作的机构具体办理行政复议事项。"根据这一规定,交通行政复议机构不是一个独立的机构,也不是一个专职机构。交通行政复议机构不是交通行政主体,因此不能以自己的名义对外行使职权,上下级交通行政复议机关的交通行政复议机构之间没有领导和监督关系,它们各自对所属的交通行政复议机关负责。

根据《行政复议法》第三条的规定,交通行政复议机构的职责有:

(1)受理交通行政复议申请;

(2)向有关组织和人员调查取证,查阅文件和资料;

(3)审查被申请交通行政复议的具体交通行政行为是否合法与适当,拟定交通行政复议决定;

(4)处理或者转送对《行政复议法》第七条所列相关规定的审查申请;

(5)对交通行政机关违反行政复议法相关规定的行为依照规定的权限和程序提出处理建议;

(6)办理因不服交通行政复议决定提起行政诉讼的应诉事项;

(7)法律、法规规定的其他职责。

二、交通行政复议管辖

交通行政复议管辖,是指各级交通行政复议机关对交通行政复议案件在受理上的具体分工,即交通行政相对一方提出复议申请之后,应当由哪一个交通行政复议机关来行使交通行政复议权。

根据《行政复议法》第十二条、第十四条和第十五条和《交通行政复议规定》的规定,交通行政复议管辖如下:

(1)对县级以上地方人民政府的交通行政主管部门的具体交通行政行为不服的,由申请人选择,可以向该部门的本级人民政府申请行政复议,也可以向上一级交通行政主管部门申请行政复议。

(2)对中华人民共和国交通运输部及省级人民政府交通行政主管部门、交通运输部直属海事管理机构、长江航务管理局、珠江航务管理局的具体交通行政行为不服的,向交通运输部申请行政复议。其中,对交通运输部对自己作出的具体行政行为的交通行政复议决定不服的,可以向人民法院提起行政诉讼,也可以向国务院申请裁决,国务院的裁决是最终裁决。

(3)对地方各级交通行政主管部门依法设立的交通管理派出机构依照法律、法规或者规章规定,以自己名义作出的具体交通行政行为不服的,向设立该派出机构的交通行政主管部门或者该部门的本级地方人民政府申请行政复议。

(4)对地方各级交通行政主管部门依法设立的交通管理机构,依照法律、法规、规章授权,以自己名义作出的具体交通行政行为不服的,向设立该管理机构的交通行政主管部门申请行政复议。

(5)对两个或者两个以上交通行政机关,或者一个交通行政机关与一个或几个其他行政机关以共同名义作出的具体行政行为不服的,向其共同上一级行政机关申请行政复议。

(6)对被撤销的交通行政机关在撤销之前所作出的具体交通行政行为不服的,向继续行使其职权的交通行政机关的上一级交通行政机关申请行政复议。

三、交通行政复议管辖的其他问题

1. 移送管辖

交通行政复议机关对不属于自己管辖的案件,应当移送给有管辖权的行政复议机关。根据《行政复议法》第十五条第2款的规定,对于上述管辖中的第三、第四、第五、第六种管辖,复议申请人既可以按照各项规定申请复议,也可以向具体交通行政行为发生地的县级以上地方人民政府提出交通行政复议申请,该地方人民政府应当自接到该复议申请之日起7日内,将复议申请转送给有权行政复议机关,并告知申请人。

2. 交通行政复议前置

交通行政复议机关对某一案件享有管辖权,是对该案件进行合法性与适当性审查的前提条件。但是交通行政复议机关是否享有复议权,不仅要看其是否有管辖权而且还要正确处理交通行政复议与交通行政诉讼的关系。根据《行政复议法》第十六条的规定,公民、法人或者其他组织申请交通行政复议,交通行政复议机关已经依法受理的,或者法律、法规规定应当先向交通行政复议机关申请交通行政复议,对复议决定不服再向人民法院提起诉讼的,在法定复议期限内不得向人民法院提起交通行政诉讼。公民、法人或者其他组织向人民法院提起交通行政诉讼,人民法院已经依法受理的,不得再申请交通行政复议。

第四节 交通行政复议参加人

一、交通行政复议的申请人

交通行政复议的申请人,是指对交通行政主体作出的具体行政行为不服,依据法律、法规的规定,以自己的名义向交通行政复议机关申请行政复议的公民、法人或者其他组织。

1. 交通行政复议申请人的资格

《行政复议法》第九条规定:"公民、法人或者其他组织认为具体行政行为侵犯其合法权益的,可以自知道该具体行政行为之日起 60 日内提起复议申请……"由此可以看出,申请人必须满足以下两个条件:

(1)交通行政复议申请人必须是公民、法人或者其他组织。

公民是指具有中国国籍的自然人。外国人和无国籍人在中国也必须遵守中华人民共和国的法律。法人是指符合法定条件而成立的一种组织,可以分为企业法人、事业法人、机关法人和社会团体法人等。交通行政机关在作为交通行政管理对象时,可以作为机关法人成为交通行政复议的申请人。其他组织是指不具备法人条件的组织,如合伙组织、联营企业等。

(2)交通行政复议申请人是认为被具体交通行政行为侵犯合法权益的人。

公民、法人或者其他组织在交通行政管理关系中,以相对一方的身份出现,必须服从交通行政机关的管理。如果交通行政机关对其实施了某种具体交通行政行为,而公民、法人或者其他组织又认为该具体交通行政行为侵犯了其合法权益,这时就有权依据《行政复议法》申请交通行政复议。

2. 交通行政复议申请人的权利

交通行政复议是对交通行政的一种监督方式,也是对相对一方合法权益的有效救济方式。基于此,就必然赋予相对一方在交通行政复议过程中以必要的权利。交通行政复议申请人在复议过程中享有以下权利:

(1)申请复议的权利。

如前所述,公民的人身权和财产权是宪法赋予的基本权利,对其必须设置救济机制,而且,相对一方的复议申请是整个交通行政复议过程的前提,因此《行政复议法》第九条规定了公民、法人或者其他组织的复议申请权。

（2）撤回复议申请权。

交通行政复议申请人申请复议的原因是，认为具体交通行政行为侵犯其合法权益。而一旦在复议过程中，作出具体交通行政行为的交通行政机关改变了其行为，复议申请人又比较满意，或者复议申请人意识到其认识是错误的而申请理由根本就不具备等，应当允许其撤回申请。这样有利于对其权益的保护，也有利于及早结束复议，以免浪费人力、物力、财力。对此，《行政复议法》第二十五条作了详细规定。

（3）申请回避的权利。

《行政复议法》没有对回避进行规定。但是，根据一般行政法原理以及交通行政复议实践，当复议申请人认为交通行政复议机关的工作人员、证人、鉴定人和翻译人员与交通行政复议案件有利害关系或者其他关系，可能影响案件的公正审理，有权提出申请更换这些人员。

（4）委托代理人的权利。

《行政复议法》第十条第5款规定："申请人、第三人可以委托代理人代为参加行政复议。"根据这一规定，交通行政复议申请人因特殊情况不能参加交通行政复议活动，或者申请人认为自己欠缺复议方面的知识，为了在交通行政复议中更好地维护自己的合法权益，可以委托代理人代为参加交通行政复议。代理人一般分为法定代理人和法定代表人两种。

（5）查阅被申请人提交的相关证据材料的权利。

《行政复议法》第二十三条第2款规定："申请人、第三人可以查阅被申请人提出的书面答复、作出具体交通行政行为的证据、依据和其他有关材料。除涉及国家秘密、商业秘密和个人隐私外，行政复议机关不得拒绝。"交通行政复议一般以书面形式进行审理，当事人之间不能当面质证，因此，为了使申请人了解被申请人作出具体交通行政行为的理由、依据，法律赋予其查阅权。这一权利的享有，可以使申请人能对复议结果有个大致的判断，也有助于使申请人正确理解复议决定，从而主动执行复议决定。

（6）请求赔偿和获得赔偿的权利。

根据《行政复议法》第二十九条的规定，申请人如果认为具体交通行政行为已经对自己的合法权益造成损害，可以在申请复议时一并提出赔偿请求，是否赔偿以及赔偿的具体方式和金额由复议机关按照国家赔偿法的规定确定。如果复议申请人在申请复议时没有提出赔偿请求，交通行政复议机关在依法决定撤销或者变更罚款、撤销违法集资、没收财物、征收财物、摊派费用以及对财产的查封、扣押、冻结等具体交通行政行为时,应当责令被申请人返还财产。解除对财产的查封、扣押、冻结措施,或者赔偿相应的价款。

(7)起诉权。

申请人对交通行政复议决定不服时,除法律规定为终局的交通行政复议决定的,都可以向人民法院提起交通行政诉讼。此外,根据《行政复议法》第十九条的规定,对于交通行政复议前置的案件,交通行政复议机关决定不予受理或者受理后超过复议期限不作答复的,申请人可以自收到不予受理决定书之日起或者交通行政复议期满之日起 15 日内,依法向人民法院提起交通行政诉讼。

3. 申请人的变更

一般而言,作为申请人的公民、法人或者其他组织是固定的,即具体交通行政行为的相对一方或者认为其合法权益受该具体交通行政行为侵犯的人。但是,在法律规定的情况下,申请人会发生变化。包括以下两种情况:

(1)公民作为申请人时的变化。

《行政复议法》第十条规定:"有权申请行政复议的公民死亡的,其近亲属可以申请行政复议。"这一规定明确赋予了申请人的近亲属在申请人死亡情况下的申请权。根据司法解释,近亲属包括:配偶、父母、子女、兄弟姐妹、祖父母、外祖父母、孙子女、外孙子女等。

(2)法人或者其他组织作为申请人时的变化。

《行政复议法》第十条规定:"有权申请复议的法人或者其他组织终止的,承受其权利的法人或者其他组织可以申请行政复议。"根据这一规定,当有申请权的法人或者其他组织合并、分立或者解散时,其权利的承受者有权申请交通行政复议。

二、交通行政复议被申请人

交通行政复议的被申请人,是指其具体交通行政行为被行政复议申请人指控违法侵犯其合法权益,并由交通行政复议机关通知参加行政复议的交通行政主体。被申请人包括交通行政机关和法律、法规以及规章授权的组织。

1. 交通行政复议被申请人的资格

(1)被申请人必须是交通行政主体。能够成为交通行政复议被申请人的只能是各级交通行政机关和法律、法规以及规章授权的组织,自然人不能成为交通行政主体,当然也就不能成为交通行政复议的被申请人。而且,接受交通行政机关委托行使一定交通行政职权的组织不能成为被申请人。

(2)被申请人必须是实施具体交通行政行为的交通行政主体。交通行政主体只有实施了交通行政行为,而且其行为被认为违法侵犯了交通行政相对一方的合法权益,经相对一方的复议申请以及人民法院的通知才能成为被申请人。而且,交通行政主体的行政行为必须是具体交通行政行为。

(3)被申请人必须是交通行政复议机关通知参加复议活动的交通行政机关。如果只有相对一方的申请,而复议机关认为不应受理而驳回复议申请,那么交通行政机关就不会成为被申请人。

2.交通行政复议被申请人的确定

由于目前我国行使交通行政职权的交通行政主体比较多,又比较复杂。既有交通行政机关,又有法律、法规、规章授权的组织和交通行政机关委托的组织,所以,对作出具体交通行政行为的行政复议被申请人的确定就具有重要意义。实践中,对被申请人的确定,有几种不同的情况:

(1)申请人对交通行政机关的具体交通行政行为不服的,该交通行政机关就必然是被申请人;

(2)以法律、法规以及规章授权而享有一定交通行政管理职能,作出相应具体交通行政行为的组织,可以成为被申请人;

(3)接受交通行政机关委托而作出具体交通行政行为的组织,不能成为交通行政复议的被申请人,只能以委托的交通行政机关为被申请人;

(4)对各级交通行政机关的派出机构的具体交通行政行为不服的,应区别不同情况:如果派出机构依法能够以自己的名义作出具体交通行政行为,则以该派出机构为被申请人;如果派出机构依法不能以自己名义作出具体交通行政行为,则以设立该派出机构的交通行政机关为被申请人;

(5)作出具体交通行政行为的交通行政机关被撤销的,继续行使其职权的交通行政机关为被申请人;

(6)两个或者两个以上的交通行政机关作出同一具体交通行政行为,共同作出该具体交通行政行为的交通行政机关为被申请人。

3.被申请人的权利和义务

交通行政主体作为交通行政复议的被申请人,在复议过程中享有一定的权利:

(1)对申请人提出的复议要求进行答辩和反驳的权利。

被申请人针对申请人提出的复议请求,有权向交通行政复议机关提交作出具体交通行政行为的理由和相关资料。

(2)申请回避的权利。

交通行政复议被申请人作为复议的当事人,同样享有申请人所享有的申请回避权。当认为复议案件的承办人、鉴定人、翻译人员与该案有利害关系,可能影响案件的公正审理,有权要求更换。至于是否允许,由交通行政复议机关决定。

(3)强制执行权和申请强制执行权。

交通行政复议决定生效后,如果申请人既未提起交通行政诉讼,又不履行复议决定,被申请人有权依法强制执行或者申请人民法院强制执行。对此,《行政复议法》第三十条规定:"维持具体行政行为的行政复议决定,由作出具体行政行为的行政机关依法强制执行,或者申请人民法院强制执行。"

4. 被申请人在交通行政复议中的义务

(1)举证义务。

《行政复议法》第二十三条规定:"……被申请人应当自收到申请书副本或申请笔录复印件之日起10日内,提出书面答复,并提交当初作出具体行政行为的证据、依据和其他有关资料。"这条规定可以看作是被申请人负有举证义务的法律依据。如果被申请人在法定期限内,不提交相关资料,则该具体交通行政行为将会被视为没有依据和证据,交通行政复议机关可以直接撤销该具体交通行政行为,并对直接负责的主管人员和其他责任人员依法给予警告、记过、记大过的行政处分。

(2)复议过程中不得自行收集证据的义务。

交通行政机关作出具体交通行政行为,应当先取证后裁决,对所认定的事实必须有证据证明,并在此基础上,依据法律、法规、规章及其他规范性文件的相应规定作出具体交通行政行为。如果先裁决后取证,则违反了法定程序,该行为即属违法。《行政复议法》第二十四条对此作了明确的规定。这里的"自行"应当理解为,在交通行政复议机关的要求或者允许下,则可以收集或者补充相关的证据。对此,应当参照最高人民法院《关于执行(中华人民共和国行政诉讼法)若干问题的解释》的有关规定来具体操作。即申请人在作出具体行政行为时已经收集证据,但因不可抗力等正当事由不能提供的,或者申请人、第三人在复议过程中,提出了其在被申请人实施行政行为过程中没有提出的反驳理由或者证据的等两种情况,被申请人经复议机关的准许可以补充相关的证据。

(3)执行复议决定的义务。

生效的交通行政复议决定,不仅对申请人有约束力,对被申请人同样具有约束力。《行政复议法》第三十二条和第三十七条对此作了明确的规定。根据该规定,被申请人应当履行交通行政复议决定。被申请人不履行或者无正当理由拖延履行交通行政复议决定的,交通行政复议机关或者有关上级交通行政机关应当责令其限期履行。被申请人不履行或者无正当理由拖延履行交通行政复议决定的,对直接负责的主管人员和其他直接责任人员依法给予警告、记过、记大过的行政处分。经责令履行仍拒不履行的,依法给予降级、撤职、开除的行政处分。

三、交通行政复议第三人

交通行政复议第三人,是指因与被申请的具体交通行政行为有利害关系,通过申请或者复议机关通知,参加到复议中来的公民、法人或者其他组织。

交通行政复议第三人具有以下特征:

(1)与被申请复议的具体交通行政行为有利害关系。"利害关系"是指"法律上的利害关系",即第三人认为具体交通行政行为导致其既得或应得权利的丧失,或增加不应有的义务。

(2)第三人参加交通行政复议活动是为了维护自己的合法权益。这是第三人与证人、鉴定人等复议参与人的主要区别。第三人在复议中所提出的复议主张、证据等有关资料,可能会有利于申请人或被申请人,但最终目的是为了维护自己的合法权益。

(3)第三人必须申请经复议机关批准或者由复议机关追加才能成为交通行政复议第三人。

(4)第三人必须在复议开始后结束前参加复议活动。

(5)交通行政复议中的第三人只能是无独立请求权的第三人。

第十七章
交通行政诉讼

第一节 行政诉讼程序

一、起诉与受理

起诉与受理是交通行政诉讼程序的开始,是两种不同性质却又联系密切的诉讼活动,二者一起确立了交通行政相对一方、人民法院、交通行政主体之间的交通行政诉讼法律关系。

1. 起诉

人民法院不能主动审理交通行政案件,必须要由交通行政相对一方提起诉讼。起诉,是指公民、法人或者其他组织认为交通行政行为侵犯其合法权益,要求人民法院对具体交通行政行为进行审查从而保护自己合法权益的诉讼行为。

交通行政相对一方提起交通行政诉讼必须符合一定的条件。一般来说,这里的条件主要是指形式上的要件,人民法院在受理时也只对起诉的形式要件进行初步审查。具体的起诉要件包括:

(1)原告是认为具体交通行政行为侵犯其合法权益的公民、法人或者其他组织。

这里应注意的是,原告提起诉讼所要保护的是自己的合法权益,也就是与该具体交通行政行为有法律上的直接或者间接利害关系的人,而且其提起诉讼必须以自己的名义进行。

(2)应当有明确的被告。

原告提起交通行政诉讼时,一般只要明确指出自己认为的作出具体交通行政行为的交通行政机关或者作出具体交通行政行为的工作人员所属的交通行政机关就可以了,至于其所指定的交通行政机关是否正确,则要等到人民法院进行审查才能确定。人民法院经审查认为被告不适合,人民法院有权通知原告更换被告。这样规定的目的在于保护交通行政相对一方的合法权益,因为交通行政相对一方受资讯的限制,不可能很准确地指出作出具体交通行政行为的交通行政机关。

(3)有具体的诉讼请求。

原告在起诉时必须明确提出自己的诉讼请求,原告如果不提出诉讼请求,人民法院将无法审理。原告提出或者补全诉讼请求的最后期限是起诉状副本送达被告之前,之后除正当理由之外,原告提出新的诉讼请求,人民法院不予准许。

(4)有明确的事实根据。

事实根据是指原告向人民法院起诉所依据的事实和根据,包括交通行政案件的案情事实和证据事实。应当注意的是,原告所提出的事实证据只要能证明所争议的具体交通行政行为存在即可,而不能严格要求,否则不利于对原告权益的保护。

(5)属于人民法院的受案范围。

受案范围决定了公民、法人或者其他组织的合法权益受司法补救的范围,当事人只能在受案范围之内起诉。不属于人民法院受案范围的,当事人不能起诉,人民法院也不能审理。实践中应当注意的问题是,案件是否属于人民法院的受案范围有时要经过实体审查才能作出准确的判断,决不能未经审查仅依据案件的表面特征就一概不予受理。

(6)属于受诉人民法院管辖。

属于人民法院的受案范围是人民法院管辖的前提,如果不属于人民法院的受案范围,就不必再考虑是否属于人民法院管辖的问题。当事人起诉的交通行政案件应当属于接受起诉状的人民法院管辖,如果当事人的起诉存在管辖上的错误,将诉状递交无管辖权的人民法院并不直接导致诉讼期限的延误,受诉人民法院应当将诉状移送给有管辖权的人民法院或者告知当事人向有管辖权的人民法院起诉。

(7)必须依照法定程序起诉。

根据法律规定,原告既可以直接向人民法院起诉,也可以先向交通行政复议机关申请交通行政复议,对交通行政复议决定不服的再向人民法院起诉;但当法律、法规规定应先向交通行政复议机关申请复议的,必须先经过交通行政复议。

关于复议与起诉的处理关系,实践中一般存在三种特殊情形:一是当事人既提起交通行政诉讼又申请交通行政复议,除复议前置之外,应当由先受理的机关管辖。如果先经过诉讼程序,则人民法院的裁决为最终裁决,当事人不能再申请交通行政复议。二是当事人在复议期间提起交通行政诉讼,人民法院一般不予受理。三是当事人在复议期间撤回复议申请的,如果不是法定的复议前置,而且该撤回复议申请行为又经交通行政复议机关同意的,在法定期限内提起诉讼,人民法院应当依法受理。应注意的是,这里的"法定期限",是当事人直接向人民法院提起诉讼的期限,复议所经过的期间不予排除。

(8) 符合法定的起诉期限。

根据《行政诉讼法》第四十六条的规定,原告应当在知道作出具体交通行政行为之日起 6 个月提出,但法律另有规定的除外;经过交通行政复议程序的,申请人对交通行政复议决定不服的,可以在收到复议决定书之日起 15 日内向人民法院起诉。交通行政复议机关逾期不作复议决定的,申请人可以在复议期满之日起 15 日内向人民法院起诉。此外,《行政诉讼法》第 48 条规定:"公民、法人或者其他组织因不可抗力或者其他特殊情况耽误法定期限的,在障碍消除后的十日内,可以申请延长期限,是否准许由人民法院决定。"

针对实践中出现的特殊情况,《行政诉讼法若干问题解释》规定了起诉的特殊期限。具体有:

公民、法人或者其他组织申请交通行政机关履行法定职责,交通行政机关不履行的,人民法院应当依法受理。公民、法人或者其他组织在紧急情况下请求交通行政机关履行保护其人身权、财产权的法定职责,交通行政机关不履行的,当事人可以立即起诉,不受期限的限制。

交通行政机关作出具体交通行政行为时,没有制作或者没有送达法律文书,公民、法人或者其他组织不服向人民法院起诉的,只要能证明具体交通行政行为存在,人民法院就应当依法受理,一般不受时间限制。

交通行政机关作出具体交通行政行为时,未告知公民、法人或者其他组织诉权或者起诉期限的,起诉期限从公民、法人或者其他组织知道或者应当知道诉权或者起诉期限之日起计算,但从知道或者应当知道具体交通行政行为内容之日起最长不得超过 2 年。交通行政复议决定未告知当事人诉权或者法定起诉期限的,同样适用这一规定。

公民、法人或者其他组织不知道交通行政机关作出的具体交通行政行为内容的,其起诉期限从知道或者应当知道该具体交通行政行为内容之日起计算。对涉及不动产的具体交通行政行为从作出之日起超过 20 年、其他具体交通行政行为从作出之日起超过 5 年提起诉讼的,人民法院不予受理。

此外,由于不属于起诉人自身的原因超过起诉期限的,被耽误的时间不计算在起诉期间内。因人身自由受到限制而不能提起诉讼的,被限制人身自由的时间不计算在起诉期间内。

2. 受理

受理是指人民法院对公民、法人或者其他组织的起诉进行审查,对符合法律规定的起诉条件的案件决定立案受理的诉讼行为。《行政诉讼法》第五十一条规定："人民法院接到起诉状,经审查,应当在七日内立案或者作出裁定不予受理。原告对裁定不服的可以提起上诉。"

人民法院对原告起诉行为审查的内容包括：原告是否是认为具体交通行政行为侵犯其合法权益的公民、法人或者其他组织,是否有明确的被告,是否有具体的诉讼请求,是否有明确的事实根据,是否属于人民法院的受案范围以及受诉人民法院管辖,是否已经经过法律、法规规定的必经的复议程序,起诉是否超过起诉期限等。

人民法院通过审查,应当根据情况作出以下处理：

（1）对于符合起诉条件的,受诉人民法院应当在收到起诉状之日起7日内立案,即正式受理。

（2）不符合起诉条件的,受诉人民法院应当自收到起诉状之日起7日内作出不予受理的裁定,当事人对不予受理的裁定不服,可以在接到裁定书之日起10日内向上一级人民法院提出上诉,上一级人民法院的裁定为终局裁定。

（3）对起诉条件有欠缺但可以补正或者更正的,人民法院应当责令当事人在指定期间补正或者更正,在指定期间内已经补正或者更正的,应当依法受理。

（4）受诉人民法院自收到起诉状之日起7日内不能决定是否受理的,应当先予受理,受理后经审查不符合起诉条件的,裁定驳回起诉。

（5）受诉人民法院自收到起诉状之日起7日内既不立案,又不作裁定的,起诉人可以向上一级人民法院申诉或者起诉。上一级人民法院认为符合受理条件的,应当予以受理,受理后可以移交或者指定下一级人民法院审理,也可以自行审理。

二、行政诉讼的第一审程度

第一审程序是从人民法院裁定受理到作出第一审判决、裁定的诉讼程序。其具体步骤有：

1. 审理前的准备

（1）组成合议庭。

合议庭是人民法院行使行政审判权、审理行政案件的基本组织形式。人民法院审理交通行政案件,由审判员或者审判员、陪审员组成合议庭。合议庭的成员应当是3人以上的单数,合议庭在审判长的主持下进行活动,合议庭全体成员集体审理、共同评议,按少数服从多数的原则表决案件审理中的重大事宜。

（2）诉讼文书传递。

起诉状副本应当在立案后5日内由人民法院发送给被告,同时通知被告应诉并提供答辩状。被告应当在收到起诉状副本之日起 10 日内向人民法院提交作出具体交通行政行为的有关材料,并提出答辩状。人民法院在收到答辩状之日起 5 日内,将答辩状副本发送给原告。

(3)处理管辖异议。

当事人提出管辖异议,应当在接到人民法院应诉通知书之日起 10 日内以书面形式提出,逾期不提出管辖异议的,视为无异议。对当事人提出的异议,人民法院应当进行审查。异议成立的,裁定将案件移送有管辖权的人民法院,异议不成立的,裁定驳回。

(4)合议庭阅卷及补充调查、取证。

合议庭阅卷的目的在于使合议庭组成人员全面了解案情,为开庭做好准备工作。补充调查、取证则是在合议庭组成人员认为交通行政机关提供的证据不够确凿、充分时,为了提高审判质量而自行组织的调查、取证工作。

(5)审查其他内容。

主要是根据案件的具体情况,决定诉讼的合并与分离、确定审理形式、决定开庭审理的时间和地点、决定是否采取诉讼保全措施、审查具体交通行政行为是否停止执行等。

2. 庭审程序

(1)庭审方式。

根据《行政诉讼法》的相关规定,在第一审程序中应当一律实行开庭审理,不得进行书面审理。在开庭审理过程中,一般应以公开审理为原则,以不公开审理为例外。根据法律规定,人民法院审理交通行政案件,除涉及国家秘密、个人隐私和法律规定外一律公开审理。即向社会、公众及舆论公开,允许利害关系人及一般公民到庭旁听,允许记者采访报道。

(2)庭审程序。

庭审程序是人民法院在当事人、诉讼参加人及其他诉讼参与人的参加下,依法定程序审理交通行政案件的过程。一个完整的审理程序应当包括:

①开庭准备。在开庭前 3 日传唤、通知当事人、诉讼参与人按照开庭日期参加诉讼。

②宣布开庭。开庭前由书记员查明当事人、诉讼参加人和其他诉讼参与人是否到庭。审判长宣布开庭,宣布案由,依法核对当事人的身份,宣布合议庭组成人员和书记员及本案鉴定人、勘验人、翻译人员名单,并告知当事人诉讼权利义务,交待申请回避权,询问当事人是否申请回避等。

③法庭调查。法庭调查是审判人员在法庭上,在诉讼参加人和参与人的参加下,全面调查案件事实,审查判断各项证据的诉讼活动。法庭调查的顺序是:告知当事人的诉讼权利和义务。询问当事人和当事人陈述。通知证人到庭作证。告知证人的权利和义务,询问证人。宣读未到庭的证人证言。通知鉴定人到庭,告知其权利和义务,询问鉴定人,宣读鉴定结论。出示书证、物证、视听资料。通知勘验人到庭,告知其权利义务,宣读勘验笔录、现场笔录。

④法庭辩论。法庭辩论一般按以下程序进行:原告及诉讼代理人发言,被告及诉讼代理人发言,第三人及诉讼代理人发言,双方互相辩论。在辩论中如果发现新情况需要进一步调查的,审判长可以宣布停止辩论,恢复法庭调查或决定延期审理。法庭辩论结束后,当事人还有最后陈述的权利。

⑤合议庭评议。合议庭评议采用不公开的形式进行,并实行少数服从多数的原则。合议庭评议应当制作笔录,对评议中的不同意见应当记录在案,所有合议庭成员都应当在笔录上签名。对复杂的交通行政诉讼案件如合议庭成员不能形成统一意见的,应当提交审判委员会讨论决定。对审判委员会的决定,合议庭必须执行。

⑥宣读判决、裁定。合议庭评议后,可以当庭宣判,也可以定期宣判。在一审判决书、裁定书中应当明确告知当事人的上诉权,并明确说明上诉权行使的期限和方式。

⑦关于审理期限。人民法院应当自立案之日起3个月内作出第一审判决,裁定、处理管辖异议以及终止诉讼的时间不计算在内。有特殊情况需要延长的,由高级人民法院批准,高级人民法院审理第一审案件需要延长期限的,由最高人民法院批准,基层人民法院申请延长审理期限,应当直接报请高级人民法院批准,同时报中级人民法院备案。

3.妨害诉讼行为的排除

在交通行政诉讼中,妨害诉讼的行为有以下几种:

(1)有义务协助执行的人,对人民法院的协助执行通知书,无故推托、拒绝或者妨碍执行的;

(2)伪造、隐藏、毁灭证据的;

(3)指使、贿买、胁迫他人作伪证或者威胁、阻止证人作证的;

(4)隐藏、转移、变卖、毁损已被查封、扣押、冻结的财产的;

(5)以暴力、威胁或者其他方法阻碍人民法院工作人员执行职务或者扰乱人民法院工作秩序的;

(6)对人民法院工作人员、诉讼参与人、协助执行人侮辱、诽谤、诬陷、殴打或者打击报复的。

对妨害诉讼的行为,人民法院有权采取强制措施予以排除。排除妨碍诉讼的措施有:训诫、责令具结悔过、罚款及司法拘留。其中,罚款的数额应在1000元以下,拘留的时间应在15日以下。其中罚款、司法拘留须经人民法院院长批准。严重妨害诉讼构成犯罪的,应依法追究刑事责任。

4. 司法结论

在第一审程序中,人民法院根据查明的事实和有关法律规定,对交通行政争议有权作出判决、裁定、决定等司法结论。

《行政诉讼法》规定了一审判决的四种形式:维持判决、撤销判决、履行判决、变更判决。在行政诉讼实践中,这四种判决形式不能满足司法需要,《行政诉讼法若干问题解释》又增加了两种判决形式,驳回原告诉讼请求判决和确认判决。

(1)维持判决。维持判决是人民法院根据审查,在查清全部案件事实的情况下,确认被告的具体交通行政行为合法,予以维持的判决形式。维持判决的适用条件是:证据确凿,适用法律、法规正确符合法定程序。而且这三个条件缺一不可。

(2)撤销判决。人民法院经过审理认为具体交通行政行为部分或全部违法,从而以判决形式部分或者全部撤销被诉具体交通行政行为,并可以责令被告重新作出具体交通行政行为。撤销判决的适用条件是:主要证据不足,适用法律、法规错误,违反法定程序,超越职权,滥用职权,而且只要有其中一项,即可适用撤销判决。根据《行政诉讼法若干问题解释》第五十九条的规定,人民法院在撤销违法的具体交通行政行为时,如果将会给国家利益、公共利益或他人合法权益造成损失的,人民法院在判决撤销的同时,可分别采取以下四种方式处理:一是判决被告重新作出具体交通行政行为。二是责令被诉交通行政机关采取相应的补救措施。三是向被告及有关机关提出司法建议。四是发现违法犯罪的,建议有权机关依法处理。人民法院判决被告重新作出具体行政行为的,被告不得以同一事实和理由作出与原具体行政行为基本相同的具体行政行为。但根据《行政诉讼法若干问题解释》第五十四条的规定,被告重新作出的具体交通行政行为与原具体交通行政行为的结果相同,但主要事实或者主要理由有改变,以及人民法院以违反法定程序为由,判决撤销被诉具体交通行政行为,交通行政机关重新作出具体交通行政行为的,不受该条限制。该条同时规定,交通行政机关根据同一事实和理由重新作出与原具体交通行政行为基本相同的具体交通行政行为的,人民法院可以根据相应的法律规定进行处理。此外,根据《行政诉讼法若干问题解释》第六十条第1款的规定,人民法院判决被告重新作出具体交通行政行为,如果不及时重新作出具体交通行政行为,将会给国家利益、公共利益或者当事人利益造成损失的,可以限定重新作出具体交通行政行为的期限。

(3)履行判决。履行判决适用的条件有两个:一是被告负有履行法定职责的义务。二是被告不履行或者拖延履行法定职责,且没有正当理由。另外,根据《行政诉讼法若干问题解释》第六十条第2款的规定,人民法院判决被告履行法定职责,应当指明履行的期限,因特殊情况难以确定的也可以不指定。

(4)变更判决。人民法院审理交通行政案件,一般只能对交通行政处罚行为进行变更而且必须是显失公正的交通行政处罚行为。即是说,对于一般的不适当的交通行政处罚行为不能变更,只能对"显失"公正的才能判决变更。此外,《行政诉讼法若干问题解释》第五十五条规定:"人民法院审理行政案件不得加重对原告的处罚,但利害关系人同为原告的除外。人民法院审理行政案件不得对行政机关未予处罚的人直接给予行政处罚。"根据这一规定,一般情况下,人民法院不得变更具体交通行政行为加重对原告的处罚。例外情形是,在利害关系人同为原告的情况下,人民法院如果认为交通行政机关对起诉的被处罚人的处罚过轻,可以作出加重对其处罚的变更判决。

(5)驳回原告诉讼请求的判决。这是《行政诉讼法若干问题解释》新确认的一种判决形式。根据《行政诉讼法若干问题解释》第五十六条的规定,这一判决形式适用于以下四种情况:原告起诉被告不作为理由不能成立的。被诉具体交通行政行为合法但存在合理性问题的。被诉具体交通行政行为合法,但因为法律、政策的变化需要变更或者废止的。其他应当判决驳回诉讼请求的情形。

(6)确认判决。人民法院经过审理,可以依法判决确认被诉具体交通行政行为合法或者违法。确认判决也是《行政诉讼法若干问题解释》新确认的一种判决形式。根据《行政诉讼法若干问题解释》第五十七条第1款的规定,人民法院认为被诉具体交通行政行为合法,但不适宜判决维持或者驳回诉讼请求,可以判决确认其合法或者有效。根据该条第2款的规定,出现法定情形,人民法院可以判决确认被诉具体交通行政行为违法或者无效。其适用于以下几种情形:一是被告不履行法定职责,但判决责令其履行法定职责已无实际意义的。二是被诉具体交通行政行为违法,但不具有可撤销内容的。三是被诉具体交通行政行为依法不成立或者无效的。该解释第五十八条也是确认违法判决的一种适用情形。根据该条规定,被诉具体交通行政行为违法,但撤销该具体交通行政行为将会给国家利益或者公共利益造成重大损失的,人民法院应当作出确认被诉具体交通行政行为违法的判决,并责令被诉交通行政机关采取相应的补救措施,造成损害的,依法判决承担赔偿责任。

交通行政诉讼的裁定,是指人民法院在审理交通行政案件的过程中或者执行案件的过程中,就程序问题所作出的判定。交通行政诉讼的判决与交通行政诉讼的裁定之间的区别在于:前者用于解决实体问题,后者用于解决程序问题。前者必须采用书面形式,后者既可以采用书面形式,也可以采用口头形式。对一审的六种判决不服均可以提出上诉,上诉期限为15日,而只能对部分裁定提出上诉,上诉期限为10日。根据《行政诉讼法》和《行政诉讼法若干问题解释》第六十三条的规定,裁定适用以下范围:

(1) 起诉不予受理;
(2) 驳回起诉;
(3) 管辖异议;
(4) 终结诉讼;
(5) 中止诉讼;
(6) 转移或者指定管辖;
(7) 诉讼期间停止具体交通行政行为的执行或者驳回停止执行的申请;
(8) 财产保全;
(9) 先予执行;
(10) 准许或者不准许撤诉;
(11) 补正裁判文书中的笔误;
(12) 中止或者终结执行;
(13) 提审、指令再审或者发回重审;
(14) 准许或者不准许执行交通行政机关的具体交通行政行为;
(15) 其他需要裁定的事项。其中对于第(1)、第(2)、第(3)项裁定,当事人可以上诉。

三、行政诉讼的第二审

第二审程序是上级人民法院对下级人民法院,就第一审交通行政案件所作出的判决、裁定,在发生法律效力以前,基于当事人的上诉,依据事实和法律,对案件进行审理的程序。二审程序是一审程序的继续和发展,一审程序是二审程序的前提和基础。确立二审程序的意义在于,通过第二审人民法院的审判工作,纠正一审裁判中的错误,保护当事人的合法权益,并可以监督和检查下级人民法院的审判工作。

1. 上诉

当事人不服一审裁判,可以在法定期间内向原审法院递交上诉状,写明上诉的请求和理由,同时一并交纳上诉费。当事人提出上诉,应当按照其他当事人或者诉讼代表人的人数提出上诉状副本。原审人民法院接到上诉状后,应当在 5 日内将上诉状副本送达其他当事人,对方当事人应当在收到上诉状副本之日起 10 日内提出答辩状。原审人民法院应当在收到答辩状之日起 5 日内将副本送达当事人。

2. 受理

当事人的上诉先由原审人民法院进行初步审查,经审查符合上诉条件的应当在收到上诉状、答辩状后的 5 日内连同全部案卷和证据报送第二审人民法院。已经预收诉讼费用的,一并报送。

3. 审理

二审法院在接到原审法院转交的上诉状、答辩状及全部案卷后,即进入二审程序。人民法院审理上诉案件除《行政诉讼法》对二审程序有特别规定外,均适用一审程序。这里只就二审程序中的特殊程序予以说明。

(1)审理方式。

第二审人民法院审理交通行政案件一般实行书面审理。即人民法院只就当事人的上诉状及其他书面材料进行审理,而不需要当事人出席法庭,也不向社会公开。书面审理的特点以及核心是法律审,即在案件事实清楚,各方当事人对事实问题不存在争议,而仅对法律适用问题存在意见不一致的情况下才采用书面审理。如果当事人对原审人民法院认定的事实有争议或者第二审人民法院认为原审人民法院所认定的事实不清楚的,则不能进行书面审理,而只能进行开庭审理,即是书面审理的例外。

(2)审理对象。

第二审人民法院审理上诉案件,应当对原审人民的裁定和被诉具体交通行政行为是否合法进行全面审查,而不受上诉范围的限制。具体说,二审法院的审查对象包括两个方面:一是二审法院审理交通行政案件,既要对原审法院的裁判是否合法进行审查,又要对被诉具体交通行政行为的合法性进行审查。二是二审法院审理交通行政案件,对被诉具体交通行政行为的合法性进行全面审查,不受上诉范围的限制。

(3)审理期限。

第二审人民法院审理上诉案件,应当自收到上诉状之日起 2 个月内作出终审判决,有特殊情况需要延长的,由高级人民法院批准,高级人民法院审理上诉案件需要延长的,由最高人民法院批准。

(4)裁判。

上诉人民法院通过对一审判决认定事实、适用法律及审理程序的全面审查,根据不同情形,作出以下处理:

①原判决认定事实清楚,适用法律、法规正确的,判决驳回上诉,维持原判;

②原判决认定事实清楚,但适用法律、法规错误的,依法改判;

③原判决认定事实不清,证据不足,或者由于违反法定程序可能影响案件的正确判决的,裁定撤销原判,发回原审人民法院重审,也可以查清事实后改判;

④第二审人民法院经审理认为原审人民法院不予受理或者驳回起诉的裁定确有错误,且起诉符合法定条件的,应当裁定撤销原审人民法院的裁定,指令原审人民法院依法立案或者继续审理;第二审人民法院裁定发回原审人民法院重新审理的交通行政案件,原审人民法院应当另行组成合议庭进行审理;

⑤第二审人民法院审理上诉案件,需要改变原审判决的,应当同时对被诉具体交通行政行为作出判决;

⑥原审判决遗漏了必须参加诉讼的当事人或者诉讼请求的,第二审人民法院应当裁定撤销原审判决,发回重审;

⑦原审判决遗漏交通行政赔偿请求,第二审人民法院经审查认为依法不应当予以赔偿的,应当判决驳回交通行政赔偿请求;经审理认为依法应当予以赔偿的,在确认被诉具体交通行政行为违法的同时,可以就交通行政赔偿问题进行调解,调解不成的,应当就交通行政赔偿部分发回重审。

四、行政诉讼的审判监督程序

审判监督程序,又称再审程序,是指人民法院对已经发生法律效力的判决、裁定,发现违反法律、法规的规定,依法再次审理的程序。再审程序不是每个交通行政诉讼的必经程序,而只是对已经发生法律效力的违反法律、法规的判决、裁定,确实需要再审时所适用的一种特殊程序。其设置目的在于保证人民法院审判工作的公正、正确,体现审判工作实事求是、有错必纠的原则。

1. 审判监督程序的提起

审判监督程序的提起必须符合法定条件。审判监督程序可以由以下主体按照法定程序提起:首先,最高人民法院对地方各级人民法院、上级人民法院对下级人民法院已经发生法律效力的判决、裁定,发现违反法律、法规规定的,有权提审或者指令下级人民法院再审;其次,各级人民法院院长对本院已经发生法律效力的判决、裁定,发现违反法律、法规规定认为需要再审的,应当提交审判委员会决定是否再审。最后,人民检察院作为国家的法律监督机关,有权对人民法院发生法律效力的有错误的判决、裁定按照审判监督程序提出抗诉,对于人民检察院的抗诉,人民法院必须提审或者指令再审。

当事人对已经发生法律效力的判决、裁定,认为确有错误的,可以向原审人民法院或者上一级人民法院提出申诉。当事人的申诉并不必然引起审判监督程序,但作为再审案件的来源,是人民法院发现判决、裁定错误的重要途径。对于当事人申诉的期限,根据《行政诉讼法若干问题解释》第七十三条规定,当事人应当在判决、裁定发生法律效力后2年内提出。当事人对已经发生法律效力的交通行政赔偿调解书,提出证据证明调解违反自愿原则或者调解协议的内容违反法律规定的,可以在2年内申请再审。

2. 再审案件的审理

(1)人民法院按照审判监督程序再审的案件,发生法律效力的判决、裁定是由第一审人民法院作出的,按照第一审程序审理,所作出的判决、裁定,当事人可以上诉。发生法律效力的判决、裁定是由第二审人民法院作出的,按照第二审程序审理,所作的判决、裁定是发生法律效力的判决、裁定。上级人民法院按照审判和监督程序提审的,按照第二审程序审理,所作的判决、裁定是发生法律效力的判决、裁定。人民法院审理再审案件,应当另行组成合议庭。

(2)人民法院按照审判监督程序决定再审的案件,应当裁定中止原判决的执行。裁定由院长署名,加盖人民法院印章。上级人民法院决定提审或者指令下级人民法院再审的,应当作出裁定,裁定应写明中止原判决的执行。情况紧急的,可以将中止执行的裁定口头通知负责执行的人民法院或者作出生效判决、裁定的人民法院,但是应当在口头通知后10日内发出裁定书。

五、行政诉讼执行的程序

交通行政诉讼执行,是指人民法院或者有权交通行政机关对已经生效的判决、裁定等在义务人逾期不履行时,依法采取强制措施,从而使判决、裁定、决定得以实现的活动。

1. 申请执行的条件

交通行政诉讼的执行条件是由法律设定的,执行程序得以发生的构成要件。不符合相应的条件,交通行政诉讼法律文书的内容就无法实现。

一般而言,这些条件包括:被执行人在法定期限内有能力履行义务,但拒不履行。而且，必须有已经生效的拒以执行的法律文书。关于申请执行的期限，根据《行政诉讼法若干问题解释》第八十四条的规定，申请人是公民的，申请执行生效的交通行政判决书、裁定书、赔偿判决书和赔偿调解书的期限为1年。申请人是交通行政机关、法人或者其他组织的为180日。此外，申请执行的期限从法律文书规定的履行期间最后一日起计算。法律文书中没有规定履行期限的，从该法律文书"送达"当事人之日起计算。

对于交通行政机关申请人民法院强制执行其具体交通行政行为的，根据《行政诉讼法若干问题解释》第八十六条的规定，必须符合以下条件：

(1) 具体行政行为依法可以由人民法院执行；

(2) 具体行政行为已经生效并且具有可执行的内容；

(3) 申请人是作出该具体行政行为的交通行政机关或者法律、法规、规章授权的组织；

(4) 被申请人是该具体行政行为所确定的义务人；

(5) 被申请人在具体行政行为所确定的期限内或者行政机关另行指定的期限内未履行义务；

(6) 申请人在法定期限内提出申请；

(7) 被申请执行的交通行政案件属于受理申请执行的人民法院管辖。

2. 申请人的条件

根据《行政诉讼法若干问题解释》第八十七、九十条的规定，行政诉讼执行的申请人包括：

(1) 曾作为被告的作出具体行政行为的交通行政机关或者法律、法规、规章授权的组织。

(2) 曾作为原告的公民、法人或者其他组织。

(3) 行政机关根据法律的授权对平等主体之间民事争议作出裁决后，当事人在法定期限内不起诉又不履行，作出裁决的行政机关在申请执行的期限内未申请人民法院强制执行的，生效具体行政行为确定的权利人或者继承人、权利承受人在3个月内可以申请人民法院强制执行。

3. 执行主体

执行主体是拥有交通行政诉讼执行权并主持执行过程的主体。具体而言包括人民法院和交通行政机关。至于二者的分工，参照《行政诉讼法若干问题解释》第八十七条的规定：

(1) 法律、法规没有赋予行政机关强制执行权的，行政机关应当申请人民法院

强制执行,人民法院应当依法受理;

(2)法律、法规规定既可以由行政机关依法强制执行,也可以申请人民法院强制执行的,行政机关可以自己执行,也可以申请人民法院执行;申请人民法院强制执行的,人民法院可以依法受理。

4.执行程序

交通行政诉讼执行程序由一系列独立的环节组成,包括:提起、审查、阻却、财产保全、先予执行、完毕、补救等。关于这些程序,行政诉讼未作详尽的规定,适用时一般参照《民事诉讼法》的有关规定。根据《行政诉讼法若干问题解释》的有关规定,这里仅对审查、财产保全、先予执行进行论述。

(1)审查。

根据《行政诉讼法若干问题解释》第九十三条的规定,人民法院受理交通行政机关申请执行其具体交通行政行为的案件后,应当在30日内由行政审判庭组成合议庭对具体交通行政行为的合法性进行审查,并就是否准予强制执行作出裁定。需要采取强制执行措施的,由本院负责强制执行非诉讼行政行为的机构执行。

此外,根据《行政诉讼法若干问题解释》第九十五条的规定,被申请执行的具体行政行为有下列情形之一的,人民法院应当裁定不准予执行:

①明显缺乏事实根据的;

②明显缺乏法律依据的;

③其他明显违法并损害被执行人合法权益的。

(2)财产保全。

根据《行政诉讼法若干问题解释》第九十二条的规定,行政机关或者具体行政为确定的权利人申请人民法院执行前,有充分理由认为被执行人可能逃避执行的,可以申请人民法院采取财产保全措施。后者申请强制执行的,应当提供相应的财产担保。

在申请人民法院强制执行过程中,申请人民法院采取财产保全的,应当具备以下三个条件:

①申请人应当在申请人民法院强制执行之前提出财产保全申请;

②申请人必须有充分的理由认为被执行人有逃避执行的可能;

③权利人提出申请财产保全的,应当提供相应的财产担保。

对于交通行政机关申请财产保全的,按《行政诉讼法若干问题解释》不要求其提供财产担保。其理由在于:一方面,交通行政机关除用于办公的行政经费和设施、设备等国有资产外,没有属于自己的财产,故无法提供财产担保。另一方面,

《担保法》第八条明确规定,国家机关不得作为保证人。

(3) 先予执行。

交通行政诉讼中的先予执行包括对判决的先予执行和对被诉具体交通行政行为的先予执行两种情形:

对于对判决的先予执行而言,先予执行的裁定必须由人民法院依原告的申请作出,而不能依职权主动作出。一般而言,对判决的先予执行主要指抚恤金、社会保障金、最低生活保障费的先予执行,这些种类的先予执行都与交通行政诉讼执行无关,因此,人民法院对判决的先予执行在交通行政诉讼中较为少见。

根据《行政诉讼法若干问题解释》第九十四条的规定,在行政诉讼过程中,被告或者具体行政行为确定的权利人申请人民法院强制执行被诉具体行政行为,人民法院不予执行,但是不及时执行可能给国家利益、公共利益或者他人合法权益造成不可弥补的损失的,人民法院可以先予执行。一般而言,在人民法院先予执行前,具体行政行为确认的权利人应提供相应的财产担保。

第二节 交通行政诉讼的受案范围

一、交通行政诉讼受案范围的设定

根据《行政诉讼法》的相关规定,交通行政诉讼受案范围的设定标准有下述四项:

1. 具体交通行政行为标准

具体交通行政行为标准是指人民法院只受理因交通行政机关的具体交通行政行为引起的争议案件。也就是说,公民、法人或者其他组织只有认为具体交通行政行为侵犯自己的合法权益时,才能提起交通行政诉讼,人民法院也只能对具体交通行政行为的合法性进行审查。即一个案件是否属于交通行政诉讼受案范围,首先要看的就是被诉的行为是否是具体交通行政行为。

具体交通行政行为与抽象交通行政行为的划分,是交通行政行为的一个基本类别。在交通行政诉讼受案范围的设定上,要适用具体交通行政行为标准,就应当首先对具体交通行政行为和抽象交通行政行为进行区分。

2. 人身权、财产权标准

人身权、财产权标准是指人民法院只受理涉及人身权、财产权的交通行政案件。即凡是公民、法人或者其他组织认为具体交通行政行为侵害其人身权和财产权的,都可以提起交通行政诉讼。

人身权是指以自然人和法人的人身性要素为客体的权利,所体现的利益与个人尊严紧密相关,与主体不可分离。人身权分为人格权和身份权。财产权是以财产为客体的权利,其所体现的利益具有经济价值,并具有可转让性。其可分为物权、知识产权和债权。

原则上,只有具体交通行政行为侵犯了公民、法人或者其他组织的人身权、财产权时才具有可诉性,但人身权、财产权标准也存在例外。只要法律、行政法规、地方性法规、自治条例和单行条例有明确规定,公民、法人或者其他组织因人身权、财产权以外的其他权益受具体交通行政行为侵害而提起的诉讼就属于人民法院的受案范围。

3. 违法侵权标准

违法侵权标准,是指人民法院只受理公民、法人或者其他组织认为具体交通行政行为违法侵权的交通行政案件。所谓违法,是指具体交通行政行为违反了法律的规定和法律的要求。所谓侵权,是指具体交通行政行为侵犯了公民、法人或者其他组织的合法权益。只有合法权益受到具体交通行政行为侵害的人才具有原告资格,具体交通行政行为没有侵权,就不存在原告。

在民事诉讼中,只要有侵犯他人合法权益的行为存在,只要有客观上被损害的事实,当事人就可以提起民事诉讼。而对于交通行政诉讼而言,不仅要客观上存在被损害的事实,还需要造成损害的具体交通行政行为违法,当事人才能向人民法院提起交通行政诉讼。

4. 法律上的利害关系标准

《行政诉讼法若干问题解释》第十二条规定:"与具体行政行为有法律上利害关系的公民、法人或者其他组织对该行为不服的,可以依法提起行政诉讼。"根据这一规定,公民、法人或者其他组织与具体交通行政行为存在法律上的利害关系,就成为交通行政诉讼受案范围的又一标准。所谓法律上的利害关系,是指具体交通行政行为的作出直接影响到公民、法人或者其他组织法律上的权利义务关系。当事人的合法权益受到具体交通行政行为侵害时,该受到侵害的权益必须属于法律所要保护的权益范围之内,才能称得上与该具体交通行政行为有法律上的利害关系。

二、交通行政诉讼的可受理案件

1. 对交通行政处罚不服的案件

交通行政处罚是交通行政主体依照《行政处罚法》的规定,对交通行政相对方违反法律、法规和规章的行为所给予的一种法律制裁。交通行政处罚的种类有：警告，罚款，没收违法所得、非法财物，责令停产停业，暂扣或者吊销许可证等。

交通行政处罚行为作为交通行政主体的一种具体交通行政行为，对交通行政相对一方的合法权益可能会产生较大的影响，因此，将其列入交通行政诉讼的受案范围。应当注意的是，《行政处罚法》对行政处罚的设定和实施作了较为严格的规定，对于保护交通行政相对一方的合法权益具有重要的法律意义。但实际情况是，《行政处罚法》实施后，交通行政主体滥用交通行政处罚权的情况仍然存在。因此，这里应当作扩大解释，即只要是交通行政主体作出的交通行政处罚侵犯了相对一方的合法权益，相对一方就可以依法提起交通行政诉讼，人民法院就应当依法受理。

2. 对交通行政强制措施不服的案件

交通行政强制措施是指交通行政主体为了查明或有效控制违法、危害状态，根据需要对有关对象的人身、财产进行暂时性限制的强制措施。实践中常使用的交通行政强制措施一般有强制隔离、强制拆除、强制打捞清除、滞留或扣留车辆、中止车辆运行等。

交通行政强制措施的实施，可以有效地实现交通行政管理目的。但实践中，交通行政强制措施也是违法侵权最多的一项交通行政行为。为此，法律明确规定，只要公民、法人或者其他组织认为行政机关实施的强制措施违法侵害其合法权益，就有权向人民法院提起行政诉讼，人民法院必须依法受理。

3. 认为交通行政机关侵犯法律规定的经营自主权的案件

经营自主权，是指公民、法人或者其他组织在遵守国家法律和计划的基础上，对自己的人、财、物和产、供、销等拥有独立的支配的权利。经营自主权一般包括：生产经营决策权、产品与劳务定价权、产品销售权、物资采购权、进出口权、投资决策权、资产处置权、劳动用工权以及拒绝摊派权等。

原则上，公民、法人或者其他组织在经营自主权受交通行政主体行政权力侵犯时，能够依法提起行政诉讼。实践中，经营权容易受交通行政主体侵犯对象多为交通行业经营者，如公路经营企业、施工企业、交通运输企业以及为之服务的车船制造、车船维修、搬运装卸企业、个体人员等。这些相对一方在经营自主权受侵犯时，都可以依法提起行政诉讼，对于符合法定条件的，人民法院必须依法受理。

4. 认为符合法定条件申请交通行政主体颁发许可证和执照，交通行政主体拒绝颁发或者不予答复的案件

交通行政许可是指交通行政机关根据公民、法人或者其他组织的申请，经审查

认为其符合法定条件而依法赋予其从事某种活动的权利或资格能力的行为。许可证则是交通行政许可的书面证明,是当事人从事某种活动的权利和资格凭证。

交通行政许可行为既是交通行政机关的职权,也是其应尽的一项职责。对于许可证,应作广义理解,即各种交通行政许可。对于符合法定条件的公民、法人或者其他组织的申请,如果交通行政机关拒绝许可或者不予答复,实际上就剥夺、限制了公民、法人或者其他组织应当享有的合法权益,而许可证和执照与其人身或者财产权利又有着极为密切的联系。因此,交通行政机关如果不予颁发许可证等有关证照,实际上就剥夺或者限制了公民、法人或者其他组织一定的人身权利和财产权利,是侵犯其人身权和财产权的一种表现。为此,根据法律规定,认为符合法定条件申请交通行政机关颁发许可证和执照等证照,交通行政机关拒绝或者不予答复的,公民、法人或者其他组织就可以依法提起交通行政诉讼。

5.申请交通行政机关履行保护人身权、财产权的法定职责,交通行政机关拒绝履行或不予答复的案件

保护公民、法人或者其他组织的人身权和财产权是许多行政机关的法定职责,交通行政机关自然也不例外。交通行政机关不履行保护人身权和财产权法定职责的行为方式主要有两种:一种是拒绝履行,另一种是拒绝答复。拒绝履行是指交通行政机关对公民、法人或者其他组织的申请给予否定答复,是积极的作为。不予答复是指交通行政机关在法定的期限内或者无法定期限但明显超过合理期限的情况下,对公民、法人或者其他组织的申请不作任何拒绝或同意的意思表示,是消极的不作为。例如,道路运输经营者要求交通行政机关依法查处非法营运者,交通行政机关拒绝的。

交通行政机关不履行保护人身权和财产权法定职责的后果有两种:一种是影响公民、法人或者其他组织权益的实现,另外一种是给公民、法人或者其他组织造成实际损害。对于交通行政机关不履行法定职责的行为,公民、法人或者其他组织认为交通行政机关继续履行职责仍有必要的,可以提起交通行政诉讼。如果实际损害已经实际造成,交通行政机关继续履行职责已无实际意义,公民、法人或者其他组织可以提起交通行政赔偿请求。

6.认为交通行政主体违法要求履行义务的案件

公民、法人或者其他组织在交通行政法上的义务由法律、法规设定,如未经许可不得从事道路运输经营。对于这种法定义务,公民、法人或者其他组织必须依法履行。但除法定义务之外,交通行政机关不得违法要求公民、法人或者其他组织履行法外义务。否则就是对其合法权益的侵害,公民、法人或者其他组织有权依法提起交通行政诉讼。

实践中,违法要求履行义务有以下几种情况:

(1)交通行政机关以无权设定某项义务的规范性文件为依据要求交通行政相对一方履行该义务。如交通局执行县政府文件决定,对车主征收公路建设基金。

(2)公民、法人或者其他组织已经依法履行了应有义务,但交通行政机关仍重复要求履行该义务。如道路运输管理机构一年内要求运输企业进行第二次年检。

(3)交通行政机关在要求履行义务时违反法定程序,如收航养费不出具法定收据等。

(4)交通行政机关要求相对一方所履行的义务超过了相应规范性文件规定的种类、幅度和方式等。

7.认为交通行政主体侵犯其他人身权、财产权的案件

人民法院还受理公民、法人或者其他组织认为行政机关侵犯其他人身权、财产权的具体行政行为而提起的行政诉讼。这里的"其他人身权、财产权",是权利之外的任何人身权和财产权。根据这一规定,交通行政相对一方在提起交通行政诉讼时应当注意以下几点:

(1)这种案件不属于上述各种案件中的任何一种,即它是上述各种案件之外的涉及人身权和财产权的案件。

(2)这种交通行政案件可以由交通行政机关的其他任何外部具体交通行政行为所引起,即除上述几种交通行政案件中所列举的具体交通行政行为之外,其他各种具体交通行政行为影响公民、法人或者其他组织人身权或者财产权的,都属于交通行政诉讼的受案范围。交通行政机关对交通行政相对一方所实施的具体交通行政行为有多种表现形式,除了前七种之外,还有交通行政命令、交通行政征收、交通行政裁决、交通行政检查等具体交通行政行为。凡公民、法人或者其他组织认为这些具体交通行政行为侵犯自己人身权或者财产权的,都可以依法提起交通行政诉讼。

(3)这种交通行政案件所涉及的可以是其他任何人身权或财产权,即除上述几种交通行政案件所涉及人身权或财产权之外,公民、法人或者其他组织在认为交通行政机关的具体交通行政行为侵犯其他各种人身权或财产权的情况下,都可以依法提起交通行政诉讼。

8.其他法律、法规规定的交通行政案件

人民法院还可以受理其他法律、法规规定的交通行政相对一方可以提起交通行政诉讼的交通行政案件。这一条实质上是为拓宽交通行政诉讼受案范围提供法

律依据。由于公民、法人或者其他组织的合法权益具有多种表现形式，国家可以根据具体情况通过法律、法规规定，将公民、法人或者其他组织需要保护的合法权益纳入行政诉讼的受案范围。如根据《国家赔偿法》第十三条的规定，法院可以受理行政主体对受害人申请赔偿不予答复或者受害人对行政主体作出的赔偿数额有异议而引起的交通行政案件。

三、交通行政诉讼不可受理的案件

公民、法人或者其他组织对下列交通行政行为不服提起诉讼的，不属于人民法院交通行政诉讼受案范围：

1. 抽象交通行政行为

抽象交通行政行为是指交通行政主体制定、发布具有普遍约束力的规范性文件的行为。人民法院不受理公民、法人或者其他组织对交通行政法规、交通行政规章或者交通行政机关制定、发布的具有普遍约束力的决定、命令提起的交通行政诉讼。

关于抽象交通行政行为不可诉的原因，一般认为，抽象交通行政行为具有较多的政策性成分，包含较多的自由裁量因素，不适于人民法院审查。而且，抽象交通行政行为涉及不特定相对一方的利益，原告人数一般难以确定，不便于诉讼。此外，根据《宪法》和有关组织法的规定，对抽象交通行政行为的监督权和撤销权属于国家各级权力机关、本级人民政府以及上级主管机关。

应当注意的一个问题是，抽象交通行政行为不属于交通行政诉讼的受案范围，并不能说明人民法院对抽象交通行政行为不能审查。人民法院不受理对抽象行政行为提起的诉讼，并没有规定人民法院对抽象交通行政行为无权审查。其次，《行政诉讼法》规定了"参照规章"的规定，其实已经赋予了人民法院对抽象交通行政行为的审查权。所谓"参照"，就是人民法院既可以将其作为裁判的依据，也可以不作为裁判的依据。而法院在决定是否将其作为裁判依据之前，必须对规章的合法性进行审查。对规章以下的其他规范性文件则更应该具有审查权。此外，在很多情况下，具体交通行政行为是依据抽象交通行政行为作出的，不对抽象交通行政行为的合法性进行审查，就无法准确地对被诉具体交通行政行为的合法性进行审查。尽管法院不能在裁判文书中宣告抽象交通行政行为违法或者无效，但可以不适用该抽象交通行政行为，而适用更高层级的抽象行政行为。既然摒弃该交通行政行为而去适用较高层级的抽象交通行政行为，就说明在此之前，已经对该抽象交通行政行为的合法性进行了审查，只是在裁判文书中没有说明而已。

2.交通行政机关对该机关的工作人员作出的奖惩、任免等决定

对行政机关工作人员的奖惩、任免等决定不服提起行政诉讼,人民法院不予受理。《行政诉讼法若干问题解释》第四条规定,对行政机关工作人员的奖惩、任免等决定,是指行政机关作出的涉及该行政机关公务员权利义务的决定。根据这些规定,交通行政机关内部交通行政行为引起的争议,不属于交通行政诉讼的受案范围。其理由在于,我国行政系统内部已经设有对该类行为的救济机制,如各级受理申诉、控告、检举的机构,各级信访机构,各级监察机构,公务员不服行政处分的复审、复核制度等。而且,由内部交通行政行为所引起的争议不涉及交通行政相对一方,更多涉及的是行政政策、行政内部纪律问题、交通行政机关自身建设问题,而人民法院不宜通过审判监督程序对这些问题进行干预。

应该注意的是,如果交通行政机关的内部交通行政行为涉及工作人员的基本权利,严重损害工作人员的权益的,如交通行政机关对其实施监督、考核、调动、辞退、开除公职、吊销其工作证等行为时,将直接影响到公务员的人身权和财产权,此类行为就应当纳入行政诉讼受案范围,允许公务员依法提起行政诉讼。

3.法律规定由交通行政机关最终裁决的具体交通行政行为

法律规定由交通行政机关最终裁决的具体交通行政行为,已经作出即具有法律效力,公民、法人或者其他组织不得再提起交通行政诉讼。关于该项中的"法律",根据《行政诉讼法若干问题解释》第五条的规定,是指全国人民代表大会及其常务委员会制定、通过的规范性文件,即从狭义上理解"法律"的含义。

目前,法律规定由交通行政机关最终裁决的情况只有一种,即根据《行政复议法》第十四条的规定,对中华人民共和国交通运输部的具体交通行政行为不服,向交通运输部申请交通行政复议,对复议决定不服的,如果向国务院申请裁决,则是最终裁决,即使不服也不能再向人民法院提起交通行政诉讼。

4.交通行政调解行为

交通行政调解,是指由交通行政机关主持的,以争议双方自愿为原则,通过交通行政机关的调停、斡旋等活动,促成民事争议双方当事人互谅互让、平等协商以达成协议,从而解决争议的活动。

之所以将交通行政调解排除在交通行政诉讼范围之外,是因为从严格意义上讲,交通行政调解并不属于一种具体交通行政行为。

(1)交通行政调解虽然由交通行政机关主持,但是却不涉及交通行政职权的行使。在整个交通行政调解过程中,交通行政机关始终处于"居中第三人"的地位。

(2)交通行政调解所遵循的是"自愿原则",从调解的开始,进行到最后达成或

者不能达成协议,民事争议双方当事人的意志完全处于自治状态。是否调解、如何调解,以及达成的调解协议是否执行,都由当事人自愿选择。

5. 不具有强制力的交通行政指导行为

交通行政指导,是交通行政机关对特定的公民、法人或者其他组织,运用说服、教育、劝告、建议、协商、示范、鼓励、政策指导等非强制性手段或以提供经费帮助、提供知识技术帮助为利益诱导促使其自愿作出或者不作出某种行为,以实现一定的行政目的。根据《行政诉讼法若干问题解释》第一条第 2 款第 4 项的规定,对不具有强制力的交通行政指导行为不能提起交通行政诉讼。

第三节 交通行政诉讼管辖

一、行政诉讼管辖的含义

交通行政诉讼的管辖,是指人民法院之间受理第一审交通行政案件的分工和权限。其功能在于,明确第一审交通行政案件的审判权所属的具体法院,即解决第一审交通行政案件应当由何地、何级法院受理的问题。对于原告来说,它是明确应当向哪一个法院提起交通行政诉讼的问题。对于人民法院来说,它是解决一个交通行政案件应当由哪个法院来受理的问题。

交通行政诉讼管辖与主管不同。交通行政诉讼的主管是指人民法院受理交通行政案件的范围,以划出一条人民法院与其他国家机关之间处理交通行政争议权限的分界线。一般而言,主管是确定管辖的前提和基础,若人民法院对交通行政争议没有主管权,也就谈不上由哪个法院来行使管辖权。

交通行政诉讼管辖不同于主审。交通行政诉讼的主审是指在拥有管辖权的法院内部应由哪个审判机构具体负责交通行政案件的审理,它不解决不同法院之间的权限分工问题。《行政诉讼法若干问题解释》第六条对行政诉讼的主审进行了规定。根据该规定,各级人民法院行政审判庭是交通行政诉讼的主审机构,具体负责交通行政案件的审理和交通行政机关申请执行具体交通行政行为案件的审查。

交通行政诉讼的管辖权不同于审判权。审判权是人民法院审理各类交通行政案件的权力,管辖权则是每个人民法院对某一具体交通行政案件进行审理的权限,即行使审判权。审判权是确立管辖权的前提,而管辖权是对审判权行使的落实。

二、级别管辖

级别管辖是指人民法院上下级之间受理第一审交通行政案件的分工和权限。

我国《行政诉讼法》将级别管辖分为四级：即最高人民法院管辖、高级人民法院管辖、中级人民法院管辖和基层人民法院管辖。根据法律规定，各级人民法院都有权管辖一定范围内的第一审交通行政案件，但具体某一级人民法院应当管辖哪些第一审交通行政案件，则应当由法律规定。

1. 基层人民法院管辖

《行政诉讼法》规定："基层人民法院管辖第一审行政案件。"根据这一规定，基层人民法院管辖中级、高级和最高人民法院所管辖交通行政案件之外所有的交通行政案件。基层人民法院管辖为法律的概括性规定，除非属于法律明确划归其他级别法院管辖的，都用于基层人民法院管辖。就是说，在这一问题上，基层人民法院没有足够的自由裁量权。

由基层人民法院管辖第一审交通行政案件，既便于当事人进行诉讼活动，也有利于中级以上人民法院集中精力做好审判监督以及对重大、复杂的交通行政案件的审理以及对二审案件的审理。

此外，根据《行政诉讼法若干问题解释》第六条的规定，基层人民法院派出的人民法庭不审理交通行政案件，也不审查和执行各级交通行政机关申请执行其具体交通行政行为的案件。

2. 中级人民法院管辖

《行政诉讼法》规定："中级人民法院管辖下列第一审行政案件：

(1) 确认发明专利权的案件、海关处理的案件；

(2) 对国务院各部门或者省、自治区、直辖市人民政府所作的具体行政行为提起诉讼的案件；

(3) 本辖区内重大、复杂的案件。"

根据这一规定，并结合交通行政诉讼的实践，中级人民法院管辖以下两类交通行政案件：

(1) 对中华人民共和国交通运输部所作出的具体交通行政行为提起诉讼的案件。

将交通运输部的具体交通行政行为所引起的交通行政案件划归中级人民法院管辖，其原因是：交通运输部所作出的具体交通行政行为，往往影响范围较大、牵涉面广、有较强的政策性，由中级人民法院管辖有助于排除不正当因素的干扰，确保交通行政诉讼的公正。

(2)本辖区内重大、复杂的交通行政案件。

这是对中级人民法院管辖的交通行政案件的概括规定。即除由交通运输部所作出的具体交通行政行为所引起的交通行政案件之外,中级人民法院还管辖在本辖区内重大、复杂的交通行政案件。

所谓"本辖区",是指中级人民法院所辖地区。所谓"重大、复杂的交通行政案件",根据《行政诉讼法若干问题解释》第八条的规定,是指以下三类交通行政案件:

①社会影响重大的共同诉讼、集团诉讼案件;

②重大涉外或涉及香港特别行政区、澳门特别行政区、台湾地区的案件;

③其他重大、复杂的交通行政案件。确定重大、复杂交通行政案件的客观标准是:案件所涉及的人数众多,案件在本辖区内影响较大,案件本身比较复杂,案件在查处方面存在相当的困难与干扰,以及案件在本辖区有示范作用等。即一般是从以下三个方面考虑:

a. 案情本身的繁简;

b. 诉讼标的金额的大小;

c. 在该区的影响等情况。

3. 高级人民法院管辖

根据《行政诉讼法》规定,高级人民法院管辖本辖区内重大、复杂的第一审交通行政案件。根据这一规定,只有在本辖区内有重大影响的交通行政案件,才能由高级人民法院管辖。

一般来说,高级人民法院管辖的交通行政案件比较少,大多数交通行政案件都被放在基层人民法院和中级人民法院。而高级人民法院的主要任务是对不服中级人民法院裁判的上诉案件进行审理并对管辖区内的中级人民法院和基层人民法院的审判工作进行指导和监督。

4. 最高人民法院管辖

根据《行政诉讼法》规定,在行政诉讼中,最高人民法院管辖全国范围内重大、复杂的第一审行政案件。

最高人民法院是国家最高审判机关,其主要任务是:对地方各级人民法院和专门人民法院的审判工作进行指导和监督。根据审判的需要制作如何具体适用法律、法规的司法解释。运用司法解释权对审判工作中所涉及的法律具体应用问题进行司法解释。审理不服各高级人民法院一审裁判而提起的上诉案件。所以,最高人民法院审理的交通行政案件有:

（1）在全国有重大影响的交通行政案件。只有在全国有重大影响的交通行政案件，最高人民法院才能作为第一审法院管辖。

（2）认为应当由本院审理的案件。最高人民法院认为某个交通行政案件应当由自己审判，就可以将其划归本院管辖，而不管是否有法律的明确规定。

三、地域管辖

地域管辖，是同级人民法院之间审理第一审交通行政案件的分工。地域管辖又分为一般地域管辖和特殊地域管辖两种。

1. 一般地域管辖

一般地域管辖，是指以当事人住所地与人民法院辖区的关系来确定管辖人民法院的地域管辖。即被告交通行政机关在哪个人民法院辖区，交通行政案件就由哪个人民法院管辖。

根据《行政诉讼法》规定，在交通行政诉讼中，交通行政案件由最初作出具体交通行政行为的交通行政机关所在地人民法院管辖。其中有三种不同情况：一是原告未经交通行政复议程序直接起诉的，由被告交通行政机关所在地的人民法院管辖。二是经交通行政复议的交通行政案件，交通行政复议机关维持原具体交通行政行为的，由最初作出具体交通行政行为的交通行政机关所在地的人民法院管辖。三是经交通行政复议的交通行政案件，如果交通行政复议机关改变原具体交通行政行为的，可以由最初作出具体交通行政行为的交通行政机关所在地人民法院管辖，也可以由交通行政复议机关所在地人民法院管辖。

2. 特殊地域管辖

交通行政诉讼中的特殊地域管辖，是指以诉讼当事人或者诉讼标的与人民法院辖区的关系来确定交通行政案件的管辖区法院。

在交通行政诉讼中，特殊地域管辖的案件有两种：限制人身自由交通强制措施案件的管辖和不动产交通行政案件管辖。

（1）限制人身自由行政强制措施案件的管辖。

主要适用于行政机关有权采取的限制人身自由的行政强制措施，有扣留、强制隔离、检查等。

根据《行政诉讼法》规定，在行政诉讼中，对限制人身自由的行政强制措施不服提起的行政诉讼，由被告行政机关所在地或者原告所在地人民法院管辖。而根据《行政诉讼法若干问题解释》第九条第1款的规定，"原告所在地"应当包括户籍所在地、经常居住地和被限制人身自由所在地。经常居住地是指公民离开住所地至起诉时已连续居住一年以上的地方,但公民住院就医的地方除外。被限制人身自由所在地是指原告被羁押的场所所在地。

交通行政诉讼实践中,经常出现与人身自由、财产都相关的交通行政强制措施案件,对此应如何提起诉讼?《行政诉讼法若干问题解释》对这一问题作了相应的规定。即交通行政机关基于同一事实既对人身又对财产实施交通行政处罚或者采取交通行政强制措施的,被限制人身自由的公民、被扣押或没收财产的公民、法人或者其他组织对上述交通行政行为都不服的,既可以向被告所在地人民法院提起交通行政诉讼,也可以向原告所在地人民法院提起交通行政诉讼,受诉法院可以一并管辖。

(2)不动产行政案件的管辖。

《行政诉讼法》规定:"因不动产提起的行政诉讼,由不动产所在地人民法院管辖。"根据这一规定,并结合交通行政管理的特点,在交通行政诉讼中,主要是指因建筑物的拆迁所引起的交通行政案件。关于建筑物的拆迁,法律中规定的比较多。如《公路法》第五十六条第1款规定:"除公路防护、养护需要的以外,禁止在公路两侧的建筑控制区内修建建筑物和地面构筑物。需要在建筑控制区内埋设管线、电缆等设施的,应当事先经县级以上地方人民政府交通主管部门批准。"在公路建筑控制区内修建建筑物、地面构筑物或者擅自埋设管线、电缆设施的,由交通主管部门责令限期拆除,并可以处5万元以下的罚款。

逾期不拆除的,由交通主管部门拆除,有关费用由建筑者、构筑者承担。如果建筑者或者构筑者对交通管理部门的拆迁行为不服的,就应当向建筑物或者构筑物所在地的人民法院提起交通行政诉讼。

将不动产交通行政案件规定在其所在地人民法院管辖的原因在于:

①便于证据的收集。不动产具有不可移动性,由不动产所在地的人民法院管辖,便于对不动产进行调查、勘验、测量等,便于收集证据和对证据的审查。

②便于交通行政诉讼的法律适用。对不动产的管理,除了适用法律、行政法规之外,也经常适用地方性法规、地方政府规章以及其他规范性文件。这就意味着对不动产的管理各地并不完全一致。为了保证交通行政管理的依据与交通行政诉讼的审判依据相一致,应当由不动产所在地人民法院管辖。

③便于交通行政裁判的执行。交通行政裁判大多数都由第一审人民法院执行,因此,由不动产所在地人民法院管辖,更方便交通行政裁判的执行。

四、裁定管辖

裁定管辖,是指由人民法院作出裁定或决定来确定交通行政案件的管辖。根据《行政诉讼法》的规定，裁定管辖分为移送管辖、指定管辖和管辖权转移三种情况：

1. 移送管辖

移送管辖，是指某一个人民法院受理原告的起诉后，发现自己对该交通行政案件没有管辖权，而将该案件主动移送给自己认为有管辖权的法院。

根据《行政诉讼法》规定，人民法院发现受理的交通行政案件不属于自己管辖时，应当移送给有管辖权的人民法院，受移送的人民法院不得再自行移送。对于受移送人民法院不得再自行移送的规定，可以有效地防止在受理问题上互相推诿，避免出现交通行政案件没有法院受理的情况。

此外，第二十一条中的"发现"可以是人民法院自己发现，也可以是因为当事人提出管辖权异议而发现。根据《行政诉讼法若干问题解释》第十条的规定，如果当事人认为受诉法院没有管辖权，应当在接到人民法院应诉通知书之日起10日内以书面形式向人民法院提出管辖权异议。受诉人民法院应当进行审查，若认为异议不成立，可裁定驳回，若认为异议成立，应当将该交通行政案件移送给自己认为有管辖权的人民法院。

2. 指定管辖

指定管辖是指上级人民法院根据法律规定，指定其管辖区内的下级人民法院对某一交通行政案件行使管辖权。其意义在于，上级人民法院有权在一定情况下变更或者确定某一交通行政案件的管辖法院，保证交通行政案件得到及时的审理。

指定管辖适用于以下两种情况：

（1）有管辖权的人民法院由于特殊原因不能行使管辖权。所谓"特殊原因"，既包括法律上的原因，如有管辖权的人民法院集体回避。也包括事实上的原因，如因水灾、地震等灾害，使有管辖权的人民法院无法对交通行政案件行使管辖权。在这种情况下，当然就应当由有管辖权人民法院的上级人民法院指定其他合适的人民法院行使管辖权。

（2）人民法院之间因为管辖权而发生争议又协商不成。管辖权的争议一般分为两种，一是积极的管辖权争议，即两个以上人民法院都认为自己对该交通行政案件有管辖权。二是消极的管辖权争议，即两个以上人民法院都认为自己对该交通行政案件无管辖权。根据法律规定，对这种争议的处理办法是，报争议法院的共同上级人民法院指定管辖。

3. 管辖权的转移

管辖权的转移，是指经上级人民法院决定或同意，将交通行政案件由下级人民法院转移给上级人民法院,或者由上级人民法院移交给下级人民法院。其意义在于,赋予了人民法院灵活处理特殊问题的权力。

根据法律规定,管辖权的转移主要有两种情况:

(1)上级人民法院如果认为下级人民法院管辖的第一审交通行政案件适宜由自己管辖,可以决定该案件转移给自己管辖。下级人民法院如果认为自己管辖的第一审交通行政案件需要由上级人民法院审判的,可以报请上级人民法院转移管辖权,但是否转移,由上级人民法院决定。

(2)上级人民法院如果认为由自己管辖的第一审交通行政案件适宜由下级人民法院管辖的,可以决定将管辖权移交给下级人民法院。

第四节 交通行政诉讼参加人

一、交通行政诉讼的原告

1.交通行政诉讼的原告及原告资格

交通行政诉讼的原告,是指对具体交通行政行为不服,依照《行政诉讼法》的规定向人民法院提起交通行政诉讼的利害关系人。

原告资格是指特定主体成为行政诉讼原告所应具备的法定条件。凡与具体交通行政行为有法律上的利害关系的公民、法人或者其他组织对该具体交通行政行为不服的,都可以依法提起交通行政诉讼,也就具备了交通行政诉讼原告的资格。具体来讲,交通行政诉讼原告的资格包括以下几个方面:

(1)必须是作为交通行政管理相对一方的公民、法人或者其他组织。

交通行政诉讼的原告必须是处于交通行政管理活动中行使交通行政管理职权的交通行政机关的相对一方,即被管理的公民、法人或者其他组织。这种原告资格具有特定性,即是说,只有交通行政管理中的相对一方才能提起交通行政诉讼。交通行政机关一般不能成为交通行政诉讼的原告,除非其作为机关法人承受其他交通行政主体作出的具体交通行政行为时,才能成为交通行政相对一方,才能获得起诉权。交通行政机关如果认为相对一方不履行法定义务,可以通过法律赋予的强制执行权强制执行或者申请人民法院强制执行而不必通过交通行政诉讼来解决执行上的问题。

(2)与具体交通行政行为有法律上的利害关系。

对于交通行政机关所作出的具体交通行政行为,并非任何公民、法人或者其他组织都有诉诸法院寻求司法救济的原告资格,而只有承担该具体交通行政行为法律后果、认为自己的合法权益受其影响的公民、法人或者其他组织才具有这一资格。

应当注意的是,交通行政诉讼的原告并不局限于交通行政管理的直接相对一方。在特定情况下,公民、法人或者其他组织即使不是交通行政管理的直接相对一方,但只要其有充足的理由认为其合法权益受到该具体交通行政行为的影响,也可以成为交通行政诉讼的原告。

(3)必须是认为具体交通行政行为侵犯其合法权益的公民、法人或者其他组织。

与具体交通行政行为有法律上的利害关系,只是使其具有成为原告的可能性,要使这一要素成为原告资格的现实条件,还要求其认为具体交通行政行为侵犯其合法权益。这一要件的具体内容包括:

①必须是自己的合法权益受到侵害。即原告必须是其主张的权利、利益的享有主体,起诉人不能以国家利益或者他人利益受到损害为由提起交通行政诉讼。

②只需认为具体交通行政行为侵犯自己的合法权益,而不以是否能独立承担责任为条件。在民事诉讼中,不具备法人资格的其他组织不具有原告资格。在交通行政诉讼中,无论是具备独立人格、具有权利能力的公民、法人,还是不具有法人资格的其他组织,甚至中外合资企业、中外合作企业的合资、合作各方,已被行政机关注销、撤销、合并、强令兼并、分立的非国有企业等,都具有原告资格。

③必须是合法权益受到侵害。这里强调的是合法权益和受到侵害。交通行政相对一方受到侵害的必须是"合法权益",如在河道内设置拦截设施,经警告仍不拆除而被有关机关强行拆除的,因其受到损害的是违法权益,也就不具有原告资格。而且,这里的"受到侵害"只是一种主观认识,至于实际上是否受到侵害,要等人民法院在审理过程中进行审查才能确定。

2.交通行政诉讼原告资格的转移

一般情况下,交通行政诉讼中原告的资格由交通行政管理中的相对一方享有。在交通行政诉讼过程中,在特设情况出现的情况下,会发生原告资格的合法转移。

(1)自然人原告资格的转移。

交通行政诉讼的起诉权一般由享有原告资格的自然人本人行使,而自然人本人在死亡的情况下,其近亲属可以提起交通行政诉讼,即原告资格由其近亲属享有。根据《行政诉讼法若干问题解释》第十一条第1款的规定,近亲属的范围是:配偶、父母、子女、兄弟姐妹、祖父母、外祖父母、孙子女、外孙子女和其他具有扶养、赡养关系的亲属。

《若干问题解释》第十一条第2款规定:"公民因被限制人身自由而不能提起诉讼的,其近亲属可以依其口头或者书面委托以该公民的名义提起诉讼。"由于该公民的近亲属是以该公民的名义提起诉讼,所以只是原告提起诉讼的一种特殊方式,而不是原告资格的转移。

(2)法人或者其他组织原告资格的转移。

有权提起交通行政诉讼的法人或者其他组织终止,承受其权利的法人或者其他组织可以提起交通行政诉讼。法人或者其他组织的终止,有两种情况:一是法人或者其他组织消灭,如被撤销、破产等。二是法人或者其他组织变更,即以新的法人或者其他组织的形式出现,包括分立和合并两种形式。

3.交通行政诉讼原告资格的确认

(1)相邻权人的原告资格。

相邻权属民事权利,但实际上,民事主体侵犯他人相邻权的行为,有时与行政主体作出的具体行政行为有密切、直接的关系,因为这些行为是经过行政主体批准、许可后实施的,因此,对于被诉的具体行政行为涉及其相邻权的公民、法人或其他组织,可以作为原告提起行政诉讼。例如,经某交通局批准修建的公路严重影响了处于公路用地内的住房使用,房主可以就可以提起交通行政诉讼。再如,某交通运输厅批准修建的高速公路截断了村民通往田间的唯一道路,村民就可以提起交通行政诉讼。

(2)公平竞争权人的原告资格。

在市场经济条件下,竞争各方应当在地位平等的基础上公平竞争。而在交通行政实践中,经常有各种行为侵害这种公平竞争。其中既有来自于交通行政机关的,也有来自于其他市场主体的。而且,相对于其他市场主体的侵害而言,交通行政机关的侵害因其具有强制性就具有更严重的后果,因而实践中也就倍受重视。如对于同样符合条件申请颁发同一条路线运输经营许可证的两个单位,有权交通行政机关违法对其中一个发放运输经营许可证,对另外一个单位的申请则置之不理。这种行为极大地侵害了市场中的公平竞争关系。在这种情况下,为了保护市场竞争人的公平竞争权,就有必要赋予公平竞争权人以交通行政诉讼的原告资格。即只要经营者认为交通行政机关的具体交通行政行为侵犯其公平竞争权,就可以依法提起交通行政诉讼。

(3)受害人的原告资格。

受害人是指合法权益受到另外一民事主体的应受交通行政处罚的违法行为侵

害的公民、法人或者其他组织。在否定自力救济的现代社会,交通行政机关往往就负有保护受害人合法权益的法定职责。如果受害人要求交通行政机关追究加害人的法律责任,而负有法定职责的交通行政机关拒绝追究或者不予答复,或者虽然追究但受害人认为过轻的,受害人的合法权益就没有得到有效保护。这种情况下,受害人就有权对交通行政机关的违法行为提起交通行政诉讼。例如,被中途甩下旅客,认为交通行政机关给予中途甩客的道路客运经营者的处罚过轻,就可以以交通行政机关为被告提起行政诉讼。

(4)与交通行政复议决定有法律上的利害关系的公民、法人或者其他组织的原告资格。

对交通行政机关的具体交通行政行为不服的公民、法人或者其他组织,有权申请交通行政复议。如果对于交通行政复议决定不服,当然有权根据法律规定提起交通行政诉讼。应当注意的是,能够对交通行政复议决定提起交通行政诉讼的并不限于具体交通行政行为的直接相对一方。即是说,交通行政复议机关经过审查,作出维持、变更或者撤销等形式的复议决定,这种情况下,认为原具体交通行政行为合法、有效、应当予以维持的相关人,以及申请交通行政复议的认为原具体交通行政行为违法、不当应当予以撤销或者变更的交通行政复议申请人,都有权提起交通行政诉讼。例如,某市交通局对一起处罚非法挖掘公路案的复议决定认为,挖掘公路的不是甲而是乙,乙就可以提起交通行政诉讼。

(5)与撤销或者变更具体交通行政行为有法律上利害关系的公民、法人或者其他组织的原合资格。

依交通行政法理论,交通行政机关对一个已经成立、生效的具体交通行政行为,如果认为其违法或者不当,则不论其起诉期限或者复议期限是否已经经过,都可以主动或依申请而撤销或变更。但是在撤销或者变更过程中,有可能会侵犯相关人的合法权益。对于这种情况,法律规定受侵害人可以依法提起交通行政诉讼。具体有以下两种情形:

①合法权益的保护依赖于被撤销或者变更的具体交通行政行为的相关人有权提起交通行政诉讼。如在交通行政处罚中,如果交通行政机关撤销或者变更原交通行政处罚行为,就相当于交通行政处罚机关取消或者减轻对加害人的处罚,被处罚行为的受害人的合法权益因此就失去了保护。这种情况下,受害人可以依法提起交通行政诉讼。例如,某交通局决定将对中途甩客的客运经营者的处罚由罚款改为警告,被甩的旅客就可提起交通行政诉讼。

②具体交通行政行为的信赖人因具体交通行政行为的撤销或者变更,如合法权益受到损害,则有权以原告身份提起交通行政诉讼。

二、交通行政诉讼的被告

1. 交通行政诉讼被告的含义

交通行政诉讼的被告,是指原告起诉其具体交通行政行为侵犯自己的合法权益,并经人民法院通知应诉的交通行政机关或者法律、法规以及规章授权的组织。交通行政诉讼的被告是交通行政诉讼不可缺少的当事人之一,没有被告,原告的诉讼请求在形式上就无法成立,诉讼程序就无法启动。

交通行政诉讼的被告相对于原告以及其他诉讼中的被告来说,具有特殊性。具体表现在:

(1)对原告的诉讼请求不具有反诉权。

反诉是指本诉的被告在已经开始的诉讼程序中,对本诉的原告向人民法院提起独立的反请求,其目的在于抵销原告已提出的诉讼请求。在民事诉讼中,被告享有反诉权。而在行政诉讼或者说在交通行政诉讼中,被告不具有反诉权。其原因在于,作为交通行政诉讼被告的交通行政主体,在进入诉讼程序之后,并不因此而丧失其拥有的交通行政职权,也并不改变其在交通行政法律关系中的法律地位。即是说,当交通行政相对一方不履行交通行政法上的义务时,交通行政机关可以通过职权直接处置相对一方的权益,而没有必要通过反诉来实现交通行政管理的目的。

(2)承担被诉具体交通行政行为的举证责任。

根据交通行政法治原则,交通行政主体作出的具体交通行政行为都被假定为具有充分的事实和法律依据,因而,当相对一方对具体交通行政行为不服向人民法院提起诉讼,被诉的交通行政主体就负担举证责任。

(3)有权执行或者改变被诉的具体交通行政行为。

交通行政相对一方认为具体交通行政行为侵犯其合法权益而向人民法院提起交通行政诉讼,其目的在于由人民法院撤销或者变更该违法或不当的具体交通行政行为,以救济受到侵害的合法权益。如果交通行政机关在交通行政诉讼程序中,主动变更具体交通行政行为,则不但可以及时地救济受侵害的合法权益,也可以使原告认为必要时撤回诉讼请求,从而节省了诉讼中的各种开支和花销。

2. 交通行政诉讼被告的确定

与交通行政诉讼原告的确定不同,人民法院对交通行政诉讼被告的确定拥有更大的决定权。但从根本上讲,被告的确定仍由原告把握。法院只能在法律规定的范围内行使有限的被告变更权。《行政诉讼法若干问题解释》第二十三条规定:

"原告所起诉的被告不适格,人民法院应当告知原告变更被告。原告不同意变更的,裁定驳回起诉。应当追加被告而原告不同意追加的,人民法院应当通知其以第三人的身份参加诉讼。"

实践中,交通行政诉讼被告的确定有以下几种情况:

(1)直接起诉的案件,作出被诉具体交通行政行为的机关为被告。

《行政诉讼法》规定:"公民、法人或者其他组织直接向人民法院提起诉讼的,作出具体行政行为的行政机关是被告。"这里的"直接"实际上是相对于经过交通行政复议之后提起的交通行政诉讼而言的,也就是说,如果经过交通行政复议且复议机关改变原具体交通行政行为,应当以交通行政复议机关为被告。

交通行政机关组建并赋予交通行政管理职能但不具有独立承担法律责任能力的机构,或者交通行政机关的内设机构、派出机构在没有法律、法规或者规章授权的情况下,以自己名义作出具体交通行政行为,以该交通行政机关为被告。

(2)经上级交通行政机关批准的具体交通行政行为,在对外发生法律效力的文书上签名的机关为被告。

上级交通行政机关的批准只是一种内部程序,不履行这主程序只能由调整内部组织关系的法律规范来调整。在交通行政实践中,交通行政相对一方很难弄清是否应当由上级交通行政机关批准、是否已经经过上级交通行政机关批准以及该批准行为的效力程度,如果因此而发生争议,则只能是以在交通行政机关发生法律效力的文书上签字的交通行政机关为被告,而不能让受侵害的相对一方费尽周折去调查有关内部的交通行政行为。

(3)两个以上交通行政机关共同作出同一具体交通行政行为的,为共同被告。

具体交通行政行为通常是由一个交通行政机关作出,但也有两个以上交通行政机关共同作出一个具体交通行政行为的情况。当相对一方认为该具体交通行政行为侵犯其合法权益而向人民法院提起交通行政诉讼时,人民法院对该行为的审查就涉及各交通行政机关,所以应当以其为共同被告。另外,判断一个具体交通行政行为是否是共同作出的,关键是要确定该行为是不是两个以上交通行政机关以共同名义作出的。

(4)经交通行政复议但复议机关维持原具体交通行政行为的,作出原具体交通行政行为的交通行政机关为被告。

交通行政复议机关维持原具体交通行政行为,只是对该具体交通行政行为的进一步确认,对其所确定的权利义务关系并没有作出实质性的改变,因此,不能以交通行政复议机关为被告,而只能以作出该具体交通行政行为的交通行政机关为被告。

至于交通行政复议机关在法定期限内不作出复议决定,视为维持原具体交通行政行为。因此,如果当事人对原具体交通行政行为不服的,应当以作出具体交通行政行为的交通行政机关为被告向人民法院起诉。如果当事人对交通行政复议机关的不作为不服而提起诉讼,应当以该交通行政复议机关为被告,因为在此时交通行政复议机关的复议不作为也已经是一个具体交通行政行为。

(5)经交通行政复议而复议机关改变原具体交通行政行为的,应当以交通行政复议机关为被告。

交通行政复议机关改变(变更或者撤销)原具体交通行政行为,即表明原具体交通行政行为已经丧失法律效力,由交通行政复议机关的交通行政复议决定取而代之。此时,如果复议申请人不服,就应当以交通行政复议机关为被告提起交通行政诉讼。而且,根据《行政诉讼法若干问题解释》第五十三条第2款的规定,通过审理,如果交通行政复议机关改变原具体交通行政行为的复议决定错误,人民法院可以判决撤销该复议决定,并责令该交通行政复议机关重新作出复议决定。

另外,根据《行政诉讼法若干问题解释》第七条的规定,"改变原具体交通行政行为"包括以下三种情形:一是改变原具体交通行政行为所认定的主要事实和证据的。二是改变原具体交通行政行为所适用的规范依据且对定性产生影响的。三是撤销、部分撤销或者变更原具体交通行政行为处理结果的。只要有上述三种情形之一,交通行政复议申请人就可以以复议机关改变原具体交通行政行为为由向人民法院提起交通行政诉讼。

(6)法律、法规或者规章授权的组织作出具体交通行政行为的,该组织为交通行政诉讼的被告。

这类组织的特点是,法律、法规或者规章对其进行了授权,其具体交通行为是以自己的名义作出的,而且具有独立承担法律责任的能力,所以一旦发生争议进入诉讼程序,就应当以作出该具体交通行政行为的组织为被告。

此外,根据《行政诉讼法若干问题解释》第二十条第3款的规定,法律、法规或者规章授权行使交通行政职权的交通行政机关内设机构、派出机构或者其他组织,超出法定授权范围实施具体交通行政行为,当事人不服提起诉讼的,应当以实施该具体交通行政行为的机构或者组织为被告。

(7)未取得合法授权的交通行政机关的内设机构或者派出机构作出具体交通行政行为的,以该交通行政机关为被告。

交通行政机关的内设机构或者派出机构,其共同特点是没有法律、法规、规章的授权,也不具有独立承担法律责任的能力,因此,如果这些机构以自己名义作出具体交通行政行为,当事人不服提起诉讼的,应当以该交通行政机关为被告。

(8)由交通行政机关委托的组织所作的具体交通行政行为,委托的交通行政机关为被告。

对于交通行政委托而言,之所以只有委托者才能成为交通行政诉讼的被告,其原因在于,受委托组织不是该具体交通行政行为的主体,其行使的交通行政职权是委托者的,并且是以委托者的名义作出具体交通行政行为的,则该具体交通行政行为的法律效果也就当然归属于该委托者,因而也就只有委托者才能成为交通行政诉讼的被告。

根据《行政诉讼法若干问题解释》第二十一条的规定,交通行政机关在没有法律、法规或者规章规定的情况下,授权其内设机构、派出机构或者其他组织行使交通行政职权的,应当视为委托。也就是说,如果当事人不服提起交通行政诉讼,应当以该交通行政机关为被告。

(9)交通行政机关被撤销的,继续行使其职权的机关为被告。

交通行政机关被撤销以后,对公民、法人或者其他组织权益产生影响的具体交通行政行为依然存在,为了保障公民、法人或者其他组织的合法权益,就应当明确在这种情况下谁为被告。交通行政机关被撤销的时间,可能发生在作出具体交通行政行为之后,原告尚未提起交通行政诉讼之前,也可能发生在交通行政诉讼的进行期间。撤销的情形有合并、分立两种,有时也存在单纯地将交通行政职权转移给其他交通行政机关行使的情形。但不管是哪一种情况,被告均是继续行使被撤销交通行政机关职权的交通行政机关。

三、交通行政诉讼中的第三人

交通行政诉讼中的第三人,是指与被诉具体交通行政行为有利害关系,依申请或者人民法院通知参加到诉讼中来的公民、法人或者其他组织。

交通行政诉讼的第三人具有以下特征:

(1)第三人与本诉的标的——具体交通行政行为存在有利害关系。

是指与被诉具体交通行政行为有法律上的权利义务关系,包括直接的和间接的利害关系,即被诉具体交通行政行为涉及自己的权利和义务。根据《行政诉讼法》保护合法权益的宗旨,当然允许利益受影响者参加诉讼。但是由于该利益受影响者并没有首先或者独立地提起诉讼,因而也就不能以原告的身份出现,更不能以被告的身份出现,故法律规定了第三人的概念。如果该权益受侵害人对具体交通行政行为不服,当然可以不以第三人的身份参加诉讼,而是向人民法院提起诉讼,作为交通行政诉讼的原告。

(2)从范围上讲,第三人具有广泛性。

公民、法人或者其他组织"是一个概括性称谓,包括了几乎所有的社会主体,可以是个人,也可以是数个人。可以是一个组织,也可以是数个组织。可以是普通的自然人或组织,也可以是享有交通行政职权的组织。"就是说,只要认为自己与被诉的交通行政案件有利害关系,就可以主动申请或者经人民法院通知以第三人的身份参加诉讼。

(3)第三人参加诉讼的时间具有特定性。

第三人是在本诉已经开始,但尚未作出终审判决之前参与进来的。如果没有本诉,或者本诉已经终结,则就不存在第三人的问题。

(4)第三人在诉讼中具有独立的法律地位。

这种"独立的法律地位"表现在既不必然依附于原告,也不必然依附于被告。而且,根据《行政诉讼法若干问题解释》第二十四条第2款的规定,第三人有权提出与本案有关的诉讼主张,对人民法院的一审判决不服,有权提起上诉。

实践中,交通行政诉讼第三人有以下几种:

(1)交通行政处罚案件中的被处罚人或者受害人;

(2)作出互相矛盾的具体交通行政行为的两个交通行政机关;

(3)受交通行政机关同一具体交通行政行为影响的未起诉的其他利害关系人;

(4)交通行政机关对平等主体之间的赔偿问题或者补偿问题作出裁决,一方当事人起诉,没有起诉的另一方当事人可以作为第三人参加诉讼;

(5)与交通行政机关共同署名作出处理决定又没有法定授权的非交通行政机关。

四、交通行政诉讼代理人

诉讼代理人,是指根据法律规定,由人民法院指定或者受当事人委托,享有代理权,以当事人名义在代理权限范围内进行交通行政诉讼的人。

诉讼代理分为三种:法定代理、指定代理和委托代理。法定代理是为无行为能力人设立的一种代理制度。指定代理是指无行为能力人在没有法定代理人代为诉讼或者法定代理人不能行使代理权而使诉讼无法进行时,法院为无行为能力人指定诉讼代理人的一种代理制度。委托代理是受当事人委托代为进行诉讼活动的一种代理制度。

实施诉讼代理行为的人为诉讼代理人,被代理的一方当事人为代理人。诉讼代理人在交通行政诉讼中以交通行政诉讼的原告、被告和第三人的名义进行诉讼活动,而不是以自己的名义进行诉讼,其维护的是被代理人的利益。同时,诉讼代理人在代理权限范围内所为的诉讼行为,其法律后果由被代理人承受。

对于委托代理中的诉讼代理人,法律进一步进行了规定。《行政诉讼法》规定:"当事人、法定代理人,可以委托一至二人代为诉讼。律师、社会团体、提起诉讼的公民的近亲属或者所在单位推荐的人,以及经人民法院许可的其他公民可以受委托为诉讼代理人。"对于诉讼代理人的权利,《行政诉讼法》规定:"代理诉讼的律师,可以依照规定查阅本案有关资料,可以向有关组织和公民调查,收集证据。对涉及国家秘密和个人隐私的材料,应当依照法律规定保密。经人民法院许可,当事人和其他诉讼代理人可以查阅本案庭审材料,但涉及国家秘密和个人隐私的除外。"

第八篇 交通法治监督与行政责任论

第十八章 交通行政违法与监督

第一节 交通行政违法行为

一、交通行政违法行为的含义

交通行政违法行为,是交通行政合法行为的对称概念,是指交通行政主体实施的,违反交通行政法律规范,侵害受法律保护的交通行政关系而尚未构成犯罪的有过错的交通行政行为。对于这一概念,可以从以下几方面来理解:

(1)交通行政违法行为的主体包括交通行政机关及其公务员,法律、法规、规章授权的组织(包括该组织中实施交通行政行为的个人),以及接受交通行政委托的组织或个人。

(2)交通行政违法行为以交通行政行为的存在为前提。交通行政违法行为,排除了交通行政机关及其公务员的民事行为或者私人行为。交通行政机关既可以作为交通行政主体行使交通行政权而实施交通行政管理活动,也可以作为民事主体参与一定的民事、经济活动。后者不属于交通行政行为,即使违法也不受交通行政法律规范的调整。

(3)交通行政违法行为指违反交通行政法律规范,侵害受法律保护的交通行政关系的行为。可以从以下三方面来理解:

①交通行政行为表现在对交通行政法律规范的违反,而不是对《宪法》规范、刑事法律规范、民事法律规范的违反。否则,将构成违宪行为、犯罪行为、民事违法行为。

②交通行政违法行为须违反的是交通行政法律规范中针对交通行政主体及其公务员的行为规范,不包括针对交通行政相对方的法律规范。

③交通行政违法行为所指的"违反交通行政法律规范",不仅包括义务性规范,也包括权利性规范、权利义务复合性规范。由于交通行政法律规范在为交通行政主体设定权利和义务时,通常是法定权利义务和责任的统一,所以弃权或任意处

置交通行政权的行为也属于交通行政违法行为。

(4)交通行政违法行为是尚未构成犯罪的违法行为。交通行政违法行为在性质上属于一般违法,其危害程度较犯罪小。二者在量上有一定的联系,即交通行政违法行为如果后果严重,就可以上升为犯罪。

(5)交通行政违法行为的法律后果是承担行政责任。法制的基本要求之一就是"违法必究",对于交通行政违法行为而言,就是只要违反了交通行政法律规范,就必须承担相应的法律责任。这种责任既不是民事责任,也不是刑事责任,而是一种行政责任。

二、交通行政违法行为的构成要件

任何违法行为总存在构成要件问题。违法行为就是由一系列相互联系的要件组成的,没有这些要件也就无法判定或确认这一行为是否违法。对于交通行政违法行为而言,也不例外。交通行政违法行为的构成要件,是指由交通行政法所规定的为交通行政违法行为所必备的一切主客观条件的总和。

一般而言,交通行政违法行为的构成要件应该有三个:

(1)行为人是否具有相关的法定义务(职责)。

交通行政违法行为,就其本质而言,是指不履行、不承担法定义务的交通行政行为。所以,要确定某一交通行政行为是否构成违法,首先要看行为人是否具有相应的法定职责。没有职责,就无所谓失职、滥用职权等。当然,担任不同性质工作任务的交通行政主体及执行公务的人员,其交通行政职责的内容也就不同,构成交通行政违法行为所要求的法定义务即交通行政职责的内容也就不同。

(2)行为人有不履行法定义务的行为。

仅有法定义务,交通行政违法行为还只是一种可能性,只有当行为人不依法承担义务、履行职责时,交通行政违法行为才会发生。这就要求交通行政违法行为必须有一定的客观外在表现,如果仅有内心意图而没有客观的行为是不构成交通行政违法行为的,即法律上不承认单纯思想上的违法或行为尚未表达于外的违法。

(3)行为人主观上有过错。

交通行政违法行为的主观方面,是构成交通行政违法行为必不可少的条件之一。违法行为的主观方面,一般是指违法的主体在主观上的故意或者过失的心理态度。在主观方面缺少过错的交通行政行为不能被认为是交通行政违法行为。需要注意的问题是,不能不加区别地对待所有违法主体的主观过错问题。一般情况下,对交通行政违法行为的实施个体(包括交通行政机关的公务员、法律授权组织中实施交通行政行为的个人以及受委托行使交通行政权的个人)而言,必须确定其主观过错状态——故意或者过失。对于交通行政机关(或被授权组织、受委托组织)而言,则无须严格区分其主观心态是故意还是过失。故意或者过失的主观心态,对交通行政机关组织体的违法行为构成没有直接影响,而且对其进行确认也是很困难的。

三、交通行政违法行为的分类

1. 行政失职

行政失职,是指行政主体及其公务人员因不履行或者拖延履行法定的作为义务(职责)而构成的交通行政违法行为。

行政失职具有以下特征:

(1)以违法主体负有相应的法定义务(职责)为前提条件;

(2)行政失职违反的必须是法定的作为义务。

具体表现为对法定职责的"不履行"或者"拖延履行"。"不履行"指交通行政主体对于法定的作为职责,明确表示不履行或者在法定期限内不予履行,如道路运输管理机构对非法道路运输经营者不予以制止和处罚。"拖延履行"指在法律没有明确规定履行期限的情况下,经交通行政相对一方的多次申请,交通行政主体仍不予以答复,如公路管理机构对某单位占用公路的申请经过一年仍不答复。

对于交通行政失职,交通行政违法主体有义务自我纠正。不自我纠正的,交通行政相对一方可以适用《行政复议法》和《行政诉讼法》申请行政复议或提起行政诉讼。《行政复议法》第二十八条第1款第2项规定,交通行政复议机关经审查,认为"被申请人不履行法定职责,决定其在一定期限内履行"。人民法院经过审理,对"被告不履行或者拖延履行法定职责的,判决其在一定期限内履行"。

2. 行政越权

行政越权,是指行政主体超越职务权限而进行的交通行政行为。其具有以下特征:

(1)无权限的越权。无权限的越权是指越权的交通行政主体及其公务人员根本就不具有该项交通行政职权,但却行使该项职权而作出交通行政行为。无权限的越权是交通行政越权中最严重的违法形式。实践中的无权限越权行为很多,例如:交通行政机关行使了非交通行政职权的行为,如不具有交通行政强制执行权的交通行政机关行使了人民法院的强制执行权。内部交通行政机关行使了外部交通行政机关的职权。交通行政机关被分解、合并或者撤销之后,以原交通行政机关的名义继续行使已丧失或转移的交通行政职权等等。

(2)超越层级管辖权限。超越层级管辖权限,即层级越权,指上下级交通行政机关之间,上级或者下级行使了另一方的交通行政职权。包括两种情形:一是下级交通行政机关行使了上级交通行政机关的职权。二是上级交通行政机关行使了下级交通行政机关的职权。

(3)事务越权。事务越权是指交通行政机关行使职权或从事交通行政管理活动时,超越本机关的主管权限范围。如某省道路运输管理机构对违反该省水路运输管理条例的违法行为进行处罚。

(4)地域越权。地域越权是指交通行政机关超越了其交通行政职权行使的空间范围。交通行政机关行使交通行政职权都有一定的地域范围,一定的交通行政机关只有在其管辖的空间范围内行使其职权才具有法律效力,否则即属于超越地域管辖范围而使其行为归于无效。

交通行政越权行为发生后,交通行政违法主体有义务自我纠正,不主动进行纠正的,相对一方可以根据《行政复议法》和《行政诉讼法》的规定申请交通行政复议或提起交通行政诉讼。《行政复议法》第二十八条第1款第3项规定:"对超越职权的行为,复议机关可以撤销、变更或者确认该行为违法,决定撤销或者确认违法的,还可以责令其在一定期限内重新作出具体行政行为。"对于超越职权,人民法院经过审理可以判决撤销或部分撤销,并判决被告重新作出具体行政行为。此外,根据最高人民法院《关于执行〈中华人民共和国行政诉讼法〉若干问题的解释》第五十七条的规定,人民法院对于超越职权的交通行政行为可以作出确认被诉具体行政行为违法或者无效的判决。

3.交通行政滥用职权

交通行政滥用职权是指交通行政主体在法定职权范围内出于不合法的动机而作出的,违反法定目的的交通行政行为。

交通行政滥用职权与交通行政越权的区别在于:一方面,两者的外部表现形式不同,交通行政滥用职权在形式上是合法的,即行为在法定职权范围内,而超越职权行为在客观上超出了法律规定的范围。另一方面,主观方面不同,滥用职权必须出于故意,过失行为不构成滥用职权,超越职权可能出于故意,也可能出于过失。

在实践中,交通行政滥用职权主要有以下几种情形:

(1)因受不正当的动机和目的支配,致使行为违背法定的目的和利益,如某公路管理机构为收取更多费用而批准在公路用地内设立大量影响视线的广告牌;

(2)因不应有的考虑而使行为结果失去准确性,如某运输管理人员对其亲属非法营运不予处罚;

(3)考虑了不相关的因素,如某征费人员因惧怕报复而对欠费行为视而不见;

（4）不作为或故意迟延，如某运输管理人员多次让某道路运输经营申请人明天再来；

（5）不正当的步骤和方式，如先下处罚决定书后调查取证；

（6）行使交通行政权时反复无常，如某运输管理机构对同样的行为有的处罚、有的不处罚。

滥用职权发生后，交通行政机关有义务自我纠正，否则，交通行政相对一方可以申请行政复议或者提起行政诉讼。我国《行政复议法》《行政诉讼法》对滥用职权的处理方式与对超越职权的处理方式相同，可以撤销、变更或者确认违法、无效，也可以责令其重做。此外，因交通行政主体的滥用职权而受到损失的，可以根据《国家赔偿法》求得赔偿。

4. 适用法律、法规、规章错误

适用法律、法规、规章错误，是指交通行政主体作出交通行政行为时，适用了不应该适用的法律、法规、规章，或者没有适用应该适用的法律、法规、规章。

具体包括以下几种情形：

（1）应适用此法却适用了彼法；

（2）应适用效力层级高的法律规范却适用了效力层级低的法律规范；

（3）应适用法律规范的此条款却适用了彼条款；

（4）应同时适用几部法律或法规的规定或者应同时适用几项法律条款，却只适用了其中几部法律或者法规规定或某一项条款，或者应适用一项条款，却适用了几项不应适用的条款；

（5）适用了尚未生效的法律规范；

（6）适用了无权适用的法律规范；

（7）适用了已经失效的法律规范；

（8）应适用特别法却适用了一般法。

5. 缺乏主要事实依据

交通行政行为的作出必须基于必要和适当的客观事实，即在作出交通行政行为前应明确认定相关的事实。事实的存在及认定，是交通行政行为能够成立的基本事实要件，是交通行政行为正确性和合法性的前提和基础。如《行政处罚法》第三十条规定："公民、法人或者其他组织违反行政管理秩序的行为，依法应当给予行政处罚的，行政机关必须查明事实。违法事实不清的，不得给予行政处罚。"

缺乏主要事实依据的情形主要有：

(1)事实实际上并不存在,只是一种假想的事实;
(2)未经过调查取证或未获取充足证据的;
(3)事实认定错误的;
(4)对主要事实的认定缺乏足够证据;
(5)证据之间相互矛盾。

缺乏主要事实依据而作出的交通行政行为应当被依法撤销。我国《行政复议法》第二十八条规定,对"主要事实不清、证据不足的"行政行为,复议机关可以撤销、变更或者确认其违法,并可以同时责令被申请人重做。《行政诉讼法》规定,"主要证据不足的",人民法院应"判决撤销或者部分撤销,并可以判决被告重新作出具体行政行为"。根据《若干解释》第五十七条的规定,人民法院可以作出确认缺乏主要事实依据的交通行政行为"违法或者无效"的判决。

6.违反法定程序

违反法定程序,是指交通行政行为违反了法律、法规对作出交通行政行为的过程上的要求。具体包括违反了法律、法规所要求的作出交通行政行为的步骤、顺序、时限与方式等,只要不符合其中的任何一项,就可能构成交通行政违法。

实践中,违反法定程序有以下几种情形:

(1)方式违法。对于法律要求具备一定的方式条件的,必须符合相应的方式要求。如,交通管理部门及其执法人员当场收缴罚款的,必须向当事人出具省级财政部门统一制发的罚款收据。如果执法人员不出具省级财政部门统一制发的罚款收据,即为违反法定方式。

(2)步骤违法。无论是省略法定步骤,还是无根据地增加步骤,或者步骤颠倒,都属于步骤违法。如,交通管理部门在作出责令停产停业、吊销证照、较大数额罚款的行政处罚决定之前,当事人要求听证的,案件调查人员应当记录在案。交通管理部门应当组织听证。如果当事人要求听证而交通管理部门不举行听证,就属于违反法定的步骤要求,就是交通行政违法。

(3)期限违法。交通行政行为的作出必须在法定的期限或者合理的期限内,否则就属于期限违法。如《道路运输服务质量投诉管理规定》第十五条规定:"运政机构应依法对投诉案件进行核实。经调查核实后,依据有关法律、法规或规章,分清责任,在投诉受理之日起30日内,作出相应的投诉处理决定,并通知双方当事人。"根据这一规定,运政机构必须在30日内作出处理决定,超过30日不作决定的,即属交通行政违法。

交通行政程序违法与实体违法在性质上是相同的,复议机关和人民法院可基于当事人的请求,对其撤销、确认违法或无效,也可以同时要求重做。

7. 交通行政侵权

交通行政侵权,是指交通行政主体及其公务人员因作为或者不作为侵害交通行政相对一方合法权益的行为。对这一概念应注意的是,交通行政侵权以相对一方的合法权益受到侵害为条件,不考虑主观过错,而且,并不是所有的交通行政违法行为都造成相对一方合法权益的损害。

交通行政侵权行为的对象一般包括人身权和财产权两种。

我国《行政复议法》和《行政诉讼法》都规定了交通行政相对一方对侵害其合法权益的行政行为申请行政复议或者提起行政诉讼。此外,《国家赔偿法》第三条、第十条分别规定,行政机关及其工作人员在行使行政职权时侵犯相对一方人身权或者财产权的,受害人有权取得赔偿。

8. 交通行政不当

交通行政不当,是指交通行政行为虽然合法,即没有违反一定法律、法规规定的条件、种类和幅度,但是不合理。交通行政不当一般指不合理地行使自由裁量权的行为。

交通行政不当在法律上的表现一般为:没有明确违反交通行政法律规范的规定和要求,但实质上违反了法律的目的与精神,与法律的目的、基本原则、裁量标准不一致,和相关因素考虑等不相符合。如根据《公路法》第二十五条及第七十五条的规定,公路建设项目的施工,必须报请县级以上地方人民政府交通主管部门批准,违反这一规定,交通主管部门可以责令停止施工,并可以处5万元以下的罚款。如果交通主管部门在实施处罚时,没有考虑违法者的违法程度、事后认错的态度等因素,对刚开始施工、并主动停止施工的单位处以5万元的罚款就属于处罚不当。

对于交通行政不当的救济,主要以行政救济为主。《行政复议法》第二十八条规定,具体行政行为明显不当的,复议机关可以决定撤销、变更或者确认该行为违法,决定撤销或者确认违法的,可以责令其重新作出具体行政行为。人民法院审理行政案件,对具体行政行为是否合法进行审查。即行政诉讼以合法性审查为原则。但行政诉讼也可以审查一定的合理性内容,行政处罚显失公正的,可以判决变更。根据这一规定,当交通行政处罚显失公正时,受处罚人可以提起行政诉讼,请求予以变更。

第二节 交通行政监督

一、交通行政法制监督

交通行政法制监督,是指国家机关依法对交通行政机关及其公务员的交通行政管理活动实施的具有法律效力的检查、督促行为。

交通行政法制监督具有以下特征:

(1)交通行政法制监督的主体具有特定性,是法律特别赋予监督权的国家机关。即一方面,监督主体首先必须是国家机关,非国家机关的组织和个人也可以对交通行政机关及其公务员进行监督,但不属于交通行政法制监督。另一方面,并不是所有的国家机关都是交通行政法制监督的主体,必须具有法律的特别授权才能成为监督主体。如,权力机关、部分行政机关拥有法律授权,属于交通行政法制监督主体,而军事机关则无权对交通行政机关及其公务员进行监督。

(2)交通行政监督的对象具有特定性,即其监督对象为交通行政机关及其公务员。不拥有交通行政权的其他组织和个人,如交通行政机关以外的其他行政机关、行政机关以外的其他国家机关、企事业单位、社会团体和一般公民等都不能成为交通行政法制监督的对象。对于依法行使一定交通行政职权的非交通行政机关组织及其工作人员,视同交通行政机关及其公务员对待,也可以成为交通行政法制监督的对象。

(3)交通行政法制监督的内容具有特定性,即其内容是交通行政机关及其公务员所做的尚未构成犯罪的交通行政行为。一方面,交通行政法制监督的内容仅限于交通行政行为,非交通行政行为不能成为交通行政法制监督的内容,如某省交通运输厅购置办公用品的行为。另一方面,违法交通行政行为分为一般违法行为和违法构成犯罪的行为,已经构成犯罪的行为,属于刑事法律规范的调整对象,不属于交通行政法制监督的内容。

(4)交通行政法制监督的法律依据具有特定性,即以法律标准检查判断交通行政行为。除此之外的社团监督、社会舆论监督等由于其不能以法律为监督依据,而是以一定的政治标准、道德要求进行监督,所以都不能称之为交通行政法制监督。我国宪法和组织法对此进行了明确规定。此外,《审计法》《行政复议法》《行政监察法》等一系列相关的法律、行政法规都对交通行政法制监督的机构设置及具体程序作了相应的规定,因而都是交通行政法制监督的法律依据。

交通行政法制监督的性质决定了其首要功能是保护交通行政相对一方的合法权益。监督交通行政主体依法行使职权,防止交通行政职权的滥用。交通行政职权的被滥用现象较为普遍。由此可以看到,对交通行政进行监督的重要作用。防止交通行政权力滥用与保护相对一方的合法权益是一个问题的两个方面。

对交通行政进行监督的目的,不仅仅在于监督其合法行使职权,防止其滥用职权,而且,还应当对其合法行使职权的行为进行维护,从而提高交通行政的效率。这是因为,交通行政权具有公共性,是为公共利益服务的,不对其进行维护,实际上损害的还是最广大人民的利益。这种维护功能最突出的表现就是,当被申请复议或被提起诉讼的交通行政行为合法时,复议机关或人民法院作出维持决定或者维持判决。对合法的交通行政行为进行维护。

二、交通行政系统内部政法制监督

行政系统内部的交通行政法制监督,是交通行政法制监督的重要组成部分。指各级人民政府对所属交通行政机关、上级交通行政机关对下级交通行政机关的法制监督以及行政系统内部设立的专门监督机关对交通行政机关及其公务员所实施的法律监督。

交通行政法制监督是指上级行政机关对下级交通行政机关的监督,包括各级政府对所属交通部门的监督和上级交通部门对下级交通部门的监督。其中上级交通部门对下级交通部门的监督是主要的监督方式,其主要根据是《地方各级人民代表大会和地方各级人民政府组织法》第五十七条:"省、自治区。直辖市的人民政府的各工作部门受人民政府统一领导,并受国务院主管部门的领导或业务指导。自治州、县、自治县、市、市辖区的人民政府各工作部门受人民政府统一领导,并且受上级人民政府工作部门的领导或业务指导。"根据此规定,交通部门在其主管的职权范围内可以对具有同种职权的下级行政机关实施监督,只要属于职权范围内的事务,无论是否存在隶属关系都应有监督权。另外,《行政处罚法》和《行政复议法》也为上级交通部门监督下级交通部门提供了法律依据。1996年交通部《关于发布《交通行政执法检查制度》等七项制度的通知,具体规定了实施交通行政执法监督的各项制度,促进了交通行政执法监督工作的系统化、法制化和制度化,有力地推进了交通行政执法监督工作的深入开展。

根据《交通行政执法监督规定》第十一条的规定,对行政执法情况的监督内容主要有:

(1)法律、法规、规章和规范性文件的实施情况;
(2)规范性文件是否合法;

(3)行政执法主体是否合法;
(4)行政执法程序是否合法;
(5)行政执法文书是否规范;
(6)行政执法中认定事实是否准确;
(7)行政执法中适用法律、法规、规章和规范性文件是否正确;
(8)行政复议工作的开展情况;
(9)其他需要监督检查的事项。

行政法制监督的方式主要有:报告工作、检查、审查批准、备案、惩戒等。

三、交通行政监察与审计

1. 交通行政监察

交通行政监察,即行政监察机关的交通行政法制监督,是指国家各级行政监察机关依法对各级交通行政机关及其公务员的交通行政行为进行监视、督察和惩处的专门活动。

交通行政监察的目的,是为了保证政令畅通,维护交通行政纪律,促进交通部门廉政建设,改善交通行政管理,提高交通行政效率。

交通行政监察属于行政系统内部交通行政法制监督的一种。其特点是:

(1)交通行政监察的主体具有特定性,即是政府内部的专门机关——行政监察机关;

(2)交通行政监察的对象是各级交通行政机关及其公务员;

(3)交通行政监察是一种经常性的、直接的监督形式。交通行政监察机关依法行使监督职权,不受行政部门、社会团体和个人的干涉。

2. 交通行政监察机关的职责和权限

(1)交通行政监察机关的职责。

行政监察机关的基本职责分为两个方面:一是交通行政效能监察,即对被监察对象是否遵守和执行法律、法规和人民政府的决定和命令等情况进行检查。二是清正廉洁监察,即对被监察对象是否违反行政纪律进行检查。

(2)交通行政监察机关的权限。

行政监察机关在实施交通行政监察过程中,所拥有的权力是:检查、调查权。行政监察机关可以根据监察计划,定期或者不定期地对交通行政机关及其公务员贯彻执行法律、法规和人民政府的决定、命令以及行政纪律等情况进行检查,也可以根据本级人民政府或者上级监察机关的决定或者本地区、本部门的工作需要,对被监察部门的工作进行专项检查。

3. 交通行政监察机关的措施

根据《行政监察法》第四章的相应规定,行政监察机关在检查、调查中有权采取以下措施:

(1)查阅、复制与监察事项有关的文件、资料、财物账目及其他有关材料;

(2)责令被监察的交通部门和人员在指定的时间、地点就监察事项涉及的问题作出解释和说明,但是不得对其实行拘禁或者变相拘禁;

(3)责令被监察交通部门和人员停止违反法律、法规和行政纪律的行为;

(4)暂予扣留、封存可以证明违法违纪行为的文件、资料、财物账目及其他有关资料;

(5)责令案件涉嫌单位和涉嫌人员在调查期间不得变卖、转移与案件有关的财物;

(6)建议有权机关暂停有严重违反行政纪律嫌疑的人员执行职务;

(7)查询案件涉嫌单位和涉嫌人员在银行或者其他金融机构的存款,必要时可以提请人民法院采取保全措施,依法冻结涉嫌人员在银行或其他金融机构的存款;

(8)监察机关在办理交通行政违纪案件中,可以提请公安、审计、税务、海关、工商行政管理等机关予以协助;

(9)对监察事项所涉及的单位和个人进行查询。

4. 交通行政监察结果

监察机关经过调查,可以根据检查、调查结果,对不能由其直接处理的事项,向有权机关提出监察建议。主要包括以下几种情形:

(1)拒不执行法律、法规或者违反法律、法规以及人民政府的决定、命令,应当予以纠正的;

(2)本级人民政府所属交通行政机关作出的决定、命令、指示违反法律、法规或者国家政策,应当予以纠正或者撤销的;

(3)给国家利益、集体利益和公民合法权益造成损害,需要采取补救措施的;

(4)录用、任免、奖惩决定明显不适当,应当予以纠正的;

(5)依照有关法律、法规的规定,应当给予行政处罚的;

(6)违反行政纪律,依法应当给予警告、记过、记大过、降级、撤职、开除行政处分的;

(7)违反行政纪律取得的财物,依法应当没收、追缴或者责令退赔的。

5. 交通行政监察机关的决定

监察机关根据检查、调查结果,遇有下列情形,可以直接作出监察决定:

(1)违反行政纪律,依法应当给予警告、记过、记大过、降级、撤职、开除行政处分的;

(2)违反行政纪律取得的财物,依法应当没收、追缴或者责令退赔的。

此外,交通行政监察机关的领导人员可以列席本级人民政府的有关会议,监察人员可以列席被监察部门的与监察事项有关的会议。监察机关对控告、检举重大违法违纪行为的有功人员,可以依照有关规定给予奖励。

6. 交通行政审计

交通行政审计监督,即审计机关对交通行政的法制监督,指由政府内部设置的具有专门监督职能的审计机关对交通行政机关的交通行政行为所涉及的财政财务收支活动进行审查核算的行为。

交通行政审计监督的特点

(1)交通行政审计监督的本质是一种依法实施的经济监督活动;

(2)交通行政审计监督的实施主体是法律授权的审计机关;

(3)交通行政审计监督的客体是交通行政机关的经济活动中的财政财务收支活动;

(4)交通行政审计监督的实施手段是依法进行审核、稽查;

(5)交通行政审计监督的对象主要是会计资料,包括会计凭证、会计账簿和会计报表,以及各种经济业务、资金运动和所体现的经济关系。

7. 交通行政审计监督的主体

根据《审计法》的有关规定,交通行政审计监督的实施主体由国家审计机关和地方审计机关两级组成。

对国家级交通行政审计监督而言,实施审计监督的是审计署。审计署由国务院设立,其审计工作受国务院总理的领导,审计长是审计署的行政首长。

对地方交通行政审计监督而言,实施交通行政审计监督的是省、自治区直辖市、设区的市、自治州、县、自治县、不设区的市、市辖区的人民政府分别设立的审计机关。地方审计机关的交通行政审计工作接受省长、自治区主席、市长、州长、县长、区长和上一级审计机关的领导。地方各级审计机关在实施交通行政审计监督过程中,对本级人民政府和上一级审计机关负责并报告工作,审计业务以上级审计机关领导为主。

各级交通行政审计机关根据审计需要,可以在其审计管辖范围内派出审计特派员。审计特派员根据审计机关的授权,依法进行交通行政审计工作。

8. 交通行政审计监督主体的职责和权限

根据《审计法》第三章的相应规定,交通行政审计机关应当履行以下职责:

(1)对本级政府的交通行政机关预算的执行情况和决算,以及预算外资金的管理和使用情况,进行审计监督;

(2)对本级政府的交通行政机关管理的社会保障基金、社会捐赠资金以及其他有关基金、资金的财务收支,进行审计监督;

(3)对其他法律、行政法规规定应当由审计机关进行审计的事项进行审计监督。

9. 交通行政审计机关的职权

根据《审计法》的规定,审计监督主体在实施交通行政法制监督时的职权有:

(1)要求报送权。审计机关有权要求被审计的交通行政机关按照规定报送预算或者财务收支计划、预算执行情况、决算、财务报告、社会审计机构出具的审计报告,以及其他与财政收支或者财务收支有关的资料,被审计的交通行政部门不得拒绝、拖延、谎报。

(2)实施检查权。审计机关有权检查被审计交通行政机关的会计凭证、会计账簿、会计报表以及其他与财政收支或者财务收支有关的资料和资产,被审计的交通行政机关不得拒绝。

(3)实施调查权。审计机关有权就审计事项的有关问题向有关单位和个人进行调查,被调查单位和个人必须如实向审计机关反映情况,提供有关证明材料。

(4)制止并采取措施权。审计机关对被审计的交通行政机关正在进行的违反国家规定的财政收支、财务收支行为,有权予以制止,制止无效的,经县级以上审计机关负责人批准,通知财政部门和有关主管部门暂停拨付与违反国家规定的财政收支、财务收支行为直接有关的款项,已经拨付的,暂停使用。

(5)建议权。审计机关认为被审计的交通行政机关所执行的上级主管部门有关财政收支、财务收支的规定与法律、行政法规相抵触的,应当建议有关主管部门纠正。有关主管部门不纠正的,审计机关应当提请有权处理的机关依法处理。

(6)通报权。审计机关在实施检查、调查之后,可以向政府有关部门通报或者向社会公布审计结果,但应当依法保守国家秘密和被审计的交通行政机关的商业秘密。

(7)处理权。审计机关经审计,发现被审计交通行政机关违反国家规定的财政、财务收支行为,有权依法作出处理。《审计法》第六章规定了被审计单位的法律责任以及审计机关的相应处理。

第十九章
交通行政责任与错案追究

第一节 交通行政责任

一、交通行政责任的含义

交通行政责任,是指交通行政机关及其公务员因违反交通行政法律规范而依法必须承担的法律责任。

交通行政法律责任具有以下特征:

(1)交通行政责任的承担主体是交通行政主体及其公务员。交通行政责任是交通行政违法和不当所引起的法律后果,而交通行政违法和不当又是交通行政主体及其公务员的违法行为,因而这种违法责任就只能由交通行政主体及其公务员来承担,与交通行政相对一方没有任何关联。相对一方的法律责任,一般表现为接受交通行政处罚。

(2)交通行政责任是一种法律责任。这种责任的特性使其与道义责任相区别。道义责任指交通行政机关基于道义或约定而产生的责任。

(3)交通行政责任是一种违法责任。交通行政责任还包括法律为交通行政主体及其公务员所设定的职责义务。狭义的交通行政责任,即交通行政主体及其公务员不履行或者没有依法履行其职责义务所应承担的违法责任。

二、交通行政责任的构成

交通行政责任的构成与交通行政违法的构成有因果关系,前者是果,后者是因,但有明显的区别。交通行政违法的构成旨在确认交通行政违法及其性质,交通行政责任的构成则旨在确认交通行政违法的后果及其性质。承担交通行政责任必须有交通行政违法行为,但并非一切交通行政违法行为都一概追究交通行政责任。

交通行政责任的构成要件有三个:

(1)存在交通行政违法行为。交通行政违法行为的客观存在是追究行为人交通行政责任的前提,行为人尚未构成交通行政违法,交通行政责任就无从发生。

(2)具有承担责任的法律依据。对交通行政违法行为的实施主体而言,其违法行为是否应当承担责任,以及应当承担何种责任,必须有法律的明确规定。在对交通行政主体的违法行为追究责任时,必须严格遵守相关的法律规定,否则该追究行为即属于违法。

(3)主观有过错。一般来讲,任何责任的构成都需要主观过错这一构成要件。但在交通行政管理实践中,对于交通行政违法行为,只要认定下来,就不再过问行为人的主观因素,即可视为主观有过错。最多考虑一下违法行为的情节和后果,作为认定其承担何种形式责任的依据。

三、交通行政责任的承担方式

1. 交通行政主体承担的责任形式

(1)撤销违法行为。交通行政行为如果用于违法的,如主要证据不足,适用法律、法规错误,违反法定程序等,交通行政主体就应当承担撤销违法行为的行政责任。

(2)纠正不当的交通行政行为。纠正不当的交通行政行为,是对交通行政主体自由裁量权进行控制的责任方式。对于交通行政不当行为,复议机关可以予以撤销,但实践中,多是交通行政关进行自我纠正。

(3)停止侵害。停止侵害指交通行政主体停止正在实施的侵害交通行政相对一方合法权益的行为。这种形式主要适用于交通行政行为持续地侵害交通行政相对一方人身权、财产权的情形。

(4)履行职务。这种责任形式多适用于交通行政失职行为。交通行政主体不履行或者拖延履行职责的不作为行为一旦被确定为违法,就应当承担在法定期限内履行的责任。

(5)返还权益。交通行政主体剥夺相对一方的权益属于违法或者不当时,在撤销或者变更交通行政行为的同时,应当返还相对一方的合法权益。这里的"权益",主要指财产权益,如返还被违法没收的财物、被不合法吊销的证照等。

(6)恢复原状。交通行政主体的行为被确认为违法行为时,如果能使相对一方的财产恢复原状时,应首先使其恢复原状,然后再承担其他责任。

(7)交通行政赔偿。交通行政赔偿一般是针对交通行政侵权行为而适用的。当交通行政违法行为侵犯了相对一方的合法权益,并且造成了财产、人身的实际损害时,应当进行金钱赔偿。

(8)恢复名誉、消除影响。当交通行政违法行为造成相对一方名誉上的损害时,一般采用这种精神上的补救方式。适用这一责任形式时,一般应当在造成影响的范围内宣布正确决定,撤销原处理决定,或者向有关单位寄送更正书面材料。

(9)承认错误、赔礼道歉。当交通行政主体的违法行为不利地影响了相对一方的合法权益时,应当向其承认错误、赔礼道歉。承担这种责任形式一般由交通行政机关的领导人和直接责任人员亲自出面,可以采用口头形式,也可以采用书面形式。承认错误、赔礼道歉可以与其他责任形式合并适用。

2.公务员承担的责任形式

(1)通报批评。对于交通行政机关公务员的违法行为,有权机关可以在会议上或文件中公布对其的批评。其目的在于警戒有责任的公务员本人,对其他公务员也可以起到教育作用。

(2)赔偿损失。因公务员的违法行为对一定的交通行政相对一方造成损害后,先由交通行政机关向相对一方承担赔偿责任,再由交通行政机关向有故意或者重大过失的公务员追偿已赔偿的款项的部分或者全部。

(3)行政处分。行政处分是公务员承担行政责任的主要形式,是交通行政机关依照行政隶属关系对违法失职的公务员给予的惩戒措施。行政处分的形式有:警告、记过、记大过、降级、撤职和开除六种。

第二节 交通行政责任追究

一、交通行政责任的追究

交通行政责任的追究,指有权机关根据法律规定和交通行政责任的构成要件,按法定程序和方式对交通行政主体的行政责任进行认定和追究的过程。

对交通行政责任的追究,首先应确认交通行政行为是否是违法行为。对于交通行政违法,只要一经确认,就可以追究其责任。对于交通行政不当,一般应对其程度加以区分,只对较为明显的不合理、不公正才予以追究。对交通行政违法行为,应当区分承担责任的主体,即划分是由交通行政主体还是由公务员承担,是由交通行政授权人还是由被授权人承担,是由委托人还是由被委托人承担。最后,应当根据确认的承担主体,确定追究责任的主体。一般而言,人民法院限于追究交通行政主体的责任,行政机关可以追究交通行政主体及其公务员的责任。

在追究交通行政责任过程中,一般应当遵循三个原则:责任法定原则、责任与违法程度相一致原则以及补救、惩戒和教育相结合原则。

二、交通行政责任的免除

交通行政责任必须依法追究,但符合法定条件的,也可以予以免除。交通行政责任的免除,是指交通行政违法主体的违法行为虽然符合交通行政责任的构成要件,但根据某些法定条件或理由,追究机关决定不予追究。一般行政法规定了外交豁免、军事豁免等几种免除责任情形。交通行政法还很少见这种明文规定。但一般而言,如果违法交通行政行为是一种国家行为时,可以免除交通行政责任的承担。

三、交通行政责任的转移

交通行政责任的转移,是指交通行政责任从一个主体转移给另一个主体并为后一主体所继受。

交通行政责任的转移必须符合一定的条件:

(1)交通行政责任已经确定,但尚未履行或者未履行完毕。即是说,如果交通行政责任还没有确定,或者已经确定,而且已经被相应责任主体所履行完毕,则不发生转移。

(2)具有导致责任转移的法律事实。这些事实一般包括:交通行政主体被合并,此时交通行政责任被转移给合并后的新的交通行政主体。交通行政主体被分解,此时交通行政责任被转移给分解后的相应的新的交通行政主体。交通行政主体被解散,此时交通行政责任被转移给决定解散的交通行政机关。

四、交通行政责任的消灭

交通行政责任的消灭,是指交通行政责任所确定的履行义务的终止。

引起交通行政责任消灭的法律事实一般有:

(1)责任已经被履行完毕。如,负有赔偿责任的交通行政主体已经做了规定数额的赔偿。

(2)权利人放弃权利。如,交通行政相对一方主动放弃索赔的权利。

(3)履行责任已经成为不可能。如,拖延履行职责的道路运政机构被责令发放《道路运输许可证》,但申请单位被解散或者申请人已经死亡,则此时的履行已经成为不可能。

第三节 交通行政赔偿

一、交通行政赔偿的含义

交通行政赔偿,是指交通行政机关及其公务员在执行公务时,违法侵犯交通行政相对一方合法权益造成损害,依法所承担的损害赔偿。

交通行政赔偿具有以下几个特征:

(1)必须有损害行为的存在,而且损害是由交通行政机关及其公务员的行为造成的。经法律、法规、规章授权的组织或者经交通行政委托的组织在执行职务中造成的损害,国家也必须承担赔偿责任。

(2)损害必须是在交通行政关及其公务员执行公务时造成的。《国家赔偿法》第五条明确规定,对"行政机关工作人员与行使职权无关的个人行为"和"因公民、法人和其他组织自己的行为致使损害发生的"两种情形,国家不承担赔偿责任。

(3)损害必须是违法行为造成的。即交通行政违法行为是引起交通行政侵权赔偿的必要条件。

(4)损害必须是现实已经产生或者必然产生的。没有实际产生或者不是必然产生的损害,国家不予以赔偿。而且,交通行政赔偿只针对违法行为的直接损害,对于间接损害,国家不承担赔偿责任。

(5)交通行政赔偿法定原则。即是说,交通行政机关是否承担赔偿责任,如何承担赔偿责任,赔偿的范围、标准、程序和方式等,完全以法律的明文规定为依据。法律没有规定的,则不予以赔偿。

二、交通行政赔偿的构成要件

交通行政赔偿的构成要件由交通行政侵权主体、交通行政侵权行为、损害以及因果关系四个部分组成。

(1)交通行政侵权主体。交通行政侵权主体,一般是指行使职权过程中侵犯公民、法人或者其他组织合法权益的交通行政主体及其工作人员。"工作人员"的范围除了法律规定的公务员,法律、法规、规章授权的组织中的工作人员之外,还包括受交通行政机关委托执行公务的组织或个人以及事实上在执行公务或自愿协助执行公务的人员。

(2)交通行政侵权行为。交通行政侵权行为是交通行政赔偿责任中最根本的构成要件,是国家承担赔偿责任的最根本的原因。交通行政侵权行为是指交通行政机关及其工作人员违法行使职权,侵犯相对一方合法权益的行为。

(3)损害。损害是交通行政赔偿责任产生的前提条件。只有损害确实发生了,才会产生交通行政赔偿责任。损害包括人身损害和财产损害两种。

(4)因果关系。这里所谓的"因果关系",是指交通行政主体及其工作人员的违法侵权行为与相对一方所受损害之间的一种必然的、稳定的关系。即是说,有交通行政违法行为才会造成相对一方的损害,如果没有交通行政违法行为,损害也就不会发生,交通行政违法行为是"因",相对一方所受损害是"果"。可以这样说,因果关系是联结侵权行为与损害的纽带,是侵权主体对受损害相对一方承担赔偿责任的前提和基础。

对于交通行政赔偿机关而言,交通行政赔偿四个构成要件缺一不可,缺少任何一个构成要件,都不发生交通行政赔偿责任。

三、交通行政赔偿的范围

根据《国家赔偿法》第三条和第四条的规定,交通行政赔偿的范围分为以下两种:

1. 侵犯人身权的交通行政赔偿

(1)违法拘留或者违法采取限制公民人身自由的交通行政强制措施的。交通行政机关没有行政拘留权,因此也就不发生因违法拘留所承担的赔偿责任。但是这里做扩大解释,即是说,如果交通行政机关超越职权进行行政拘留的,就应当承担赔偿责任,这样更有利于对受侵害的交通行政相对一方进行保护。

交通行政机关有权依法采取强制隔离、扣留等强制措施。在采取措施过程中,如果违法侵害相对一方的合法权益的,应当承担赔偿责任。

(2)非法拘禁或者以其他方法非法剥夺公民人身自由的。

(3)以殴打等暴力行为或者唆使他人以殴打等暴力行为造成公民身体伤害或者死亡的。

(4)违法使用武器、警械造成公民身体伤害或者死亡的。

(5)造成公民身体伤害或者死亡的其他违法行为。

2. 侵犯财产权的交通行政赔偿

根据《国家赔偿法》第四条的规定,交通行政机关及其公务员在行使交通行政职权时有下列侵犯财产权情形之一的,受害人有权取得交通行政赔偿:

(1)违法实施罚款、吊销许可证和执照、责令停产停业、没收非法财物的交通行政处罚的；

（2）违法对财产采取查封、扣押、冻结等交通行政强制措施的；

（3）违反国家规定征收财物、摊派费用的；

（4）造成财产损害的其他违法行为。

对于《国家赔偿法》第三条第5项和第四条第4项规定的"其他违法行为"，由于在实践中概念的外延不清，人民法院在审理行政赔偿案件中不得其所，因此最高人民法院对其进行了界定。根据最高人民法院《关于审理行政赔偿案件若干问题的规定》第一条规定，"其他违法行为"包括"具体行政行为和与行政机关及其工作人员行使行政职权有关的，给公民、法人或者其他组织造成损害的，违反行政职责的行为"。

我国《国家赔偿法》第五条规定了国家不予赔偿的几种情形。根据该规定，国家对交通行政机关及其工作人员的以下行为不承担赔偿责任：

（1）交通行政机关工作人员实施的与行使交通行政职权无关的个人行为；

（2）因公民、法人或者其他组织自己的行为致使损害发生的；

（3）法律规定的其他情形。

这里的"其他情形"，指《国家赔偿法》第五条第1项和第2项之外的交通行政行为。如，《国家赔偿法》第五条对交通行政赔偿范围的排除所没有提到的抽象交通行政行为。对于抽象交通行政行为，人民法院不受理公民、法人或者其他组织对"行政法规、规章或者行政机关制定、发布的具有普遍约束力的决定、命令"提起的诉讼。《行政复议法》第七条则规定："对国务院部门的规定、县级以上地方各级人民政府及其工作部门的规定以及乡镇人民政府的规定不服，可以在对具体行政行为申请行政复议时，一并向行政复议机关提出审查申请，对于国务院部、委员会规章和地方人民政府规章的审查，则只能依照法律、行政法规办理。"这里的行政诉讼法、行政复议法就都属于狭义的法律。

对抽象交通行政行为的审查例外，还可以从其他规定中找到依据。最高人民法院《关于审理行政赔偿案件若干问题的规定》第六条规定："公民、法人或者其他组织以国防、外交等国家行为或者行政机关制定发布行政法规、规章或者具有普遍约束力的决定、命令侵犯其合法权益造成损害为由，向人民法院提起行政赔偿诉讼的，人民法院不予受理。"

四、交通行政赔偿请求人和赔偿义务机关

1. 交通行政赔偿请求人

交通行政赔偿请求人，是指因合法权益受到交通行政主体及其工作人员的不

法侵害而依法请求赔偿的受害人。受害人取得交通行政赔偿具有相应的法律依据。如,《国家赔偿法》第六条第1款规定:"受害的公民、法人或者其他组织有权要求赔偿。"此外,《行政诉讼法》规定:"公民、法人或者其他组织的合法权益受到行政机关或者行政机关工作人员作出的具体行政行为侵犯造成损害的,有权请求赔偿。"

当受害人是公民时,交通行政赔偿的请求人有:《国家赔偿法》第六条第1款规定的受害公民、受害公民死亡后的继承人和其他有抚养关系的亲属、最高人民法院《关于审理行政赔偿案件若干问题的规定》(以下简称《若干规定》)第十五条规定的受害人生前抚养的无劳动能力的人。

当受害人是法人或者其他组织时,受害的法人或者其他组织有权请求赔偿。此外,《国家赔偿法》第六条第3款规定:"受害的法人或者其他组织终止,承受其权利的法人或者其他组织有权要求赔偿。"《若干规定》第十六条则进一步规定:"企业法人或者其他组织被行政机关撤销、变更、兼并、注销,认为经营自主权受到侵害,依法提起行政赔偿诉讼源企业法人或者其他组织,或者对其享有权利的法人或其他组织均具有原告资格。"

2. 交通行政赔偿义务机关

交通行政赔偿义务机关,是指因违法行使职权对交通行政相对一方合法权益造成侵害,依法必须承担赔偿责任的交通行政机关。

交通行政赔偿义务机关,一般是违法行使职权造成损害的交通行政机关。但由于实践中的复杂情况,需要对交通行政赔偿机关做具体的认定。根据《国家赔偿法》第七条、第八条,以及《若干规定》第十七条、第十八条和第十九条的规定,实践中的交通行政赔偿义务机关有以下几种情形:

(1)交通行政机关本身在行使交通行政职权过程中违法侵害相对一方合法权益的,该交通行政机关即为赔偿义务机关;

(2)交通行政机关所属的工作人员违法行使职权侵犯公民、法人或其他组织合法权益造成损害的,其所属的交通行政机关为赔偿义务机关;

(3)两个以上交通行政机关或其工作人员共同行使交通行政职权时侵犯相对一方合法权益造成损害的,共同行使职权的交通行政机关或者该公务员所属的交通行政机关为共同赔偿义务机关;两个以上交通行政机关共同侵权,赔偿请求人对其中一个或者数个侵权机关提起交通行政赔偿诉讼的,若诉讼请求是可分的,被诉的一个或者数个侵权机关为被告;如果诉讼请求是不可分的,由人民法院依法追加其他侵权机关为共同被告;

（4）法律、法规以及规章授权的组织在行使授予的交通行政权时，侵犯公民、法人或者其他组织合法权益造成损害的，被授权的组织为赔偿义务机关；

（5）受交通行政机关委托的组织或者个人在行使受委托的交通行政权时，侵犯公民、法人或者其他组织的合法权益造成损害的，委托的交通行政机关为赔偿义务机关；

（6）经行政复议机关复议的，最初造成侵权行为的交通行政机关为赔偿义务机关，但复议机关的复议决定加重损害的，复议机关对加重部分履行赔偿义务，但如果赔偿请求人只对作出原交通行政决定的交通行政机关提起交通行政赔偿诉讼的，作出原决定的交通行政机关为被告，如果赔偿请求人只对复议机关提起行政赔偿诉讼的，仅以行政复议机关为赔偿义务机关；

（7）申请人民法院强制执行具体交通行政行为的，由于据以执行的根据发生错误而发生交通行政赔偿的，申请强制执行的交通行政机关为被告；

（8）交通行政赔偿义务机关被撤销的，继续行使其职权的交通行政机关为赔偿义务机关；没有继续行使其职权的交通行政机关的，撤销该赔偿义务机关的交通行政机关为赔偿义务机关。

五、交通行政赔偿的程度

1. 交通行政赔偿程序

交通行政赔偿程序，是指交通行政赔偿请求人请求赔偿，行政机关和人民法院处理赔偿案件的整个过程。

《国家赔偿法》第九条规定："赔偿请求人要求赔偿应当先向赔偿义务机关提出，也可以在申请行政复议和提起行政诉讼时一并提出。"根据这一规定，交通行政赔偿的程序分为交通行政先行处理程序和交通行政赔偿诉讼程序两个环节。从程序性质上看，交通行政先行处理程序属于行政程序，而交通行政赔偿诉讼程序则属于司法程序。从程序之间的关联性来看，交通行政先行处理程序是交通行政赔偿诉讼程序的先行程序，即是说，受害人必须通过交通行政先行处理程序要求交通行政赔偿，只有在其赔偿请求不能得到满足的情况下，才能依法提起交通行政赔偿诉讼。

此外，根据这一规定，交通行政赔偿的提起方式包括两种：

（1）单独式。指受害人单独提起交通行政赔偿请求。即请求内容仅限于"赔偿"，至于对交通行政职权的行使是否违法等，争议双方并没有不同意见。在这种情况下，受害人应当首先向交通行政赔偿义务机关提出赔偿请求，赔偿义务机关不予赔偿或赔偿请求人对赔偿数额有异议的,赔偿请求人才可以向人民法院提起交通行政赔偿诉讼。

(2)附带式。指受害人在申请行政复议或提起行政诉讼中一并提出赔偿要求。附带请求交通行政赔偿的程序,由于是在行政复议和行政诉讼过程中进行,所以完全适用行政复议和行政诉讼程序。

2. 交通行政赔偿的特点

(1)必须行政先行处理。在交通行政复议和交通行政诉讼程序中,有关法律、法规并不要求交通行政相对一方在申请交通行政复议或者提起交通行政诉讼之前,必须经过有关交通行政机关的先行处理。但是对于单独提起交通行政赔偿请求的,则必须经过交通行政机关的处理,交通行政机关不做答复或者对处理决定不服的方可提起交通行政赔偿诉讼。单独提起交通行政赔偿请求的行政先行处理具有相应的法律依据。

(2)不适用行政复议。我国现行《行政复议法》的受案范围没有将行政赔偿列入其内,这是其一。其二,《国家赔偿法》第十三条规定:"赔偿义务机关应当自收到申请之日起两个月内依照本法第四章的规定给予赔偿。逾期不予赔偿或者赔偿请求人对赔偿数额有异议的,赔偿请求人可以自期间届满之日起三个月内向人民法院提起诉讼。"

(3)交通行政赔偿诉讼中可以调解。行政诉讼中不得调解,是行政诉讼与民事诉讼相区别的一项原则。《行政诉讼法》规定:"人民法院审理行政案件,不适用调解。"但赔偿诉讼则是个例外。《行政诉讼法》规定:"赔偿诉讼可以适用调解。"此外,《若干规定》第三十条也规定:"人民法院审理行政赔偿案件在坚持合法、自愿的前提下,可以就赔偿范围、赔偿方式和赔偿数额进行调解。调解成立的,应当制作行政赔偿调解书。"

3. 交通行政赔偿先行处理程序

交通行政赔偿请求人的赔偿请求期限为两年,自交通行政侵权事件发生之日起计算。

交通行政赔偿请求人提出赔偿请求,必须提交书面申请书。《交通行政赔偿申请书》应当载明以下事项:

(1)受害人的姓名、性别、年龄、工作单位和住所,法人或者其他组织的名称、住所和法定代表人或者主要负责人的姓名、职务;

(2)具体的要求、事实根据和理由;

(3)申请的年、月、日。

交通行政执法总论

赔偿请求人书写申请确有困难的,可以委托他人代书,也可以口头申请,由赔偿义务机关记入笔录。这种对申请的灵活处理,更有利于实现《国家赔偿法》第一条规定的"保障公民、法人和其他组织享有依法取得国家赔偿的权利"的立法宗旨。

根据《国家赔偿法》第十三条的规定,交通行政赔偿义务机关应当自收到赔偿请求人提交的《交通行政赔偿申请书》之日起两个月内依法处理,或者是依法进行赔偿,或者是根据有关规定拒绝交通行政赔偿。

4. 交通行政赔偿诉讼程序

根据《国家赔偿法》第十三条的规定,交通行政赔偿义务机关逾期不予赔偿或者赔偿请求人对赔偿数额有异议的,赔偿请求人可以自期间届满之日起3个月内向人民法院提起诉讼。

根据《若干规定》第二十一条的规定,赔偿请求人单独提起交通行政赔偿诉讼,应当符合下列条件:

(1)原告具有请求资格;
(2)有明确的被告;
(3)有具体的赔偿请求和受损害的事实依据;
(4)加害行为为具体交通行政行为的,该行为已经被确认为违法;
(5)赔偿义务机关已先行处理或超过法定期限不予处理;
(6)属于人民法院交通行政赔偿诉讼的受案范围和受诉人民法院管辖;
(7)符合法律规定的起诉期限。

关于起诉期限,根据《国家赔偿法》第十三条和《若干规定》第二十二条、第二十四条的规定,分为以下三种情况:

(1)赔偿义务机关在法定期限内不作出处理决定的,赔偿请求人可以自期限(两个月)届满之日起3个月内向人民法院提起诉讼;

(2)赔偿义务机关作出不予赔偿的决定或者在法定期限内作出了赔偿决定但赔偿请求人对赔偿数额有异议的,赔偿请求人可以在向赔偿义务机关递交赔偿申请后的两个月届满之日起3个月内提起诉讼;

(3)赔偿义务机关作出赔偿决定时,未告知赔偿请求人的诉权或者起诉期限,致使赔偿请求人逾期向人民法院起诉的,其起诉期限从赔偿请求人实际知道诉权或者起诉期限时计算,但逾期的期间自赔偿请求人收到赔偿决定之日起不得超过1年。

5. 交通行政赔偿诉讼的受理

根据《若干规定》第二十七条的规定,人民法院接到原告单独提起的交通行政赔偿起诉状,应当进行审查,并在7日内立案或者作出不予受理的裁定。

人民法院接到交通行政赔偿起诉状后,在7日内不能确定可否受理的,裁定驳回起诉。

当事人对不予受理或者驳回起诉的裁定不服的,可以在裁定书送达之日起10日内向上一级人民法院提起上诉。

当事人在提起交通行政诉讼的同时一并提出交通行政赔偿请求,或者因具体交通行政行为和与行使职权有关的其他行为侵权造成损害一并提出交通行政赔偿请求的,人民法院应当分别立案,根据具体情况可以合并审理,也可以单独审理。人民法院审理交通行政赔偿案件,就当事人之间的交通行政赔偿争议进行审理和裁判。

被告在一审判决前同原告达成赔偿协议,原告申请撤诉的,人民法院应当依法予以审查并裁定是否准许。

原告在交通行政赔偿诉讼中对自己的主张承担举证责任,被告有权提供不予赔偿或者减少赔偿数额方面的证据。

被告的具体交通行政行为违法但尚未对原告合法权益造成损害的,或者原告的请求没有事实根据或法律根据的,人民法院应当判决驳回原告的赔偿请求。

人民法院对赔偿请求人未经确认程序而直接提起交通行政赔偿诉讼的案件,在判决时应当对赔偿义务机关致害行为是否违法予以确认。

人民法院对单独提起的交通行政赔偿案件应当制作交通行政赔偿判决书、交通行政赔偿裁定书或者交通行政赔偿调解书。

6. 交通行政赔偿的执行

发生法律效力的交通行政赔偿判决、裁定或者调解协议,当事人必须履行。一方拒绝履行的,另一方可以向第一审人民法院申请执行。申请执行的期限,申请人是公民的为1年,申请人是法人或者其他组织的为6个月。

第一审交通行政赔偿案件的审理期限为3个月,第二审为两个月。因特殊情况不能结案,需要延长审理期限的,应当按照行政诉讼法的有关规定报请批准。

六、交通行政赔偿的方式、计算标准和赔偿费用

1. 交通行政赔偿的方式

根据《国家赔偿法》第二十五条和第三十条的规定,交通行政赔偿的方式有以下四种:

(1)支付赔偿金;

(2)返还财产;
(3)恢复原状;
(4)消除影响、恢复名誉、赔礼道歉。

在这四种赔偿方式中,以"支付赔偿金"为主要方式。

2. 交通行政赔偿的计算标准

对于交通行政赔偿的计算标准,《国家赔偿法》第二十六条、第二十七条以及第二十八条根据不同情况做了相应的规定:

1)对侵犯人身自由权的赔偿标准

根据《国家赔偿法》第二十六条的规定,侵犯人身自由的,每日的赔偿金按照国家上年度职工日平均工资计算。

2)对侵犯健康权的赔偿标准

根据《国家赔偿法》第二十七条第1项和第2项的规定,赔偿项目和标准如下:

(1)造成身体伤害的,应当支付医疗费,以及赔偿因误工减少的收入。减少的收入每日的赔偿金按照国家上年度职工日平均工资计算,最高额为国家上年度职工年平均工资的5倍。

(2)造成部分或者全部丧失劳动能力的,应当支付医疗费,以及残疾赔偿金,残疾赔偿金根据丧失劳动能力的程度确定,部分丧失劳动能力的最高额为国家上年度职工年平均工资的10倍,全部丧失劳动能力的为国家上年度职工年平均工资的20倍。造成全部丧失劳动能力的,对其抚养的无劳动能力的人,还应当支付生活费。生活费的发放标准参照当地民政部门有关生活救济的规定办理。被扶养人是未成年人的,生活费给付至18周岁止。其他无劳动能力的人,生活费给付至死亡止。

3)对侵犯生命权的赔偿标准

《国家赔偿法》第二十七条第3款规定:"造成死亡的,应当支付死亡赔偿金、丧葬费,总额为国家上年度职工年平均工资的二十倍。对死者生前扶养的无劳动能力的人,还应当支付生活费。生活费的支付标准与上一项相同。"

4)对侵犯财产权的赔偿标准

根据《国家赔偿法》第二十八条的规定,侵犯公民、法人或者其他组织的财产权造成损害的,按照以下规定办理:

(1)处罚款、罚金、追缴、没收财产或者违反国家规定征收财物、摊派费用的,返还财产;

(2)查封、扣押、冻结财产的,解除对财产的查封;扣押、冻结,造成财产损坏或者灭失的,根据情况进行赔偿:应当返还的财产损坏的,能够恢复原状的恢复原状,不能恢复原状的,按照损害程度给付相应的赔偿金,应当返还的财产灭失的,给付相应的赔偿金;

(3)财产已经拍卖的,给付拍卖所得的价款;

(4)吊销许可证和执照、责令停产停业的,赔偿停产停业期间必要的经常性费用开支;

(5)对财产权造成其他损害的,按照直接损失给予赔偿。

3.交通行政赔偿费用

交通行政赔偿费用,包括交通行政机关支付赔偿金的经费和交通行政赔偿案件处理过程中的有关费用。

关于交通行政机关支付赔偿金的经费,赔偿费用从各级财政列支。《国家赔偿法》第四条规定:"赔偿费用,列入各级财政预算,具体办法由国家规定。"此外,《国家赔偿费用管理办法》第六条规定:"国家赔偿费用,列入各级财政预算,由各级财政按照财政管理体制分级负担。各级政府应当根据本地区的实际情况,确定一定数额的国家赔偿费用,列入本级财政预算。国家赔偿费用由各级财政机关管理。当年实际支付国家赔偿费用超过年度预算部分,在本级预算预备费中解决。"

关于交通行政赔偿案件处理的费用,《国家赔偿法》第三十四条第1款规定:"赔偿请求人要求国家赔偿的,赔偿义务机关、复议机关和人民法院不得向赔偿请求人收取任何费用。"《若干规定》同时规定:"赔偿请求人要求人民法院确认致害行为违法涉及的鉴定、勘验、审计等费用,由申请人预付,最后由败诉方承担。"

此外,《国家赔偿法》第三十四条第2款规定:"对赔偿请求人取得的赔偿金不予征税。"

附 录

交通行政执法文书式样之一

立 案 审 批 表

案号：

案件来源	☐1. 在行政检查中发现的； ☐2. 个人、法人及其他组织举报经核实的； ☐3. 上级机关_____交办的； ☐4. 下级机关_____报请查处的； ☐5. 有关部门_____移送的； ☐6. 其他途径发现的：_____					
案由						
受案时间						
当事人基本情况	个人	姓名		性别		年龄	
		住址		身份证件号		联系电话	
	单位	名称				法定代表人	
		地址				联系电话	
案件基本情况						
立案依据			经办机构负责人意见		签名： 时间：	
负责人审批意见					签名： 时间：	
备注						

交通行政执法文书式样之二

询 问 笔 录

案号：

时间：__年__月__日__时__分至__时__分　　　第_____次询问

地点：_____

询问人：_____记录人：_____

被询问人：_____与案件关系：_____

性别：_____年龄：_____

身份证件号：_____联系电话：_____

工作单位及职务：_____

联系地址：_____

我们是_____的执法人员_____、_____，这是我们的执法证件，执法证号分别是_____、_____，请你确认。现依法向你询问，请如实回答所问问题。执法人员与你有直接利害关系的，你可以申请回避。

问：你是否申请回避？

答：_____

问：_____
_____

答：_____
_____

问：_____
_____

答：_____
_____

被询问人签名及时间：　　　　　询问人签名及时间：_____
　　　　　　　　　　　　　　　　　　　　　　　　_____

备注：

交通行政执法文书式样之三

勘验(检查)笔录

案号：_____

案由：_____
勘验(检查)时间：__年__月__日__时__分至___日__时__分
勘验(检查)场所：_____ 天气情况：_____
勘验(检查)人：_____ 单位及职务：_____ 执法证号：_____
勘验(检查)人：_____ 单位及职务：_____ 执法证号：_____
当事人(当事人代理人)姓名：_____ 性别：_____ 年龄：_____
身份证件号：_____ 单位及职务：_____
住址：_____ 联系电话：_____
被邀请人：_____ 单位及职务：_____
记录人：_____ 单位及职务：_____
勘验(检查)情况及结果：
_____
_____
_____
_____
_____
_____
_____
_____
_____

当事人或其代理人签名：_____ 勘验(检查)人签名：_____

被邀请人签名：_____   _____

                                        记录人签名：_____

备注：

交通行政执法总论

交通行政执法文书式样之四

现 场 笔 录

案号：

执法地点			执法时间		年　月　日 时　分至　时　分	
执法人员		执法证号			记录人	
现场人员基本情况	姓名			性别		
	身份证件号			与案件关系		
	单位及职务			联系电话		
	联系地址					
	车(船)号			车(船)型		
主要内容	事实情况： □上述笔录我已看过 □或已向我宣读过,情况属实无误。 现场人员签名： 时间：					
	备注：					
	执法人员签名：_____、_____　　时间：					

328

交通行政执法文书式样之五

抽样取证凭证

案号：

被抽样取证人(单位)：_____ 法定代表人：_____ 现场负责人：_____
地　址：_____ 联系电话：_____
抽样取证时间：____年____月____日____时____分至____月____日____时____分
抽样地点：_____
抽样取证机关：_____ 联系电话：_____

　　依据《中华人民共和国行政处罚法》第三十七条第二款规定，对你(单位)的下列物品进行抽样取证。

序号	被抽样物品名称	规格及批号	数量	被抽样物品地点

被抽样取证人或其代理人签名：　　　　执法人员签名及执法证号：
_____　　　_____
　　　　　　　　　　　　　　　　　　_____

　　　　　　　　　　　　　　　　　　交通运输执法部门(印章)
　　　　　　　　　　　　　　　　　　　　年　　月　　日

备注：
(本文书一式两份：一份存根，一份交被抽样取证人或其代理人。)

交通行政执法总论

交通行政执法文书式样之六

证据登记保存通知书

案号：

当事人	个人	姓名		性别		年龄	
		电话				职业	
		住址					
	单位	名称					
		地址					
		法定代表人					
		联系电话					

　　根据《中华人民共和国行政处罚法》第三十七条第二款的规定，需对你(单位)下列物品登记保存。在七日内当事人或有关人员不得销毁或转移，请于__年__月__日前到_____接受处理。

序号	证据名称	规　格	数　量	登记保存地点

被取证人(或其代理人)签名及时间：　　　　执法人员签名及执法证号：

_____　　　　_____

　　　　　　　　　　　　　　　　　交通运输执法部门(印章)
　　　　　　　　　　　　　　　　　　　年　　月　　日

(本文书一式两份：一份存根，一份当事人或其代理人。)

交通行政执法文书式样之七

证据登记保存处理决定书

案号：

_____：

　　本单位于_____年_____月_____日对你（单位）的_____
_____
_____
等物品进行了证据登记保存。现依法对上述物品作出如下处理：_____
_____
_____
_____
_____
_____

交通运输执法部门（印章）

_____

执法人员签名及时间：_____

当事人签名及时间：_____

年　月　日

交通行政执法文书式样之八

行政强制措施审批表

案号：

<table>
<tr><td rowspan="5">当事人</td><td rowspan="2">个人</td><td>姓名</td><td></td><td>身份证件号</td><td></td></tr>
<tr><td>住址</td><td></td><td>联系电话</td><td></td></tr>
<tr><td rowspan="2">单位</td><td>名称</td><td colspan="3"></td></tr>
<tr><td>地址</td><td colspan="3"></td></tr>
<tr><td colspan="2">联系电话</td><td></td><td>法定代表人</td><td></td></tr>
<tr><td colspan="5">案件基本情况

＿＿＿年＿＿＿月＿＿＿日＿＿＿＿＿＿＿＿＿＿＿＿＿＿＿＿＿＿＿＿＿

＿＿＿＿＿＿＿＿＿＿＿＿＿＿＿＿＿＿＿＿＿＿＿＿＿＿＿＿＿＿＿＿＿

＿＿＿＿＿＿＿＿＿＿＿＿＿＿＿＿＿＿＿＿＿＿＿＿＿＿＿＿＿＿＿＿＿</td></tr>
<tr><td colspan="5">拟实施行政强制措施的理由、种类和依据

依照＿＿＿＿＿＿＿＿＿＿＿＿＿＿＿＿＿＿＿＿＿＿＿＿＿＿＿＿＿＿＿
＿＿＿＿＿＿＿＿＿＿＿＿＿的规定，建议＿＿＿＿＿＿＿＿＿＿＿＿＿＿
＿＿＿＿＿＿＿＿＿＿＿＿＿＿＿＿＿＿＿＿＿＿，期限为＿＿年＿＿月＿＿日至＿＿年＿＿月＿＿日。

执法人员签名：　　　　　　　　　　　　　　年　　月　　日

执法人员签名：　　　　　　　　　　　　　　年　　月　　日</td></tr>
<tr><td colspan="5">单位负责人审批意见

　　　　　　　　　　　　　　　　　　　　　负责人签名：
　　　　　　　　　　　　　　　　　　　　　　年　　月　　日</td></tr>
</table>

交通行政执法文书式样之九

行政强制措施告知书

案号：

_____：

___年___月___日，你(单位)_____

_____。依照_____

的规定，本机关拟对以下财物予以_____，期限为

__年__月__日至__年__月__日。

车船籍	车船号	车船类型	数　量	有无随车船物品	备　注

根据《中华人民共和国行政强制法》第十八条的规定，你(单位)可以向本机关进行陈述和申辩。

交通运输执法部门(印章)
年　　月　　日

(本文书一式两份：一份存根，一份交当事人或其代理人。)

交通行政执法总论

交通行政执法文书式样之十

行政强制措施决定书

案号：

当事人	个人	姓名		身份证件号	
		住址		联系电话	
	单位	名称			
		地址			
		联系电话		法定代表人	

　　_____年___月_____日，你(单位)_____
_____。
　　依据_____的规定，本机关决定对你(单位)的_____(财物、设施或场所的名称及数量)实施_____的行政强制措施，期限为__年__月__日至__年__月__日。
　　请持本决定书在____日内到_____接受处理，逾期不接受处理的，本机关将依法作出处理决定。
　　如果不服本决定，可以依法在六十日日内向_____
_____申请行政复议，或者在六个月内依法向_____人民法院提起行政诉讼，但本决定不停止执行，法律另有规定的除外。

　　　　　　　　　　　　　　　　　　　交通运输执法部门(印章)
　　　　　　　　　　　　　　　　　　　　　年　　月　　日

扣押、查封财物清单如下：

序号	扣押、查封财物名称	规　格	数　量	备　注

其他说明：_____

_____

当事人或其代理人签名及时间：
（本文书一式两份：一份存根，一份交当事人或其代理人。）

交通行政执法文书式样之十一
延长行政强制措施期限审批表

案号：

当事人	个人	姓名		身份证件号	
		住址		联系电话	
	单位	名称			
		地址			
		联系电话		法定代表人	
采取行政强制措施的情况					
拟延长期限及理由	因情况复杂，依照《中华人民共和国行政强制法》第二十五条的规定，建议延长行政强制措施期限，延长期限至__年__月__日。 执法人员签名：　　　　　　　　　　　年　月　日 执法人员签名：　　　　　　　　　　　年　月　日				
单位负责人审批意见	负责人签名：　　　　　　　　　　　　年　月　日				

交通行政执法文书式样之十二
延长行政强制措施期限通知书

案号：

当事人(个人姓名或单位名称)＿＿＿＿＿＿＿＿＿＿＿＿＿＿＿＿：
　　因你(单位)＿＿＿＿＿＿＿＿＿＿＿＿＿＿＿＿＿＿＿＿＿，本机关依法于＿＿年＿月＿日对你(单位)采取了＿＿＿＿＿＿＿＿＿＿＿＿＿的行政强制措施,行政强制措施决定书案号：＿＿＿＿＿＿＿＿＿＿＿＿＿。
　　现因＿＿＿＿＿＿＿＿＿＿＿＿＿＿＿＿＿＿＿＿＿＿＿＿＿,依据《中华人民共和国行政强制法》第二十五条的规定,经本机关负责人批准,决定延长行政强制措施期限至＿＿年＿＿月＿＿日。

　　　　　　　　　　　　　　　　　　交通运输执法部门(印章)
　　　　　　　　　　　　　　　　　　　年　　月　　日

当事人或其代理人签名及时间：＿＿＿＿＿＿＿＿＿＿＿＿＿＿
(本文书一式两份：一份存根,一份交当事人或其代理人。)

交通行政执法总论

交通行政执法文书式样之十三
解除行政强制措施决定书

案号：

当事人(个人姓名或单位名称)＿＿＿＿＿＿＿＿＿＿＿＿＿＿＿＿＿：

　　因你(单位)＿＿＿＿＿＿＿＿＿＿＿＿＿＿＿＿＿＿＿＿＿＿，本机关依法于＿＿＿年＿＿月＿＿日对你(单位)采取了＿＿＿＿＿＿＿＿＿＿＿的行政强制措施,行政强制措施决定书编号：＿＿＿＿＿＿＿＿＿＿。

　　依照《中华人民共和国行政强制法》第二十八条第一款第＿＿＿＿项的规定,本机关决定自＿＿＿＿＿年＿＿＿＿月＿＿＿＿日起解除该行政强制措施。

交通运输执法部门(印章)
　　年　　月　　日

退还财物清单如下:

序号	退还财物名称	规　格	数　量	备　注

　　经当事人(代理人)查验,退还的财物与查封、扣押时一致,查封、扣押期间没有使用、丢失和损坏现象。

当事人或其代理人签名及时间:_____
(本文书一式两份:一份存根,一份交当事人或其代理人。)

交通行政执法文书式样之十四

回避申请决定书

案号：

申请人：_____
联系方式：_____
被申请人：_____
工作单位及职务：_____

　　申请人_____于____年____月____日以_____为由，提出办理_____案的_____(被申请人)回避的申请。

　　经审查，决定如下：
　　□被申请人与当事人或者与当事人近亲属有直接利害关系，决定回避。
　　□被申请人本人或其近亲属与本案有利害关系，决定回避。
　　□被申请人与当事人不存在直接利害关系，驳回回避申请。

交通运输执法部门(印章)
年　　月　　日

交通行政执法文书式样之十五

案件调查报告

案号：

案由							
					案件调查人员		
当事人	个人	姓名		性别		年龄	
		住址				职业	
	单位	名称					
		法定代表人					
		地址					
		联系电话					
案件调查经过及违法事实							

证据材料	序号	证据名称	规格	数量

调查结论和处理意见	
	执法人员签名：_____、_____ 年　月　日

续上表

经办机构负责人意见	签名：＿＿＿＿＿ 年　月　日
重大案件法制工作机构审核意见	负责人签名：＿＿＿＿＿ 年　月　日
交通运输执法部门负责人审批意见	签名：＿＿＿＿＿ 年　月　日

交通行政执法文书式样之十六

违法行为通知书

案号：

_____：

　　经调查,本机关认为你(单位)_____行为,违反了_____的规定,依据_____的规定,本机关拟作出_____处罚决定。

　　□根据《中华人民共和国行政处罚法》第三十一条、第三十二条的规定,你(单位)如对该处罚意见有异议,可向本机关提出陈述申辩,本机关将依法予以核实。

　　□根据《中华人民共和国行政处罚法》第四十二条的规定,你(单位)有权在收到本通知书之日起三日内向本机关要求举行听证；逾期不要求举行听证的,视为你(单位)放弃听证的权利。
(注：在序号前□内打"√"的为当事人享有该权利。)

联系地址：_____邮编：_____

联系人：_____联系电话：_____

交通运输执法部门(印章)
年　　月　　日

(本文书一式两份：一份存根,一份交当事人或其代理人。)

交通行政执法总论

交通行政执法文书式样之十七

陈述申辩笔录

案号：

时间：___年___月___日___时___分至___日___时___分
地点：_____
陈述申辩人：_____性别：_____单位及职务：_____
电话：_____联系地址：_____邮编：_____
执法人员：_____执法证号：_____
　　　　　_____执法证号：_____
记录人：_____
陈述申辩内容：_____
_____
_____
_____
_____
_____
_____
_____
_____
_____

陈述申辩人签名及时间：　　　　　执法人员签名及执法证号：_____

　　　　　　　　　　　　　　　　_____

　　　　　　　　　　　　　　　　记录人签名：_____

交通行政执法文书式样之十八

听证通知书

案号：

_____：

根据你（单位）申请，关于_____一案，现定于___年___月___日___时在_____（公开、不公开）举行听证会议，请准时出席。

听证主持人姓名：_____职务：_____
听证员：_____职务：_____
记录员姓名：_____职务：_____

根据《中华人民共和国行政处罚法》第四十二条规定，你（单位）可以申请听证主持人、听证员、记录员回避。

注意事项如下：

1. 请事先准备相关证据，通知证人和委托代理人准时参加。

2. 委托代理人参加听证的，应当在听证会前向本机关提交授权委托书等有关证明。

3. 申请延期举行的，应当在举行听证会前向本行政机关提出，由本机关决定是否延期。

4. 不按时参加听证会且未事先说明理由的，视为放弃听证权利。

特此通知。

联系地址：_____邮编：_____

联系人：_____联系电话：_____

交通运输执法部门（印章）
年　月　日

（本文书一式两份：一份存根，一份交当事人或其代理人。）

交通行政执法文书式样之十九

听 证 笔 录

案号：

案件名称：_____
主持听证机关：_____
听证地点：_____
听证时间：___年___月___日___时___分至___年___月__日__时__分
主持人：_____听证员：_____
记录员：_____
执法人员：_____执法证号：_____
　　　　　　　　　　　　执法证号：_____
当事人：_____法定代表人：_____联系电话：_____
委托代理人：_____性别：____年龄：____工作单位及职务：_____
第三人：_____性别：____年龄：____工作单位及职务：_____
其他参与人员：____性别：____年龄：____工作单位及职务：_____
听证记录：_____
_____
_____
_____
_____
_____
_____
_____

当事人或其委托代理人签名及时间：　　主持人及听证员签名：_____

_____　　　　　　记录员签名：_____

交通行政执法文书式样之二十

重大案件集体讨论记录

案号：

案件名称：_____

讨论时间：___年___月___日___时___分至___年___月___日___时___分

地点：_____

主持人：_____ 汇报人：_____ 记录人：_____

出席人员姓名及职务：_____
_____

案件简介：_____
_____
_____

讨论记录：_____
_____
_____
_____
_____
_____
_____
_____

结论性意见：_____
_____
_____

出席人员签名：_____
_____
_____

交通行政执法总论

交通行政执法文书式样之二十一

当场行政处罚决定书

案号：

当事人	个人	姓名		性别		身份证件号	
		住址		职业			
	单位	名称			法定代表人		
		地址					

违法事实及证据：_____
_____
_____

　　你(单位)的行为违反了_____的规定,依据_____的规定,决定给予_____的行政处罚。

　　罚款的履行方式和期限(见打√处)：
　　□当场缴纳
　　□自收到本决定书之日起十五日内缴至_____,账号_____,到期不缴每日按罚款数额的百分之三加处罚款。

　　如果不服本处罚决定,可以依法在六十日内向_____申请行政复议,或者在六个月内依法向_____人民法院提起行政诉讼,但本决定不停止执行,法律另有规定的除外。逾期不申请行政复议、不提起行政诉讼又不履行的,本机关将依法申请人民法院强制执行或者。

当事人或委托代理人签名及时间：　　　　执法人员签名及执法证号：

　　　　　　　　　　　　　　　　　　　　交通运输执法部门(印章)
　　　　　　　　　　　　　　　　　　　　　　　年　　月　　日

(本文书一式两份：一份存根,一份交当事人或其代理人。)

交通行政执法文书式样之二十二

行政处罚决定书

案号：_____

当事人	个人	姓名		性别		身份证件号	
		住址		职业			
	单位	名称			法定代表人		
		地址					

违法事实及证据：_____
_____
_____
_____

  你(单位)的行为违反了_____的规定，依据_____的规定，决定给予_____的行政处罚。

  处以罚款的，罚款自收到本决定书之日起十五日内缴至_____，账号为_____，到期不缴的可以依法每日按罚款数额的百分之三加处罚款。

  如果不服本处罚决定，可以依法在六十日内向_____申请行政复议，或者在六个月内依法向_____人民法院提起行政诉讼，但本决定不停止执行，法律另有规定的除外。逾期不申请行政复议、不提起行政诉讼又不履行的，本机关将依法申请人民法院强制执行。

交通运输执法部门(印章)

年　　月　　日

(本文书一式两份：一份存根，一份交当事人或其代理人。)

交通行政执法文书式样之二十三

分期(延期)缴纳罚款通知书

案号：

_____：

　　____年____月____日,本机关对你(单位)送达了_____(文号)《行政处罚决定书》,作出了对你(单位)罚款_____(大写)的行政处罚决定,根据你(单位)的申请,本机关依据《中华人民共和国行政处罚法》第五十二条的规定,现决定：

　　□同意你(单位)延期缴纳罚款。延长至_____年_____月_____日(大写)。

　　□同意你(单位)分期缴纳罚款。第_____期至_____年_____月____日(大写)前,缴纳罚款_____元(大写)(每期均应当单独开具本文书)。此外,尚有未缴纳的罚款_____元(大写)。

　　□由于_____,因此,本机关认为你的申请不符合《中华人民共和国行政处罚法》第五十二条的规定,不同意你(单位)分期(延期)缴纳罚款。

　　代收机构以本通知书为据,办理收款手续。

交通运输执法部门(印章)
年　　月　　日

(本文书一式两份：一份存根,一份交当事人或其代理人。)

交通行政执法文书式样之二十四
行政强制执行公告

案号：

当事人（个人姓名或单位名称）＿＿＿＿＿＿＿＿＿＿＿＿＿＿：
＿＿＿＿＿＿＿＿＿＿＿＿＿＿＿＿＿＿＿＿＿＿＿＿＿＿＿＿一案，本机关依法作出了＿＿＿＿＿＿＿＿＿＿＿＿＿＿＿＿＿＿＿决定，并于＿＿＿＿＿年＿＿＿＿月＿＿＿日，向当事人＿＿＿＿＿＿＿＿＿＿送达了《行政强制执行决定书》（案号：＿＿＿＿＿＿＿＿＿＿＿＿＿＿）。

依据《中华人民共和国行政强制法》第四十四条的规定，现责令你（单位）立即停止违法行为并自行拆除违法的建筑物、构筑物、设施等（于＿＿＿年＿＿月＿＿日＿＿时前自行拆除违法的建筑物、构筑物、设施等）。当事人在法定期限内不申请行政复议或者提起行政诉讼，又不拆除的，本机关依法强制拆除。

特此公告。

交通运输执法部门（印章）
年　　月　　日

交通行政执法总论

交通行政执法文书式样之二十五

行政强制执行催告书

案号：

当事人(个人姓名或单位名称)＿＿＿＿＿＿＿＿＿＿＿＿＿＿＿＿＿＿：
　　因你(单位)＿＿＿＿＿＿＿＿＿＿＿＿＿＿＿＿＿＿＿＿＿＿＿，本机关依法向你(单位)送达下列文书：
　　□1.《交通运输行政处罚决定书》，案号：＿＿＿＿＿＿＿＿＿＿＿＿＿＿
　　□2.《交通运输责令停止(改正)违法违章行为通知书》，案号：＿＿＿＿＿
　　□3.《交通运输行政强制执行(代履行)决定书》，案号：＿＿＿＿＿＿＿
　　你(单位)逾期未履行义务，依据《中华人民共和国行政强制法》第三十五条的规定，现就有关事项催告如下，请你(单位)按要求自觉履行：
　　1.履行标的：＿＿＿＿＿＿＿＿＿＿＿＿＿＿＿＿＿＿＿＿＿＿＿＿＿
　　2.履行期限：＿＿＿＿＿＿＿＿＿＿＿＿＿＿＿＿＿＿＿＿＿＿＿＿＿
　　3.履行方式：＿＿＿＿＿＿＿＿＿＿＿＿＿＿＿＿＿＿＿＿＿＿＿＿＿
　　4.履行要求：＿＿＿＿＿＿＿＿＿＿＿＿＿＿＿＿＿＿＿＿＿＿＿＿＿
　　5.其他事项：＿＿＿＿＿＿＿＿＿＿＿＿＿＿＿＿＿＿＿＿＿＿＿＿＿
　　你(单位)逾期仍不履行的，本机关将依法采取以下措施：
　　□1.到期不缴纳罚款的，每日按罚款数额的百分之三加处罚款。
　　□2.根据法律规定，将查封、扣押的财物拍卖抵缴罚款。
　　□3.申请人民法院强制执行。
　　□4.依法代履行或者委托第三人：＿＿＿＿＿＿＿＿＿＿＿＿＿代履行。
　　□5.其他强制执行方式：
　　你(单位)可内向本机关进行陈述或申辩，本机关将依法核实。

交通运输执法部门(印章)
年　月　日

当事人或其代理人签名及时间：
(本文书一式两份：一份存根，一份交当事人或其代理人。)

交通行政执法文书式样之二十六

中止(终结、恢复)行政强制执行通知书

案号：

_____：

　　你(单位)_____一案，本机关依法于_____年_____月_____日作出了行政强制执行决定，于_____年_____月_____日向你(单位)送达了《行政强制执行决定书》(案号：_____)。

　　☐1. 现因_____，根据《中华人民共和国行政强制法》第三十九条第一款的规定，本机关决定自_____年_____月_____日起中止该行政强制执行。中止执行的情形消失后，本机关将恢复执行。

　　☐2. 现因_____，根据《中华人民共和国行政强制法》第四十条的规定，本机关决定终结执行。

　　☐3. 你(单位)_____一案，本机关于_____年_____月_____日决定中止执行，现中止执行的情形已消失，根据《中华人民共和国行政强制法》第三十九第二款的规定，决定从即日恢复执行。

　　☐4. 因与你(单位)达成执行协议，本机关于_____年_____月_____日中止该案的强制执行，现因你(单位)不履行执行协议，根据《中华人民共和国行政强制法》第四十二条第二款的规定，决定从即日恢复该案件的强制执行。

　　特此通知。

交通运输执法部门(印章)
年　　月　　日

当事人或其代理人签名及时间：
(本文书一式两份：一份存根，一份交当事人或其代理人。)

交通行政执法文书式样之二十七
行政强制执行协议书

案号：

当事人(个人姓名或单位名称)＿＿＿＿＿＿＿＿＿＿＿＿＿＿＿＿＿＿：
　　因你(单位)＿＿＿＿＿＿＿＿＿＿＿＿＿＿＿＿＿＿＿＿＿＿＿，本机关
依法向你(单位)送达下列文书：
　　□1.《行政处罚决定书》，案号：＿＿＿＿＿＿＿＿＿＿＿＿＿＿＿＿＿
　　□2.《责令改正违法行为通知书》，案号：＿＿＿＿＿＿＿＿＿＿＿＿
　　□3.《行政强制执行(代履行)决定书》，案号：＿＿＿＿＿＿＿＿＿＿
　　现因＿＿＿＿＿＿＿＿＿＿＿＿＿＿＿＿＿＿＿＿＿＿＿＿＿＿＿＿＿，
　　依照《中华人民共和国行政强制法》第四十二条的规定，同意你(单位)：
＿＿＿＿＿＿＿＿＿＿＿＿＿＿＿＿＿＿＿＿＿＿＿＿＿＿＿＿＿＿＿＿＿＿
＿＿＿＿＿＿＿＿＿＿＿＿＿＿＿＿＿＿＿＿＿＿＿＿＿＿＿＿＿＿＿＿＿＿
＿＿＿＿＿＿＿＿＿＿＿＿＿＿＿＿＿＿＿＿＿＿＿＿＿＿＿＿＿＿＿＿＿＿
＿＿＿＿＿＿＿＿＿＿＿＿＿＿＿＿＿＿＿＿＿＿＿＿＿＿＿＿＿＿＿＿＿＿
＿＿＿＿＿＿＿＿＿＿＿＿＿＿＿＿＿＿＿＿＿＿＿＿＿＿＿＿＿＿＿＿＿＿
　　本执行协议送达之日起即发生法律效力。你(单位)不履行本执行协议的，本机关将依法恢复强制执行。

交通运输执法部门(印章)
年　　月　　日
当事人或其代理人签名及时间：
(本文书一式两份：一份存根，一份交当事人或其代理人。)

交通行政执法文书式样之二十八
行政强制执行决定书

　　　　　　　　　　　　　　　　　　　　　　　　　　案号：

_____（地址/住所：_____）：

　　因你（单位）逾期未履行本机关_____（文书名称及案号）的义务。经本机关催告后，□在催告期间有转移或隐匿财物迹象的，□仍未履行且无正当理由。依据《中华人民共和国行政强制法》第三十七条以及_____的规定，本机关将□立即□于___年___月___日开始强制执行：_____（强制执行方式）。

　　根据_____的规定，强制执行的费用_____由你（单位）承担，请你（单位）在收到本通知书后十五日内支付（开户行：_____账号：_____）。如不缴纳，本机关将依法申请人民法院强制执行。

　　如不服本决定，可以在收到本决定书之日起六十日内向_____申请行政复议或者在六个月内依法向_____人民法院提起行政诉讼。

　　　　　　　　　　　　　　　　　　　　交通运输执法部门（印章）
　　　　　　　　　　　　　　　　　　　　　　年　　月　　日

被执行人或其代理人签名及时间：
（本文书一式两份：一份存根，一份交当事人或其代理人。）

交通行政执法文书式样之二十九

代履行决定书

案号：

_____（地址/住所：_____）：

因你（单位）_____，

□1.本机关于____年__月__日向你（单位）送达《责令改正通知书》（案号：_____），责令你（单位）限期（立即）履行_____的义务，你（单位）逾期不履行。经本机关催告后仍不履行，因其后果已经或者将危害交通安全、造成环境污染或者破坏自然资源。依据《中华人民共和国行政强制法》第五十条以及_____的规定，

□2.需要立即清除道路、河道、航道或者公共场所的遗洒物、障碍物或者污染物，因你（单位）不能清除，依据《中华人民共和国行政强制法》第五十二条以及_____的规定，

本机关依法作出代履行决定如下：

1. 代履行人：□本机关 □第三人：_____
2. 代履行标的：_____
3. 代履行时间和方式：_____
4. 代履行费用（预算）：_____

请你（单位）在收到本通知书后_____日内预付代履行预算费用（开户行：_____账号：_____）。代履行费用据实决算后，多退少补。如不缴纳，本机关将依法申请人民法院强制执行。代履行时，本机关将派员到场监督。代履行完毕，本机关到场监督的工作人员、代履行人和当事人或者见证人应当在本决定书上签名或者盖章。

如不服本决定，可以在收到本决定书之日起六十日内向_____申请行政复议或者在六个月内依法向_____人民法院提起行政诉讼。

交通运输执法部门（印章）

年　月　日

（本文书一式两份：一份存根，一份交当事人或其代理人。）

交通行政执法文书式样之三十

行政强制执行申请书

案号：

申请人：＿＿＿＿＿＿＿＿＿＿＿＿＿＿＿＿＿＿＿＿＿＿＿＿＿＿＿＿
法定代表人：＿＿＿＿＿＿＿职务：＿＿＿＿＿＿身份证件号：＿＿＿＿＿＿
地址：＿＿＿＿＿＿＿＿＿＿＿＿＿＿＿＿联系电话：＿＿＿＿＿＿＿
被申请人：＿＿＿＿＿＿＿＿＿＿＿＿＿＿证件种类及号码：＿＿＿＿＿＿
法定代表人：＿＿＿＿＿职务：＿＿＿＿＿性别：＿＿＿年龄：＿＿＿民族：＿＿
地址：＿＿＿＿＿＿＿＿＿＿＿＿＿＿＿＿联系电话：＿＿＿＿＿＿＿

　　本机关对＿＿＿＿＿＿＿＿＿＿＿＿＿＿＿＿一案,已依法于＿＿＿年＿＿＿月＿＿日向被申请人送达了《行政处罚决定书》(案号：＿＿＿＿＿＿＿＿),于＿＿年＿月＿日向被申请人送达了＿＿＿＿＿＿＿＿＿＿＿＿＿＿(案号)《行政强制执行催告书》。由于被申请人在法定期限内没有申请行政复议或提起行政起诉,又未履行该行政决定,根据《中华人民共和国行政诉讼法》第六十六条和《中华人民共和国行政强制法》第五十三条的规定,特申请贵院强制执行下列项目：＿＿＿＿＿＿＿＿＿＿
＿＿＿＿＿＿＿＿＿＿＿＿＿＿＿＿＿＿＿＿＿＿＿＿＿＿＿＿＿＿＿＿＿＿

　　此致

　　　　人民法院

附件：
1.《行政处罚决定书》(案号：＿＿＿＿＿＿＿＿＿＿＿＿)＿＿份
2.《行政强制执行催告书》(案号：＿＿＿＿＿＿＿＿＿＿)＿＿份
3.其他材料:行政处罚卷宗(案号：＿＿＿＿＿＿＿＿＿＿＿)＿＿份

交通运输执法部门负责人(签名)：

交通运输执法部门(印章)
年　　月　　日

(本文书一式两份:一份存根,另一份送交人民法院。)

交通行政执法文书式样之三十一

送 达 回 证

案由：_____

送达单位					
受送达人					
代收人					
送达文书名称、文号	收件人签名（盖章）	送达地点	送达日期	送达方式	送达人

交通运输执法部门（印章）
年　　月　　日

备注：

交通行政执法文书式样之三十二

结 案 报 告

案由：_____

当事人基本情况	个人		年龄		性别	
	所在单位		联系地址			
	联系电话		邮编			
	单位		地址			
	法定代表人		职务			

处理结果	
执行情况	执法人员签名：_____、_____ 年　月　日
经办机构负责人意见	签名： 年　月　日
交通运输执法部门负责人审批意见	签名： 年　月　日

参 考 文 献

[1] 林强.警务礼仪[M].北京:中国人民公安大学出版社,2009.
[2] 金正昆.政务礼仪[M].北京:北京大学出版社,2005.
[3] 姜明安.行政执法研究[M].北京:北京大学出版社,2004.
[4] 傅思明.中国依法行政理论与实践[M].北京:中国检察出版社,2002.
[5] 姜明安.行政法学[M].北京:法律出版社,1988.
[6] 张树义.行政法学新论[M].北京:时事出版社,2005.
[7] 皮纯协,何寿生.比较国家赔偿法[M].北京:中国法制出版社,1998.
[8] 杨立新.错案赔偿务实[M].北京:法律出版社,1997.
[9] 徐继敏.行政证据通论[M].北京:法律出版社,2004.
[10] 王朝辉.法律基础理论[M].北京:现代教育出版社,2006.
[11] 王朝辉.职业道德修养[M].北京:现代教育出版社,2006.
[12] 王朝辉.交通行政执法案例评析[M].北京:法律出版社,2005.
[13] 王朝辉.常用交通行政执法依据[M].北京:法律出版社,2005.
[14] 王朝辉.道路运政执法典型案例评析[M].北京:人民交通出版社,2007.
[15] 王朝辉.交通执法理论结合案例研究[M].长春:吉林人民出版社,2007.
[16] 王朝辉.交通执法人员职业道德与依法行政[M].长春:吉林人民出版社,2007.
[17] 姚瑞敏.违法行政及其法律责任[M].北京:中国方正出版社,2000.